서울대 최종학 교수의

숫자로 경영하라 4

서울대 최종학 교수의

숫자로
경영하라 4

| 최종학 지음 |

| 숫자 뒤에 숨은 진실을 보는 눈 |

나에게 하버드 대학 졸업장보다
더 소중한 것이 독서하는 습관이다.

• 빌 게이츠(마이크로 소프트의 창업자) •

| 지은이의 말 |

『숫자로 경영하라 4』를 출간하면서

2009년 『숫자로 경영하라』가 출간된 지 9년의 시간이 지났다. 2012년 『숫자로 경영하라 2』, 2014년 『숫자로 경영하라 3』을 출간한 후 각종 언론에 연재했던 글을 모아 이제 『숫자로 경영하라 4』를 출간하게 되었다. 독자층이 제한된 경영 분야의 책, 특히 경영 분야 중에서도 가장 어렵고 골치 아파서 외면받던 회계와 재무 분야를 주제로 한 책이 베스트셀러가 되고, 시리즈로 4권까지 출간하게 되었다는 사실만으로도 감격스럽다. 4권이 나오기까지 여러 경로를 통해 격려를 해주신 많은 독자 여러분들께 우선 진심으로 감사를 드린다. 독자 여러분들의 도움이 없었다면 여기까지 오지 못했을 것이라고 확신한다.

현대 기업의 활동은 경영자가 다 파악을 하지 못할 정도로 복잡하고 다양한 영역에서 수행된다. 이러니 기업 내부자도 아닌 외부자 입장에서 기업의 활동내역을 일일이 파악하기가 힘들지만, 다행스럽게도 기업의 활동은 어딘가에는 반드시 흔적을 남긴다. 그 어딘가가 바로 회계다. 회계숫자와 그 숫자를 보충하는 짤막한 공시내용을 통해 기업의 활동을 이해할 수 있다. 따라서 회계숫자를 이해할 수 있는 지식을 함양하는 일은 매우 중요하다. 기업경영자의 입장에서 볼 때도 회계정보를 이해할 수 있는 지식을 가지고 있어야만 복잡한 기업의 현황을 제대로 파악할 수 있을 것이고, 그래야만 보다 정확한 의사결정을 내릴 수 있을 것이다.

회계숫자를 이해할 수 있는 능력을 쌓는다면 회계숫자는 무궁무진한 정보의 원천이 된다. 그러나 회계숫자의 의미를 모른다면 흰 것은 종이요, 검은 것은 아무 의미 없는 숫자의 나열일 뿐이다. 필자는 가끔 언론에 보도되는 단편적인 사건들을 보고 나서, 기타 공시를 통해 알려진 뉴스나 재무제표를 찾아보면서 생각에 잠긴다. 아무 의미가 없었던 숫자들이나 사건들이 서로 연결된 의미가 보이기 시작하면 마치 추리소설을 읽는 것처럼 스릴을 느끼는 경우도 있다. 이런 내용을 알 수 있는 경영자라면 그 경영자가 할 수 있는 일은 훨씬 더 많아질 것이다. 정보는 누구에게나 공개되어 있고 숫자도 누구나 볼 수 있지만, 그 숫자 뒤에 숨어 있는 진실을 보는 눈은 누구나 가지고 있는 것이 아니다. 따라서 그런 혜안을 가질 수 있도록 노력해야 한다. 필자의 책이 이런 내용을 소개한다는 측면에서 다른 책들과 다르므로, 어려운 책이지만 1, 2, 3권이 모두 베스트셀러가 되지 않았을까 생각한다.

이번 4권에는 특히 민감한 글들이 많이 수록되었다. 'KB국민은행' '쌍용자동차' '중국고섬', 그리고 '대우조선해양' 등 치열한 논란이나 소송이 벌어졌던 사건과 관련된 글들이다. 이들 사건들을 요약해서 글로 수록하는 데는 용기가 필요했다. 워낙 큰 사회적 파장을 불러일으켰던 사건들이고, 사건에 직간접으로 관련된 인물들이 아직 현직에서 활동하고 있는 경우가 많기 때문이다. 따라서 필자의 글이 가져올 수 있는 여파가 일부 있을 수 있다. 그래서 더욱 표현을 조심했으며 객관성을 유지하기 위해 노력했다. 그럼에도 불구하고 진실이 무엇인지를 독자 여러분들이 명확히 파악할 수 있도록 했다. 또한 필자가 모르는 소리를 함부로 쓰지 않으려고 노력했다. 따라서 알려진 사실이 아닌 필자의 개인적인 견해를 서술할 때는 분명하게 필자의 생각임을 밝혔다.

그럼에도 불구하고 이 사건들의 이해당사자였던 사람들의 입장에서 보면 마음에 들지 않는 이야기들이 많이 있을 것이다. 누구의 잘못을 비난하려는 목적에서 글을 쓴 것이 아니라, 사례를 통해서 많은 기업, 경영자, 그리고 기타 이해관계자들이 여러 교훈을 얻기를 바라는 목적에서 본서를 저술한 만큼 일부 아쉬운 점이 있더라도 너그러운 마음으로 이해해주셨으면 한다. 이런 내용을 경영자들이 공부함으로써 한국 기업이 더욱 발전하는 계기가 되고, 그 결과 한국이 더욱 부강해지며 한국 사람들이 더 잘살게 되는 것이 필자의 목표일 뿐이다. 혹시 이해관계자들이 볼 때 틀린 내용이 있다면, 필자에게 알려주신다면 반드시 수정하도록 하겠다. 또한 필자가 더 많은 내용을 사적인 경로를 통해 알고 있는 경우라도, 언론보도, 법원 판결문, 공시자료, 재무제표나 연차보고서 등을 통해 공개된 자료가 아닌 경우는 본서의 집필에 사용하지 않았다는 점도 밝힌다. 다만 필자가 '더 많은 내용을 알고 있다'는 내용을 암시하는 표현을 일부 사용한 글도 있다.

본서를 저술하는 과정에서 고맙게도 많은 분들의 도움을 받았다. 서울대학교의 선후배 교수님들과 서울대학교 CFO 과정이나 기타 경영자 과정에서 만난 많은 분들과의 교류를 통해 필자는 큰 그림을 볼 수 있는 안목을 기를 수 있었다. 그분들이 제기하신 질문들의 상당수가 이 책을 쓰는 계기가 되었다. 이분들의 도움에 진심으로 감사드린다. 원고를 읽으면서 많은 조언을 준 대학원 제자들(김범준, 박선영, 선우혜정, 안혜진, 윤서우, 윤선호, 이유진, 이준일, 최소연, 최아름, 하원석)에게도 감사를 표한다. 사회에서 다양한 경험을 한 훌륭한 제자들이 많이 있으니 필자의 부족한 점을 보완하는 데 큰 힘이 된다. 또한 원고가 〈동아비즈니스리뷰〉에 연재되는 동안 편집과정에서 여러 도움과 조언을 준 장재웅, 최한나 기자에게도 감사를 표한다.

마지막으로 그동안 부족한 글을 읽고 성원해주신 독자 여러분들께 다시 한 번 진심으로 감사를 전한다.

12월 흰 눈이 덮인
서울대학교 관악 캠퍼스의 연구실에서
최종학

1 경영의사결정에서 회계정보의 중요성

2　회계와 법,
가깝고도 먼 당신

3   재무제표 속에 숨겨진 비밀을 읽자

4 기업지배구조와 회계의 역할

총 4편의 글로 구성된 1부에서는 회계자료 및 기타 숫자들, 그리고 논리적인 사고가 경영 및 일반 의사결정 과정에 얼마나 큰 영향을 미치는지를 보여준다. '빅 배스' 회계처리가 발생하는 이유와 영향, 상환전환우선주가 사용되는 이유와 사용 효과, 자산재평가의 득과 실, 사모펀드 업계의 현황과 투자구조가 차례로 소개된다. 복잡한 내용이기는 하지만, 이런 내용을 알고 있는 경영자라면 보다 정확히 현재 벌어지고 있는 사건의 진실을 파악할 수 있을 것이고, 그 결과 여러 측면에서 더 효율적·효과적으로 기업을 경영할 수 있을 것이다. 이 사례들을 통해 논리적이고 합리적인 경영방식의 장점과 회계지식의 중요성에 대해서 알 수 있을 것이다.

1부

경영의사결정에서
회계정보의 중요성

경영자 교체와
'빅 배스' 회계처리,
왜 자주 일어날까?

··· 현대중공업, KB국민은행 ···

기업의 경영성과가 부진한 상황이라면 최고경영자가 경영실패의 책임을 지고 교체되는 경우가 많다. 그런데 몇몇 기업에서는 최고경영자가 교체된 직후 최악의 실적을 기록하는 경우가 발생했다. 신임 최고경영자가 상대적으로 보수적인 회계처리 방법을 사용해 큰 비용을 기록하는 회계처리를 수행하기 때문에 이런 현상이 일어날 수 있다. 이런 현상을 '빅 배스(big bath)'라고 부른다. 빅 배스는 명확한 대주주가 존재하지 않는 기업들에서, 그리고 신임 최고경영자가 외부에서 영입되었을 때 더욱 빈번하게 발생한다. 왜 이런 현상이 발생하고, 이 현상이 발생한 후에는 어떤 일이 벌어지는지를 소개한다.

해마다 연말이나 연초가 되면 기업들의 인사동정이 들린다. 좋은 성과를 거둔 기업은 승진인사 소식이, 성과가 부진한 기업은 문책성 인사 소식이 언론에 크게 보도된다. 최근처럼 기업의 경영환경이 어려운 상황에서는 아마 문책성 인사가 많이 발생할 것이다. 그 결과 기존 최고경영자CEO가 해임되고 새로운 CEO가 임명되는 경우가 예년보다 많이 증가할 것으로 보인다.

그런데 재미있는 사실은 CEO가 퇴진하는 시점은 기업 성과가 매우 부진할 때가 많다는 점이다. 물론 부진한 성과 때문에 CEO가 책임을 지고 물러나기 때문일 가능성이 높다. 하지만 몇몇의 경우는 그렇지 않을 가능성도 있다. 예를 들어 다음의 언론보도를 살펴보자.

포스코와 KT가 CEO가 교체된 직후 발표된 실적에서 나란히 최악을 기록했다. 경기 침체에 따른 결과도 있겠지만 전임 CEO 시절 발생한 부실을 모두 손실로 처리한 '빅 배스'가 적지 않은 영향을 차지한 것으로 보인다. (파이낸셜뉴스 2014. 1. 28.)

이 기사에서 '빅 배스big bath, 큰 목욕통'라는 낯선 용어가 등장한다. 빅 배스란 회계처리 방법이나 미래에 대한 회계추정을 변경해 이익을 하향조정하는 회계처리를 대규모로 수행하는 것을 말한다. 특정 연도에 이익을 크게 줄이는 방식으로 회계처리를 하면 다음 연도에는 이익이 늘어나 정상적인 수준 이상으로 돌아온다. 따라서 이익이 마치 U자 형태로 변하므로, U자 형태로 생긴 큰 목욕통의 모습에 빗대 표현한 용어다. 목욕을 제대로 해서 그동안 묵은 때를 지운다는 의미로도 해석된다.

빅 배스 회계처리를 하는 이유

빅 배스 회계처리가 분식회계를 했다는 것을 의미하지는 않는다. 합법적인 테두리 안에서 회계처리 방법을 변경하거나 미래에 대한 회계추정을 변경해서 보수적으로 회계처리를 하는 경우에도 빅 배스가 나타날 수 있다. 앞의 기사에서 '전임 CEO 시절 발생한 부실'을 모두 손실로 처리하는 것이 빅 배스라고 설명하고 있지만 이 설명은 정확하지 않다. '전임 CEO 시절 발생했지만 숨겨놨던 손실'이라면 이는 전임 CEO 시절 분식회계를 수행했다는 것을 말한다. 전임 CEO 시절 숨겨놨던 손실이 없더라도 당기 비용을 크게 늘리거나 수익을 크게 줄여 기록해서 이익을 크게 줄이는(또는 손실을 크게 늘리는) 회계 처리를 한다면 모두 빅 배스에 해당된다. 수익을 합법적인 테두리 안에서 인위적으로 줄인다는 것은 거의 불가능하기 때문에 비용을 크게 늘려 기록함으로써 빅 배스를 하는 것이 대부분이다. 미래에 대한 추정을 보수적으로 변경해서 비용을 많이 기록하는 방법이 주로 사용된다.

CEO 교체가 없어도 빅 배스는 발생할 수 있다. 예를 들어 미국의 GM은 2008년 CEO 교체가 없는 상황에서 자산에 대한 특별상각을 대규모로 기록하는 방법으로 대규모 적자를 기록한 바 있다. 다만 빅 배스는 경영자 교체시점 직후에 자주 발생한다. 빅 배스의 결과에 따라 재무제표, 특히 손익계산서에 나타나는 열악한 성과에 대한 책임을 전임 CEO의 탓으로 돌릴 수 있기 때문이다. 다음 기사를 살펴보자.

현대중공업 주가가 8년여 만에 처음으로 10만 원 밑으로 내려가자 저가 매수 시기가 언제인지 투자자들의 관심이 집중되고 있다. ··· 지난달 30일 현대중공업은 지난 3분기에 1조 9,346억 원의 영업적자를 기록했다고 발표했다. 지난 2분기에 이어 두 분기 연속으로 사상 최악의 실적 기록을 경신한 것. 지난 3개월 동안 현대중공업 주가는 30% 넘게 하락했다. 애널리스트들은 잇단 실적 부진으로 목표주가를 낮추면서도 이제 더이상의 주가 급락은 없지 않겠느냐는 입장이다. 가장 큰 이유는 '빅 배스' 효과 때문이다. 지난 9월 중순 권오갑 사장이 현대중공업 대표이사로 부임했다. 권 사장의 경영능력은 4분기부터 반영되고 3분기까지의 실적은 전임자의 몫이다. 신임 대표이사로선 미래 가능한 부실을 3분기 실적에 미리 반영하는 것이 유리할 수밖에 없다. (매일경제 2014. 11. 03.)

위의 기사에서 알 수 있듯이 경영자가 교체되었을 때 교체 직후의 부진한 경영성과는 보통 전임자의 책임으로 간주된다. 따라서 신임 CEO는 빅 배스 회계처리를 선호할 수 있다. 빅 배스를 하게 되면 그다음 연도 또는 분기부터 이익이 증가한다. 비용을 한꺼번에 몰아서 반영했으므로, 그다음 연도 또는 분기부터는 인식해야 할 비용이 감소하는 것이다. 따라서 이익이 증가하는 모습을 손익계산서에서 보여 줄 수 있다. 만약 투자자들이 과거의 빅 배스에 대해 알고 있지 않다면, 이익이 증가하는 모습을 보고 신임 CEO가 경영을 잘해서 기업의 실적이 실제로 개선되고 있는 것으로 오해할 수 있다. 전임 CEO가 연초가 아니라 중반기 이후에 교체된 경우 더욱 빈번히 빅 배스가 수행된다. 신임 CEO가 연초부터 경영을 맡아왔다면 당해 연도의 부진한 업적을 전임 CEO의 잘못으로 돌리기 어렵기 때문이다. 이런 내용들은 외국뿐만 아니라 국내에서도 다양한 연구들이 발견한 사실이다.[1]

특히 흥미로운 사실은 전임 CEO가 성과가 부진한 상황에서 교체되고(즉 문책성 인사일 가능성이 높은 경우) 신임 CEO가 외부로부터 영입되었을 때, 기업 내부에서 신임 CEO가 승진한 경우보다 빅 배스가 더 빈번하게 발생한다는 점이다.[2] 내부 승진한 CEO는 전임 CEO의 수하에서 오랫동안 업무를 수행해 왔으므로 전임 CEO와 긴밀한 친분관계를 갖고 있을 가능성이 높다. 따라서 신임 CEO로 선임된다고 하더라도 빅 배스를 통해 재무제표에 보고되는 이익을 낮추면서 이를

현대중공업에서 선박이 건조되는 모습
현대중공업은 시장점유율 기준 세계 제1위의 조선사다. 현대중공업은 2014년 빅 배스 회계처리를 한 것으로 의심받았다. 경영자 교체시점에 갑자기 큰 손실을 기록해서다.

전임 CEO의 경영실패 때문으로 몰아가기가 힘들 것이다. 외부 영입된 CEO는 전임 CEO와 긴밀한 관계를 맺고 있을 가능성이 상대적으로 낮기 때문에 이런 걱정 없이 빅 배스를 행할 수 있다. 앞에서 언급된 포스코와 KT의 사례를 보면 포스코는 내부 승진, KT는 외부 영입한 경우다. 이 두 기업이 어떤 차이를 보일지 주목할 필요가 있다.

1 국내외에서 수행된 다음 연구들을 참조하기 바란다.
Francis, Hanna, and Vincent, 'Causes and Effects of Discretionary Asset Writeoffs', 〈Journal of Accounting Research〉 1996년
Riedl, 'An Examination of Long-lived Asset Impairments', 〈The Accounting Review〉, 2004년.
박석진, 이은철, '영업권손상인식의 전략적 회계처리: 최고경영자 교체시점의 Big Bath를 중심으로', 〈회계저널〉, 2014년.
이아영, 전성빈, 박상수, '최고경영자 교체와 이익조정', 〈회계학연구〉, 2007년.
조현우, 백원선, '감액손실의 인식유인과 가치관련성', 〈회계학연구〉, 2006년.
2 이아영, 전성빈, 박상수, 최종학, '최고경영자의 교체이유와 내부승진 및 외부영입 최고경영자의 이익조정 수준의 차이', 〈회계학연구〉, 2009년.

KB국민은행의 빅 배스 사례

국내에서 빅 배스 회계처리 관련 뉴스가 언론에 소개되는 경우는 종
종 있다. 인터넷으로 뉴스 검색을 해보니 2014년 한 해 동안에도 빅
배스 회계처리를 한 것으로 추정된다며 언론에 언급된 기업들이 CJ,
GS건설, KB캐피탈, LIG손해보험, 계룡건설, 대림산업, 대우건설, 롯
데건설, 삼성중공업, 삼성엔지니어링, 현대중공업 등 무수히 많다.

이들 기업들의 명단을 살펴보면 건설사나 조선사들이 많다는 것을
알 수 있다. 왜 그럴까? 이 두 업종은 완성제품을 만드는 데 장기간이
소요되는 산업이라는 공통점이 있다. 다른 산업군에서는 완성제품을
소비자에게 인도하고 대금을 청구하는 시점에서 회계상의 수익(매출)
을 인식하며, 이 시점에 동시에 비용(매출원가)을 인식한다.[3] 또한 제
품을 제조하는 데 시간이 오래 걸리지 않기 때문에 매출원가 계산에
미래에 대한 추정이 필요한 경우가 드물다.

그런데 건설사나 조선사들은 제품을 제조해서 소비자에게 인도하
는 데 오랜 시간이 소요되기 때문에 수익과 비용의 인식을 위해 '공사
진행기준'이라는 특수한 방법을 사용한다. 나중에 제품(건물이나 선박)
이 완성되어 구매자에게 인도될 때의 가격을 이용해, 전체 가격 중 당
기의 공사진행률에 해당하는 부분만 수익으로 인식하는 방법이다. 그
런데 미래에 대한 추정을 당기의 매출액 계산에 사용하다 보니, 미래
에 대한 추정이 변한다면 당기의 손익에 큰 변화가 올 수 있다.[4]

건설이나 조선업종은 아니지만 국내 기업들 중 빅 배스 사례로 가
장 많이 거론되는 기업이 KB국민은행이다. 다음 언론보도를 보자.

KB금융지주는 지난해 883억 원의 당기순이익을 냈다고 10일 발표했다. 적자는 면했지만 2조 3000억 원의 높은 당기순이익을 낸 신한금융지주에 비해선 초라한 성적이다. 각각 1조 원대의 순이익을 기록한 우리금융지주와 하나금융지주에 비교해도 턱없이 부족하다. 금융권에서는 KB금융의 실적 부진이 CEO 교체를 계기로 이전의 부실을 한꺼번에 털어버리는 빅 배스 현상에 따른 것이라고 분석하고 있다. (한국경제 2011. 2. 10.)

기사 내용 전체를 소개하지는 않겠지만, 이 기사에서는 2010년 어윤대 회장의 취임시뿐만 아니라 그 이전의 CEO 교체시점에도 빅 배스가 행해졌다고 소개한다. 김정태 행장이 주택은행장(후에 국민은행과 합병해 (주)국민은행으로 통합된 현 KB국민은행의 전신)으로 취임하던 1998년, 강정원 행장이 취임하던 2004년, 어윤대 회장이 취임하던 2010년 모두 빅 배스가 발생했다고 언급한다.

자료를 구체적으로 분석해보면?

경기대 김한수 교수와 성균관대 최관 교수 등[5]이 저술한 사례연구 논문에서는 KB국민은행의 대손충당금 설정율을 하나은행 및 신한은행

---

3 '인식한다'라는 표현의 의미는 '회계상의 사건으로 간주해 회계장부에 기록한다'는 뜻이다.
4 장기공사계약의 회계처리에 대한 보다 자세한 내용은 본서에 실린 '대우조선해양의 분식회계 여부에 대한 논란'을 참조하라.

의 대손충당금 설정율과 비교했다.[6] 그 결과 KB국민은행의 빅 배스의 증거가 뚜렷하게 나타났다.

〈그림 1, 2, 3〉에 정리한 내용을 살펴보자. KB국민은행의 경우 행장 교체 직전 연도인 2009년의 영업수익 대비 대손상각비[7] 비중은 7.68%였으나 교체 연도인 2010년에는 12.35%로 크게 증가한다. 교체 이후인 2011년에는 다시 9.99%로 대폭 감소한다. 대손충당금 비율이나 대손충당금 전입비율 같은 다른 지표를 살펴봐도 동일한 추세가 나타난다. 비교대상 기업인 신한은행이나 하나은행에서는 이런 추세가 KB국민은행만큼 뚜렷하게 관찰되지 않는다. 별도의 그래프로 작성하지는 않았지만, 이때뿐만 아니라 1998년과 2004년 CEO 교체 전후 기간에도 동일한 추세가 나타난다.[8]

이러한 회계처리의 결과로 KB국민은행의 당기순이익은 2009년 6,300억 원에서 2010년 900억 원 정도로 감소했다가 2011년에는

---

5 김민석, 김한수, 최관, '최고경영자 교체시점의 Big Bath 사례연구 – 대손상각 회계처리를 중심으로', 〈회계저널〉, 2012년. 본고의 그림은 이 논문의 내용 중 〈표 15〉를 발췌해 작성한 것이다.

6 금융권에서는 대손충당금을 얼마만큼 설정하느냐에 따라 이익이 크게 변한다. 따라서 금융권 기업들의 이익조정에 대한 연구들은 대부분 대손충당금 설정비율이 어떻게 변하느냐를 중심으로 살펴본다. 대손충당금 설정비율을 1%만 바꿔도 이익이 최소 수백억 원씩 변하기 때문이다. 예를 들어 필자가 『숫자로 경영하라』에서 소개한 '헐값매각 논란의 숨겨진 진실' 편에서는 대손충당금을 대규모로 적립해 흑자회사를 적자회사로 전환시킨 후 외환은행을 론스타에게 매각하는 사례를 소개하고 있다.

7 기말까지 회수하지 못한 채권 중 앞으로 회수가 불가능할 것으로 예상되는 금액을 비용으로 처리하기 위해 설정하는 계정이다.

8 참고로, 국민은행의 1997~1999년 동안 영업수익 대비 대손상각비 비중은 4.87%, 14.66%, 6.69%이다. 2003~2005년 동안의 경우는 9.19%, 14.69%, 5.90%이다. CEO 교체시점인 1998년과 2004년을 기준으로 전후 수치가 크게 변하는 모습을 뚜렷하게 확인할 수 있다.

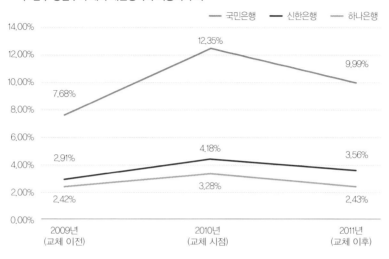

•• 〈그림1〉 영업수익 대비 대손상각비 비중의 추이

국민은행 신한은행 하나은행

14.00%

12.35%

12.00%

9.99%

10.00%

7.68%

8.00%

6.00%

4.18%

3.56%

4.00%

2.91%

3.28%

2.00%

2.42%

2.43%

0.00%

2009년
(교체 이전)

2010년
(교체 시점)

2011년
(교체 이후)

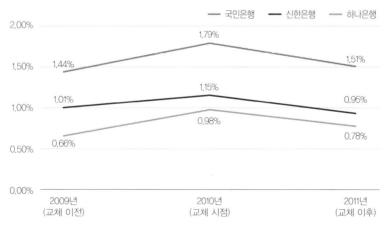

•• 〈그림2〉 대손충당금 비율 추이

국민은행 신한은행 하나은행

2.00%

1.79%

1.51%

1.50%

1.44%

1.15%

1.01%

1.00%

0.98%

0.95%

0.66%

0.78%

0.50%

0.00%

2009년
(교체 이전)

2010년
(교체 시점)

2011년
(교체 이후)

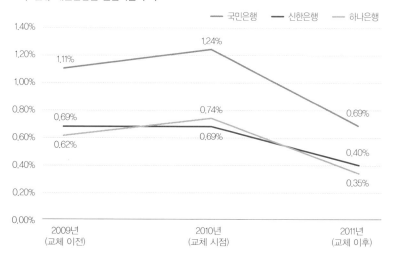

•• 〈그림 3〉 대손충당금 전입비율 추이

― 국민은행 ― 신한은행 ― 하나은행

2조 원으로 대폭 증가했다. 참고로 회계처리와는 관계없는 영업현금 흐름의 추세를 보면 2009년 -2,500억 원, 2010년 -1조 2천억 원, 2011년 -4조 5천억 원으로, 3년간 오히려 영업현금흐름이 급속히 악화되고 있는 것을 확인할 수 있다. 정상적인 경우라면 당기순이익 과 영업현금흐름의 추세가 비슷하게 나타나야 하므로, 이 차이를 보 면 필자가 여러 글에서 계속 강조한 것처럼 이익만 보면서 기업가치 를 평가해서는 안 된다는 점을 잘 알 수 있다.

〈그림 1, 2, 3〉에서 알 수 있는 또 한 가지 재미있는 사실은 KB국민 은행의 대손비율(3가지 중 어떤 방법으로 측정하든)이 다른 두 은행들에 비해 월등히 높다는 것이다. 빅 배스와 관계가 없을 CEO 교체 전이 나 교체 후 모두 동일한 추세가 나타난다. 왜 이렇게 큰 차이가 있을 지 궁금하다.

낙하산 인사가 빅 배스를 조장한다

왜 다른 은행은 그렇지 않은데 KB금융에서만 경영자 교체시마다 빅 배스가 반복될까? KB국민은행이 분식회계를 했다는 뜻은 절대 아니지만, 그래도 더 반복적으로 이런 일이 발생한다는 것은 뭔가 문제가 있다는 사실을 나타낸다. 최소한 미래에 대한 예측이 자주 틀렸다는 것 정도는 알 수 있다. 그 이유를 생각해보자.

KB국민은행에는 상당기간 정치권이나 행정부와 친밀한 관계가 있는 인사가 행장으로 부임해왔다. KB금융뿐만 아니라 수많은 공기업이나 주인이 불명확한 대기업들의 CEO 자리는 대부분 정치권이나 행정부와 친밀한 관련이 있는 사람들이 차지해왔다. 이런 일이 있을 때마다 야당은 '보은 인사'나 '낙하산 인사'라고 비난한다. 그런데 정권이 바뀌기만 하면 언제 그런 비난을 했었냐는 듯 아무 부끄럼 없이 다시 자기편 사람을 임명한다. 어제까지 여당이던 사람들이 갑자기 입장을 정반대로 바꿔 낙하산 인사를 하면 안 된다고 새 여당을 비난한다. 다람쥐 쳇바퀴 돌 듯, 문제는 해결되지 않고 계속 되풀이될 뿐이다.

이러한 임명과정 때문에 KB금융은 전임 CEO와 신임 CEO가 서로 다른 정권에 의해 임명되어 철저히 단절된다는 특징을 갖고 있다. 이를테면 전임자를 존경하거나 예우할 필요가 없을 뿐만 아니라, 오히려 전임자를 깎아내릴 강력한 유인을 가지고 있는 셈이다. 그래서 상대적으로 손쉽게 빅 배스를 하고 전임자의 경영실패 탓을 할 가능성이 있다.[9]

또한 빅 배스를 선제할 수 있는 감독조직인 이사회가 제 역할을 하지 못했기 때문에 이 문제가 반복적으로 발생했었을 수도 있다. 그에 비해 신한은행이나 하나은행은 모두 대주주가 존재하기 때문에 정치권에서 함부로 낙하산 인사를 내려보낼 수 없고, 그 결과 대주주가 CEO를 견제하고 감독하는 기능을 충분히 수행하고 있다고 볼 수 있다. 또는 장기적인 관점에서 경영을 함으로써 우수한 경영성과를 보인다고 할 수도 있다.[10]

한 가지 흥미로운 사실은 KB국민은행이 한국기업지배구조센터 등이 선정하는 지배구조 우수기업으로 종종 뽑히던 기업이라는 점이다. 앞에서 빅 배스를 한 것으로 소개한 기업들 중 다수도 역시 지배구조 우수기업으로 종종 선정되던 기업들이다. 언론보도를 보면 한국기업지배구조센터 등은 이사회와 다른 지배구조의 구성요소들의 형식을 평가해서 우수기업을 선정하는 듯하다. 따라서 KB국민은행의 경우 형식적인 측면에서 이사회 등 CEO를 견제하는 감독기구는 잘 마련되어 있지만, 그러한 지배구조가 제대로 된 감독기능을 수행하지 못했던 것이다. 이사회의 형식적인 구성보다는 제대로 된 운영이 훨씬 중요하다는 점을 알려주는 사례다.

---

9 참고로 설명하면, 본고에 등장하는 KB금융의 3명의 CEO는 순차적으로 김대중, 노무현, 이명박 대통령 시기에 임명되었다. 이를 보면 정권과 CEO가 어떤 관계에 있고, 왜 후임 경영자들이 빅 배스 회계처리를 손쉽게 수행할 수 있었는지를 유추할 수 있다.

10 이 사례를 봐도 명확한 대주주가 있는 기업 또는 대주주 없이 전문경영자가 경영을 하는 기업이 성과가 더 좋은지에 대한 질문은 쉽게 정답을 고를 수 없는 어려운 문제라는 점을 알 수 있다.

KB금융의 미래에 대한 기대

우여곡절 끝에 2014년 말 KB금융지주 겸 KB국민은행의 신임 CEO
로 윤종규 전 부사장이 선임되었다. 신임 CEO 선임에 진통이 있을
것이라는 예측이 있었지만 이사회에서는 큰 논란 없이 여러 명의 후
보자들 중에서 윤종규 전 부사장을 골랐다. 1990년대 말 구舊 국민은
행과 주택은행이 통합되어 통합 국민은행이 출범한 이후 최초로 정치
권이나 정부의 간섭 없이 선출된 CEO다.[11]

윤종규 CEO가 어려운 경제환경이라는 거친 풍랑을 헤치고 슬기롭
게 KB금융지주를 이끌어 가길 바란다. 2014년 동안 KB은행 이사진
이 CEO의 반대에도 불구하고 전산 시스템 교체 의사결정을 내린 점
이나 KB금융지주 이사진이 정부의 간섭 없이 독자적으로 신임 CEO
를 선택한 것을 보면, 2014년 들어서는 이사회가 제 역할을 수행하기
시작했다는 생각이 든다. 이사회와 신임 CEO가 힘을 합쳐 환골탈태
한 KB금융의 모습을 보여주기를 기대한다. 언론에서는 KB금융지주
의 신임 CEO가 또 빅 배스를 할 것이냐 하지 않을 것이냐를 두고 금
융권에서 설왕설래하고 있다는 소식을 보도한 바 있다. 앞으로 어떻
게 진행될지 궁금하다.

---

11 당시 왜 정부(박근혜 대통령 시기)의 간섭 없이 KB금융지주가 독자적으로 신임 CEO를 선
    임했는지에 대한 자세한 내용은 본서에 실린 '기업 지배구조의 중심으로서의 이사회의 구
    성과 역할'을 참조하기 바란다. 당시 사회적으로 큰 논란이 벌어진 사건이 발생했기 때문에
    정부가 새 CEO를 임명할 형편이 되지 않았을 것이다. 또는 정부가 CEO를 임명하려 했지
    만 독립적으로 행동한 이사회가 거부하고 독자적으로 KB금융지주에 적합한 회장을 선택했
    을 수 있다. 필자는 정확한 정보를 갖고 있지 못하지만, 후자의 가능성이 더 높아 보인다.

원고에 대한 질문과 답변[12]

질문

빅 배스 회계처리의 빈도나 규모를 외부 영입·내부 승진 CEO 여부 또는 정권 변경 등 전임자와 신임자의 관계성으로 설명한 부분이 인상 깊었습니다. 빅 배스의 회계처리 방법 중 하나로 대손충당금에 대해 설명하셨는데, 몇 년 전 글로벌자동차사의 한국법인에서 통상임금에 대해 대손충당금을 설정하고 바로 다음 해에 그 대손충당금의 상당 부분을 환입해서 두 회계연도의 영업이익을 의도적으로 원하는 금액으로 맞추는 듯한 의혹을 받은 적이 있습니다. 회계의 목적이 외부 이해관계자에게 유용한 정보를 제공하는 것이라고 본다면, 이러한 대손충당금을 설정할 때 발생하는 상당한 오차(과다계상·과소계상)는

---

12 2015년 본 원고가 〈동아비즈니스리뷰〉에 발표된 후 한 독자가 보내온 질문과, 그 질문에 대한 필자의 답변을 소개한다.

합법적인 테두리 안에서 그 회계처리가 이뤄진다고 하더라도 원래의 목적을 충실히 달성하지 못한다고 할 수 있고, 결국 그로 인해 외부 이해관계자들의 향후 결정에 도움을 주지 못하고 심지어 역방향의 결론을 도출하게 할 수도 있을 것이라고 생각합니다. 국내적으로나 국제적으로 이러한 회계처리에 대해 규제하려는 구체적인 움직임이나 실제 실행되고 있는 대책이 있는지 궁금합니다.

답변

회계의 기본원칙 중에 보수주의 원칙이라는 것이 있습니다. 미래가 불확실한 상황에서 현재 상황이나 어떤 행동의 결과로 미래에 손실이 발생할 것이라고 예상된다면 그 손실을 즉시 현재 시점에서 손실로 회계장부에 반영하지만, 그 반대로 현재 상황이나 어떤 행동의 결과로 미래에 이익이 발생할 것이라고 예측된다고 해도 그 이익을 현재 시점의 이익으로 기록하지 않는 것입니다. 이익은 실제 발생할 때까지 기다렸다가 회계장부에 기록합니다. 말씀하신 내용은 하급법원의 통상임금에 대한 판결의 결과로, 미래기간 동안 회사가 상당한 손실(추가적인 인건비를 소급해서 지급해야 하는 상황)을 볼 것이라는 것이 뚜렷하게 예상되는 상황입니다. 그렇다면 가능한 비용지출 금액을 현재 시점에 손실로 회계장부에 반영하는 것이 올바른 회계처리입니다. 가능한 예상범위 내에서 회사가 가장 합리적이라고 판단되는 금액을 결정하는 것이니, 회사가 가지고 있는 어떤 의도에 맞는 금액을 예상범위 안에서 고르는 경우가 있을 것입니다. 그러나 그 금액이 합리적인 가정을 통해 도출된 것이라면 분식회계라고 할 수는 없습니다.

인간은 신이 아니기 때문에 미래를 완벽하게 예측할 수 없습니다. 때문에 과거의 예측이 미래에 가서 정확하게 들어맞지 않습니다. 따라서 과소계상이나 과대계상이 발생하는 것이 정상적인 경우라고 할 수 있습니다. 예측이 틀린다고 해서 예측을 안 하는 것보다는 부족하더라도 예측을 해서 현재 회계장부에 반영하는 것이 정확한 정보가 됩니다. 또는 예측이 종종 틀린다고 해서 정부가 모든 기업이 똑같이 회계처리를 하도록(예를 들면 대손충당금은 모든 은행이 3%만 쌓고, 제조업은 1.5% 쌓으라고) 규정을 만들 수도 없습니다. 회사마다 사정이 다 다르기 때문입니다. 따라서 합리적인 근거에 따라 예측을 하고, 그 예측을 반영해서 회계처리를 하는 것입니다. 또한 기업들이 상대적으로 낙관적인 예측을 하는 경우가 많기 때문에 회계제도상에서 보수적으로 예측을 해서 반영하도록 보수주의 회계원칙이 마련된 것입니다. 보수적으로 작성한 회계정보가 이해관계자들에게 제공될 때, 낙관적으로 작성한 회계정보가 제공되는 것보다 이해관계자들의 피해를 줄일 수 있기 때문입니다.

질문하신 예에서도, 대법원의 통상임금에 대한 판결이 하급법원 판결과 다르게 나서 그만큼의 충당금이 필요하지 않게 되었기 때문에 환입(이익으로 회계처리)한 것입니다. 그러니 하급심 판결에 따라 충당금을 설정했다가 나중에 대법원에서 하급심과 다른 판결이 나와서 충당금을 일부 환입한 것은 적절한 회계처리입니다. 최초에는 하급법원의 판결 때문에 미래에 상당한 손실이 발생할 가능성이 상당히 높아졌으므로(100% 확실한 것은 아니지만), 그 시점에 충당금을 설정하지 않았다면 그것이 바로 분식회계입니다. 원고에서 설명한 것처럼 모든 빅 배스 회계처리가 분식회계인 것은 절대 아닙니다. 만약 합리적인 근거 없이 자의적으로 금액을 선정해서 충당금을 설정했다면 분식회계라고 할 수 있습니다. 또한 대법원의 판결이 나서 미리 쌓아놓은 충당금이 필요가 없게 된 상황에서 충당금을 환입하지 않는다면, 바로 그것이 분식회계가 됩니다. 따라서 회사의 행동은 합리적인 행동이라고 생각됩니다. 법원의 판결이라는 것은 기업의 행동을 제약하는 상당히 중요한 사건이 되므로, 그런 사건이 발생함에 따라 회계처리를 하는 것입니다.

그러나 미래에 대한 예측을 할 때 회사 측의 의도가 일부 반영될 수 있는 만큼, 정보이용자도 회계정보를 꼼꼼하게 읽고 숫자의 의미를 이해해야 합니다. 그러기 위해서 재무제표뿐만 아니라 회계처리를 어떻게 했는지를 알려주는 자세한 정보를 사업보고서에 공시하도록 한 것입니다. 회사가 사용한 예측방법이 무엇인지를 꼼꼼하게 읽고, 벤치마크가 되는 동종업계 유사기업과 비교를 해본다면 회사가 어떤 의도를 가지고 있는지 추론할 수 있을 것입니다. 즉 회사가 금액을 예측하기 위해 사용한 방법이 얼마나 합리적인 것인지를 판단하는 것이 정보이용자의 몫으로 남겨져 있다고 생각합니다.

본고에 소개한 사례를 다시 예로 들면, 국민은행이 설정한 대손충당금 수준을 다른 은행들과 비교해보면 뭔가 이상하다는 점을 쉽게 알 수 있을 것입니다.

회계로 본 세상

　회계는 과학이 아니며 수학도 아니다. '1+1=2'처럼 정확한 금액이 계산된다면 좋겠지만 회계숫자는 인간의 판단이나 추정이 반영되어 측정된 것이다. 인간은 신이 아니기 때문에 얼마든지 예측이 틀릴 수 있다. 아니 틀리는 것이 정상이다. 신통력이 있어서 미래를 완벽하게 예측할 수 있는 경영자나 감사인이 있다면 모를까, 그렇지 않다면 과거에 수행했던 미래에 대한 예측이 시간이 지남에 따라 틀렸다는 것이 판명되는 일이 거의 대부분이다. 상황이 변함에 따라 미래에 대한 예측이 변한다면 새로운 예측에 따라 과거에 수행했던 미래에 대한 추정을 변경해야 한다. 전문용어로 이를 '회계추정의 변경'이라고 한다. 빅 배스는 대부분 회계추정의 변경에 따라 발생하게 된다. 대손충당금 설정비율의 변경, 자산에 대한 손상차손의 기록, 영업권의 특별상각 등이 대표적인 예다.

　그렇다면 미래에 대한 추정이 변경되어 이익이 크게 늘어나는 일은 왜 없냐고 반문할 수 있다. 이런 일은 거의 일어나지 않는다. 이는 회계상의 '보수주의conservatism'라는 기본원칙 때문이다. 보수주의란 '예상되는 미래의 손실은 지금 현재 시점에서 인식하지만 예상되는 미래의 이익은 현재 시점에서 인식하는 것이 아니라 그 이익이 실제 발생할 때까지 기다려서 인식한다'라는 원칙이다. 그 결과 되도록이면 현재의 이익이나 자산과 자본을 작게, 반대로 손실이나 부채는 크게 평가해서 재무제표를 작성한다는 것이다. 경영자나 기업이 미래에 대한 추정을 상대적으로 낙관적으로 하는 경향이 많으므로, 제도적으로 보수적으로 회계처리가 되도록 시스템을 만들어 놓은 것이다. 보수적으로 회계처리를 해야만 경영자의 낙관적인 성향을 일부나마 억제할 수 있기 때문이다.

본서에 포함된 '소위 쌍용자동차 분식회계 사건의 진실-I'이라는 글에 등장하는 손상차손도 바로 보수주의 원칙 때문에 생겨난 제도다. 따라서 미래가 불확실한 상황에서 여러 발생 가능한 상황이 존재하는 경우라면, 왜 그 상황들 중에서 상대적으로 자산이나 자본 및 이익을 적게 표시하는 보수적인 방법을 선택해서 회계처리를 해야 하는지 이해할 수 있다. 물론 이렇게 회계처리를 해서 재무제표에 이익이 적게 표시되어 주가가 떨어진다면 기업이나 경영자, 그리고 당시 주주 입장에서는 상대적으로 억울해힐 수 있다. 그러나 이 제도가 이런 문제점만 있었다면 벌써 폐지되었었을 것이다. 문제점도 있지만 상대적으로 장점도 있는 제도이며, 상대적으로 장점이 단점보다 더 큰 것으로 판단되기 때문에 이런 제도가 회계실무에 도입되어 정착된 것이다.

이런 보수주의 회계처리의 기본원칙은 2012년부터 국내에 국제회계기준이 도입된 후 일부 완화된 측면이 있다. 국제회계기준은 보수주의보다는 공정한 가치로 기업을 평가한다는 '공정가치 회계'를 더 중요시한다. 그래서 보수적으로 가치를 평가하는 것보다는 상대적으로 공정한 가격이라고 볼 수 있는 시가로 가치를 평가하는 것을 선호한다. 그렇지만 시가가 명확하지 않은 자산들도 많이 있다. 시가가 명확하지 않다면 가치를 평가하기 위해 경영자의 추정이 필요하다. 이때는 추정이 불명확하다면 상대적으로 보수적으로 회계처리를 하는 것이 원칙이다. 따라서 공정가치 회계가 도입된 현재까지도 보수주의 회계처리의 관행은 회계실무에 깊은 뿌리를 내리고 있는 셈이다. 즉 현재는 시가주의와 보수주의가 모두 회계실무에 영향을 미치고 있다고 할 수 있다.

물론 분식회계를 통해서도 빅 배스가 이루어질 수도 있다. 분식회계인지 아닌지의 여부에 대한 판단은 결국 전문가의 몫이다. 합리적인 근거에 의해 회계처리가 이루어졌다면 분식회계가 아니지만, 합리적인 근거 없이 빅 배스가 이루어졌다면 분식회계에 해당된다. 빅 배스를 했다는 것이 알려지면 대부분 금융감독원에서 공식적 감리를 통해서나 비공식적으로 회계처리의 적정성에 대해 검토한다. 그런데 이제까지 빅 배스 회계처리 때문에 분식회계라고 판정받은 기업은 거의 없었던 것으로 기억된다. 보수적 회계처리와는 반대로 이익이나 자산을 부풀리는 방식으로 회계처리한 경우는 종종 분식회계로 적발되고 있다는 것과 비교해보면, 빅 배스 회계처리가 분식회계 때문에 발생하는 경우는 드물다는 점을 이해할 수 있을 것이다.

그러나 그렇다고 하더라도 경영자 교체 시점에 빅 배스 회계처리가 더욱 빈번하게 발생한다는 점은 신임 CEO의 의도가 강하게 반영되어 있다는 점을 나타낸다. 신임 CEO가 특정 의도를 가지고 있을 수 있다는 점이나 미래에 대한 판단이 틀릴 수 있다는 점을 꼭 명심하고, 이익뿐만 아니라 현금흐름의 변동도 살펴야 할 것이다. 빅 배스 회계처리가 현금흐름표에 보고되는 '영업활동으로 인한 현금흐름' 항목에는 영향을 미치지 못하기 때문이다. 그리고 동일 시점 동종산업에 속한 다른 기업들은 어떤 방식으로 회계처리를 하고 있는지에 대해서도 면밀하게 비교해봐야 한다. 그래야만 회사의 정확한 사정을 더 잘 이해할 수 있을 것이다. 본고에서 소개한 KB국민은행의 경우와 하나은행 및 신한은행의 경우를 비교해보면, KB국민은행의 경우만 미래 상황에 대한 추정에 따라 다르게 산정되는 대손충당금 규모가 상당히 다르게 책정되었다는 점을 잘 이해할 수 있을 것이다.

따라서 투자자들은 단지 손익계산서에 보고되는 이익뿐만 아니라 다른 재무제표들도 면밀히 살펴서 빅 배스의 결과로 손익계산서에 나타난 이익의 감소가 일시적 요인에 의한 것이라는 점을 파악하고, 그 빅 배스의 효과가 미래의 손익계산서에 어떻게 반영될 것인지에 대해서 분석을 해야 한다. 회계추정의 변경에 대한 정보와 판단의 근거는 사업보고서에 주석사항으로 공시된다. 그러니 재무제표와 관련된 주석을 꼼꼼히 읽어봐야 하는 것이다.

경영권 분쟁 과정에서
상환전환우선주의 역할

··· STX에너지 ···

세계금융위기 발발 이후 STX그룹은 생존의 위기에 직면하게 된다. 필요한 자금을 마련하기 위해 비교적 우량한 계열사인 STX에너지의 지분을 일부 오릭스에 넘겼다. 오릭스는 상환전환우선주를 인수하는 방식으로 STX의 2대 주주가 된다. 그런데 오릭스의 참여 이후 STX에너지의 자회사인 STX솔라의 처리를 둘러싸고 갈등이 발생한다. 갈등이 확대되어 오릭스는 상환전환우선주의 전환권을 행사하는 등으로 1대 주주로 등극한다. 그 결과 경영권을 확보한 후 STX에너지를 GS그룹에 매각한다. 오릭스가 경영권을 확보하는 과정에서 상환전환우선주가 결정적인 역할을 했다. 상환전환우선주가 무엇이며, 어떤 특징을 가지고 있고, 어떤 경우에 주로 사용되는지에 대해 알아본다.

STX에너지는 2002년 구미열병합발전소와 반월열병합발전소를 합친 산단열병합발전㈜를 STX그룹이 인수해서 탄생한 회사다. 이 회사는 구미와 반월 공단에 독점적으로 에너지원을 공급하는 지역발전소를 운영하는데, 산업의 특성상 현금흐름이 안정적이라는 장점이 있다. 그러나 사업 지역이 제한되어 있으므로 회사가 크게 성장하기 어렵다는 단점도 있다. 이런 단점을 극복하고자 STX에너지는 다방면으로 사업 다각화를 추진했다. 2008년 구 타이거오일을 합병해 유류 유통사업에 진출했고, 2011년도 강원도 동해시에 북평화력발전소를 건설하는 민자 발전소 사업에도 뛰어들었다. 또한 자회사들을 설립해서 해외 자원개발사업과 신재생에너지 사업 등에도 투자했는데, 태양광사업을 영위하는 STX솔라가 그 대표적인 예다.

STX그룹은 조선-해운업에 집중하면서 2000년대 초중반에 걸쳐 급성장한 그룹이다. STX그룹을 이끌던 강덕수 회장은 월급쟁이로 시작해 대규모 그룹을 만드는 데 성공한 덕에 '샐러리맨의 신화'라고 불리기도 했다. 그러나 2008년 세계 금융위기가 발발한 후 그룹을 이끄는 두 축인 조선-해운업의 업황이 급속히 악화되면서 STX그룹에 먹구름이 몰려왔다. 2012년이 되자 STX그룹 계열사 대부분이 적자를 기록하면서 재무상황이 악화되어 부도가 발생하기 일보 직전인 유동성 위기에 직면하게 된다. STX조선해양은 2011년에 약 1,680억 원의 당기순이익을 기록했지만, 이듬해인 2012년에는 무려 7,800억 원의 적자를 기록했다. STX팬오션은 2011년 420억 원의 적자와 2012년 690억 원의 적자를 기록하고, 지주회사 ㈜STX는 2011년 2,200억 원 흑자에서 2012년 4,900억 원 적자로 전환했다. STX에너지는 STX그룹의 계열사들 중 상대적으로 안정적인 경영성과를 유지하고 있었다. 2011년과 2012년에 STX에너지의 당기순이익은 각각 476억 원과 557억 원이었으며, 자산이익률(ROA)은 각각 5%와 4% 수준으로 유지되고 있었다.

STX에너지의 지분 매각을 통한 자금조달

그룹이 무너질 수도 있는 위기상황에 처하자 주채권은행인 산업은행은 STX그룹에 자구안 마련을 강력히 요구한다. 이에 2012년 5월, STX그룹은 산업은행과 재무구조개선약정을 체결하고, STX중공업 상장, STX팬오션 매각, STX유럽의 계열사 매각 등의 계획을 세워 자구노력을 지속한다. 그러나 STX그룹의 기대와는 달리 상황은 쉽게 개선되지 않았다. STX그룹은 계열사 중 비교적 우량한 STX에너지의 지분 일부를 매각해 자금을 조달하고자 하는 계획을 세운다. 이때 STX 측이 접촉한 재무적 투자자가 바로 일본의 종합금융회사 오릭스 그룹이다.

오릭스는 과거 STX그룹에 투자한 경험이 있었다. STX엔파코(현 STX중공업)는 STX그룹이 구 쌍용중공업(현 STX조선)을 인수한 뒤 쌍용중공업의 소재와 부품, 조선기자재 부문을 분할해서 설립한 회사다. 2007년 들어 이 회사의 재무구조가 위험해지자 STX그룹은 오릭스의 자본을 일부 유치한다. 2년 후인 2009년 STX그룹이 상황이 개선된 STX엔파코를 상장시킬 때 오릭스는 보유하던 STX엔파코의 주식을 매각해서 상당한 이익을 얻었다. 이 투자를 통해 STX와 오릭스가 서로 윈-윈할 수 있었던 것이다.

STX그룹은 처음에 국내 몇몇 사모펀드들에게 STX에너지의 지분을 인수할 것을 제안했다. 그러나 STX에너지의 가치를 둘러싸고 서로의 이견이 상당했기 때문에 투자를 위한 협상이 결렬된다. 그러자 STX는 오릭스와 접촉해 투자를 권유한다. 2012년 말, 오릭스는 STX 조선해양이 보유하고 있던 STX에너지의 주식을 1,210억 원에 인수하고, 제3자 배정 유상증자에 참여해 총 1,940억 원의 신주를 인수했다. 이때 유상증자액 1,940억 원 중 970억 원은 우선주를 보통주로 전환할 수 있는 전환우선주CPS; Convertible Preferred Stock였으며, 나머지 970억 원은 상환전환우선주RCPS; Redeemable Convertible Preferred Stock였다. 상환전환우선주에 대해서는 오릭스가 우선주의 상환을 회사에 청구할 수 있는 상환청구권을 보유하고 있었다. 또한 오릭스는 STX에너지가 발행한 회사채 450억 원을 추가로 인수해 STX그룹이 필요로 한 자금을 지원했다. 이 회사채는 표시이자율 3%, 만기이자율 6%, 8년 만기에 원리금 만기일시상환 조건을 가진 교환사채exchangeable bond였으며, STX그룹에 콜옵션call option이 부가되어 있었다. 이렇듯 우선주와 사채에 부여된 특수한 조건들은 이후 STX그룹과 오릭스의 거래에서 중요한 역할을 하게 된다. 이 조건에 대해서는 아래에서 좀더 자세히 살펴볼 것이다.

전환우선주, 상환전환우선주와 교환사채의 인수를 포함한 오릭스의 총투자액은 3,600억 원으로 상당한 규모였다. 따라서 오릭스의 입장에서도 STX에너지에 대한 투자는 중요한 관심사였을 것이다. STX그룹에 대한 투자의 결과 오릭스는 STX에너지의 보통주와 우선주를 합해 총 43.13%의 지분을 확보한다. ㈜STX가 50.07%의 지분을 가지고 있었으므로 경영권은 계속해서 STX그룹이 행사했다. 나머지 지분 6.4%는 소액주주들이 보유하고 있었는데, STX에너지는 비상장사로서 소액주주들이 일반 주주가 아닌 우리 사주조합 등으로 구성되어 이들 역시 STX의 우호세력으로 볼 수 있었다. 따라서 지분구조로만 보면 오릭스는 경영권을 가질 수 없는 단순한 재무적 투자자였다. 다만 오릭스 측에서 총 8인의 이사진 중 3인을 지명했으므로 경영에 대해 일부 영향력을 행사할 수는 있었다.

오릭스의 투자 덕분에 STX그룹은 유동성 위기를 일차적으로 해소할 수 있었다. STX조선해양은 오릭스에게 STX에너지의 주식을 매각한 대금 1,210억 원으로 만기가 돌아온 급박한 부채를 상환할 수 있었다. 또한 유상증자를 통해 STX에너지로 유입된 1,940억 원은

STX그룹은 조선-해운업을 중심으로 2000년대 중반부터 급성장을 했다. 그러나 세계금융위기 발발 이후 업황이 급속히 악화되면서 위험에 처하게 된다.

STX에너지의 부채를 갚고 운영자금으로 사용되었다. 이때까지만 해도 양측은 지난번 오릭스의 STX엔파코에 대한 투자처럼 서로 윈-윈 하는 행복한 결말을 기대하고 있었을 것이다.

전환권조정 조항의 역할

앞서 언급했듯 오릭스는 STX에너지의 전환우선주와 상환전환우선주를 보유하게 되었다. 일반적인 우선주는 보통주와는 달리 의결권은 없지만, 기업이 배당을 지급할 때 또는 기업이 해산할 경우 잔여재산의 분배 등에서 보통주보다 우선권을 갖는 주식을 말한다. 일반적인 우선주에는 의결권이 없는 대신 종종 부가적인 속성이 부여되는데, 전환우선주와 상환우선주가 그 대표적인 예다. 전환우선주란 다른 종류의 주식(주로 보통주)으로 전환할 수 있는 권리가 있는 우선주를 말한다. 상환우선주RPS; Redeemable Preferred Stock란 일정기간 동안은 우선주의 성격을 가지고 있으나 일정기간이 경과하면 발행사에서 이를 되사도록 한(즉 투자자의 입장에서는 발행사로부터 투자금을 상환받을 수 있는) 주식을 말한다. 상환전환우선주란 전환우선주와 상환우선주를 결합한 것이다. 우선주를 보통주로 전환할 수도 있고, 경우에 따라서는 전환하는 대신 발행사로부터 상환받을 수도 있는 우선주를 말한다.

오릭스가 인수한 전환우선주 및 상환전환우선주의 기본 전환비율은 1:1로서, 전환권이 행사될 때 우선주 1주가 보통주 1주로 교환되도록 설계되어 있었다. 그러나 계약조건에는 전환권조정refixing, 리픽싱 조항도 포함되어 있었다. 즉 다음과 같은 사유가 발생할 때는 전환비율이 조정되도록 규정되어 있었다.

전환권조정 사유: 전환가격은 회사가 STX솔라 주식회사, STX건설 주식회사, STX Energy Canada Inc., STX Ireland Limited, Shanxi HuinengMeiye Co., Ltd., Kor-UzChemaical Investment Ltd. 및 STX RHL Pty Ltd.와 관련해 보유하고 있는 자산과 부채의 기준 장부가액과 실제가치 차액을 전환우선주식의 전환에 따라 발행되어야 하는 보통주식의 수에 적절히 반영하기 위해 발행일로부터 3년 6개월이 경과할 때까지, 발행일 후 6개월이 경과하는 각 일자에 조정된다.

위 조항에서 언급된 회사들은 STX에너지의 자회사거나 STX에너지가 상당수의 주식을 보유한 회사들이다. 전환권조정 조항에 따르면 이들 회사들의 가치가 하락할 경우 우선주의 보통주 전환비율이 상승하게 된다. 즉 우선주 1주당 보통주 1주보다 더 많은 보통주를 지급받을 수 있는 것이다.[1] 오릭스 입장에서는 투자결정 당시 STX그룹의 미래 경영성과뿐만 아니라 생존 자체가 불확실한 상황이었으므로, 투자한 지분가치가 하락할 가능성이 높다고 판단했을 것이다. 따라서 주당 가치가 하락하는 경우에는 더 많은 보통주를 받아 지분율을 늘림으로써 투자한 지분의 총가치를 유지하고자 이 조항을 포함시킨 것이다.[2] 이런 전환권조정은 사모펀드 업계에서 투자를 할 때 종종 사용하는 조건이다.

STX솔라를 둘러싼 갈등의 시작

반면 STX그룹 입장에서 이 조항은 사태가 악화되는 경우 경영권을 빼앗길 가능성을 열어두게 한다. 만약 STX에너지의 경영성과가 크게 하락해서 전환권조정 사유가 발생한다면 오릭스가 조정된 비율로 우선주의 전환권을 행사해 현재의 43.1%보다 더 높은 지분비율을 보유하게 될 여지가 있기 때문이다.

---

1 몇 주를 받을 수 있는지는 회사의 경영성과에 따라 달라지며, 구체적인 계산 방법은 계약서에 규정되어 있다.
2 지분의 총가치는 '주식수 × 주당 가격'이다. 주당 가격이 하락하더라도 전환권조정을 통해 받을 수 있는 보통주식수가 증가한다면, 투자한 지분의 총가치 하락을 일부 상쇄하거나 유지할 수 있다.

오릭스가 인수한 교환사채도 향후 오릭스의 지분율에 영향을 미칠수 있다. 교환사채란 일정기간 보유 후 해당 채권을 발행사가 보유하고 있는 주식으로 교환 가능한 사채를 말한다.[3] 해당 교환사채를 전액 보통주로 교환하면 오릭스는 6.9%의 지분을 추가로 확보할 수 있으며, 이 경우 지분율이 50.05%가 되어 STX에너지의 경영권을 행사할 수 있게 된다. 다만 이 교환사채와 관련해서 STX그룹 측에 콜옵션이 부여되어 있었는데, STX그룹이 원한다면 콜옵션을 행사해서 교환사채를 상환할 수 있었다. 오릭스가 교환권을 행사하기 전에 STX그룹이 콜옵션을 행사해 교환사채를 상환한다면 경영권을 계속 STX그룹이 유지할 수 있는 것이다.

오릭스는 투자시점부터 당시 큰 적자를 보고 있던 자회사인 STX솔라의 청산을 STX그룹에 꾸준히 요구한다. 태양광 산업이 회복될 가능성이 없으며 경쟁력도 없다는 이유였다. 한때 석유가가 배럴당 100달러가 넘을 정도로 치솟던 때는 태양광 산업을 비롯한 신재생에너지 산업이 각광을 받았으나, 2010년 이후 석유 가격이 하락하면서 신재생에너지 사업은 미운 오리 새끼가 되었다. 태양광 산업의 발전 단가는 원자력이나 석탄 발전의 몇 배가 되기 때문에 정부의 보조금 없이는 독자적으로 생존할 수 없었다. 그런데 세계 경제위기의 여파로 각국이 신재생에너지 기업들에 주던 보조금을 철폐하기 시작하면서 시장규모가 급격히 축소되고 업황이 악화되었던 것이다. 이러한

---

[3] 교환사채에 대한 더 자세한 내용은 『숫자로 경영하라』에 실린 '경영권 분쟁중에 일어난 교환사채의 발행과 투자자의 과민반응'을 참조하라.

탓에 STX솔라는 2011년과 2012년 각각 176억 원과 217억 원의 손실을 기록한다. 오릭스는 투자계약서에 '이사회에서 만장일치로 합의하는 경우를 제외하고 STX솔라를 청산시킨다'는 내용을 포함시켰다. 그리고 2012년 이후 계속해서 STX솔라의 청산을 주장했다.

그러나 STX그룹은 오릭스의 주장에 동의하지 않았다. STX그룹은 태양광 업계의 불황이 일시적일 뿐이며, 잠시의 위기상황을 넘기면 업황이 개선될 것이라고 판단했다. 그러므로 STX솔라의 계속 기업가치가 청산가치보다 크기 때문에 자금을 더 투입해서 회사를 계속 운영하는 것이 손실을 줄이는 방법이라고 주장했다.

STX그룹과 오릭스의 팽팽한 대립

STX솔라를 둘러싼 양측의 대립이 지속되자 STX 측에서는 오릭스가 다른 이유에서 STX솔라의 청산을 주장한다는 음모론을 제기했다. STX솔라를 청산하면 손실이 한꺼번에 STX에너지의 회계장부에 반영되어 전환우선주 및 상환전환우선주의 전환비율이 조정될 것이므로, 오릭스가 STX에너지의 경영권을 차지하려는 의도로 청산을 요구한다고 주장했다. 그러나 오릭스 측 주장은 전혀 달랐다. STX솔리기 회복할 수 없는 상황에 있으므로 STX에너지의 가치하락을 막기 위해서는 STX솔라를 청산하는 것이 최선이라는 것이다. 또한 STX솔라를 청산하지 않더라도 앞으로 발생할 대규모 적자가 STX에너지의 회계장부에 반영될 것이기 때문에, 1~2년만 지나면 청산과는 무관하게 전환비율이 높아질 것이라고 주장했다.

　이런 내용들만을 놓고 보면 어느 쪽 주장이 더 옳은지는 쉽게 판단을 내릴 수 없다. 태양광 산업의 미래에 대한 양측의 전망이 서로 크게 달랐던 것이다. 그러나 STX그룹에게는 사실상 선택의 여지가 없었다. 이런 갈등이 벌어지던 2013년 초 당시 STX그룹은 그룹 전체가 해체될 수도 있는 심각한 경영위기 상황에 직면해 있었다. 따라서 보유 현금이 부족하므로 STX솔라의 부도를 막을 방법이 없었다. 또한 오릭스와의 계약조건에 따라 STX에너지의 이사회에서 만장일치로 합의하지 않는다면 STX솔라를 청산해야 했기에, 오릭스 측 인사 3인이 이사회에 포함되어 있는 상황에서는 법적으로도 STX솔라의 청산을 막을 수 없었다.

　한편 STX그룹과 오릭스는 다른 문제에서도 갈등을 겪고 있었다. 2012년 당시 STX그룹 계열사 중 안정적으로 흑자를 내고 있는 계열사는 STX에너지가 거의 유일했고 다른 계열사들은 대부분 유동성 위기에 처해 부도가 나기 직전이었다. 이에 대처하기 위해 STX그룹은 STX에너지에게 그룹 계열사들이 발행한 단기사채CP; Commercial Paper, 기업어음를 구입해달라고 요청한다. 계열사들이 STX에너지의 자금을 빌려 만기가 돌아오고 있는 다른 부채를 갚아 부도를 회피하려는 계획이었다. 그러나 이런 요청에 대해 오릭스는 강하게 반발한다. 받을 수 없는 것이 거의 명백한 돈을 계열사들에게 빌려준다는 것은 고의적으로 기업의 가치를 훼손시키는 배임행위라는 것이 오릭스의 판단이었다.

　오릭스와의 갈등이 지속되자 STX그룹은 오릭스 측에 '투자원금에

태양광 발전소의 모습
한때 유가가 100달러를 넘어 상승할 때 신재생에너지로서 태양광 발전은 큰 각광을 받았다. 그러나 유가가 하락함에 따라 발전단가가 높은 태양광 발전은 경제성을 잃게 된다. STX솔라의 미래에 대해서도 STX와 오릭스 측은 크게 엇갈린 견해를 보인다.

이자를 붙여줄 테니 계약을 무효로 하고 회사에서 나가달라'고 요청한다. 그러나 오릭스는 이 제안을 거부한다. 그러자 STX그룹은 STX에너지의 주주총회를 열어 회사 정관을 개정하고 전환비율 조정과 관련한 조항을 삭제해버렸다. 경영상황에 따라 전환비율이 조정된다는 조항을 없애고 우선주와 보통주의 1:1 교환만 가능하도록 한 것이다.[4] 이에 대응해 오릭스도 행동에 나선다. 전환우선주와 상환전환우선주의 전환권과 교환사채의 교환권을 행사한 것이다. 오릭스가 권리행사로 보통주를 취득하면 총 50.05%의 지분을 확보하게 되며, 이에 따라 전환권조정 없이도 최대주주가 되어 경영권을 확보할 수 있게 되는 것이다. 양측 모두 돌아올 수 없는 다리를 건넌 것이다.

---

4 이 정관개정건이 법률소송으로 가지는 않았지만, 이 정관개정 내용은 법적으로 무효일 가능성이 높다. 계약의 상대방이 동의하지 않는 상태에서 계약의 한쪽에서 일방적으로 자신에게 유리하도록 계약서를 바꾼 것이기 때문이다.

오릭스의 STX에너지 경영권 인수

이 사이 STX는 보유한 STX에너지의 지분을 일부 구매해줄 제3의 투자자를 물색하다가 국내 대표적인 사모펀드들 중 하나인 한앤컴퍼니와 협상을 시작한다. 동시에 STX는 오릭스 측이 보유한 교환사채에 대한 콜옵션을 행사하겠다고 통보한다. 콜옵션을 행사하면 STX가 6.9%의 지분을 오릭스로부터 되사서 STX에너지의 경영권을 다시 가져오게 된다. 제3의 투자자로부터 마련한 돈으로 콜옵션을 행사하고 경영권을 찾아오겠다는 계획이었다.

그러나 불행히도 STX와 한앤컴퍼니의 협상은 쉽게 종결되지 않았다. STX에너지의 적정가치에 대한 서로의 견해차가 컸던 것이다.[5] 2013년 4월 협상이 시작되었으나 5월이 지나도 별다른 진척이 없었다. STX는 조급해졌다. 시간을 벌기 위해 STX에너지 비상임 감사의 이름으로 법원에 소송을 제기해 STX솔라의 청산을 막고자 했다. STX솔라를 청산하는 것은 고의적으로 회사에 손해를 끼치는 행위이므로 업무상 배임에 해당한다는 이유였다. 언론에도 적극적으로 STX 측의 입장을 담은 보도자료를 배포했다. 그 결과 '일본 회사가 알짜 한국 기업을 헐값에 빼앗으려 한다'는 내용을 담은, 반일감정을 불러일으키면서 애국심에 호소하는 기사가 언론에 다수 보도되었다.

6월이 되자 이런 분쟁을 지켜보던 채권단이 중재에 나선다. STX에너지에는 7월 중 만기가 도래하는 회사채가 800억 원 있었는데, 이

---

[5] 정확한 내용이 알려지지는 않았지만, 언론보도를 보면 STX그룹이 보유한 STX에너지의 지분 가치에 대한 양측의 평가금액에 약 1천억 원 이상 차이가 있었다고 한다.

회사채를 상환하지 못할 경우 부도가 발생하는 상황이었다. 산업은행을 비롯한 채권단은, 만약 양측이 타협하지 않으면 회사채를 차환refinancing, 채권이 만기가 될 경우 새로운 채권을 발행해 조달한 자금으로 만기가 돌아온 채권을 상환하는 것해주지 않겠다고 선언한다. 그렇다면 STX에너지가 부도가 나게 되고, 그 결과 채권단이 경영권을 인수할 수 있다. 채권단은 양측이 타협하지 않는다면 경영권을 인수하겠다고 통보한 것이다.

결국 채권단의 압박 또는 조정에 의해 양자는 협상 테이블에 앉게 된다. 협상에서 수세에 몰린 것은 STX 측이었다. 법적으로 보면 전환권조정을 할 수 있는 상황(STX솔라의 경영성과 악화)이 이미 발생하고 있으므로, 오릭스가 보유한 우선주를 더 많은 수의 보통주로 교환하게 되면 STX의 지분비율은 더욱 감소할 수 있었다. STX에너지도 2012년까지는 흑자였지만 2013년 들어서는 상당한 적자가 발생하고 있는 상황이어서 현금이 부족했다. 또한 STX그룹 전체가 위기 상황에 처해 있었으므로 STX 측은 그룹 계열사들의 부도를 막기 위해서라도 현금을 빨리 받아야 했다. 결국 2013년 7월, STX그룹은 2,700억 원을 받고 STX에너지에 대한 잔여 지분 전부를 오릭스에 넘기기로 결정했다. 아마도 한앤컴퍼니에 파는 것보다 더 높은 가격을 받을 수 있으니 지분을 오릭스에 넘기기로 결정했을 것이다.

결국 오릭스는 모든 분쟁을 해결하고 회사의 경영권을 인수하게 되었다. 총 6,300억 원을 투자해 STX에너지의 새 주인이 된 것이다. 필자의 개인적인 견해이지만, 만약 법적 다툼이 벌어졌더라도 오릭스가 승리할 수 있었을 것이다. 그러나 승리할 때까지 몇 년의 시간이 지체되었을 것이므로 오릭스는 빠른 인수를 택한 셈이다. STX 입장에서도 그룹 전체의 존망이 걸린 위기상황이었으므로 법적 다툼을 벌일 시간적 여유가 없었다.

GS그룹의 STX에너지 인수: GS이앤알의 탄생

재무적 투자자인 오릭스는 STX에너지를 계속해서 경영할 의사가 없었다. STX 측과 분쟁을 벌이다 보니 STX에너지를 인수하는 데까지 이른 것뿐이었다. 경영권 인수 후 오릭스는 바로 STX에너지를 매각하는 작업에 착수한다. 입찰을 거쳐 2013년 12월, GS에너지와 LG상사가 함께 컨소시엄을 구성해 오릭스로부터 STX에너지를 인수한다. 2014년 2월, 지분 71.9%를 인수하는 대금 6천억 원이 오릭스에게 지급되었다. 매입가격은 주당 6만 2,463원으로서, 매입의 결과 GS그룹이 64.4%, LG상사가 7.5%의 지분을 보유하게 된다. 오릭스는 거래 이후에도 계속 25%의 지분을 보유했다. 인수 후 GS그룹은 STX에너지의 사명을 GS이앤알(E&R)로 바꾼다. STX에너지가 ㈜GS의 자회사인 GS이앤알로 재탄생한 것이다.

이 거래의 결과 6,300억 원을 투자해서 STX에너지의 경영권을 인수했던 오릭스는 투자액의 대부분인 6천억 원을 회수했다. 또한 남겨둔 25%의 지분에 대해서는 풋옵션을 부여받았다. 해당 풋옵션은 GS이앤알이 6년 이내에 주식시장에 상장하지 않는다면 GS그룹에 해당 지분을 현 계약의 주당 매매가격과 동일한 6만 2,463원에 매각할 수 있는 권리다. 만약 GS이앤알의 경영성과가 상승해 GS그룹이 GS이앤알을 6년 이내에 상장시킨다면, 오릭스는 상장 후 주식시장에서 보유지분을 6만 2,463원보다 높은 가격에 매각해 이익을 올릴 수 있고, 상장시키지 못하더라도 최소 6만 2,463원에 매각할 수 있는 것이다. 이는 오릭스에게 최소 2,400억 원의 추가 수익을 보장해주는 것으로서, 오릭스는 결과적으로 풋옵션 조건 만료 시점인 6년 뒤에는 최초 투자액 6,300억 원에 대해 최소 약 5%의 연환산 수익률을 얻게 된다. 물론 GS이앤알의 성과가 개선되어 높은 주가로 상장이 이루어진다면 수익률은 더 높아질 수 있다.

이런 거래조건은 GS그룹에도 유리한 내용이다. 만약 오릭스가 나머지 25% 지분을 모두 넘길 테니 인수총액 8,900억 원을 전액 지금 지불해달라고 요청했다면 GS그룹은 추가로 2,400억 원을 일시에 마련해야 했다. 그런데 이 자금을 당장 마련하지 않아도 되니 인수자금을 조달하기가 훨씬 수월했을 것이다. 잔액 2,400억 원은 6년 동안 여유 있게 마련할 수 있게 되었으며, 만약 그 전에 GS이앤알의 상장에 성공한다면 이 자금을 마련하지 않아도 된다. 이러니 서로 윈-윈하는 계약조건인 셈이다.[6]

상환전환우선주는 부채인가, 자본인가?

앞에서 설명한 것처럼 STX와 오릭스의 타협에는 상환전환우선주의 계약조건에 포함된 전환권조정 조항이 중요한 역할을 했다. STX 측에서는 전환권조정이 이뤄지면 보유하고 있는 STX에너지 지분비율이 더 줄어들기 때문에, 전환권조정이 이루어지기 전에 협상을 종결할 필요가 있었던 것이다. 한편 상환전환우선주와 관련해서는 경제적인 관점뿐 아니라 회계적인 관점에서도 중요한 이슈가 발생한다. 이하에서는 상환전환우선주와 관련된 회계처리 문제에 대해 살펴본다.

상환전환우선주는 전환우선주처럼 사전에 약정된 비율로 보통주로 전환될 수 있는 주식이지만, 동시에 주식에 대한 상환청구권이 부여된다. 이때 상환청구권은 투자자 또는 발행사에게 주어질 수 있다. 투자자가 상환청구권을 보유하고 있다면, 투자자는 사전에 정해진 조건이 만족되는 경우 일정기간 이내에 상환전환 우선주의 상환을 발행사에 청구할 수 있다. 이 경우 발행사는 주식을 현금으로 상환해야 한다. 발행사가 상환청구권을 보유한 경우에는, 발행사가 원한다면 투자자들에게 현금을 돌려주고 상환전환우선주를 회수할 수 있다.

---

6 오릭스는 이런 계약조건을 자주 사용하는 듯하다. 2015년, 위기에 빠진 동부그룹이 계열사인 동부팜한농을 매각하려고 할 때도 오릭스는 비슷한 인수구조를 제안했다. 회사의 가치를 5천억~6천억 원 정도로 제시하면서, 이 중 2/3 정도만 현금으로 동부그룹의 보유지분을 매수해 경영권을 인수하는 데 사용하겠다는 내용이다. 동부그룹이 나머지 1/3의 지분을 계속해서 보유하고, 미래 일정기간이 지나면 오릭스 보유지분을 되살 수 있도록 동부그룹에 콜옵션을 주겠다는 제안이다(오릭스의 제안 중 정확한 금액은 외부에 발표된 바 없으나, 언론보도를 통해 필자가 대략적으로 추산한 내용이다). 그룹의 일시적인 자금사정이 어려워서 어쩔 수 없이 동부팜한농을 매각하게 되었지만, 나중에 혹시 그룹의 경영상황이 개선되면 회사를 다시 찾고 싶었을 동부그룹 입장에서는 귀가 솔깃한 제안이었을 것이다. 그러나 이 제안은 채권단이나 동부그룹에 투자했던 다른 재무적 투자자들의 반대로 거부된다. 채권단 입장에서는 동부그룹에 대한 대출금의 빠른 회수를 바라고 있었기에 동부그룹에 한 푼이라도 더 많은 현금이 지금 당장 유입되도록 하기 위해 이 제안에 대해 반대했을 것이다. 또한 당시에는 동부그룹이 가까운 시일 내에 콜옵션을 행사해 동부팜한농의 나머지 지분을 다시 살 수 있을 정도로 회복할 수 있을 것으로 기대하기 힘든 상황이었다. 결국 오릭스의 제안은 거부되고, 동부팜한농은 5,152억 원의 가격에 LG그룹에게 매각되었다.

상환전환우선주는 현재는 우선주이지만 전환권이 행사되면 보통주로 전환된다는 점에서 자본의 성격을 가진다. 그러나 상환청구권을 행사한다면 발행사가 상환을 해야 하는 의무가 있으므로 부채의 특성도 동시에 갖고 있다. 이렇게 상환전환우선주처럼 부채와 자본의 성격이 혼합되어 있는 종합금융상품을 전문용어로 하이브리드 증권 hybrid securities이라고 하며, 신종자본증권이나 변종자본증권이라고 번역한다.

한국에서 기업들이 회계처리를 할 때 적용되는 회계기준에는 K-GAAP(기업회계기준)과 K-IFRS(한국적용 국제회계기준) 2가지가 있다. 2011년 이전에는 모든 기업이 K-GAAP에 따라 회계처리를 했으며, 2011년 K-IFRS가 도입되면서 상장기업들에는 K-IFRS 적용이 의무화되었다. 다만 중소기업은 2011년 이후에도 K-GAAP을 사용할 수가 있다. 그런데 상환전환우선주에 대한 회계처리는 K-GAAP과 K-IFRS가 서로 다르게 규정되어 있다. K-GAAP하에서는 상환전환우선주를 자본으로 분류하는데, 이는 K-GAAP이 법적 형태를 중요시해 상환전환우선주가 법적으로 주식 형태로 발행된다는 것에 기반한 것이다. 반면 K-IFRS는 법적 형태보다는 경제적 실질이 무엇이냐를 회계처리의 기준으로 삼는다. 따라서 개별 상환전환우선주의 경제적 실질이 자본과 부채 중 어느 쪽에 가까운지에 따라 회계처리가 달라진다.

이를 좀더 자세히 살펴보자. K-IFRS 상에서 부채의 정의의 핵심은 '상환의무의 존재 여부'다.[7] 따라서 상환의무가 없는 금융상품은 자본으로 분류한다. 만약 상환우선주의 상환청구권을 주주들(즉 투자자들)

GS E&R 홈페이지
GS그룹은 원래 LG그룹에서 분리 독립했다. 석유화학과 에너지 분야를 중심으로 다양한 분야에서 사업을
영위하면서 발전하고 있다. GS그룹에서 STX에너지를 인수하고, 사명을 GS이앤알(E&R)로 바꾼다. 영문 이
(E)는 Electricity, Energy, and Environment를, 영문 알(R)은 Resources and Renewable을 의미한다.

이 보유, 회사에 상환을 요청한다면 회사는 상환을 해줄 의무가 생긴
다. 따라서 이 경우 상환우선주는 부채로 분류된다. 반면 발행사가 상
환청구권을 보유하고 있다면, 발행사에게 상환의도가 없는 한 상환할
필요가 없으므로 상환의무는 존재하지 않는다. 따라서 이 경우에는
자본으로 분류된다. 즉 상환우선주는 상환청구권을 누가 보유하느냐
에 따라 회계상 분류가 달라진다.

또한 K-IFRS에 의하면 자기지분증권(즉 자본)으로 결제되는 파생
상품은 '확정대확정 조건'을 기준으로 부채와 자본으로 분류한다. 확
정대확정 조건이란 '우선주 1주를 보통주 3주와 교환한다'는 것처럼

---

7 금융부채의 정확한 정의는 '거래상대방에게 현금 등 금융자산을 인도하거나 잠재적으로 불
리한 조건으로 거래상대방과 금융자산이나 금융부채를 교환하기로 한 계약상 의무'이다
(K-IFRS 제1032호 문단11).

지분상품(주식) 1주에 대해 교환되는 현금 또는 금융자산의 가치나 수량이 확정되어 있는 조건을 말하며, 확정대확정을 만족하는 경우 자본으로 분류한다. 전환권조정 조항이 있다면 우선주 1주와 교환되는 보통주의 수량이 변할 수 있으므로 확정대확정 조건을 충족시키지 못하므로 부채로 분류해야 한다.[8] 즉 전환우선주의 경우 확정대확정의 기준을 충족시키느냐의 여부에 따라 회계처리가 달라진다.

  이상의 내용을 종합하면 다음과 같다. 상환전환우선주는 상환우선주와 전환우선주를 결합한 것이다. 따라서 상환우선주와 전환우선주의 부채와 자본 구별기준이 동시에 적용된다. 즉 위에서 설명한 2가지 기준으로 볼 때 모두 자본으로 분류가 가능한 경우에만 자본으로 분류하고, 그 외의 경우라면 부채로 분류하는 것이다. STX에너지는 비상장기업으로서 K-GAAP을 적용받아 상환전환우선주를 자본으로 분류했다. 만일 STX에너지가 K-IFRS의 적용을 받았다면 해당 상환전환우선주는 부채로 분류되었을 것이다.

자본시장은 효율적인가?

상환전환우선주를 부채 또는 자본으로 분류하는 문제가 왜 중요할까? 수많은 이해관계자들은 회계정보에 기초해 의사결정을 내린다.

---

8 구체적인 회계처리와 분개에 대한 내용은 다음을 참고하기 바란다.
  김정애, 최종서, 'K-IFRS도입 이후의 상환주식 회계처리에 관한 연구—사례분석을 중심으로',
  〈회계저널〉, 2015년.

그리고 다양한 회계지표들 중 부채비율은 가장 널리 사용되며 중요하게 여겨지는 지표다. 부채비율은 부채를 자본으로 나누어(부채/자본) 계산하는데, 일반적으로 부채비율 200~300%를 기준으로 재무상태가 위험한 기업과 그렇지 않은 기업을 구분하곤 한다.[9] 상환전환우선주를 자본으로 분류하느냐 또는 부채로 분류하느냐에 따라 부채비율이 크게 달라진다. 상환전환우선주를 자본으로 분류하는 경우 부채비율이 낮아지고, 부채로 분류하는 경우 부채비율이 높아지게 된다.

만약 회계정보의 이용자들이 각 항목의 정확한 의미를 파악하고 있다면 상환전환우선주의 단순한 분류 차이는 의사결정에 영향을 미치지 않아야 한다. 상환전환우선주의 분류는 회계처리의 차이일 뿐, 기업의 영업력이나 현금창출력에 영향을 미치는 정보가 아니기 때문이다. 즉 기업의 본질가치에는 영향을 미치지 않는다.[10]

그러나 회계학자들의 연구에 따르면 똑같은 경제적 실질을 가진 거래정보일지라도 재무제표에 어떤 방식으로 표현되는지에 따라 정보이용자들의 판단이 크게 변한다. 회계정보의 이용자들이 회계숫자의

---

9 재무상태의 건전성을 나타내는 비율들은 이 외에도 많은데, 그 중에서 부채비율은 상대적으로 부정확한 지표라고 할 수 있다. 그럼에도 계산하기 쉽고 의미를 쉽게 이해할 수 있다는 장점 때문에 비전문가들 사이에서 가장 널리 사용된다.

10 자본시장에서 발행하는 현상을 설명하는 학설 중 '효율적 자본시장 가설'에 따르면 회사의 영업력이나 현금창출력에 영향을 미치지 않는 단순 회계처리는 평균적으로 기업의 가치나 정보이용자의 판단에 영향을 미치지 않아야 한다. 효율적 자본시장 가설은 재무관리나 경제학에 기반을 두며, 평균적인 인간은 이성적 동물로서 주어진 정보를 활용해 합리적인 의사결정을 한다는 전제에서 출발한다. 이에 따르면 기업의 본질가치에 영향을 미치지 않는 정보는 평균적으로 주가나 정보이용자의 판단에 영향을 미치지 않는다. 비록 일부 비이성적인 개인들이 존재해 비합리적인 의사결정을 내릴지라도 시장 전체적인 관점에서는 그 효과가 상쇄되어 없어질 것이라고 주장한다.

카페베네 미국 매장의 모습
커피 프랜차이즈를 운영하는 카페베네도 상환우선주를 발행해서 자금을 조달했다. 카페베네가 경영위기에 처한 상황에서, 이 상환우선주가 보통주로 전환된 결과 대주주가 바뀌게 된다.

정확한 의미를 이해하지 못한 채 기계적으로 부채비율과 같은 단순 지표를 의사결정에 이용하므로 시장이 효율적이지 않은 것이다. 이렇게 정보이용자들이 재무제표에 보고된 숫자의 본질을 무시하고 기계적으로 부채의 양이나 부채비율, 보고된 이익 수치 등에 따라 반응하는 것을 '숫자에 기능적으로 고착화functionally fixed되었다'고 전문용어로 표현한다.

시장이 효율적이지 않다면 상환전환우선주가 부채나 자본 중 무엇으로 분류되는지에 따라 부채비율이 달라지고, 정보이용자들은 그 달라진 부채비율의 의미를 정확히 이해하지 못하는 탓에 다른 반응을 보이게 된다.[11] 그렇기 때문에 상환전환우선주를 발행하는 발행사의 입장에서는 가능한 상환전환우선주를 자본으로 분류하고 싶어 한다. 부채비율 등 여러 재무비율이 더 좋은 것처럼 보이기 때문이다. 이렇게 정보이용자들이 회계정보에 기반해 잘못된 판단을 하는 경우를 최소화하기 위해 회계기준에서 자본과 부채의 분류에 대한 조건을 엄밀하게 규정하고 있는 것이다.[12] 그래서 기업이 시장에 왜곡된 정보를 제공하지 못하도록 제한을 가한 것이다.

앞에서 설명한 것처럼 비상장기업이라면 K-GAAP을 적용받아 상환전환우선주를 자본으로 분류한다. 그러나 K-IFRS를 적용하는 회사라면 상환청구권을 발행사가 보유하고 있는 경우에만 자본으로 기록할 수 있다. 상환청구권을 투자자가 보유하고 있다면 부채로 분류한다. 또한 전환권조정 조항이 있다면 상환청구권의 유무에 관계없이 전부 부채로 기록해야 한다.

다른 기업들의 상환전환우선주 사용 사례

상환전환우선주를 사용한 다른 기업들의 사례를 살펴보자. 상환전환우선주는 실무에서 널리 사용되고 있는데, 특히 사모펀드나 벤처캐피털 같은 재무적 투자자들이 소규모 스타트업start-up 기업에 투자할 때

---

11 회계학에서 자본시장을 바라보는 이런 관점과 유사하게, 최근 재무관리와 경제학 분야에서도 자본시장이나 개인들이 이론만큼 합리적으로 행동하지 않는다는 연구결과가 속속 제시되고 있다. 소위 '행동주의 재무학' 또는 '행동주의 경제학'이라고 불리는 학설들이다. 그러나 이런 학설들은 아직까지 재무관리와 경제학 분야에서는 주류학설로 자리 잡지 못하고 있다.

12 비슷한 경우로서, 영구채권을 부채와 자본 중 무엇으로 분류해야 할 것인지를 다룬 내용이 『숫자로 경영하라 3』에 실린 바 있다. K-IFRS에 따르면 영구채권은 채권의 형식을 띠고 있음에도 불구하고 자본으로 분류된다.

종종 사용된다. 일례로 우아한형제들(배달의민족), 위메프, 쿠팡 등의 벤처기업들이 상환전환우선주를 발행해 자금을 조달한 바 있다.

우아한형제들이 발행한 상환전환우선주는 발행 시점 기준 4년 후부터 투자자가 상환권을 행사할 수 있다. 투자자가 상환권을 행사하면 발행사인 우아한형제들은 원금에 연 8%의 복리이자를 가산해 투자자에게 상환해야 한다. 상환전환우선주 발행 당시 우아한형제들이 매년 수백억 원의 적자를 기록하고 있어 투자위험이 높다고 판단되어 이자율이 일반적인 대출이자율보다 월등히 높은 8% 수준에서 결정된 것이리라. 전환권은 발행 시점부터 12년까지의 기간 중 행사할 수 있으며, 12년이 되면 자동으로 우선주 1주가 보통주 1주로 전환된다. 우아한형제들은 비상장기업으로서 K-GAAP을 적용받으므로 이 전환우선상환주를 자본으로 분류했다. 그러나 만약 우아한형제들이 상장기업이었다면 상환청구권을 투자자가 보유하고 있으므로 K-IFRS에 따라 부채로 분류했을 것이다.

투자자 입장에서 볼 때, 만약 우아한형제들이 향후 크게 성공해 주식시장에 상장된다면 투자자들은 우선주를 보통주로 전환한 후 이를 주식시장에서 매각해서 투자금을 회수하고 이익을 얻을 수 있다. 그러나 만약 우아한형제들의 실적이 기대에 미치지 못한다면, 상장을 기다리는 것보다 8%의 복리이자와 함께 투자금을 돌려받는 것을 선호할 수 있다. 이처럼 상황에 따라 서로 다른 선택을 할 수 있는 옵션이 있으므로 상환전환우선주는 투자를 유치하기 위한 매력적인 방법이 된다.

카페베네도 2014년 상환전환우선주를 발행해서 223억 원을 조달

61

SM엔터테인먼트 홈페이지
SM엔터테인먼트의 자회사인 SM어뮤즈먼트도 상환전환우선주를 발행해서 자금을 조달했다. 이뿐만 아니라 SM엔터테인먼트의 라이벌인 YG엔터테인먼트도 상환우선주를 사용했다. 엔터테인먼트 업계에서도 상환전환우선주가 자주 사용되고 있다고 볼 수 있다.

했다. 이 상환전환우선주도 투자자가 상환청구권을 가지고 있다. 만약 투자자가 상환을 신청하면 3년까지는 연 8.5%의 이자, 3~5년까지는 연 10%의 이자, 5년 이후로는 연 18%의 이자를 복리로 가산한 금액을 카페베네가 지급해야 한다. 당시 카페베네가 상당한 적자를 기록하고 있었으므로 재무상태가 위험하기 때문에 상환시 이자율이 높게 책정된 것이리라. 또한 해당 상환전환우선주는 보통주로 전환하는 비율이 EBITDA에 따라 조정될 수 있어 확정대확정 조건을 만족시키지 못한다. 카페베네는 이 상환우선주를 2014년 3분기 재무제표에 자본으로 기록했다가, 4분기 종료 후 발표된 연간 재무제표에서는 부채로 수정했다. 자본으로 기록했을 때의 부채비율은 300%대였는데, 부채로 수정하고 나니 800%대가 되었다. 상환전환우선주의 분류에 따라 회사의 부채비율에 엄청난 차이가 발생한다는 것을 확인할 수 있는 사례다.

이 상환전환우선주는 케이쓰리제오호(K3제5호) 사모투자전문회사가 인수했는데, 이 회사는 투자 1년 만인 2015년 12월 들어 우선주를 보통주로 전환해서 카페베네의 제1주주로 올라섰다. 전환의 결과 기존 카페베네의 대주주였던 김선권 회장은 경영권을 잃고 일선에서 물러났다. STX에너지의 경우와 유사하게 전환권 행사를 통해 대주주가 바뀐 사례다.

엔터테인먼트 업계에서도 상환전환우선주는 자금조달 목적으로 종종 사용된다. SM엔터테인먼트도 자회사인 SM어뮤즈먼트의 자금조달을 위해 상환전환우선주를 발행한 바 있다. SM엔터테인먼트의 라이벌 회사인 YG엔터테인먼트도 계열사 YG플러스의 자금조달을 위해 2016년 초 상환전환우선주를 발행했다. 이 상환전환우선주는 YG엔터테인먼트 소속 아이돌 그룹인 빅뱅의 멤버 지드래곤과 태양이 인수해서 화제가 된 바 있다.

위의 다양한 사례들을 통해 상환전환우선주가 기업들의 자금조달의 수단으로서, 동시에 투자자들의 투자의 수단으로서 널리 사용되고 있음을 알 수 있다. 미래의 먹거리가 될 신사업 발굴을 위한 벤처투자나 비상장 중소기업에 대한 투자가 강조되는 요즘 분위기를 보면, 이런 다양한 장점들을 가진 상환전환우선주는 앞으로 더욱 빈번히 사용될 것으로 보인다. 따라서 상환전환우선주에 관련해 앞서 설명한 실무적·회계적 이슈를 자세히 알아두는 것이 향후 다양한 의사결정에 도움이 될 것이라 생각된다.

LNF의 상환전환우선주 사용의 결과

상환전환우선주와 관련된 다른 흥미 있는 사례 하나를 살펴보자. 코스닥 상장사 ㈜LNF는 LNF신소재와 JH화공이라는 두 비상장 자회사를 거느리고 있다. 상장사인 LNF는 IFRS를 사용하고 있지만 비상장사인 자회사들은 K-GAAP을 사용하고 있다. 자회사들이 영위하고 있는 사업을 크게 확장할 계획을 가지고 있던 LNF는 자회사의 사업 확장에 필요한 자금을 마련하려고 했다. 그래서 두 자회사에서 전환우선주를 발행하고 그 주식을 벤처캐피털에서 인수하는 방식으로 자금을 조달했다. 이 전환우선주에 대해 벤처캐피털은 상환청구권을 가지고 있었는데, 특이한 점은 상환청구권을 발행사인 LNF신소재나 JH화공이 아니라 모회사인 LNF에게 행사할 수 있다는 점이다.

이 전환우선주에 대해 두 자회사는 자본으로 회계처리를 했다. 전환우선주이고 두 회사에게 상환의무가 없으므로 K-GAAP에 따르면 적합한 회계처리다. 그런데 문제는 모회사인 LNF에게서 발생했다. LNF는 이 상환청구권에 대한 회계처리를 하지 않았다가 나중에 금융감독원의 감리에서 분식회계로 적발되었다. LNF는 재무제표를 만들 때 자회사의 재무상태와 경영성과까지 모두 모회사에 합쳐서 연결재무제표를 만들어야 한다. 그런데 자회사들이 전환우선주를 자본으로 기록했다고 하더라도, 연결실체인 모회사 LNF의 입장에서 보면 투자자가 상환청구를 하면 LNF가 상환에 응해야 하는 의무가 있다. 즉 별도회사 LNF와 두 자회사가 모두 합해져서 하나의 큰 연결된 LNF가 되는 것이다. 이 연결된 실체의 입장에서 볼 때 이 주식은 '투자자가 상환청구권을 보유하고 있으며 만약 상환청구를 하면 상환해 주어야 하는' 상환전환우선주가 되는 것이다. 따라서 두 자회사의 재무제표에는 자본으로 기록되어 있음에도 불구하고 모회사인 LNF의 연결재무제표에서는 부채로 기록해야 하는 것이다.

㈜LNF가 중견기업이라는 점을 고려하면 이런 복잡한 내용들을 알고 있는 회계담당 전문인력을 보유하고 있었을 가능성은 희박하다. 감사를 수행한 회계법인도 아마 전문성이 부족한 중소형 회계법인이어서 이런 내용을 잘 알지 못했을 가능성이 있다. 어쨌든 그 바람에 LNF와 회계법인은 분식회계로 징계를 받았다. 우선주의 인수자인 벤처캐피털은 두 자회사의 신사업이 부진해서 기대했던 결과가 나오지 않자 상환청구권을 행사해서 LNF로부터 투자금을 상환받았다.

이런 점들을 고려하면 다음과 같은 교훈을 얻을 수 있다. 아무리 유리한 조건으로 자금을 조달하거나 재무제표에 유리하게 표시를 한다고 해도, 가장 중요한 것은 그 자금을 이용해서 착수한 사업이 잘 되는 것이다. 즉 본말이 전도되지 말아야 한다.

65

회계로 본 세상

최근 들어 전환상환우선주의 장점이 알려지면서 비상장기업들의 사용빈도가 급속히 늘어나고 있다. 본고 뒷부분에서 설명한 여러 사용 사례에 등장하는 기업들이 모두 비상장기업들이다. 이들이 전환상환우선주를 사용한 이유는, 비상장기업이 사용하는 K-GAAP에 따라 전환권조정 유무나 상환청구권 유무에 관계없이 전환상환우선주를 자본으로 기록할 수 있기 때문이다. 그렇다면 상대적으로 부채비율이 낮은 것처럼 재무제표에 표시할 수 있으므로 은행으로부터 대출심사를 받을 때 등에 유리하다.[1] 은행이 이런 사실을 제대로 파악할 수 있다면 전환상환우선주를 부채 또는 자본으로 기록하는지의 여부가 은

---

[1] 재무적 투자자들이 투자 목적으로 종종 사용하는 전환사채의 경우와 비교해보자. 전환사채는 발행시점에 부채로 기록된다. 따라서 부채비율이 상승한다. 그러므로 자본으로 기록할 수 있는 전환상환우선주를 발행해서 필요한 자금을 조달하는 것이 부채비율을 더 낮게 표시할 수 있다.

행의 의사결정에 영향을 미치지 않아야 하지만, 현실적으로 은행의 담당자들이 그렇게 꼼꼼히 재무제표나 주석사항을 살펴보는 경우가 드물고 회계지식도 충분하지 않기 때문에 이런 결과가 나타나는 것이다.

비상장기업에 투자하는 재무적 투자자의 입장에서도 전환상환우선주는 좋은 투자 수단이다. 회사의 경영성과가 쉽게 개선되지 않는다면 상환청구권을 행사해서 투자금을 돌려받을 수 있다. 회사의 경영성과가 개선되고 회사가 성장해서 상장 단계에 이르면 전환상환우선주를 보통주로 전환할 수 있다. 그리고 상장 시점 또는 상장 이후에 보통주를 주식시장에서 매각해서 자금을 회수할 수 있다. 상환청구권을 행사해서 발행사로부터 투자금을 돌려받는 것보다 보통주로 전환해서 매각하는 것이 더 유리할 경우에만 보통주로 전환을 할 것이다. 그러니 재무적 투자자는 보통주와 채권의 장점을 모두 다 누릴 수 있다. 이런 이유에서 소규모 비상장기업에 대한 투자 목적으로 전환상환우선주가 널리 사용되게 된 것이다.

앞에서 설명한 것처럼 상장 후에는 K-IFRS를 적용해야 한다. 따라서 만약 전환권조정 조항이 있거나 상환청구권을 재무적 투자자가 보유하고 있다면, 상장 이전에 K-GAAP에 따라 자본으로 분류되었던 전환상환우선주를 상장 이후에는 경우에 따라(예를 들어 전환권조정이나 상환청구권을 투자자가 보유하고 있는 경우라면) 부채로 분류해야 하므로 부채비율이 갑자기 상승할 것이다. 그러나 이런 일은 실제로 거의 발생하지 않는다. 대부분의 경우 상장 전에 우선주를 보통주로 전환하기 때문이다. 그러므로 회계처리기준을 K-IFRS로 바꿔도 부채

67

비율이 변하지 않는다. 보통주는 당연히 자본으로 분류된다. 재무적 투자자는 전환을 통해 보유하게 된 보통주를 상장 시점 또는 상장 이후에 주식시장에서 매각한다. 따라서 이 주식들은 소액주주들의 손으로 넘어가게 되는 경우가 대부분이다.

이런 내용을 보면 왜 상장기업의 경우는 전환상환우선주의 사용사례가 상대적으로 적은지 알 수 있다. 투자자가 상환청구권을 가지고 있다면 부채로 분류되어야 하므로, 발행사의 입장에서는 이 경우 일반 사채를 발행해서 자금을 조달하는 것과 차이가 없다. 두 경우 모두 부채로 분류되기 때문이다. 결국 상장기업의 경우 투자자가 상환청구권을 가지고 있는 전환상환우선주는 발행시점에는 부채로 기록되지만 사후에 주식으로 전환 가능한 전환사채와 유사한 셈이다.

투자자 입장에서 볼 때도 상환청구권이 없다면 전환권만 가진 것이므로 투자매력도가 떨어진다. 회사의 상황이 좋지 않다고 판단되면 상환청구권을 행사해서 투자금을 회수해가야 할 텐데, 상환청구권이 없으므로 그럴 수 없다. 따라서 투자위험이 증가하게 된다.

그렇다면 상장기업은 상환청구권을 자신이 보유하는 조건으로 전환권조정 조항이 없는 전환상환우선주를 발행하는 것을 선호할 수 있을 것이다. 이 조건이라면 자본으로 분류하기 때문이다. 그렇지만 이런 조건을 가진 전환상환우선주를 인수할 재무적 투자자를 발견하기 힘들 것이다. 상환청구권도 가지지 못하고 전환권조정도 없는 전환상환우선주라면 재무적 투자자가 특별히 투자매력도를 느낄 이유가 없다. 주식시장에서 거래되는 보통주를 매수하는 것과 같은 성격이기 때문이다. 똑같은 회사에 투자한다고 가정할 때, 주식시장에서 보통주를 매수한다면 전환상환우선주를 우선 인수했다가 나중에 보통주로 전환하는 번거로운 과정을 생략할 수 있기 때문이다. 따라서 발행사가 이런 단점을 상쇄시킬 만큼의 다른 혜택(예를 들면 이자율 또는 배당률을 일반 채권보다 더 높이 주겠다고 약속하는 등)을 제공하지 않는다면 재무적 투자자들이 투자를 하겠다고 나서지 않을 것이다. 이런 문제점을 보완하기 위해 상장기업의 경우는 투자자들이 회사가 아닌 대주주에게 상환청구권을 행사할 수 있는 조건이 붙은 상환전환우선주를 발행하는 경우도 있다. 회사가 상환의무를 지지 않으므로 회사의 부채는 아니지만, 특정 상황이 발생하면 대주주 개인이 상환의무를 지는 개인의 부채가 되는 셈이다. 즉 개인이 지급보증을 한 경우와 동일하다고 볼 수 있다.

앞에서 설명한 것처럼 전환상환우선주 발행은 최근 들어 널리 사용되기 시작한 자금조달 방법이다. 그런데 전환상환우선주의 실체는 부채나 자본으로 단순히 분류하기 어려울 정도로 상당히 복잡하다. 따라서 전환상환우선주를 사용하는 기업이나 투자자들은 이 주식의 의미를 정확히 이해하고 의사결정을 해야 할 것이다.

제일모직은
왜 자산재평가를
하지 않았을까?

••• 제일모직 •••

2014년 말 제일모직(현 삼성물산) 주식이 주식시장에 상장된 후 주가
는 크게 치솟는다. 장차 삼성그룹의 지주사 역할을 할 것으로 기대되
는 상황이었으므로 주가가 크게 상승한 것이다. 그런데 제일모직 주
식이 상장되기 직전 제일모직이 자산재평가를 수행할 것이라는 소식
이 언론에 크게 보도되었다. 제일모직이 보유하고 있는 경기도의 토
지의 시가가 4조 원이 넘는데, 이들 토지가 제일모직의 회계장부에는
1조 원 미만의 취득원가로 기록되어 있었다고 한다. 이들 자산을 시가
로 재평가하면 제일모직의 장부가가 크게 증가할 것이고, 그 결과 주
가가 더 높이 상승할 것이라는 예측도 소개되었다. 그런데 놀랍게도
이런 예측과는 달리 제일모직은 자산재평가를 실시하지 않았다. 왜
이런 결정을 내렸을지 알아본다.

2014년 12월 18일, 그동안 비상장으로 남아 있던 삼성그룹 계열
사 제일모직이 주식시장에 상장했다. 제일모직은 패션, 급식 및 식자
재 유통, 건설, 레저 등 4개 부문으로 구성되어 있으며, 이들 사업부
이외에 바이오 사업을 영위하는 삼성바이오로직스 지분 46%, 삼성
전자의 모회사인 삼성생명의 지분 19%를 보유한 모회사이기도 하다.
제일모직이 삼성그룹 전체에서 차지하는 위치로 볼 때 앞으로 그룹의
지배구조가 재편과정에서 제일모직이 실질적인 지주회사가 될 것이
라는 것은 이미 잘 알려진 상황이었다.[1] 이런 기대가 반영되었을까?
주가는 상장되자마자 급등하기 시작했다. 공모가가 5만 3천 원이었
는데, 상장 첫날 종가는 2배 이상 뛴 11만 3천 원이 되었다. 제일모직
의 시가총액은 15조 원을 넘어서서 단숨에 유가증권 시장 시가총액 기

---

[1] 훨씬 나중인 2015년 9월에 벌어진 일이긴 하지만, 제일모직은 삼성물산과 합병해 삼성그룹의
　실질적인 지주회사로서 더 확실히 자리잡게 된다.

준 10위권을 기록했다.

2014년 중반부터 제일모직의 상장은 증권가 전체의 큰 관심사였다. 상장 직전 있었던 기관들을 대상으로 한 수요예측시 무려 500조 원이 넘는 수치가 기록되었다. 이로 인해 같은 해 삼성SDS가 유가증권시장 상장시 세웠던 463조 원의 기록이 깨졌다. 얼마나 많은 투자자들이 제일모직의 발전가능성에 기대를 걸고 있었는지 짐작할 수 있는 대목이다.

제일모직의 상장 이전, 회계와 관련된 이슈로 논란이 되었던 것은 제일모직의 적정 공모가격이 얼마냐는 것이었다. 상장을 앞둔 회사 입장에서는 당연히 높은 공모가격이 책정되기를 원한다. 그러나 공모를 주간하는 증권사 입장에서 보면 내재가치보다 더 높은 공모가격이 책정된다면 이 주식을 매수하기를 원하는 사람들이 없을 것이다. 따라서 성공적으로 주식을 시장에서 매각하기 위해서는 공모가가 너무 높아서는 곤란하다. 때문에 공모가는 양자가 균형을 이루는 적정한 수준에서 결정된다.

공모가 결정을 위한 작업이 진행되고 있는 동안 여러 언론들은 제일모직이 상장을 앞두고 자산재평가를 진행할 것이라는 추측기사를 보도했다. 제일모직의 사업보고서를 보면 제일모직이 보유하고 있는 경기도의 토지(에버랜드 및 레이크사이드 골프장 부지 등을 포함함)가 약 435만 평(1,450만 m²)인데, 이 토지의 장부가는 9,093억 원에 불과했다. 그런데 이 토지의 대부분은 수십 년 전 평당 평균 약 20만 원 정도에 취득된 것으로서, 회계장부에는 취득원가로 기록되어 있다. 이 토지들의 현재 시가가 평당 100만 원은 될 것이므로, 20만 원을 100만 원으로 재평가하면 토지의 장부가치가 무려 3조 6천억 원 정도 상승한 4조 5천억 원쯤이 된다.[2] 재무상태표에 표시된 제일모직의 전체 자산의 가치가 4조 4천억 원쯤이므로, 토지를 제외한 제일모직의 다른 자산들의 장부가치가 3조 5천억 원이다. 따라서 위의 설명이 옳다고 가정하면, 자산재평가를 통해 전체 자산의 장부가치가 무려 8조 원으로 증가하게 된다. 그리고 그 결과 제일모직의 주가가 상승해 시가총액도 증가할 수 있다.

그런데 이런 전망과는 달리 놀랍게도 제일모직은 자산재평가를 하지 않기로 결정했다. 제일모직은 왜 이런 결정을 내렸을까? 자산재평가의 의미와 효과에 대해 자세히 알아보도록 하자.

자산재평가의 정의와 효과

기업이 보유하고 있는 유형자산의 가치는 시간이 지남에 따라 끊임없이 변한다. 그런데 일반적인 경우 회계장부에는 이런 유형자산의 시가를 반영하지 않는다. 일정한 가정에 의해 계산되는 감가상각비를 누적시킨 금액인 감가상각누계액을 계산하고, 유형자산의 취득원가에서 감가상각누계액을 차감한 금액을 회계장부에 보고한다.[3] 회

---

2 이 금액은 부정확한 추정일 뿐이다. 일부 언론에서는 자산재평가 후 토지의 장부가치가 최소 3조 원 정도라고 좀더 보수적으로 본 경우도 있다.

3 보다 정확히 설명하면 취득원가에서 감가상각누계액과 손상차손누계액을 차감한 금액이다. 이렇게 취득원가를 기초로 해서 감가상각한 금액으로 유형자산의 가치를 평가하는 방법을 '역사적 원가주의' 또는 이를 간단히 줄여서 '원가주의 방법'이라고 한다.

제일모직 소유 에버랜드의 모습
제일모직은 경기도 용인 일대에 에버랜드와 레이크사이드 골프장 부지를 포함해서 막대한 토지를 보유하고 있다. 이 토지들의 대부분은 수십 년 전에 취득한 것으로서, 장부가는 9천억 원 정도지만 시가는 4조 원 이상으로 알려져 있다. 따라서 이들 토지의 재평가에 대한 논란이 발생한다.

계장부에 보고된 이 금액을 유형자산의 '장부가' 또는 '장부가치'라고 간단히 표현한다. 그런데 유형자산의 장부가는 시가와 비슷한 경우도 있지만 양자가 크게 다를 수도 있다. 장부가보다 시가가 상당히 높은 경우 자산재평가를 할 수 있다. 자산재평가를 하면 기존 장부가를 수정해 시가를 새로운 장부가로 삼게 된다. 즉 자산금액이 늘어나게 된다. '자산=부채+자본'이라는 재무상태표(=대차대조표) 등식에 따라, 자산이 증가한 만큼 동일한 금액을 자본 계정에 '기타포괄손익누계액' 항목으로 적는다. 따라서 자본도 동시에 늘어나게 된다.[4]

자산재평가는 아시아 금융위기 직후였던 1998~1999년까지 일

---

4 상당한 회계지식이 있는 사람만이 이해할 수 있는 이야기지만, 자본계정에 적은 금액만큼 동시에 포괄손익계산서의 기타포괄손익 항목도 늘어나게 된다. 기타포괄손익 항목은 당기순이익 계산에는 포함되지 않지만 포괄손익 계산에는 포함되는 항목이다. 즉 자산재평가를 해서 자산금액을 증가시킨다고 해도 당기순이익이 늘어나는 것은 아니다. 그러나 후술하겠지만 자산재평가 때문에 차후에 당기순이익이 줄어드는 경우는 발생할 수 있다.

시적으로 허용된 이후 그동안 국내에서 허용되지 않았었다. 그러다가 2008년 금융감독원이 국제회계기준IFRS; International Financial Reporting Standards을 2011년부터 도입하기로 결정하면서, IFRS에서 허용하고 있는 이 제도를 2009년부터 조기도입하도록 허용했다. 이에 따라 기업들이 사용할 수 있게 되었다.[5]

그렇다면 재무상태표상에 표시되는 자산과 자본금액이 동시에 증가한다면 왜 주가가 상승할까? 일부 언론이나 몇몇 애널리스트들은 자산재평가를 하면 재무구조개선 효과가 있어서 자금조달비용이 하락하고 주가가 상승한다고 이야기한다. '모 회사가 자산재평가를 할 예정이나 앞으로 주가가 상승할 것이다. 그러니 적극 매수를 강력히 권유한다'는 내용이 강조된 애널리스트의 투자보고서도 읽어본 바 있다. 그래서 한때 자산재평가만 한다는 소식이 들리면 주가가 올라 '자산재평가 테마주'라는 이야기까지 생겼다.[6] 그렇다면 과연 이런 내용이 사실일지 생각해보자.

---

5 자산재평가는 유형자산의 종류별로 구분해 실시한다. 즉 토지, 건물, 기계 등 종류별로 구분해 각각 자산재평가의 실시여부를 결정한다. 따라서 모든 유형자산을 동시에 재평가해야 하는 것은 아니다. 그러나 일단 특정 유형자산 항목을 재평가하기로 결정했다면 해당 유형자산의 종류 내에서는 모든 자산을 재평가해야 한다. 예를 들어, 건물이 10채가 있다면 10채를 모두 재평가해야지 그 중 일부만 골라서 재평가할 수는 없다.

6 자산재평가제도를 IFRS가 정식으로 도입된 2011년 이전부터 조기허용하기로 결정했던 배경이 무엇인지는 정확하게 알려지지 않았다. 필자의 개인적인 견해지만, 부채비율 개선효과 때문에 기업들에게 도움이 될 것이라는 정부의 판단 때문이었으리라 추측된다. 2008년 당시 발발한 미국발 세계금융위기의 여파로 여러 기업들이 어려운 상황에 처해있었기 때문이다. 따라서 이 제도만이라도 조기도입해서 부채비율을 인위적으로 낮출 수 있도록 한 것이라고 생각된다. 뒤에서 설명하지만 부채비율을 낮추면 자금조달비용이 낮아지고 주가가 상승하는 효과가 있기 때문이다.

자산재평가의 효과에 대한 오해

재무구조가 개선된다는 이야기를 쉽게 설명하면 부채비율이 낮아진다는 이야기다. 사실 재무구조가 부채비율만을 의미하지는 않는데, 일반적으로 재무구조를 부채비율과 거의 동일시해서 사용하고 있다. 부채비율은 '부채/자본'의 공식으로 계산된다. 따라서 자산재평가의 결과 자본이 증가하면 재무제표상에 표시되는 부채비율은 낮아지게 된다. 부채비율은 외부 이해관계자들이 회사의 재무안전성을 평가하는 데 사용하는 중요한 비율이므로, 부채비율이 낮아지면 회사의 재무상황이 더 좋아진 것으로 보일 수 있다. 그렇다면 신용평가사가 발표하는 신용등급은 상승하고, 은행에서 자금을 차입할 때 지불하는 이자율도 낮아질 것이라고 예측할 수 있다. 또한 주주들도 회사의 상황이 더 좋아진 것으로 평가해 주가도 상승한다는 견해다. 부채비율이 재무제표로부터 손쉽게 계산될 수 있으며, 누구나 쉽게 그 의미를 이해할 수 있고 가장 널리 사용되는 비율이라는 점을 생각해보면 이런 설명은 타당한 것처럼 보인다.

그렇지만 다른 관점에서도 생각해보자. 부채비율은 회사의 재무구조 또는 재무건전성을 평가하는 여러 지표들 중 하나일 뿐이다. 예를 들어 재무건전성을 평가하기 위해서는 부채비율 이외에도 유동부채/유동자산 비율, 유동부채/당좌자산 비율, 유동부채/영업현금흐름 비율, 유동부채/잉여현금흐름 비율, 이자보상비율(=영업이익/이자비용) 등의 여러가지의 지표들이 함께 사용된다. 이 지표들 중 자산재평가 때문에 수치가 변하는 지표는 부채비율뿐이다. 다른 비율들은 변하지 않는다. 여러 지표들이 공통적으로 변한다면 더 효과가 크게 나타날 수도 있겠지만, 단지 부채비율 하나만 변한다면 그 효과가 그렇게 크지 않을 수도 있다.

또한 자산재평가는 기업의 본질가치를 변화시키는 것이 아니라 회계장부에 적혀 있는 유형자산의 금액을 다르게 바꿔 기록할 뿐이다. 따라서 회사의 영업능력이나 생산성이 증가한 것도 아니다. 회사가 영업을 통해 벌어들이는 현금도 그대로이며, 생산이나 마케팅 활동에 투입하는 비용이 변하는 것도 아니다. 즉 회사의 내재가치, 주식시장에서 널리 사용되는 용어로 표현하자면 펀더멘털fundamental은 변하지 않은 셈이다. 이런 상황에서 단지 재무제표상에 표시되는 부채비율이 감소했다고 해서 다른 이해관계자들이 이 변화에 민감하게 반응할까?

이처럼 깊게 생각해보면 자산재평가의 효과가 언론이나 일부 애널리스트들이 이야기하는 것처럼 명확하지 않다는 점을 이해할 수 있다. 많은 사람들이 자산재평가의 효과에 대해 오해하고 있는 것이다.

자산재평가에 대한 이해관계자들의 반응

먼저 회계정보를 이용하는 이해관계자들 중 상대적으로 회계지식이 많다고 보이는 신용평가기관을 생각해보자. 신용평가사들이 신용등급을 매길 때 사용하는 기준은 '현금'이다. 해당 기업이 부채를 갚을 수 있는 충분한 현금이나 쉽게 현금으로 전환 가능한 현금성 자산을 현재 보유하고 있는지, 지금은 충분하지 않더라도 앞으로 사업을 통해 현금을 충분히 벌어들일 수 있는지를 살핀다. 따라서 부채비율이 얼마인지는 신용평가 과정에서 사용되는 간접정보들 중의 하나일 뿐이다. 그렇다면 자산재평가를 하더라도 신용등급이 올라가는 일은 거의 없는 것이 정상일 것이다. 실제로 연구결과를 봐도, 평균적으로 볼 때 자산재평가가 신용등급에 통계적으로 유의적인 영향을 미치지 않는다. 물론 개별 기업들의 사례를 보면 자산재평가 후 신용등급이 상승한 경우가 있을 수는 있다.

다음으로 기업들에게 자금을 대출해주는 은행을 생각해보자. 은행은 대출을 해줄 때 담보로 확보한 자산이 충분한 가치가 있는지에 대해 관심이 있다. 그 자산이 재무제표에 얼마로 표시되어 있는가보다 그 자산의 시가가 얼마인지가 더 관심이 있다는 뜻이다. 그렇다면 자산재평가 이전이라고 하더라도, 해당 유형자산의 장부가가 아니라 시가에 의해 대출금액이나 이자율을 결정했을 것이다. 따라서 자산재평가를 해서 장부가를 증가시킨다고 하더라도 추가적으로 더 대출을 해주거나 이자율이 낮아질 가능성은 낮다.

이런 내용들을 종합해 논리적으로 생각해보면 자산재평가를 통해 부채의 조달비용이 낮아질 가능성은 낮다. 그런데 실제 연구결과를 보면, 이런 예측과 달리 최소한 국내에서는 자산재평가의 결과 부채비율이 낮아지면 부채의 조달비용이 낮아진다. 은행(또는 제2금융권)들이 자산재평가의 의미를 정확히 파악하지 못하고 기계적으로 재무제표상에 나타나는 부채비율을 대출의사결정에 사용해야만 이런 결과가 나올 수 있다. 신용평가기관과 은행들의 실력 차이가 드러나는 결과다.

삼성물산 홈페이지
제일모직과 구 삼성물산이 합병해 신 삼성물산이 탄생했다. 새로운 삼성물산은 삼성그룹의 실질적인 지주
사 역할을 수행하게 된다.

　마지막으로 주식투자를 하는 주주들을 생각해보자. 주주들이 자산
재평가의 의미에 대해서 정확히 알까? 상식적으로 생각해볼 때 일반
주주들이 은행에서 대출을 담당하는 대출책임자들보다 더 많은 회계
지식을 가지고 있어서 자산재평가의 의미에 대해서 더 잘 알 것이라
고 보기 힘들다. 그렇다면 이들도 기계적으로 부채비율을 보고 투자
의사결정에 사용할 가능성이 높다. 애널리스트들 중 일부도 '자산재
평가의 결과로 부채비율이 하락했으니 회사의 재무안전성이 개선되
었으므로 주가가 상승할 것이다'라거나 '자산재평가의 결과 PBR Price-
Book value Ratio, 주가장부가치비율, 주가/주당자본이 하락했으니 주가가 상승할 것
이다'라는 등의 이유를 내세우며 매수 의견을 내놓기도 한다. 이들 보
고서를 참고해 주주들이 투자를 할 것이므로, 이들의 추천의견에 따
라 주식을 더 매수해서 주가가 상승할 가능성이 높다.7
　필자는 이런 보고서를 볼 때마다 애널리스트들이 정말 자산재평가
의 의미를 몰라서 이런 비논리적인 내용이 담긴 보고서를 쓴 것인지

궁금했다. 필자가 대화를 나눈 애널리스트들 중 대부분은 자산재평가의 의미를 알고 있었다. 어떤 애널리스트는 '나는 자산재평가의 정확한 의미가 무엇인지 알지만 다른 애널리스트들이나 주식투자자들이 모르기 때문에, 그 사람들이 자산재평가를 하면 주가가 상승한다고 믿고 그런 내용으로 보고서를 쓰므로 실제로 주가가 상승하게 될 가능성이 높다. 따라서 나도 그 주식을 사라고 권유하는 보고서를 쓴다'라고 필자에게 설명을 해준 바 있다. 이 설명이 옳다면 상당수의 애널리스트들은 서로 '나는 알지만 다른 애널리스트들은 모르기 때문에 나도 모른 체하면서 보고서를 작성'하고 있는 셈이다.

자산재평가를 실시하는 기업들

어쨌든 이런 오해의 결과로 자산재평가를 실시한다는 뉴스가 발표되면 해당 기업의 주가는 단기적으로 상승하는 것이 일반적이다. 그래서 제일모직 상장 직전 몇몇 언론들이 제일모직이 공모가를 높이기 위해 자산재평가를 실시할 것이라는 견해를 내놨던 것이다. 앞에서 설명한 것처럼 자산재평가를 통해 토지의 장부가가 무려 3조 6천억

---

7 자산재평가 소식의 발표에 대한 긍정적인 주가반응을 보여주는 연구들의 예는 다음과 같다.
Sharpe and Walker, 'Asset Revaluation and Stock Market Prices', 〈Journal of Accounting Research〉, 1975년.
Standish and Ung, 'Corporate Signaling, Asset Revaluations and the Stock Prices of British Companies', 〈The Accounting Review〉, 1982년.

•• 2009년 말 기준 자산재평가 차액 상위 10개사

순위	회사명	재평가차액 (억 원)	부채비율 감소폭(%)	재평가 후 부채비율(%)
1	롯데쇼핑	27,847	15	51
2	현대중공업	9,645	17	154
3	한국가스공사	9,283	76	344
4	대우조선해양	7,976	118	365
5	KCC	7,402	10	53
6	현대제철	6,887	16	136
7	S-Oil	5,382	21	131
8	롯데칠성음료	4,548	14	47
9	경방	3,430	77	92
10	아시아나항공	3,252	556	695

•• 2009년 말 기준 자산재평가로 인한 부채비율 개선 상위 10개사

순위	회사명	재평가차액 (억 원)	부채비율 감소폭(%)	재평가 후 부채비율(%)
1	아시아나항공	3,252	556	695
2	C&우방랜드	630	497	116
3	한국내화	241	203	232
4	대우조선해양	7,976	118	365
5	동양메이저	445	112	501
6	대림비앤코	952	100	53
7	하이스틸	624	83	79
8	동일고무벨트	842	80	84
9	경방	3,430	77	92
10	한국가스공사	9,283	76	344

한국상장회사협의회의 발표자료를 요약해서 언론에 보도된 것을 정리한 것임

원 정도 증가한다면, 만약 PBR이 1이 적정한 수준이라고 본다면 공모가도 3조 6천억 원 정도 증가해야 한다는 계산이 도출되기 때문이다.[8]

만약 자산재평가에 대해 이제까지 설명한 것이 옳다면, 자산재평가를 실시하면 대출이자율이 낮아지고 주가는 상승하는 긍정적인 효과가 발생하게 된다. 그렇다면 거의 모든 기업이 자산재평가를 실시할 것이다. 실제로 자산재평가가 허용되자 상당히 많은 기업들이 이를 실시했다. 언론보도를 찾아보니 자산재평가가 허용된 첫 연도인 2009년 한 해 동안 무려 건수로는 3천 건, 유가증권시장 상장기업 중 79개 기업이 자산재평가를 실시했다고 한다. 자산금액을 증가시킨 크기(재평가차액)를 기준으로 살펴보면 롯데쇼핑이 2조 7,847억 원으로 최다이며, 그 뒤를 현대중공업, 한국가스공사, 대우조선해양, KCC 등이 따랐다. 부채비율 감소수준을 기준으로 살펴보면 아시아나항공이 556%로 최고이며, C&우방랜드, 한국내화, 대우조선해양, 동양메이저 등이 그 뒤를 따르고 있다. 이 내용은 2009년 통계이며, 그 뒤에도 계속해서 많은 기업들이 자산재평가를 실시하고 있다.

2010년 들어 발표한 통계를 보면, 자산재평가 차액이 가장 큰 기업은 한전이 약 11조 원, 기타 한전의 여러 발전자회사들도 총 11조 원 정도의 재평가차액을 기록했다. 그 뒤를 삼성전자(3조 8천억 원), 기아자동차(1조 3천억 원), 현대중공업(1조 2천억 원), 한진중공업(1조 2천

---

8 PBR이 1이라는 말은 주가(price)와 자본(book value)의 비율이 1:1이라는 의미다. 그렇다면 자본이 증가한다면 동일한 금액만큼 주가가 증가할 것이라고 예측할 수 있다. 만약 적정 PBR이 1이 아니라 0.5라면, 자본이 증가한 것의 절반 정도만큼 주가가 증가할 것이라고 예측할 수 있다.

억 원) 등이 따랐다. 그 결과 한전은 부채비율을 11%, 삼성전자는 1%, 기아자동차는 23% 하락시키는 효과가 나타났다고 한다. 한전이나 삼성전자는 워낙 회사규모가 큰 만큼 자산재평가 차액이 큰 액수임에도 불구하고 부채비율은 별로 낮아지지 않았음을 알 수 있다.

자산재평가가 수익성 평가에 미치는 부정적 효과

이런 통계를 보면 자산재평가를 하는 것이 당연하게 보일 수 있다. 그렇다면 왜 제일모직은 자산재평가를 하지 않기로 결정했을까? 그 이유는 자산재평가 실시가 불러오는 부정적인 효과가 있기 때문이다. 자산재평가를 통해 부채비율을 낮춘다는 긍정적인 효과는 잘 알려져 있는 것과 반대로, 자산재평가의 부정적 효과에 대해서는 잘 모르는 경우가 많다. 자산재평가가 어떤 부정적인 효과를 가져오는지 살펴보자.

첫째, 유형자산에 대한 자산재평가를 실시하면 유형자산 장부가액이 상승한다. 유형자산 중 토지를 제외한 다른 유형자산은 감가상각을 해야 한다. 유형자산 장부가액이 상승하면, 그에 따라 비례적으로 감가상각비도 늘어난다. 예를 들어 장부가가 2천억 원이고 수명이 20년 남은 건물을 재평가해서 장부가 3천억 원으로 바꾸었다고 가정하자. 그 결과 감가상각비는 재평가 전 연간 100억 원(=2천억 원/20년)에서 150억 원(=3천억 원/20년)으로 바뀐다. 따라서 세전이익이 50억 원만큼 감소한다. 한 해 동안만 감소하는 것이 아니라 해당 유형자산의 수명 동안 계속해서 이익이 50억 원씩 적게 표시되는 것이다. 세전이익이 줄어든다고 해서 법인세를 덜 내는 것도 아니다. 전문용어를 사용하면 대부분의 경우 늘어난 감가상각비는 '손금불산입'이다. 즉 세금 계산에 영향을 미치는 비용이 아니므로 세금은 줄어들지 않는다. 따라서 당기순이익도 똑같이 50억 원 줄어들게 된다.

이 부정적인 효과를 상쇄시킬 수 있는 방법이 한 가지 있다. 자산재평가를 하면서 동시에 감가상각비 계산에 사용되는 유형자산의 내용연수를 늘리는 것이다. 그렇다면 감가상각비가 거의 변하지 않도록 조정할 수 있다. 위의 예에서, 자산재평가와 동시에 내용연수를 30년으로 바꾼다면 감가상각비는 100억 원(=3천억 원/30년)이 된다. 따라서 자산재평가 전과 후의 감가상각비가 동일하다. 실제로 많은 기업들이 이 방법을 사용했다.

둘째, 제일모직의 경우는 토지에 대한 자산재평가를 할 수 있다는 점이 관심이었다. 토지의 경우는 감가상각대상이 되는 유형자산이 아니다. 따라서 자산재평가를 해서 토지의 장부가가 늘어난다고 하더라도 감가상각비가 변하지 않으므로 당기순이익이 변하지 않는다. 그러므로 기타 유형자산을 재평가하는 것과 달리 이익의 감소라는 부정적인 효과가 나타나지 않는다. 제일모직의 경우뿐만 아니라 앞에서 소개한 2009년 자산재평가 실시 기업들 중 재평가차액이 최다인 롯데쇼핑의 경우도 토지만 재평가를 실시했었다. 동일한 이유 때문이었을 것이다.

그렇지만 이 경우라도 자산재평가의 부정적인 효과가 발생할 수 있다. 기업의 외부 이해관계자들이 기업의 수익성 평가를 할 때 종종 사용하는 지표가 자산이익률ROA; Return On Assets이나 자본이익률ROE; Return On Equity 등이다. ROA는 '이익/자산', ROE는 '이익/자본'의 방법으로 계산하는 비율이다. 토지만 재평가한다면 이익은 변하지 않지만, 그렇다고 해도 자산과 자본이 늘어나기 때문에 자산재평가 결과 ROA나 ROE는 감소하게 된다. 즉 기업의 수익성이 하락한 것으로 재무제표에 표시되게 된다. 토지가 아닌 다른 유형자산을 재평가하면서 앞에서 설명한 내용연수를 늘리는 방법을 사용하지 않아 이익이 줄어들었다면, ROA와 ROE 계산 공식에서 분모와 분자가 동시에 변하므로 이들 지표가 줄어드는 폭이 더 커지게 된다.

긍정적 효과와 부정적 효과의 종합적 이해

따라서 기업의 수익성 지표들이 하락하므로, 장기적으로 보면 이익에 큰 영향을 받는 주가도 하락할 위험이 있다. 보다 정확하게 설명하면, 주가를 설명하는 가장 정확한 모형으로 알려진 잔여이익모형RIM; Residual Income Model에 따르면 주가는 현재 자본의 가치 및 미래 초과이익의 현재가치에 따라 결정된다. 자산재평가에 따라 현재 자본의 가치는 더 크게 표시되지만 미래 초과이익은 더 작게 표시되게 된다. 그렇다면 자본증가가 주가에 미치는 긍정적인 영향과 초과이익 감소가 주가에 미치는 부정적인 영향을 비교해봐야 주가가 올라갈 것인지 내려갈 것인지를 알 수 있다. 좀더 쉬운 용어를 이용해서 비유적으로 설명하면, PBR과 PER Price-Earnings Ratio, 주가이익비율, 주가/주당이익 중 어떤 비율이 특정 기업의 주가를 더 잘 설명하는지를 생각해보면 된다. 예를 들어 기업 A의 경우 PBR이 PER보다 주가를 더 잘 설명한다면, A는 자본규모가 이익규모보다 주가를 더 잘 설명한다는 의미다. 그 반대로 기업 B의 경우 PER이 주가를 더 잘 설명한다면, B는 이익이 주가를 설명하는 정도가 자본이 수가를 설명하는 정도보다 더 크다고 할 수 있다. 따라서 A의 경우는 자산재평가에 따라 주가가 상승할 가능성이, B의 경우는 오히려 주가가 하락할 가능성이 높다고 할 수 있을 것이라고 예측할 수 있다.[9]

이런 현상들은 회계정보를 이용하는 이해관계자들이 자산재평가의 정확한 의미를 알지 못하고 재무제표에 나타나는 수치를 기계적으로 사용할 때 나타나는 결과다. 만약 자산재평가의 결과 이익이나 수익성 지표들이 감소한다고 해도 애널리스트들이 자산재평가 때문에 기계적으로 ROA나 ROE 또는 이익 수치가 줄어든 것일 뿐 회사의 내재가치는 변하지 않았다고 분석보고서를 쓴다면, 또 애널리스트 보고서를 참조하지 않는 투자자들이라고 하더라도 스스로 자산재평가의 효과를 파악하고 이해할 수 있다면 자산재평가의 긍정적·부정적 효과가 모두 나타나지 않아야 한다. 자산재평가 정보는 숨겨져 있는 것이 아니다. 재무제표의 주석을 보면 자세한 정보가 공시되어 있다. 따라서 누구나 손쉽게 찾아보고 그 효과를 파악할 수 있다.

그럼에도 불구하고 필자는 이런 효과를 제대로 파악해서 투자결정

---

9 이론적으로 보면 전술한 바처럼 자산재평가가 기업의 본질가치에 영향을 주지 않으므로 주가는 변하지 않아야 한다. 수리적 분석을 통해 자산재평가가 기업의 본질가치에 영향을 미치지 않는다는 점을 증명한 내용은 황이석 교수의 저 『CFO 강의노트』를 참조하기 바란다.

에 사용하는 경우를 주변에서 거의 보지 못했다. 결국 안타깝게도 거의 대부분의 이해관계자들이 재무제표에 포함된 숫자들의 실제 의미가 아니라 겉에 쓰여진 숫자 그 자체만 이용해서 의사결정을 한다는 뜻이다. 그 결과 자산재평가를 한다는 소식이 발표되면 단기적으로 주가가 상승하고, 장기적으로는 주가가 거의 변함이 없거나 약세를 보이는 현상이 일어나게 된다.

결국 단기적으로 부채비율을 하락시키거나 주가를 상승시킨 후 자금조달을 하려는 기업들이 자산재평가를 실시할 가능성이 높다.[10] 장기적으로 부정적인 효과가 나타나기 전 자금조달을 완료하는 것이다. 그리고 이점을 고려해보면 자산재평가의 장기효과가 반드시 부정적이라고 볼 수도 없다. 자산재평가 직후 조달한 자금으로 회사의 성장이나 발전을 위해 꼭 필요한 투자를 했거나 위험한 부채를 상환했다면 장기적으로 회사가 더 좋아질 수도 있기 때문이다.[11]

자산재평가와 경영자

외부 이해관계자들뿐만 아니라 기업경영자들의 의사결정도 자산재평가 때문에 영향을 받을 수 있다. 부채비율은 많은 경영자들이 회사

---

10 어떤 기업들이 자산재평가를 실시하는지에 대해서는 다음 연구를 참조하기 바란다.
Cotter and Zimmer, 'Asset Revaluations and Assessment of Borrowing Capacity', 〈Abacus〉, 1995년.
Lin and Peasnell, 'Fixed Asset Revaluation and Equity Depletion in the UK', 〈Journal of Business, Finance, and Accounting〉, 2000년.

의 재무상태를 파악하기 위해 사용하는 지표들 중 하나다. 만약 최고 경영자가 자산재평가 때문에 인위적으로 부채비율이 낮아졌다는 것을 잊었거나 자산재평가의 의미가 무엇인지 정확히 모르는 사람이라면, 자산재평가의 결과로 부채비율이 낮아진 것이 회사의 실제 상황이 개선된 것으로 오해해 큰 투자에 나서기라도 한다면 회사는 위험에 처할 수 있다. 따라서 이런 일이 발생하지 않도록 주의해야 한다.

또 한 가지는 자산재평가의 실시 때문에 기업의 본질가치 향상과 무관한 활동에 경영자의 시간을 낭비하게 될 수 있다는 점이다. IFRS 도입시 자산재평가를 실시한 경우는 이점과 관련이 없다. 예외적으로 한 번만 자산재평가를 실시할 수 있도록 허용한 것이었기 때문이다. 하지만 IFRS 도입 이후 자산재평가를 실시한 경우는 자산재평가를 한 번만 실시하고 멈추는 것이 아니다. IFRS는 원가모형과 재평가모형이라는 2가지 방법을 사용할 수 있도록 허용하고 있다. 원가모형

---

11 연구결과들을 봐도 자산재평가 후 미래의 경영성과가 개선된다는 연구와 변함이 없다는 연구, 오히려 나빠진다는 연구들이 혼재한다. 따라서 장기적으로 볼 때 자산재평가가 기업의 가치에 어떤 영향을 미친다고 명확히 이야기할 수 없다. 이런 연구결과를 봐도 자산재평가를 해서 부채비율이 크게 하락한다고 하더라도 기업의 내재가치가 변하는 것이 아니라는 점을 이해할 수 있다. 다음을 참조하기 바란다.

Aboody, Barth, and Kasznik, 'Revaluations of Fixed Assets and Future Firm Performance: Evidence from the UK', 〈Journal of Accounting and Economics〉, 1999년.

Barlev, Fried, Haddad, and Livnat, 'Reevaluation of Revaluations: A Cross-country Examination of the Motives and Effects on Future Performance', 〈Journal of Business, Finance, and Accounting〉, 2007년.

Lopes and Walker, 'Asset Revaluations, Future Firm Performance and Firm-level Corporate Governance Arrangements: New Evidence from Brazil,' 〈The British Accounting Review〉, 2012년.

은 원가(또는 원가에서 감가상각누계액을 차감한 금액)를 재무제표에 표시하는 방법으로, IFRS 도입 이전에 사용하던 방법을 말한다. 상대적으로 간단하고 신뢰할 만한 수치지만, 전술한 바처럼 시가와 장부가 사이에 차이가 있을 경우 재무제표가 이 차이를 적절히 반영하지 못한다는 단점이 있다. 이에 반해 재평가모형은 자산이나 부채의 시가를 재무제표에 표시하는 방법이다. IFRS 도입 이후 자산재평가를 했다는 것은 재평가모형 방법을 택했다는 의미다. 이 경우는 한 번만 재평가를 하는 것이 아니라, 장부가와 시가 사이에 상당한 차이(예를 들면 20% 정도)가 발생한다면 다시 재평가를 의무적으로 실시해야 한다. 따라서 거의 매년 시가가 얼마나 변하는지를 확인하고, 차이가 발생했다면 재평가를 실시해서 이 차이를 재무제표에 반영해야 한다.[12] 이런 활동의 결과 때문에 재무제표의 변동성이 커지게 된다.

또한 좀 복잡한 이야기이긴 하지만, 재평가를 통해 자산과 자본의 금액을 증가시킬 때는 이 증가한 금액이 재무상태표 자본계정의 기타포괄손익누계액과 포괄손익계산서의 기타포괄손익으로 분류되어 당기순이익에 영향을 미치지 않는다. 그런데 한 번 재평가를 통해 늘어났던 유형자산의 가치가 미래기간 동안 하락해서[13] 다시 자산재평가를 하게 된다면, 이 가치 하락분은 손실로서 당기순이익 계산에 포함된다. 즉 가치 증가분은 당기순이익 계산에 포함시키지 못하는데, 가

---

12 취득원가정보와 시가정보가 각각 어떤 장점과 단점을 가지고 있는지, 그리고 회계학에서 이 둘을 조화시키기 위해 어떤 노력을 해왔는지에 대한 더 자세한 내용은 『숫자로 경영하라 2』에 실린 '미국의 금융개혁과 시가평가제를 둘러싼 논란'을 참조하기 바란다.

13 이 경우를 전문용어로 '손상차손이 발생했다'고 한다.

치 감소분만 손실로서 당기순이익 계산에 포함하게 되는 것이다. 이처럼 기업의 본질적인 활동과 관계없는 일들 때문에 재무제표가 영향을 받게 되고, 그에 따라 경영자의 관심이 불필요한 일들을 관리하는데 소모될 위험이 있다. 물론 이런 이유로 재무제표의 변동성이 증가하게 되면 주가나 차입이자율의 변동성도 동시에 증가할 것이다.

제일모직의 의사결정 이유는?

그렇다면 제일모직은 왜 상장 직전 자산재평가를 하지 않기로 결정했을까? 제일모직의 경우도 틀림없이 자산재평가의 득과 실을 분석해봤을 것이다. 당시 일부 언론들은 제일모직의 결정에 대해 '주가를 끌어올릴 의지가 없다'느니, '이건희 회장의 지분을 상속하는 데 주가가 높지 않은 게 도움이 될 것이다'라는 분석을 내놨다. 이는 자산재평가의 의미를 정확히 모르기 때문에 한 이야기다.

  삼성 대주주의 입장에서는 제일모직의 주가가 높을수록 유리하다. 제일모직 상장 이후 제일모직과 삼성물산을 합병해서 삼성그룹의 경영권을 이건희 회장으로부터 이재용 회장으로 넘긴다는 시나리오는 2014년 당시에도 널리 알려져 있었다. 두 회사를 합병한다면 대주주, 그 중에서도 상속받는 이재용 회장의 지분비율이 높은 회사의 주가가 높은 것이 대주주에게 더 유리하다. 따라서 이재용 회장의 지분비율이 높은 제일모직의 주가가 높아야 한다. 그렇다면 제일모직이 자산재평가를 실시하지 않은 이유는 주가를 높일 의지가 없어서가 아니라

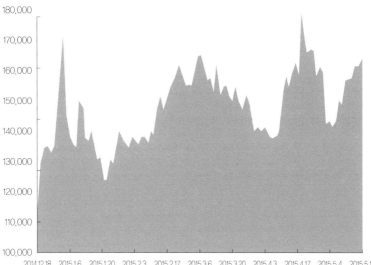

•• 상장 이후 제일모직의 주가 변동

제일모직의 상장 시점부터 구 삼성물산과의 합병소식이 발표되기 직전까지의 주가변동 그래프. 상장 이후 급등한 주가는 상장 시점에 주식을 취득한 주주들이 이익을 실현함에 따라 2015년 초 하락한다. 그러나 그 후 2015년 중반까지 완만하지만 점차적으로 증가하는 추세를 보여왔다.

장기적인 관점에서 주가를 높이기 위해서라는 점을 이해할 수 있을 것이다.

전술한 바처럼 자산재평가를 한다면 단기간 주가는 상승한다. 그러나 단기간 상승한 주가는 오래 지속될 수 없다. 주가가 장기간 어떻게 변할 것인가의 여부는 전술한 것처럼 자본의 장부가가 주가에 미치는 효과와 수익성이 주가에 미치는 효과를 비교해봐야 알 수 있다.

자산재평가 직후에 제일모직과 구 삼성물산을 합병하는 것이 아니었으므로, 제일모직 입장에서는 자산재평가의 단기효과가 아니라 장기효과를 고려했었을 것이다.[14] 그 결과 제일모직의 경우는 수익성이 주가에 미치는 영향이 자본가치가 주가에 미치는 영향보다 더 크다고 판단했기 때문에, 수익성을 재무제표에 더 높게 표시하기 위해 자산재평가를 하지 않기로 결정했을 가능성이 있다.

　이런 결정을 내렸다는 점 자체가 제일모직이 신중하게 여러가지 가능성에 대해 검토를 했다는 것을 의미한다. 이런 판단의 결과 때문인지는 명확하지 않지만, 제일모직의 주가는 상장 이후 꾸준히 상승해서 구 삼성물산과의 합병선언 직전에는 17만 원까지 도달한다.

제일모직(현 삼성물산)의 주가가 상승한 이유

필자의 개인적인 견해이긴 하지만 주가가 이 정도까지 상승한 이유는 크게 3가지로 정리할 수 있다. 첫째, 앞으로 제일모직이 삼성그룹의 핵심회사가 되어 삼성그룹을 이끌어갈 것이라는 기대감이 크게 작용했을 것이라고 생각한다. 기업의 내재가치가 단기간에 이렇게 크게 상승할 것이라고는 보기 힘들기 때문이다. 둘째, 제일모직의 공모가 산정시 자산재평가를 하지 않아 토지의 가치가 공모가에 제대로 반영되지 않았으므로, 상장 후 그 가치가 반영되도록 주가가 올라간 점도 주가상승에 공헌한 것이라고 볼 수 있다. '자산재평가를 할 것'이라는 추측보도가 수차례 있으면서 보유하고 있는 토지의 가치가 엄청나다

---

14 두 회사의 합병은 2015년 9월에 이루어졌다.

는 것이 자본시장에 잘 알려졌기 때문이다. 셋째, 제일모직의 자회사인 삼성바이오로직스나 삼성바이오에피스를 통한 바이오 산업의 성공 가능성이 부각되면서, 이들 회사에 대한 기대가 이들의 모회사인 제일모직의 주가에 반영된 점도 주가상승의 이유일 것이다. 실제로 여러 신약개발에 성공하면서 이들 두 자회사의 가치는 합병 이후 계속 상승하고 있다. 이에 반해 해외 플랜트 건설과 국내 주택사업에서 큰 손실을 입은 것이 알려지면서, 제일모직과 합병한 구 삼성물산의 가치는 합병 이후 오히려 상당히 하락 또는 추락한 상태다.

우리나라에서 경영자들이나 이해관계자들의 상당수는 회계수치의 정확한 의미를 잘 모르면서 회계정보를 사용한다. 그 결과 부정확한 의사결정을 내리는 경우가 종종 있다. 외부 이해관계자들 중 주주나 채권자들의 상당수는 그런 경향이 더욱 높다. 필자가 본고에 소개한 여러 언론보도 내용이나 애널리스트 보고서에 대한 설명을 읽어보면 기자나 애널리스트들이 제공하는 정보 중 상당히 부정확한 내용들이 많다는 점도 알 수 있을 것이다. 부정확한 정보의 홍수 속에서 살고 있는 우리들인 만큼, 정확한 정보를 가려내기 위해서는 상당한 지식을 갖춰야 한다. 회계공부를 꼭 해야 하는 필요성이 바로 여기에 있다.

회계로 본 세상

앞에서는 자산재평가의 득과 실에 대해서 자산재평가를 실시한 특정 기업을 대상으로 한 관점에서만 논의를 진행했다. 그러나 특정 기업만을 대상으로 한 관점에서 벗어나 전체 산업군에 대한 정보를 비교하려는 정보이용자의 관점에서 살펴볼 때도 자산재평가제도는 몇 가지 어려움을 발생시킨다.

과거 자산재평가가 허용되지 않아서 원가모형만 사용되던 시기에는(정확히 설명하면 원가모형을 기초로 하지만, 보수적인 관점에서 원가와 시가를 비교한 후 둘 중 더 낮은 가치를 회계장부에 표시하는 자산의 가치로 사용하는 '저가주의低價主義'가 보충적으로 사용되었다.) 모든 기업의 회계장부가 동일한 기준으로 작성되므로 서로 비교하기가 편했고, 보고된 수치도 신뢰할 수 있었다.

그런데 IFRS에 따라 자산재평가가 전면적으로 허용됨에 따라 몇몇 기업들이 자율적으로 원가모형을 버리고 재평가모형을 선택했다. 전술한 바처럼 자산재평가는 의무적으로 하는 것이 아니라 기업이 자율적으로 선택해서 실시여부를 결정할 수 있다. 즉 원가모형을 계속해서 사용하는 기업과 재평가모형을 사용하는 기업이 동시에 존재하게 된다. 그렇다면 원가모형을 사용하는 기업과 재평가모형을 사용하는 기업의 재무제표를 단순비교하기가 힘들다. 자산재평가 실시여부가 부채비율 등의 몇몇 재무지표에 큰 영향을 가져오기 때문이다.[1]

그렇다고 해서 자산재평가를 한 기업들끼리는 손쉽게 비교가 가능한 것도 아니다. 보유하고 있는 유형자산 중 어떤 항목을 재평가할지를 회사가 선택적으로 결정할 수 있기 때문이다. 토지만 재평가한 기업이 제일 많았지만, 토지와 그 토지에 위치한 건물을 함께 재평가한 기업도 있다. 공장건물을 재평가한 기업도 있으며 기계설비를 재평가한 경우도 있다. 따라서 재평가한 기업들끼리도 서로 재평가한 항목이 다르기 때문에 자산재평가를 했다고 해도 단순비교가 곤란하다. 물론 이렇게 서로 다른 자산들을 재평가하기로 선택한 이유는 해당 자산을 재평가하는 것이 재무비율을 개선하는 데 가장 유리하기 때문일 것이다. 예를 들어 토지를 많이 보유한 한전이나 롯데쇼핑의 입장에서는 토지의 장부가와 시가 사이의 차이가 많을 때 토지를 재평가하면 많은 효과를 얻을 수 있다. 한전이나 롯데쇼핑과는 달리 많은 비

95

---

1 참고로 설명하면. 본서에 실린 '쌍용자동차' 관련 글에서 설명한 손상차손 회계처리도 자산의 가치를 즉시 회계장부에 반영하는 방법이므로 시가주의에 입각한 평가방법이다. 그런데 자산재평가는 기업이 자율적으로 실시여부를 결정할 수 있는 반면 손상차손은 해당 사항이 발생하면 기업이 반드시 기록해야 하는 필수사항이다. '저가주의'의 입장에서 좀더 보수적으로 자산가치를 평가하기 위해 손상차손을 의무적으로 기록해야 하는 사항으로 규정한 것이다.

행기를 보유한 대한항공이나 아시아나항공의 입장에서는 비행기의 장부가와 시가 사이의 차이가 많이 날 때 비행기를 재평가하는 것이 효과가 클 것이다.

결국 재평가가 허용된 이후 기업들의 재무비율을 비교하기 위해서는 회사의 공시내용을 꼼꼼히 살피는 수밖에 없다. 재평가를 언제 어떻게 실시했는지, 재평가를 통해 해당 유형자산의 장부가액이나 감가상각비 등이 어떻게 변했는지 등의 자세한 정보가 사업보고서 주석에 포함되어 있기 때문이다. 재평가를 하지 않은 기업들의 경우는 재평가를 하면 어떻게 된다는 내용의 정보는 없다. 따라서 재평가를 한 기업들을 대상으로 해서 재평가를 하지 않았다면 어떤 결과가 나올 것이라는 점을 계산해서, 이 결과를 재평가를 하지 않은 기업들의 재무제표와 비교할 수밖에 없다. 이런 일을 하는 것이 번거롭다. 이런 문제점을 전문용어로 '기업 간 그리고 기간 간 비교가능성이 저하되었다'고 표현한다.

손쉬운 예를 들면, 주가장부가치비율PBR; Price-Book value Ratio, 주가/주당자본이나 주가이익비율PER; Price-Earnings Ratio, 주가/주당순이익을 이용해 서로 다른 기업의 주가를 비교하는 방법이 종종 주가평가 목적으로 사용된다. 자산재평가 때문에 감가상각비가 증가했다면 이익이 감소하므로 PER이 증가한다. 또한 자산재평가 때문에 주당 자본금액이 증가했다면 PBR이 감소한다. 그렇다면 자산재평가를 안 한 기업의 PER과 PBR을 자산재평가를 한 기업의 PER과 PBR과 1:1로 비교한다면 공정한 비교가 될 수 없다.

이렇게 복잡한 일을 해야 하는 자산재평가를 왜 허용했냐는 불만이 있을 수 있다. 그런데 자산재평가는 IFRS에서 허용되어 있는 제도다. 그렇다면 왜 IFRS를 도입해서 혼란을 불리일으키냐는 생각이 제기될 것이다. 『숫자로 경영하라 3』에 실린 '왜 국제회계기준 도입이 문제인가'라는 글에서 설명한 것처럼, 우리나라는 IFRS를 전 세계 나라들 중 거의 꼴찌로 도입했다. IFRS를 사용하지 않는 나라는 미국과 일본뿐이다. 당시 글로벌 추세가 IFRS를 사용하는 것이었기 때문에 우리나라도 뒤늦게 도입한 것이다. 그리고 IFRS는 시가주의를 좀더 강조하는 견해에 입각해 제정된 회계기준이다. 그렇지만 역사적 원가주의가 기존에 더 널리 사용되던 방법이므로, 시가주의를 기준으로 하되 역사적 원가주의를 사용하는 것도 보충적으로 허용을 해준 것이다. 즉 IFRS를 만든 철학의 입장에서 보면, 자산재평가를 허용해주는 것이 예외가 아니라 오히려 자산재평가를 하지 않는 것이 예외인 셈이다.

본고의 주제와 벗어나므로 자세한 설명을 하지는 않았지만 IFRS를 사용해서 얻게 되는 이점도 상당히 있다. 따라서 불편한 점도 있지만 글로벌 스탠더드에 맞춰 우리나라도 IFRS를 도입한 것이다. 불편한 점보다 이점이 더 많다고 판단했으니 늦게라도 IFRS를 사용하겠다고 결정한 것이다. 그러니 IFRS 도입 때문에 나타나는 불편한 점은 정보 이용자 각자가 공부를 해서 피해를 보지 않도록 노력할 수밖에 없다.

보고펀드의
LG실트론 투자실패의
교훈

••• 보고펀드 •••

국내 대표적인 사모펀드들 중의 하나인 보고펀드는 2007년 태양광
사업을 영위하는 LG실트론의 지분 49%를 인수한다. 인수 후 LG실트
론의 경영성과가 개선된 후 주식을 되팔아 이익을 얻기 위한 목적이
었다. 그러나 세계금융위기 발발 이후 신재생에너지 사업이 지지부진
함에 따라 LG실트론의 대주주인 LG그룹은 LG실트론을 상장시키지
않았다. 따라서 보고펀드는 투자금을 회수하지 못한다. 결국 투자 후
7년이 지난 2014년, 보고펀드에게 투자자금을 빌려주었던 금융사들
은 보고펀드가 담보로 제공했던 LG실트론 주식을 넘겨받기로 결정한
다. 보고펀드의 투자가 실패로 끝나게 된 것이다. 이 투자실패의 결과
보고펀드는 쪼개지게 된다. 사모펀드가 어떤 구조로 투자를 하며, 어
떤 역할을 수행하는지를 이 사례를 통해 알아본다.

MANAGING BY NUMBERS

지난 2014년 7월 25일, 국내 최대규모의 사모펀드PEF; Private Equity Fund. 중의 하나인 보고펀드의 LG실트론에 대한 투자가 실패로 끝나고, 보고펀드가 보유하고 있던 LG실트론의 지분을 채권단이 인수한다는 뉴스가 언론에 크게 보도되었다. 보고펀드가 LG실트론 투자실패를 통해 입은 손실은 대략 2,100억 원으로 예상된다는 소식도 함께 전해졌다. 동시에 보고펀드가 LG그룹에 대해 손해보상 소송을 제기했다는 뉴스도 보도되었다. LG실트론이 무리한 투자를 하다가 실패해서 기업가치가 하락했기 때문에 주식을 상장시키지 못했고, 이 때문에 보고펀드가 큰 손해를 봤다는 것이 소송의 제기 이유다. 보고펀드는 LG그룹 측의 방해로 LG실트론을 상장시키지 못했다고 주장했다.

보고펀드의 주장에 대해 LG그룹 측은 사실무근이라며 강력 반발했다. 보고펀드의 주장은 명예훼손에 해당된다고 주장했다. 오히려 보고펀드가 LG실트론 주식을 불합리한 가격으로 LG그룹에 매입해

달라고 지속적으로 요청했다며, 주주들에 대한 배임을 요구한 부도덕한 펀드라고 반론을 제기했다. 양측의 주장이 첨예하게 대립한 것이다.

원래 보고펀드는 재정경제부 금융정책국장을 지냈던 변양호 대표와 리먼브라더스Lehman Brothers 한국대표 출신의 이재우 대표가 2005년 공동으로 설립한 사모펀드다. 보고펀드는 설립 초기부터 화제의 대상이었다. 변양호 대표는 금융정책국장 재직 시절 외환은행을 론스타Lone Star에 매각하는 데 주역을 담당했었는데, 그 직후 시중은행들로부터 상당한 자금을 투자받아 보고펀드를 설립하면서 금융정책국장직을 사임하고 보고펀드 대표로 부임했다. 당시 많은 시중 은행들이 투자 경험이 없는 변 대표가 처음 설립하는 펀드에 상당한 자금을 투자했다는 사실 자체가 큰 이슈였다. 그 전에도, 후에도 이런 일은 한 번도 없었다. 따라서 보고펀드의 설립을 둘러싸고, 당시 '관치금융'이나 정치권의 지나친 개입과 관련된 여러 논란이 촉발되었었다.

보고펀드의 탄생과 투자내역

보고펀드는 은행들로부터 받은 자금을 이용해 다양한 기업에 투자했다. 보고펀드의 운용자산 규모는 약 2조 원에 이르는데, 운용 규모로는 한국 사모펀드 중에서 최고 상위권에 속하는 펀드다. 운용자산은 크게 보고1호, 보고2호, 해외투자, 이렇게 3개의 펀드로 구분된다. 보고1호 펀드는 동양생명, 노비타, 아이리버, LG실트론, BC카드에 투자했다. 보고2호 펀드는 버거킹, 에누리닷컴, 삼양옵틱스, 동양생명에 투자했다. 해외투자펀드는 해외 에너지 업종에 투자했다고 한다.

당시 많은 사모펀드들이 설립되었지만 외국계 자금을 이용해 투자에 나선 MBK파트너스나 어피니티에쿼티파트너스Affinity Equity Partners 외에 다른 국내 사모펀드들은 대부분 소규모 회사로서 큰 회사를 인수할 만한 자금이 없었다. 따라서 국내 은행들로부터 막대한 자금을 모은 보고펀드가 위기에 빠진 국내 기업들을 인수하는 역할을 해서, 이를 통해 간접적으로 국내 자본의 해외유출을 막는 역할을 했다고 볼 수 있다. 그래서 변 대표는 '국내 사모펀드 1세대 대표 주자'로 불리기도 했다. '보고펀드'라는 이름 자체가 통일신라 시대의 해상왕 장보고의 이름을 딴 것으로, 외세에 대항해서 우리나라를 지킨다는 보고펀드의 철학을 담은 이름이라고 한다.

보고펀드가 설립된 2005년과 비교해 10년 이상 시간이 흐른 지금은 사정이 좀 달라졌다. 당시 큰 역할을 못하던 국내 사모펀드들도 그동안 여러 거래들을 통해 꾸준히 실력을 향상시켰고, 이제는 그 실력이 보고펀드나 MBK파트너스와 대등하거나 오히려 더 인정을 받을 정도로 성장했다. IMM이나 한앤컴퍼니, 스카이레이크 인베스트먼트, JKL파트너스, 스틱 등의 독립 운용사뿐만 아니라 삼성이나 대우, 신한, 미래에셋, 신영증권 등의 국내 은행이나 증권회사 소속의 PEF들이 그 예다.

보고펀드의 초기 투자성과는 우수한 편이었다. BC카드를 은행들로부터 인수했다가 KT에 되파는 과정에서 약 2천억 원의 이익을 올렸다. 비데 제작업체 노비타를 거래하면서도 비슷한 규모의 이익을 거뒀다. 그러나 모든 거래에서 성공한 것은 아니다. 2007년 600억 원의 자금으로 MP3 제조업체 아이리버를 인수했으나, 아이리버의 실적이 계속 부진하자 2014년 SK텔레콤에 아이리버 주식을 295억 원에 매각하면서 철수했다. SK텔레콤은 휴대전화와 아이리버가 벌이고 있는 음원사업을 결합하는 것에 관심이 있는 것으로 알려졌다.

이런 과정을 통해 보고1호 펀드가 투자한 동양생명, 노비타, 아이리버, LG실트론, BC카드의 5개 회사 중 3개가 정리되었다. 이후 발생한 사건이 LG실트론의 투자실패다. 보고펀드는 2007년 태양광 사업체 LG실트론의 지분 49%를 인수했다. LG실트론은 LG그룹이 지분의 51%를, 동부그룹이 49%를 보유한 회사였다. 지분율에 따라 경영권은 LG그룹이 행사하고 있었다. 당시 경영상 어려움에 처한 동부그룹이 보유지분을 매각하려고 시장에 내놓자 이를 보고펀드가 인수한 것이다. 보고펀드는 KTB PE와 함께 공동으로 지분을 인수했는데, 이 중 60%에 해당하는 금액은 보고1호 펀드가, 40%는 KTB PE가 출자했다. 보고펀드 입장에서는 LG실트론의 지분 49%의 60%에 해당하는, 총 29.4%를 인수하는 데 총 4,246억 원을 투자했다. KTB PE가 인수한 지분은 나머지 19.6%였다.

LG실트론 투자, 그리고 그 이후

LG실트론의 주식을 상장시키지 못해 보고펀드가 큰 손해를 봤다는 것은 무슨 이야기일까? 이 이야기는 상당히 복잡하기 때문에 좀 자세한 설명이 필요하다. 보고펀드는 2007년 비상장사였던 LG실트론의 주식 29.4%를 인수하기 위해 우선 특수목적법인special purpose entity인 페이퍼컴퍼니paper company를 설립했다. 이 페이퍼컴퍼니에 보고1호 펀드가 직접 출자한 돈은 1,702억 원이다. 이밖에 보고펀드가 해외에 설립한 KGF가 400억 원, 홍콩계 사모펀드인 헤드랜드가 374억 원을 각각 투자했다. 3사의 투자금액을 합하면 2,476억 원이다. 인수대금이 4,246억 원이므로, 양 금액의 차액인 약 1,800억 원은 우리은행과 하나은행, KT캐피탈 등에서 차입을 통해 조달했다. 차입조건은 3년 만기, 금리는 약 6~8%대라고 알려졌다. 당시 시중이자율을 고려해 보면 합리적인 수준이라고 보인다. 차입금에 대한 담보로는 LG실트론의 지분이 제공되었다. 이렇게 모아진 자금 4,246억 원을 이용해서 페이퍼컴퍼니가 LG실트론의 지분을 인수한 것이다.

보고펀드가 LG실트론에 투자한 이유는 당시 태양광 사업이 지속 가능하며 공해가 없는 '그린 에너지green energy'라고 불리며 한창 각광받던 성장산업이라는 판단 때문이었을 것이다. 당시 LG실트론뿐만 아니라 현대중공업, 한화그룹, 웅진그룹 등이 태양광 산업에 대규모 신규투자를 단행했다. 보고펀드가 빌려온 자금의 만기가 3년이라는 점은, 보고펀드가 3년 이내에 이 지분을 매각해서 투자한 자금을 회수할 수 있을 것이라고 판단했다는 것을 알려준다. LG실트론을 상장시켜서 주식을 주식시장에서 매각하거나 새로운 투자자를 찾아 지분을 팔 수 있었다고 생각했을 것이다. 2007년까지만 해도 LG실트론은 꾸준한 이익을 내면서 건실한 성장추세를 보이고 있었다.

그렇지만 2008년 금융위기가 발생하자 상황이 크게 달라졌다. 경기침체로 재정압박을 받게 된 각국 정부들이 그린 에너지 산업에 주던 보조금을 축소하자 시장규모가 급감했다. 장밋빛 미래가 열리기는 커녕, 설상가상으로 중국 업체들의 맹렬한 추격과 국내 기업들의 중복 및 과잉투자로 태양광 업종은 극심한 침체기를 겪게 되었다. 태양광 업계 국내 선발주자로서 높은 이익을 내던 OCI도 어려움을 겪을 정도였다. LG실트론도 경영성과가 크게 악화되었다.

소송에서 언급되는 투자실패 사건도 이때 일어났던 일이다. 약 1천억 원을 투자한 사파이어 웨이퍼 사업이 실패한 것이다. 이 사건에 대해 보고펀드는 LG그룹 측이 계열사인 LG이노텍을 부당하게 지원하기 위해 LG실트론으로 하여금 무리한 투자를 하게 해서 실패한 것이라고 주장하고 있다. LG그룹에서는 투자에 실패한 것은 맞지만 회사의 성장을 위해 정상적인 검토를 거쳐 투자를 결정한 것이라고 반론한다. 보고펀드에서 파견한 이사 2인도 이사회에서 이 투자안에 대한 보고를 받았고, 토의를 걸쳐 이사들이 만장일치로 사업을 승인한 안건이었다고 덧붙였다.

보고펀드는 그동안 꾸준히 LG그룹에 LG실트론의 조기상장을 요구한 것으로 보인다. 그래야만 투자자금의 회수exit가 가능하기 때문이다. 그러나 LG그룹은 이런 요구를 들어주지 않았다. 소송에서 보고펀드는 양측의 협조하에 상장작업이 추진되고 있었는데 구본무 LG그룹 회장의 지시로 상장이 보류되었다고 주장했다. 물론 LG그룹 측에서는 그런 일이 있었다는 것 자체를 부인했다. 검토를 해보니 경제적으로 볼 때 상장의 실익이 없어서 상장하지 않기로 결정했다는 주장이다.

LG그룹 쌍둥이 빌딩
보고펀드는 1,700억 원을 투자해서 LG실트론의 2대 주주가 된다. 그러나 LG실트론의 상장문제 때문에 1대 주주인 LG그룹과 갈등이 발생했다. 그 결과 보고펀드는 LG그룹에 대해 소송을 제기하게 된다.

소송이 제기된 지 1년 이상이 지난 2015년 12월 법원의 판단이 나왔다. 법원은 보고펀드에게 패소판결을 내렸다. LG 측이 회사의 상황에 맞게 의사결정을 내린 것이 정당하며, 보고펀드의 요구를 들어줄 의무는 없다는 판단이다.

투자실패의 후폭풍

필자가 추측해보건대, LG그룹 입장에서는 LG실트론이 경영성과가 좋지 않은 상황에 굳이 상장을 추진할 이유가 없었을 것이다. 큰 자금을 투자할 곳이 있거나 재무상황이 어려워서 상당한 현금을 조달할 필요가 있는 경우가 아니라면, 굳이 주가가 낮은데 상장시킬 필요가 없다. 회사의 상황이 개선되고 주가가 상승할 때까지 기다렸다가 상장시키는 것이 상장 시점에 더 비싼 가격으로 주식을 팔 수 있으므로 유리하다. 이런 점에서 빠른 시간 안에 자금을 회수하려는 보고펀드와 장기적인 관점에서 상장을 미루려는 LG그룹의 이해관계가 첨예하게 대립했을 것이다. 어쨌든 법원의 판단과 마찬가지로, LG 측에서 보고펀드의 편의를 위해 회사에 도움이 되지 않는 일을 일부러 수행할 의무는 없다. 상장을 하지 못한다면 LG가 보고펀드의 지분을 인수해주겠다는 등의 계약을 양 당사자가 맺은 바가 없기 때문이다.

2007년 보고펀드가 설립한 페이퍼컴퍼니가 대출을 받은 시점부터 3년의 시간이 흐른 2010년 7월, 대출 만기가 돌아오자 채권단은 만기를 3년 연장했다. 그 후 다시 3년이 흘러 2013년 7월이 되었지만 보고펀드가 설립한 페이퍼컴퍼니는 LG실트론을 상장시키지 못했으므로 투자자금 회수를 하지 못해서 부채를 상환할 현금이 없었다. 그러자 채권단은 만기를 1년 더 연장했다. 필자의 개인적인 생각이지만, 보고펀드는 만기가 1차 연장된 3년의 후반기에는 LG실트론이 상장되지 않을 가능성을 대비해서 다른 자금회수 방법을 마련했어야 했다. 일부 손해를 보더라도 LG그룹이나 다른 외부 기업·펀드에게 주식을 팔기 위해 노력했어야 하지 않았나 싶다. 그랬다면 지금처럼 투자금을 전부 잃는 일은 발생하지 않았을 것이다. 손절매를 하지 못해 원금까지 잃은 셈이다.

추가로 만기가 연장된 1년이 지난 2014년 7월, 이제 페이퍼컴퍼니의 부채는 최초 차입금 1,800억 원에 이자 상환을 위한 추가 대출금과 연체이자 등을 합해 2,650억 원 정도로 눈덩이처럼 불어나 있었다. 드디어 2014년 7월 25일, 채권단은 채권의 추가 만기연장을 거부하고 보고펀드에서 담보로 제공한 LG실트론의 주식 29.4%를 넘겨 받았다.[1] 페이퍼컴퍼니가 부도를 맞은 셈이다. 채권단은 앞으로 이 주식을 처분해서 대출금액을 회수하려고 할 것이다. 그래도 대출금 전액을 회수하는 것은 어려워 보인다.

보고1호 펀드가 페이퍼컴퍼니에 투자한 돈은 1,702억 원이며, 보고펀드가 해외에 설립한 KGF가 투자한 돈이 400억 원이다. 보고펀드는 이 돈을 거의 전액 다 잃을 것으로 예상된다.[2] 함께 투자한 KTB PE도 큰 손실을 봤다. 이 사건은 상당한 여파를 가져왔다. 우선 보고펀드의 설립자인 변양호 대표가 투자실패의 책임을 지고 경영과 운용에서 손을 뗐다. 그 후 보고펀드가 2개의 법인으로 나뉜다는 소식이 알려졌다. 보고1호 펀드를 운용하는 보고인베스트먼트와 기타 펀드를 운용하는 보고인베스트먼트그룹으로 분리된다는 것이다.

보고1호 펀드를 운영하는 보고인베스트먼트는 변양호 대표가 물러나고 이재우 대표가 단독으로 회사를 운영한다. 보고인베스트먼트그룹은 보고펀드 설립 후 회사에 들어온 박병무 및 신재하 대표가 운영한다. 이번 사건을 계기로 회사가 쪼개지게 된 셈이다. 보고인베스트먼트그룹은 그 뒤 회사명을 VIG파트너스로 바꿨다. 보고라는 이름을 완전히 버린 것이다.

---

1 전문용어로 이 행위를 '기한이익상실'이라고 한다. 채무자의 신용위험이 커졌다고 판단되면 금융사가 대출만기 이전에 남은 채무를 일시에 회수하는 행위를 말한다.

2 보다 정확히 설명하면 채권단이 주식을 매각할 때 2,650억보다 더 많은 가격을 받고 팔 수 있다면 매각액과 '2,650억 원과 추가발생 이자비용의 합계액' 사이의 차액만큼 보고펀드가 자금을 회수할 수 있다. 매각이 지연될수록 추가 이자비용이 발생하므로 보고펀드가 회수할 수 있는 금액은 더 줄어든다. 현실직으로 보면 회수할 수 있는 금액은 거의 없다고 볼 수 있다.

동양생명 주식의 성공적인 매각과 보고1호 펀드의 성적표

그 후 이재우 대표는 보고1호 펀드의 마지막 보유자산인 동양생명 주식 13.5%의 매각에 주력했다. 2006년 보고1호 펀드가 동양생명의 주식을 일부 인수했는데, 이후 2011년 동양그룹이 위기에 빠졌을 때 보고2호 펀드가 추가적으로 지분을 인수해서 보고펀드가 동양생명의 경영권을 획득한 상태였다. 보고1호 펀드가 약 1만 1천 원대의 매입단가로 13.5%의 주식을, 보고2호 펀드가 약 1만 8천 원의 매입단가로 44%의 주식을 보유하고 있다.

2005년 설립된 보고1호 펀드는 만기 9년의 폐쇄형 펀드closed fund 다.[3] 따라서 9년이 되는 2014년 8월 펀드를 해체해서 출자자인 은행들에게 자금을 돌려줬어야 한다. 그런데 2014년 7월 LG실트론 매각에 실패하고 아직 동양생명 매각을 하지 못해 펀드를 청산하지 못했다. 그래서 펀드의 출자자들은 펀드의 만기를 1년 연장했다. 그 결과 만기가 2015년 8월로 연기되었다. 따라서 보고펀드는 그때까지 동양생명을 매각해야 한다. 보고펀드가 동양생명을 매각하기 위해 국내 여러 금융사들과 접촉을 한다는 뉴스가 가끔 언론에 보도된 바 있었다. 구체적인 협상 단계까지 간 경우도 있는 듯했으나 결과적으로 국내 금융사에 대한 매각은 모두 무산되었다.

---

3 흔히 알려진 일반 주식형 펀드는 언제라도 투자자들이 펀드에 가입하거나 펀드를 매각하고 투자를 철회할 수 있다. 이런 펀드를 개방형 펀드(open fund)라고 한다. 그에 반해 폐쇄형 펀드는 펀드가 설립되는 시점에서 일정 자금을 모두 모아서 투자를 개시하고, 투자의 청산을 미래 특정 시점으로 미리 정해둔 펀드다. 따라서 투자자들이 정해진 청산 시점에 도달하기 이전에 투자금을 회수해 갈 수 없다.

그러다가 2015년 2월, 보고펀드는 동양생명 주식을 중국 안방보험에 매각하기로 합의했다. 매각금액은 주당 1만 6,700원으로서, 당시 시가 1만 1천 원대에 비하면 약 50% 정도의 프리미엄을 더한 가격이다. 총 매각대금은 1조 1,300억 원이다.[4] 보고1호 펀드의 매입단가가 약 1만 1천 원, 보고2호 펀드의 매입단가가 약 1만 8천 원이라는 것을 고려하면, 보고1호 펀드는 이익을 보지만 보고2호 펀드는 손해를 보는 셈이다. 중국회사가 국내 대형 금융사를 인수한 최초의 사례다.

만약 2015년 8월까지 펀드가 청산되지 않는다면 출자자인 은행들은 펀드를 강제로 청산시키고 남은 자산을 회수해 독자적으로 매각할 것인지, 아니면 다시 만기를 연장시킬 것인지를 고민해야 했을 것이다. 다행히 동양생명 매각이 성공적으로 이루어진 만큼 보고1호 펀드는 모든 거래를 성공적으로 정리할 수 있게 되었다. 보고펀드의 최종 성적표가 공식적으로 발표된 바 없지만, 그동안 약 5천억 원을 투자해 총 6,500억 원 정도를 회수한 것으로 판단된다. 10년간 약 20%대 이익을 올린 셈이다.[5] 회계상 적자를 낸 것은 아니지만, 기회비용이나 물가상승률을 생각하면 적자를 본 셈이다. 은행 예금을 해놓은 것보다 수익률이 낮다고 보이기 때문이다.

---

4 보고펀드가 받아갈 주당 배당금 550원 및 안방보험과 추가적으로 맺은 계약에 따라 경영권 이양이 원만히 이루어지면 받기로한 보너스 주당 630원까지 고려하면 주당 1만 7,880원이 된다.

5 이 계산은 언론에 공개된 내용만을 바탕으로 필자가 개인적으로 해본 것이다. 따라서 정확한 수치가 아니다. 펀드를 운영하는 데 소요된 관리보수 등의 비용이나 세금을 고려하지 않았으며, 외부에 알려지지 않은 추가 이익이 있을 수도 있다. 조기회수한 자금 등을 은행에 예치하고 받은 이자수익도 있을 수 있다. 채권단이 LG실트론 주식을 성공적으로 매각해 대출금과 연체이자를 모두 회수하더라도 매각대금이 남아서 보고펀드에 차액이 돌아갈 수도 있다.

동양생명 광고
동양그룹 소속사였던 동양생명은 모그룹이 어려워지자 보고펀드에게 매각된다. 그 후 보고펀드는 동양생명 주식을 중국 안방보험에게 매각한다. 중국회사가 국내 대형 금융사를 인수한 최초의 사례다.

　박병무 및 신재하 대표가 이끄는 보고2호 펀드(VIG파트너스)는 2012년에 결성되었으므로 펀드 만기까지는 아직 시간 여유가 좀 남아 있다. 동양생명 투자를 통해 약간 손해를 보기는 했지만, 버거킹, 에누리닷컴, 삼양옵틱스 등 다른 투자 건들이 아직 많이 있으므로 충분히 만회하기를 기대해본다. 그러기 위해서는 앞으로 회사의 경영을 혁신해 기업가치를 상승시키는 일에 전념해야 할 것이다.

　보고1호 펀드의 이재우 대표는 앞으로 바이아웃buyout[6]보다는 부동산과 사회간접자본SOC; Social Overhead Capital 등에 투자하겠다는 구상을 밝혔다. 기존의 고수익-고위험 투자보다는 중수익-중위험 투자를 하

---

6 buyout은 특정 기업을 인수하는 형태의 투자를 말한다. 인수한 기업을 잘 경영해 기업가치를 올린 후 매각에 성공하면 큰 이익을 얻을 수 있지만, 경영에 실패하거나 매각에 실패하면 인수자가 입는 피해도 크다. 따라서 상대적으로 고수익-고위험 투자라고 분류된다.

겠다는 의지를 표현한 것으로 해석된다. 보고펀드가 이번 실패를 거울삼아 투자방향을 바꾼 것으로 보인다. 앞으로 보고펀드의 더 큰 발전을 통해 장보고 장군의 길을 따르겠다는 포부를 실현할 수 있기를 기대한다.

국내 사모펀드의 탄생배경

우리나라에 사모펀드라는 제도가 도입된 것은 1997년 외환위기 이후다. 외환위기 이후 위기극복을 위해 정부의 강력한 주도로 기업들이 보유한 자산이나 자회사를 매각하며 구조조정에 나섰는데, 국내에서는 이를 인수할 기업이나 자금이 없었다. 외환위기의 여파로 금융권도 막대한 피해를 입었기 때문에 인수를 할 만한 자금이 없었고, 대기업들 역시 부채비율을 200% 이하로 낮추지 않으면 강력한 제재를 하겠다는 정부의 정책에 따라 부채 상환에 필요한 현금확보를 위해 보유하고 있는 자산을 매물로 내놓기에 바빴지 다른 회사를 인수할 만한 여력이 없었다.

이 틈에 외국계 펀드들이 국내에 들어와서 별다른 경쟁 없이 상당수의 기업이나 자산들을 매우 저렴한 가격에 살 수 있었고, 이후 경기가 회복되자 이들을 되팔아 큰 이익을 얻었다. 이들 중에는 회사 구조조정 과정에서 여러 논란을 발생시킨 곳도 있고, 법의 허점을 이용해 세금을 거의 내지 않고 국내에서 철수해 '먹튀'라고 비난받은 곳도 있었다. 이들 펀드 중 일부는 당시 권력층과 긴밀하게 연결되어 있었음을 시사하는 정황증거들도 다수 있었다.

이런 일들이 다수 발생하자 외국 투기자본에 국부가 유출된다는 비판이 거세게 제기되었다. 그러자 정부는 2004년 법률을 개정해 사모투자전문회사PE; Private Equity 제도를 국내에 도입했다. PE를 만들고, PE가 PEF를 설립할 수 있는 길을 열어준 것이다. 당시 집권층의 지지기반인 시민단체들의 상당수는 사모펀드의 도입에 대해 강력히 반대하고 있었다. 국내 재벌들을 해체하는 방향으로 정책이 마련되어야 하는데, 사모펀드 제도가 도입되면 국내 사모펀드들이 일시적으로 자금이 필요한 유동성 위기에 빠진 재벌로부터 일부 계열사를 매수해서 보유하다가 나중에 그 재벌이 충분한 자금을 마련했을 때 인수했던 회사를 원주인에게 매각할 수 있으므로 재벌을 유지하는 데 도움이 될 것이라는 논리였다.

시민단체들의 의견을 들은 집권 정치권에서는 사모펀드 도입에 대해 부정적인 입장이었다. 하지만 경제관료들의 적극적인 주장에 따라 결국 사모펀드 제도가 도입되었다. 우리나라 PEF가 국내 유동자금을 모아 위기에 빠진 기업이나 기업이 보유한 자산을 인수했다가 나중에 되팔면 외국에 국부가 유출되지 않을 것이라는 판단에서다. 사모펀드를 국내에 만들지 않는다면 앞으로도 계속해서 외국 사모펀드들이 우리나라에 들어와서 큰 경쟁 없이 돈을 벌 수 있으므로 국부가 유출될 것이라고, 당시 경제관료들이 권력층을 설득한 결과다. 또한 국내 자금은 재벌 지배구조 유지에 도움이 되지만 외국 자금은 그렇지 않을 것이라는 시민단체의 주장도 합리적이지 않다. 외국계 자금도 매수해 보유하고 있던 회사를 시간이 흐른 후 원매각자인 국내 재벌에게 얼마든지 되팔 수 있기 때문이다. 실제로 외국계 사모펀드가 매수했던 회사를 나중에 원매각자에게 되파는 일이 나중에 많이 발생했었다.

사모펀드 제도가 도입된 직후 만들어진 것이 국내 사모펀드 1호라고 할 수 있는 보고펀드다. 이후 사모펀드 시장이 상당히 활성화되어, 현재 총 200개 이상의 PE가 국내에서 활동하고 있다고 한다.

국내 사모펀드들의 구성과 성과

사모펀드PEF는 흔히 LP Limited Partner, 유한책임사원라고 불리는 재무적 투자자와 GP General Partner, 무한책임사원라고 불리는 자산운용자로 구성되어 있다. 재무적 투자자는 투자에 필요한 자금을 제공하지만 직접 투자를 책임지지는 않는다.[7] 자산운용자는 펀드의 운용을 담당하는 PE를 말하는데, 이들이 투자를 담당한다. 자산운용자는 펀드운용자금 규모에 따른 고정보수와 함께 운용성과에 따른 성과보수(보너스)를 받는다. 대부분 기준수익률(벤치마크)을 정하고, 그 기준수익률을 초과하는 수익률이 발생하면 그 중 일부를 추가 보너스로 받는다. 자산운용자의 도덕적 해이를 방지하기 위해 보통 일정금액 이상(10억~20억 원 정도)을 자산운용자도 펀드에 투자하도록 하고 있다. 즉 자산운용자가 자신의 자금과 재무적 투자자의 자금을 모아 함께 투자하도록 한

---

[7] 보고1호 펀드 사례에서 보면 자금을 제공한 은행들이 재무적 투자자다. 재무적 투자자는 자금을 투자해서 투지이익을 추구할 뿐 기업을 실제 경영하는 것에는 관심이 없는 투자자를 말한다.

LG실트론 홈페이지
LG실트론은 반도체 재료나 태양광 발전소재로 사용되는 실리콘 웨이퍼를 만드는 회사다. 후에 SK그룹에게
인수되어 SK실트론으로 사명이 바뀐다.

것이다. 따라서 투자실패가 발생하면 자산운용자도 손해를 보기 때문에 자산운용자가 열심히 일할 유인이 생긴다. 이때 투자에 필요한 자금이 부족하면 대출을 통해 나머지 자금을 마련한다.

2004년 PE제도가 국내에 처음으로 도입된 이후 PE들은 그동안 위기에 빠졌거나 일시적으로 자금이 필요한 기업들에게 필요한 자금을 공급하면서 국내 기업들의 구조조정 과정에서 핵심적인 역할을 수행해왔다. 이들 기업이 은행을 포함한 금융사로부터 대출을 통해 필요한 자금을 조달할 수도 있지만, 부채비율이 높다는 등의 이유로 대출을 더이상 받지 못할 수도 있다. 그런 경우에 PEF가 활동할 수 있는 여지가 생긴다.

예를 들어 IMM과 미래에셋은 두산그룹 구조조정 과정에 참여해서 서로 윈-윈 하는 큰 성과를 올렸다.[8] 유진그룹의 하이마트 인수나 금호아시아나그룹의 구조조정 때도 H&Q, IBK PE 등 사모펀드들이 부족한 자금을 공급하는 역할을 수행한다. 경영위기에 빠진 해운사들이 항만의 전용터미널이나 일부 선단, 또는 기업 전부를 매각할 때도 한앤컴퍼니와 IMM, JKL파트너스 등이 이들을 인수한 덕분에 해운사들은 상대적으로 손쉽게 필요한 자금을 마련할 수 있었다. 스카이레이크인베스트먼트는 기술 중심의 벤처기업들에 투자해서 크게 성공했다. MBK파트너스는 해외 기업에까지 투자해서 성공한 바 있다.[9]

따라서 국내 사모펀드들의 역할은 상당히 긍정적이라고 판단된다. 몇몇 외국계 사모펀드의 경우 국내 회사를 인수해서 경영하는 동안 가혹한 구조조정을 통해 상당한 숫자의 직원들을 해고하거나 보수 등 처우를 대폭 줄이면서 자신들의 이익만을 챙겨서 사회적으로 문제가 되었던 적이 있었지만, 국내 사모펀드들의 경우는 상대적으로 이런 잡음이 덜 발생했다.[10] 오히려 우수한 경영인력들을 회사에 파견해 비효율성과 지배구조를 개선해서 기업의 수준을 한 단계 업그레이드한 경우가 대부분이었다. 따라서 회사의 가치를 상승시켜 성공적으로 높은 가격에 매각한 경우가 많았다.[11]

115

---

8 『숫자로 경영하라 2』에 실린 글 'M&A이후 위기극복을 위한 도전'에서 두산그룹 및 금호아시아나 그룹의 구조조정 관련 내용을 참조하기 바란다.

9 MBK파트너스는 2007년 인수한 대만 케이블TV CNS를 2014년 24억 달러에 매각하는 데 성공했다. 투자이익은 약 9억 달러다. 중국 루예제약에 대한 투자에서도 약 1억 달러의 이익을 올리며 성공적으로 매각을 완료했다. 이밖에도 일본, 대만, 중국 등 기업들에도 많이 투자했다. CNS와 루예제약 거래는 한국 금융사가 해외에서 거둔 최대의 성과 중의 하나라고 할 수 있지 않을까 추측한다.

10 물론 이런 일을 실시한 사모펀드들이 꼭 잘못한 것이라고 볼 근거는 없다. 오히려 기존까지 기업 내부에 존재하던 비효율이나 대리인 문제를 해결하는 과정이라고 볼 수도 있다.

국내 사모펀드들의 과제

물론 사모펀드의 투자가 꼭 바람직한 형태로 이루어진 것만은 아니다. 돌아보면 아쉬운 점도 많다. 우선 대부분의 사모펀드가 단기투자를 선호한다. 이는 사모펀드에 필요한 자금을 공급하는 역할을 수행하는 집단(즉 재무적 투자자)인 은행이나 연기금들의 투자 담당자 임기가 2년에서 3년 정도이기 때문에 나타나는 현상이다.[12] 임기 내 성과를 올려야 하고, 임기 후 벌어지는 일은 자신의 성과가 아니기 때문에 이들은 임기 동안에 결과가 나올 수 있는 단기투자를 선호한다. 전형적인 대리인 문제agency problem 때문에 발생하는 현상이다. 국내에서 기업이 탄생해서 상장될 때까지 평균적으로 12년쯤 걸린다는 통계가 있는데, 이 긴 기간 동안을 기다릴 수가 없는 것이다.[13] 그러다 보니 주식을 인수하는 지분투자보다는 만기가 있어서 상대적으로 빨리 투자금을 회수할 수 있는 대출을 해주는 비중이 50%가 넘는다.

또한 대부분의 사모펀드는 고수익-고위험 투자를 꺼린다. 이는 재무적 투자자가 대부분 연기금이기 때문에 발생하는 문제일 것이다.

---

11 다음 논문을 보면 PE가 투자한 후 기업공개(IPO)를 통해 자금을 회수하고 철수한 기업들이 다른 기업들 보다 재무보고의 품질이 우수하며, 이익조정 정도도 작고 장기성과도 우수하다는 것을 알 수 있다.
    Katz, 'Earnings Quality and Ownership Structure: The Role of Private Equity Sponsors', 〈The Accounting Review〉, 2009년.

12 연기금이란 연금과 기금을 합친 용어다. 국민연금, 공무원연금, 사학연금, 우체국보험기금, 군인연금 등이 대표적이다.

13 미국의 경우는 약 7~10년 정도로 이 기간이 우리나라보다 상당히 짧다. 또한 M&A시장도 활성화되어 있으므로 상대적으로 투자금 회수를 하기가 용이하다. 국내에서는 벤처투자금 회수시 평균 20% 정도가 상장을 통해 회수된다고 알려져있다.

연기금은 대부분 감사원의 감사를 받고 국회의 국정감사도 받는다. 그 과정에서 전체적으로 수익률이 높더라도 투자에 실패한 개별 건이 있으면 책임 추궁을 받는다. 원래 투자라는 것이 필연적으로 위험을 수반한 것인데도 불구하고, 한 건이라도 투자에 실패하면 위험이 존재하는 것을 무시하고 무리한 투자를 수행했다거나 사소한 실수를 트집 잡아 담당자를 징계 또는 비난하는 일이 다반사다.[14] 성공한 투자 안에 대해서도 같은 기준을 적용하면 위험이 존재하는 것을 무시하고 투자를 해서 성공한 것인데, 성공한 건에 대해서는 위험을 무시하고 투자했거나 의사결정 과정에서 작은 실수가 있었다고 징계하지 않는다. 위험이 없는 투자안은 거의 존재하지 않는다. 성공했다고 성과보수를 듬뿍 주는 것도 아니다. 따라서 연기금은 고수익-고위험 투자를 꺼려한다. 그래서 1대 주주가 되어 경영권을 인수하는 바이아웃 같은 고수익-고위험 투자에는 자금을 잘 공급하지 않으려고 한다.

바이아웃 투자가 왜 위험한지는 LG실트론 사례를 보면 알 수 있다. LG실트론 투자는 완전한 바이아웃도 아닌 것이, 보고펀드가 경영권을 인수한 것이 아니라 2대 주주로 참여한 것이다. 그런데 정해진 기간 안에 주식을 상장시키거나 주식을 대주주(LG그룹) 또는 제3자에게 매각하지 못해서 투자금을 회수하는 데 실패했다. 바이아웃을 했다면 정해진 기한 내에 역시 주식을 상장시키거나 제3자에게 매각해야 한

---

14 해외 자원개발에 투자했던 공공기관에 대한 감사원의 감사와 검찰의 수사를 그 예로 들 수 있다. 유가가 치솟을 때에는 해외 자원개발에 대한 투자를 적극 권고하다가, 정권이 바뀌고 유가가 하락하니 당시 해외 자원개발을 담당했던 사람들은 대부분 좌천되거나 징계를 받았다. 나중에 대부분 법원에서 무죄판결을 받았지만 검찰에 의해서 기소된 경우도 다수 있다.

다. 바이아웃의 경우 대주주가 되어 독자적인 경영권을 행사할 수 있으므로 상장이나 매각 시기를 주도적으로 결정할 수 있다. 그렇지만 매각에 실패할 수도 있고, 주식을 보유하고 있는 동안 기업가치가 상승하지 않아 매각을 하더라도 손해를 볼 수도 있다. 따라서 기업가치가 많이 증가할 때 큰 이익을 볼 가능성도, 그렇지 못할 위험성도 상대적으로 더 크다고 할 수 있다. 예를 들면 MBK파트너스는 2006년 인수한 HK저축은행이나 2008년 맥쿼리 및 미래에셋과 함께 인수한 C&M(현 딜라이브)의 매각에 수차례 실패한 바 있다. 다른 유명한 사모펀드들도 한두 번씩은 투자실패의 경험을 맛봤다.

문제점의 원인은?

그에 비해 위기에 빠진 기업들의 자산 또는 주식이나 M&A시 자금이 부족한 기업들의 주식을 일부만 인수하는 것은 상대적으로 덜 위험하다. 우선 거래금액이 작으므로 회사를 전부 인수하는 바이아웃보다 상대적으로 재무적 투자자를 찾기가 쉽다. 또 거래를 시작할 때부터 해당 자산이나 주식을 일정 시간이 흐른 후에 다른 회사가 인수하기로 하는 등 투자 철수exit 방안에 대한 옵션 계약을 맺고 투자하는 경우가 많다.[15] 매각자로부터 자산을 구입한 후 그 자산을 매각자에게 장기간 임대해서 임대료를 받는 계약(보통 sales & lease back 계약이

---

15 『숫자로 경영하라』에 실린 글 '숨겨진 그림자, 풋옵션을 양지로'에서 금호아시아나 그룹의 대우건설 인수 관련 내용을 참조하기 바란다.

라고 부름)을 하는 경우도 있다.[16] 사회간접자본 건설에 참여하는 투자도 마찬가지다.[17] 상대적으로 위험이 적으므로 수익률도 낮다. 그래서 중수익-중위험 투자다. 전술한 바처럼 보고펀드도 앞으로 기존의 바이아웃 투자가 아니라 이 분야 투자를 추진하겠다고 밝힌 바 있다.

원래 PE와 PEF를 국내에 도입할 때 정부당국은 상대적으로 성공 여부가 불확실하지만 성공하면 큰 이익을 올릴 수 있는 안에 투자하는 모험자본venture capital 역할을 PE들이 수행하기를 바랐다. 이런 안들에 투자가 이루어져야 일자리가 창출되며 성공한 업체가 나와서 국민소득이 증대되고 대박을 실현한 기업가도 생기게 된다. 그렇지만 실제로 제도가 도입된 후에도 고수익-고위험 투자를 하는 PE들이 별로 많지 않았다. 보고펀드가 앞으로 바이아웃 형태의 투자를 하지 않겠다면, 상대적으로 큰 규모의 고수익-고위험 바이아웃 투자를 할 수 있는 모험자본 역할을 하는 PE는 외국자본을 이용해 투자하는 MBK파트너스와 어피니티에쿼티파트너스, 오릭스, 유니슨 캐피탈, H&Q 정도만 남아 있다. 국내 PE들 중에서는 상대적으로 실력을 인정받은 IMM이나 한앤컴퍼니 등 소수만이 블라인드 펀드blind fund[18] 형태로 자금을 투자받아 일부 바이아웃 투자를 하고 있다.

대다수 외국자본들은 개별 투자 건별로 투자실패에 대한 책임을 추

---

16 해운사가 항만이나 선단을 PEF에게 팔고, PEF가 해당 해운사와 장기간에 걸친 사용계약이나 용선계약을 맺은 사례들이 여기에 해당한다. 이처럼 투자자나 매각자가 일정기간 후 되사주기로 한 계약이 포함된 투자를 '보장성 투자'라고 부른다.

17 정부나 지방자치단체와 계약을 맺고 자금을 공급해서 도로나 교량, 터널 등을 건설한 후 사용료를 받아 투자금을 회수하는 형태를 말한다. 호주 맥쿼리사가 만든 맥쿼리 인프라 펀드가 대표적이다.

궁하는 것이 아니라 전체 투자의 평균수익률을 보고 판단한다. 따라서 상대적으로 개별 투자실패에 대해 우려할 필요가 적다. 그리고 평균 투자기간도 길다. 국내 자본들은 대략 3~5년 정도의 투자기간을 허용하는 데 반해 외국계 자본은 대략 5년에서 10년의 기간을 두고 투자하는 것이 일반적이다. 때문에 이 단기자금들을 받아 국내 PE가 투자를 하는데 많은 제약이 있다. 단기간에 투자금 회수가 가능한 경우에만 투자를 할 수 있기 때문이다.

국내 PE들의 투자형태가 좀더 고수익-고위험 그리고 장기투자로 지향하는 방향으로 확대되어야 하는 점이 아쉽다. PE들이 바뀌려면 PE들에게 자금을 공급하는 연기금이나 금융사들의 행태가 바뀌어야 한다. 그러기 위해서는 국회나 감사원이 바뀌어야 한다. 금융사의 주주들도 대리인문제 감소를 위해 더 열심히 감시활동monitoring을 수행해야 한다. 이런 변화가 일어나는 것이 얼마나 어려운지를 필자는 잘 알고 있기 때문에 당분간 큰 변화가 없을 것으로 예상된다. 따라서 단기적으로는 모험자본 역할을 수행하는 자본이 부족하기 때문에 자원

---

18 blind fund란 투자대상을 미리 정하고 그 투자대상에 투자를 원하는 자금을 모으는 것이 아니라, 투자대상 없이 미리 자금을 모은 후 PE가 독자적으로 판단해서 투자를 하는 펀드를 말한다. 즉 상대적으로 재무적 투자자가 투자안의 선택에 영향을 덜 미치므로 PE의 실력에 따라 투자수익이 크게 달라질 수 있다. 따라서 실력을 믿을 만한 검증된 PE가 아니면 재무적 투자자들이 blind fund에 자금을 공급하지 않는다. blind fund의 반대되는 개념이 project fund로, 특정 투자처가 먼저 정해진 후 자금을 모으는 펀드다. 재무적 투자자 입장에서는 투자안의 위험정도를 사전에 평가하고 투자 여부를 결정할 수 있으므로 상대적으로 덜 위험하다고 볼 수 있다.

19 시장실패란 경제학에서 널리 사용되는 용어다. 시장에서 수요와 공급에 따라 균형점에서 거래가 이루어지면 자원의 최적배분이 이루어지는데, 그런 현상이 발생하지 않아서 자원의 최적배분이 이루어지지 않을 때 시장실패가 일어난다고 표현한다.

의 최적배분이 일어나지 않아 시장의 실패market failure가[19] 일어나는 영역이 생길 수밖에 없다. 그래서 자금을 공급하는 PE나 은행들은 투자를 할 곳이 없다고 불평하고, 그 반대로 창업단계의 기업들은 투자를 하는 곳이 없다고 불평하는 일이 종종 발생하는 것이다. 양자의 눈높이가 서로 맞지 않아서 투자가 이루어지지 않는 것이다.

성장사다리펀드의 출범과 미래전망

이런 문제점을 해결하기 위해, 2013년 들어 금융위원회는 민간에서 모험자본 역할을 수행하지 않으면 정부가 직접 이 역할을 담당해서 벤처나 중소기업에 대한 투자를 촉진하겠다며 총 6조 원 규모의 성장사다리펀드(현 한국성장금융투자운용)를 만든 바 있다. 이전에도 모태펀드나 창업펀드 등 정책자금을 활용해 정부가 주도해서 설립했던 펀드들이 존재했다. 이들 펀드들이 제공한 돈을 흔히 정책자금이라고 한다. 성장사다리펀드는 정책자금이 후순위로 투자에 참여한다는 점에서 다른 펀드들과 큰 차이가 있다. 성장사다리펀드는 정부의 정책자금과 사모펀드의 민간자금을 묶어 공동으로 기업에 투자하는데, 정책자금이 상대적으로 더 위험한 후순위나 중순위 투자를 맡고 민간자금이 상대적으로 덜 위험한 선순위 혹은 중순위 투자를 담당한다. 이를 통해 과거에 위험하다는 이유로 민간자본의 투자가 잘 이루어지지 않았던 투자안에도 자금이 보다 많이 투자되는 긍정적인 효과를 얻을 수 있다.

한국성장금융 홈페이지
모험자본으로서의 역할을 수행하기 위해 정부 주도로 설립된 한시조직 성장사다리펀드는, 후에 한국성장금융으로 이름을 바꾸고 상시조직으로 탈바꿈한다. 한국성장금융의 설립 덕분으로 미래의 먹거리로 성장할 수 있는 모험자본에 대한 투자가 더 활발해졌다.

또한 성장사다리펀드는 자금을 집행할 GP 선정시 PE의 업력보다는 투자인력 중심으로 평가를 수행하고, 성과보수도 PE의 성과에 연동해서 좀더 지급하는 등 기존 국내업계의 관행을 좀더 시장친화적으로 바꾸는 측면에서도 긍정적인 역할을 수행했다. 과거 널리 사용되던 기준에 따르면 PE의 업력을 중심으로 평가하므로 업력이 짧은 신생 PE가 GP로 선정되는 것이 매우 어려웠는데, 투자인력을 중심으로 평가하면 새로 설립된 PE라도 운영진이 능력만 있다면 얼마든지 GP로 선정되는 것이 가능해진 것이다. PE시장의 자금 쏠림현상이 개선될 수 있는 요소다.

성장사다리펀드는 한시적 조직으로서, 1년에 2조 원씩 3년간 총 6조 원의 자금을 PE들에게 공급하는 역할을 한다. 덕분에 과거에는 자금이 잘 공급되지 않았던 실패한 기업의 재기를 지원하는 일이나 국내

중견기업의 해외진출을 돕는 펀드, 초기단계 기업에 대한 펀드, 지적재산권이나 기술력에 투자하는 펀드 등이 성공적으로 출범했거나 출범을 준비하고 있다. 성장사다리펀드의 자금을 받아 많은 토종 PE들이 이런 분야에 활발하게 투자하기 시작했다.

물론 한국의 토종 PE들의 실력도 과거와 비교할 때 꽤 향상되었다. 국내에 존재하는 PE가 200개가 넘는다는 통계수치를 소개했는데, 그 중 최소 10개, 좀 넓게 잡으면 20~40개 정도는 상당한 수준을 갖췄다고 보인다. 예전에는 외국계 대규모 PE와의 실력격차가 컸지만 현재 이 차이는 거의 없어졌다고 생각된다. 오히려 한국 PE들이 최소한 국내시장에서는 더 잘하고 있다고도 할 수 있을 정도다. PE들의 구성 인력도 과거에는 많은 인맥관계를 자랑하는 외국계 투자은행 출신들이 많았지만, 이제는 국내 회계사 출신이나 기술인력 출신들의 비중이 점점 늘고 있다. 치밀한 분석력과 산업이나 기술에 대한 이해가 더 중요시되고 있는 추세를 나타낸다.

이들 국내 PE들 중 앞으로 고수익-고위험 장기투자에 선구자처럼 나서는 회사들이 더 나오기를 바란다. 장보고 장군의 기개와 포부, 그리고 실력을 갖춘 PE의 리더들이 많이 탄생하기를 바란다. 성장사다리펀드가 성공한다면 다른 PE들도 성장사다리펀드의 전철을 따라 고수익-고위험 분야에 좀더 많이 진출할 것이다. 그래서 제2, 제3의 삼성전자나 네이버가 계속 설립될 수 있을 것이다. 이런 기업들을 통해 장기 경제전망이 지극히 불투명한 현 상황이 타개되고 미래의 더 부강한 대한민국이 만들어졌으면 하는 바람이다.

123

회계로 본 세상

　신이 아닌 이상 미래에 어떤 일이 일어날지 정확하게 알 수 있는 방법이란 없다. 최선을 다해 분석하고 평가를 한다고 해도 예상한 대로 결과가 나오지 않는 경우가 종종 있다. PE의 경우도 마찬가지다. 우수한 인력들이 모여 열심히 분석해서 투자를 한다고 해도 실패할 수 있다. 따라서 PE의 투자는 개별 건건이 성과를 파악하기보다는 PEF 전체의 수익률을 보고 판단해야 한다. 자금을 모아 여러 곳에 한꺼번에 투자하기 때문에, 그 중 한 건 정도 실패를 하더라도 다른 곳에서 큰 성공을 거두어서 투자안 전체를 합친 수익률은 높을 수 있기 때문이다.

　개별 투자 건들을 살펴보면 PE가 실패한 투자는 다수 존재한다. 예를 들어 2000년에 CVC-칼라일 컨소시엄이 약 3,400억 원을 투자한 대우통신 정보사업부는 2004년에 파산했다. 2008년 코너스톤 PE도 대선주조를 3,600억 원에 인수했지만 매각하지 못해서 2011년 인수

자금을 대출해줬던 은행들이 회사 주식의 소유권을 넘겨받았다. LG 실트론에 투자했던 보고펀드의 경우처럼 기한이익의 상실이 발생했던 경우다. H&Q가 800억 원을 투자했던 에스콰이아는 2014년 워크아웃을 신청했다. 이렇게 극단적인 경우까지 가지는 않았지만, H&Q가 투자한 메가스터디, MBK파트너스, 맥쿼리, 미래에셋이 함께 투자한 씨엔엠C&M. 현 딜라이브, 미래에셋, 하나금융투자, 그리고 IMM이 투자한 두산인프라코어의 중국 자회사들이 모두 매각에 어려움을 겪고 있다. 이들을 보면 아무리 잘 하는 PE라도 일부 투자에서 실패할 수 있다는 점을 이해할 수 있을 것이다.

이만큼 PE의 투자는 필연적으로 위험을 수반한 것이다. 따라서 고수익-고위험 투자로 대부분 분류된다. 위에서 언급한 사례들 중 대우정보통신, 대선주조, 메가스터디, 에스콰이아의 경우가 모두 투자들 중에서도 제일 위험한 투자로 분류되는 바이아웃 투자였다. 위험이 큰 만큼 성공했을 때의 과실도 달콤하다. 그리고 이런 위험한 투자안에도 자금이 투자되어야 기업이 위기를 극복하고 성장할 수 있다. 모두 다 안전한 곳에만 투자를 한다면, 성공여부가 불확실한 새로운 기술을 개발하는 신규 기업이 탄생할 수도 없으며 일시적으로 위기에 빠진 기업들도 모두 살아나지 못하고 망하게 될 것이다. 따라서 PE는 모험자본의 역할을 해 이런 투자안이나 기업들에게 자금을 공급하는 역할을 수행한다. 최소한 정부가 PE와 PEF 제도를 국내에 도입했을 때의 의도는 이랬다.

그렇지만 현실은 의도한 것처럼 이루어지지 않았다. 중수익-중위험 투자안에 대한 투자자금은 넘치는 현상이 발생했지만 고수익-고

위험 투자를 꺼리는 경우가 많았다. 이런 현상이 발생한 이유는 전술한 것처럼 PEF에 자금을 공급하는 재무적 투자자인 연기금의 한계 때문이다. 매년 감사원의 감사를 받고 국회의 국정감사를 받는 과정에서, 투자실패 건에 대해 담당자가 징계를 받거나 정치 싸움의 희생양이 되어 비난을 받는 일이 빈번히 발생했다. 그러자 실패위험이 높은 투자안에 대해서는 투자를 하지 않으려는 성향이 점점 뚜렷하게 나타나게 된 것이다. 실패만 하면 부실하게 투자를 집행했거나 위험 가능성을 무시하고 무리하게 투자를 집행했다는 비난이 쏟아진다. 투자라는 것이 필연적으로 실패의 가능성이 높고 위험가능성이 있는데, 왜 이를 무시하고 투자를 했냐고 징계를 받거나 구설수에 오르니 당연히 위험가능성이 적은 투자만 하게 된 것이다. 성공한 투자들 중에서도 위험가능성이 높은 것들이 다 있었을 텐데, 성공한 투자에 대해서는 왜 위험이 있었는데 투자했냐고 징계를 하지 않는다. 이런 일이 발생하는 것은 연기금뿐만 아니다. 감사원이나 국회의 감독을 받는 공기업에서도 똑같은 일이 발생한다.

한국 사회에서 국회나 감사원의 막강한 힘을 누를 방법은 현 상황에서는 거의 존재하지 않는다. 따라서 이 문제를 국회나 감사원을 변화시켜 해결하기는 거의 불가능하다. 또한 언론도 문제다. 국회나 감사원에서 하는 이야기를 좀더 과장해서 선정적으로 보도를 하므로, 내막을 모르는 사람들은 투자를 수행한 연기금이나 공기업이 부도덕한 집단이라고만 생각하기 때문이다.

그래서 이 문제점을 일부라도 해결하고자 금융위원회는 모험자본에 투자하는 역할을 하는 성장사다리펀드를 2013년 3년 한시적 기관으로 창설했다. 위험한 투자안에 대해 성장사다리펀드가 우선적으로 후순위 투자자로서의 역할을 수행하겠다는 취지다. 그렇다면 상대적으로 덜 위험한 중순위 투자는 연기금들의 자금을 모은 PE들이 담당을 하고, 이보다 덜 위험한 선순위 투자는 금융사들이 담당하는 형태다. 따라서 상대적으로 더 위험한 벤처나 바이아웃, 구조조정 등의 분야에 보다 많은 자금이 공급될 수 있을 것으로 예상된다. 앞으로 이런 투자들이 큰 결실을 맺어 성공한 기업들이 나오면서 일자리도 창출되고 국민소득도 증대되는 결과가 나오기를 희망한다. 2016년 6월부터는 성장사다리펀드가 법인화해 한국성장금융으로 이름을 바꿔 출발했다. 3년 한시적으로 자금을 운용하는 것이 아니라 영구적인 상설법인화가 된 것이다. 앞으로 이 정책목표가 효과적으로 이루어지기를 바란다.

본고에 소개된 LG실트론은 2017년 들어 SK그룹에게 매각되어 사명이 SK실트론으로 바뀐다. SK는 LG그룹이 보유하던 지분을 매수한 것뿐만 아니라, 몇 달 후에는 채권단과 KTB PE가 보유하고 있는 나머지 지분 49%도 인수했다. 채권단 입장에서 보면 LG실트론에 대한 투자 10년 만에 회수를 할 수 있는 기쁜 날이 온 것이다. 채권단과 KTB PE가 보유한 지분에 대한 정확한 인수금액은 약 4천억 원으로, 채권단이 보고펀드와 KTB PE에게 빌려줬던 원금과 밀린 이자 정도는 거의 회수할 수 있는 정도라고 알려졌다. 결국 보고펀드나 KTB PE에게 돌아갈 몫은 거의 없는 것으로 보인다.

MANAGING BY NUMBERS

회계와 법 영역은 서로 긴밀하게 연결되어 있다. 그렇지만 경영자가 이 두 지식을 모두 종합해서 알고 의사결정을 내린다는 것은 대단히 힘들다. 총 4편의 글로 구성된 2부에서는 회계와 법이 긴밀하게 연결된 사례들을 소개한다. '쌍용차 분식회계 사건'의 진실이 무엇인지, 미공개 내부정보를 이용해서 주식투자를 하면 어떤 결과가 생기는지, 그리고 오비맥주가 국세청과 어떤 분쟁을 벌였고, 오비맥주의 성공 이유가 무엇인지를 소개한다. 이 사례들을 통해 경영자가 알아야 할 기본적인 법률 및 회계지식에 대해 공부할 수 있을 뿐만 아니라, 과거 화제가 되었던 사건들의 진실을 알 수 있다.

2부

회계와 법,
가깝고도 먼 당신

소위 '쌍용자동차 분식회계 사건'의 진실 - I

••• 쌍용자동차 •••

2008년 들어 유가가 급등하면서 대형차량에 대한 수요가 급감한다. 대형 SUV를 주로 생산하던 쌍용자동차는 큰 타격을 받았다. 매출이 급감하고 조업이 거의 중단될 정도였다. 12월 들어서 법정관리가 시작된다. 법원에서는 쌍용차를 살리는 것과 파산시키는 것 중 무엇이 더 좋은지, 그리고 살린다면 어떻게 살려야 할지에 대해 조사를 전문기관에 의뢰한다. 이러던 중인 2009년 3월, 회계감사를 수행한 안진 회계법인에서 '손상차손' 5,177억 원을 포함해서 총 7,097억 원의 손실이 발생했다는 감사결과를 발표한다. 이후 법원에서는 쌍용차를 살리겠다고 결정을 하는데, 그러기 위해서는 일부 인력을 줄이는 것을 포함해 여러 비용을 절감해야 한다는 판단을 내린다. 그러자 일부 직원들이 이에 반대해 민주노총 주도로 전면 파업에 돌입한다.

131

지난 2008년 말 세계금융위기의 여파로 세계 각국의 많은 기업들이 생존에 위협을 느낄 만큼 큰 타격을 받았다. 한국을 비롯한 아시아의 기업들도 예외가 아니었다. 2013년 들어 중국 대련에 위치한 STX그룹 소속사 STX대련이 부도를 선언했다. STX대련은 STX그룹이 금융위기 발발 이전의 호황기에 대규모 자금을 투자해서 중국 대련에 건설한 조선소인데, 금융위기가 발발하자 신규 선박 건조에 대한 수요가 급감하면서 망하게 된 것이다. STX그룹은 경영권을 포기하고 중국에서 철수했다.

언론보도에 따르면 당시 STX대련이 중국의 은행들로부터 대출해 상환하지 못한 자금은 약 14억 달러에 이른다. 밀린 임금이나 협력업체들에 결제하지 못한 자금도 상당하다. 일자리를 잃은 직원들만 1만 명이 넘는다. 중국의 채권은행들과 협력업체들은 격렬하게 반발하면서 STX그룹과 한국의 STX그룹 채권은행들에게 채무를 대신 갚아달라고 요청했으나 모두 거부당했다. 당시 STX그룹도 이미 부도 위기 상황이라 여유자금이 없었으므로 이런 요청을 거부할 수밖에 없었다. 또한 한국 금융사들은 법적으로 볼 때 STX대련의 문제를 해결해줄 책임도 없다.[1] 이런 상황이 국가 간의 외교상의 이슈로 확대되었지만, 국가가 사기업들 간의 문제에 개입해 빚을 대신 갚아줄 수도 없는 것이니 해결할 방법이 없어 보인다. 이 문제 때문에 대련 현지에서 체감하는 피해가 너무 커서 당시 반한反韓 감정 역시 상당히 발생했다고 한다.

이와 비슷한 일이 국내에서도 발생한 적이 있다. 2004년 10월, 중국 상하이차는 1997년 발발한 아시아 금융위기의 여파로 오랫동안 부도 상태였던 쌍용차를 채권단으로부터 인수했다. 당시 함께 인수경쟁을 했던 미국 GM은 주당 7천 원의 인수가를 제시했는 데 반해 상하이차는 주당 1만 원의 인수가를 제시해 쌍용차 인수에 성공했다. 투자금액은 총 5,900억 원이다. 상하이차는 상하이차와 쌍용차의 기술력을 결합하면 큰 시너지 효과가 발생해 쌍용차를 다시 성장시킬 수 있을 것이라는 자신감을 보였다.

2008년 세계금융위기와 쌍용차의 부도

쌍용차는 상하이차에 인수된 이후에도 계속 적자를 기록하다가 2007년에 이르러 마침내 소폭이지만 흑자전환에 성공하면서 희망

---

1 덧붙여 STX계열사들이 STX대련에 대해 지급보증한 금액이 무려 7억 달러에 이른다. 중국 은행들은 이 금액을 갚으라고 요구했으며, STX계열사들은 해당 부채를 갚을 법적 의무가 있다.

의 불씨를 되살렸다. 그러나 2008년 세계금융위기가 발발하자 자동차에 대한 수요가 급감했다. 당시는 쌍용차뿐만 아니라 미국의 GM이나 크라이슬러Crysler 등의 글로벌 자동차 회사들도 파산위기에 직면할 정도로 어려운 상황이었다. 당시 원유가의 급등으로 인해 특히 대형차에 대한 수요가 줄어들면서 대형 SUV를 주력 제품으로 삼고 있는 쌍용차는 더 큰 타격을 받았다. 특히 하반기에 매출이 급감했다. 그 결과 매출액이 2007년 3조 1천억 원에서 2008년 2조 5천억 원으로 감소했다.

적자가 눈덩이처럼 늘어나고 운영자금이 고갈되자 2008년 12월부터 직원들에 대한 임금 지급 및 납품업체에 대한 대금결제가 중지되었다. 결국 2009년 1월 상하이차는 쌍용차의 경영을 포기하고 한국에서 철수했다. 쌍용차에 상당한 자금을 대출해줬던 채권은행단, 노조, 협력업체 등은 격렬하게 반발했지만 상하이차는 경영에 복귀할 뜻이 없다는 결정을 전해왔다. 그 결과 쌍용차는 법원에 회생절차개시(당시 용어로는 법정관리)를 신청하게 된다. 일감이 없어서 직원 상당수가 몇 달째 쉬고 있는 상황에서 풍전등화의 위기에 몰린 것이다.

이 사건이 벌어지자 국내 노동계와 일부 언론에서는 상하이차가 쌍용차의 기술만 습득하고 '먹튀'를 했으며 경영윤리가 없는 부도덕한 회사라고 강하게 비난했다. 그리고 쌍용차의 채무를 상하이차가 대신 갚아달라고 요구했다. 그러나 상하이차 측에서는 경영실패로 인해 5,900억 원의 투자금 중 한 푼도 회수하지 못한 상황에서, 주식회사의 경영 원리에 따라 적법하게 경영권을 포기한 것뿐이라고 맞섰다.

주식회사에서 주주는 자신이 투자한 자본의 금액만큼만 법적인 책임을 진다. 주식회사가 파산하면 회사를 청산해서 남는 자금을 채권자들에게 우선 지급한다. 주주들은 그 후 남는 자금을 받는다. 만약 채권자들이 받을 돈이 부족하다면 채권자들도 일부 손실을 보게 되지만 주주들은 아무 돈도 받을 수 없게 된다. 즉 주주들이 자신의 투자에 대해 전적으로 책임을 지지만, 채권자들도 자신의 투자에 대해 주주만큼은 아니지만 일부 책임을 지는 형태다. 이때 법적으로 회사가 파산했다고 해서 채권자들이 회사 청산 이후에 회수하지 못한 자금을 주주들에게 대신 돌려달라고 주장할 수는 없다.

그러나 상하이차의 결정이 법적으로는 문제가 없다 하더라도 윤리도덕적인 비판에서 자유로울 수는 없다. 당시 피해를 입은 노동자, 협력업체 임직원, 그리고 채권자 금융기관 등의 안타까운 심정도 이해가 된다. 이 때문에 당시 국내에서는 상하이차나 중국에 대한 반감이 폭발했다.

STX대련과 쌍용차 사례의 비교

이런 일련의 사건들을 통해 상황을 어느 한 쪽 편의 입장에서만 생각하면 불합리한 선입견을 갖게 될 수 있음을 알 수 있다. 쌍용차 사건에 대해 한국에서 중국을 비도덕적이라고 비난했지만, 앞에서 소개한 STX대련 사건 이후 중국에서도 한국을 비도덕적이라고 똑같이 비난했다는 사실을 아는 한국 사람은 많지 않다. 많은 한국인은 오히려 STX그룹이 중국에 막대한 투자를 했다가 실패해서 큰 손해를 보고 철수했으며, 투자실패의 결과 모회사인 STX조선까지 망한 것으로 생각한다. 이 둘은 본질적으로 거의 비슷한 사건이다. 투자 및 부채의 규모, 직원의 수, 그리고 사회에 미친 영향을 종합적으로 고려해보면, 쌍용차 사건 못지않게 STX대련 사건이 경제적 및 사회적으로 중대한 영향을 미쳤다고 볼 수 있다.

국내로 눈을 돌려보자. STX그룹의 강덕수 회장은 배임과 횡령 등의 혐의로 구속되었다가 풀려났고, STX그룹을 살려야 하는지에 대한 논란도 금융권과 정치권을 중심으로 벌어졌다. 논란의 이유 중 하나는 STX그룹의 계열사들이 STX대련에 제공한 지급보증액 7억 달러 때문이다. STX그룹을 살리려면 법적으로 볼 때 부채에 해당하는 이 7억 달러를 STX계열사들이 중국의 은행들에게 상환해야 한다. 그런데 정부가 돈을 내서 STX그룹을 살리면, 결과적으로 국민의 세금으로 외국 채권자들에게 부채를 상환해야 한다. 이것이 대규모 국부유출을 초래하므로 반발이 심한 것이다.[2]

쌍용차 사건에 대해 한국에서는 쌍용차의 우수한 기술이 정당한 대가를 받지 못하고 상하이차에 유출 당했다고 생각한다. 그러나 중국에서는 오히려 한국의 채권단과 쌍용차 직원들에게 속아서 비싼 가격에 쌍용차를 샀다고 생각한다. 상하이차는 연간 생산량이 500만 대가 넘는 중국 제1의 자동차 회사다 GM 및 폴크스바겐Volkswagen과 합작사로서 GM과 폴크스바겐의 다양한 차종들을 중국 내에서 생산중

---

2 물론 산업은행을 중심으로 채권자들이 STX그룹을 살리기 위해 중국 채권단과 채무를 줄이기 위한 협의를 실시할 것이다. 그러나 이 과정에는 상당한 시간이 걸릴 것이며, 중국 은행들이 한국 입장까지 고려해 채무를 대규모로 면제해줄지는 의문이다.

이며 독자적으로 개발한 하이브리드 자동차까지 생산하는 회사다. 이런 점들을 들어서 상하이차는 쌍용차로부터 기술유출을 할 이유가 없으며, 자신들의 우수한 기술을 쌍용차에 이전해서 한국에서의 시장점유율을 늘릴 계획이었으나 쌍용차 측의 경직적인 자세로 기술이전이 제대로 되지 않았다고 반박한다. 실제로 2012년 초 기술 유출 혐의로 고발당했던 쌍용차의 임직원들이 국내 법원에서조차 모두 무죄로 판명 나기도 했다. 필자의 개인적인 견해이기는 하지만, 중국 측 주장이 타당한지 생각해보면 투자실패를 정당화하기 위한 변명도 상당히 포함되었을 수 있겠지만 주장 내용 전부가 논거가 없는 터무니없는 주장이라고 보기는 힘들다.

상하이차의 한국 철수와 쌍용차의 파산

이 두 사건을 종합해보면 한국과 중국의 의견이 팽팽하게 맞선다는 것을 알 수 있다. 양측 모두 자신의 관점에서 자기에게 유리한 것만 볼 뿐 상대방의 관점에서 문제점을 보지 못하고 있다. 한국에서 쌍용차 사건을 보는 관점이 옳다면 중국에서 STX대련을 보는 관점도 논리적으로 옳을 것이다. 반대로 중국에서 쌍용차 사건을 보는 관점이 옳다면 한국에서 STX대련을 보는 관점도 옳은 셈이다. 한국 측 주장은 다 맞고 중국 측 주장은 다 틀리다는 감정적인 결론은 적절하지 않다.

이런 사례를 보면 필자는 마음이 아프다. 필자가 '숫자로 경영하라'

고 주장을 하지만 그 말의 의미가 모든 현상을 냉혹하게 자로 재듯이 숫자로만 판단하라는 의미는 아니다. 인간에 대한 따뜻한 사랑을 바탕으로 하지만 기업은 합리적으로 경영해야 한다는 의미일 뿐이다. 그래서 필자는『숫자로 경영하라 2』에 실린 '사회책임투자 펀드의 숨겨진 진실'이라는 글에서 언급한 것처럼, 경영자가 수행하는 가장 큰 사회적 책임은 '회사를 잘 경영하는 것'이라고 생각한다. 다시 말해 우선 기업 본연의 업무인 회사의 생존과 발전을 위해 노력하는 과정에서 직원과 협력업체, 고객, 주주나 채권자들에게 정당한 대가를 돌려주는 것이 기업의 가장 큰 임무라는 뜻이다. 기업이 자선활동을 잘하는 것은 부차적인 사회적 책임을 수행하는 것에 지나지 않는다. 회사가 망해서 회사의 직접적인 이해관계자들에게 큰 손해를 끼친다면 그것보다 더 사회적 책임을 소홀히 하는 일은 없다고 생각한다.

쌍용차 사태를 다시 살펴보자. 2008년 가을 유동성 부족, 2009년 1월 상하이차의 경영권 포기 선언과 한국 철수, 그리고 쌍용차의 부도와 회생절차개시 신청의 결과 법원에서 쌍용차를 경영하게 되었다. 법원에서는 삼일회계법인에게 회사의 가치평가를 의뢰했다. 회사를 청산시켜서 자금을 회수하는 것이 유리할 것인지, 혹은 자금을 추가로 투자해 회사를 살려서 계속 운영하는 것이 유리할 것인지 평가해 달라고 요청한 것이다.

또한 한국감정원에는 회사가 보유하고 있는 유형자산에 대한 가치감정을 의뢰했으며, 삼정회계법인에게는 회사의 경영정상화 방안을 마련하라고 의뢰했다. 그러던 중 2009년 3월 27일 쌍용차의 회계감사를 담당한 안진회계법인에서 감사 결과를 제출했다. 유형자산에 대

137

쌍용자동차 대형 차량 광고
쌍용차는 주로 대형 SUV를 생산하고 있었다. 2008년 들어 석유가가 대폭 상승하고, 설상가상으로 세계금융위기가 발발함에 따라 매출이 급락해 큰 위기에 직면하게 된다.

한 손상차손 5,177억 원을 포함해서 총 7,097억 원의 손실을 포함한 재무제표를 공시한 것이다. 모두들 깜짝 놀랄만한 대규모 손실이었다. 유형자산 손상차손이란 토지, 건물, 생산설비 등 유형자산의 회수가능액(이 유형자산을 사용해 벌어들일 수 있을 것으로 예측되는 순현금의 가치)이 해당 유형자산의 장부상 금액보다 적을 때 그 차액을 손실로 기록하는 것이다. 장부상 금액이 100인 생산설비의 회수가능 예상액이 70이면 차액 30은 손실(손상차손)로 회계장부에 기록하는 것이다.[3] 바로 이 손상차손 회계처리를 둘러싸고 나중에 회계조작이라는 주장이 제기된다.

---

3 보다 구체적으로 설명하면, 회수가능액은 순매각가액과 사용가치 중 큰 금액을 말한다. 순매각가액은 해당 자산의 예상 처분가격에서 예상 처분비용을 차감한 금액이다. 사용가치는 해당 자산을 사용함으로써 회사가 벌어들일 것으로 예상되는 미래 현금흐름의 현재가치를 말한다.

안진회계법인의 손상차손 기록과 한정의견 제시

당시의 상황을 좀더 자세히 살펴보자. 회계감사기준에 따르면 유형자산 및 무형자산에 대해서 손상이 발생했는지를 검토해, 손상이 발생했다고 판단되면 손상차손을 재무제표에 반영해야 한다. 기업은 자산손상을 기록할지 여부를 자의적으로 선택할 수 없으며, 손상의 징후가 있으면 반드시 손상을 검토해야 한다. 특히 회사가 재무적으로 어려움에 처한 상황에서는 자산의 손상이 발생했는지를 꼭 검토할 것을 회계감사기준에서 강조하고 있다.

당시 쌍용차에서는 차량 판매대수가 급감하면서 공장 가동률이 낮아서 기계설비의 상당 부분이 사용되지 않고 방치되어 있었다. 가까운 미래에 그 사용정도가 정상 수준으로 회복될 것이라고 보기 어려웠다. 이러한 상황을 검토한 안진회계법인은 손상차손이 발생했다고 판단했다. 이에 따라 유형자산의 장부가치를 예상되는 사용가치로 낮추고, 그 차이를 손익계산서상에 당기의 손상차손으로 인식해 영업외손실로 분류했다.[4]

그 외에도 안진회계법인은 재무상태표에 무형자산으로 기록된 '개

---

4 다른 기업들이 손상차손을 기록한 대표적인 예로는 2008년 하이닉스 반도체가 채산성이 악화된 생산라인에 대해 3,700억 원의 손상차손을 계상한 경우, 2011년 KCC가 폴리실리콘 업황의 악화 때문에 생산설비에 대해 3,200억 원 손상차손을 기록한 경우 등이 있다. 이들 예를 보면 업황이 어려운 경우 특정 자산을 사용함으로써 미래에 벌어들일 수 있는 회수가능 예상액이 감소하기 때문에 손상차손을 계상하게 되는 경우가 많다는 점을 알 수 있다. 손상차손 기록은 회사가 자율적으로 선택할 수 있는 것이 아니라 손상차손이 발생했다고 판단이 되면 반드시 해야 하는 의무사항이라는 점에 주의해야 한다.

139

발비' 1,298억 원의 자산성을 입증할 수 없다며 회계감사의견으로 한정의견을 제시했다. '한정의견'이란 어떤 특정한 이슈는 회계처리에 문제가 있지만, 그 이슈를 제외한 나머지 회계처리는 적정하게 수행되었다고 판단했을 때 제시하는 회계감사의견이다.[5] 상장기업에 대해 적정의견이 아닌 회계감사의견이 제시되는 경우가 연간 1~2%에 불과하다는 것을 고려해본다면, 안진회계법인이 한정의견을 제시한 것이 얼마나 이례적인 경우인지 이해할 수 있을 것이다.

쌍용차가 받은 한정의견의 의미를 쉽게 풀어 해설하겠다. 회사는 개발비 1,298억 원을 무형자산으로 인식하고 있다. 회사는 과거에 이미 연구개발을 위해 1,298억 원의 투자를 집행했지만, 신차를 개발하고 생산해 미래에 현금을 창출하기 위해서는 최소 1천억 원의 추가 투자가 필요한 상황이었다. 그러나 추가 투자를 위해 필요한 자금이 없기 때문에 과거에 지출한 개발비가 미래 이익으로 이어질 가능성이 낮다. 따라서 기존 투자금액에 대해 인식한 자산인 개발비가 자산성을 가지고 있는지 불명확하므로 자산으로 기록할 수 없다고 안진회계법인은 판단한 것이다. 그러나 회사는 이런 회계처리에 반대하면서 개발비에 대한 손상차손을 기록하지 않았다. 따라서 안진회계법인은 이 점을 제외하고는 쌍용차의 재무제표는 적정하다는 의견을 제출한 것이다.

---

5 일반적으로 회계법인들이 회계감사 후 제시하는 감사의견은 적정의견이다. 적정의견이란 감사인이 회계감사기준에 의거해 감사를 실시한 결과 해당 기업의 재무제표가 일반적으로 인정되는 회계원칙에 따라 적정하게 작성되었다고 판단할 경우 제시하는 의견이다. 감사인은 적정의견 이외에 한정의견, 부적정의견, 그리고 의견거절을 제시할 수 있다.

쌍용차 구조조정의 실시와 파업

한편 3월 10일 한국감정원은 쌍용차가 보유한 토지 등의 부동산과 기타유형자산을 현재 시장에서 취득하려면 약 1조 3천억 원이 필요하다는 감정보고서를 법원에 제출했다.[6] 또한 3월 31일 삼정회계법인은 구조조정 방안에 대한 보고서를 제출했다. 비용절감을 위해서는 상당한 구조조정을 해야 한다는 결론이었다. 5월 6일에는 삼일회계법인의 가치평가 결과가 법원에 보고되었다. 삼일회계법인은 쌍용차를 지금 당장 청산시킨다면 보유자산 매각을 통해 총 9,400억 원을 회수할 수 있으며, 회사를 청산시키지 않고 추가적으로 수천억 원의 자금을 더 투입해 회사를 정상가동 시키면 미래 기간에 회사가 살아나서 계속기업가치가 1조 3천억 원에 이를 것으로 판단했다. 단 회사를 살리기 위해서는 법원에 이미 보고된 인력감축 방안의 실행을 포함해서 비용을 대폭 절감해야 한다고 덧붙였다. 이런 내용들을 종합한 후 법원은 삼정회계법인 측이 마련한 방안을 일부 보완한 회사 측의 구조조정안을 시행하라고 결정을 내렸다.

이 구조조정 방안에 대해 쌍용차 노조는 강력하게 반발했다. 회사의 상황이 워낙 열악하기 때문에 구조조정 방안에 동의하는 직원들도 많았지만, 이에 반대하는 일부 직원들은 민주노총 측 인사들과 함께

---

6 여기에서 주의할 점은 한국감정원의 감정결과는 해당 자산을 시장에서 취득할 때의 가치에 대해 평가한 것이지 이들 자산을 시장에서 매각할 때의 가치에 대해 평가한 것이 아니라는 점이다. 부동산처럼 둘 사이에 차이가 거의 없는 자산도 있지만, 쌍용차가 보유하고 있는 기계들의 대부분은 자동차 생산 목적으로 특수제작된 기계들이므로 매각가치와 취득가치에 큰 차이가 있다.

5월 중순부터 회사를 점거하고 파업을 벌였다. 파업으로 인해 2달 반 동안 회사의 생산 및 경영활동이 전면 중단되어 쌍용차의 상황이 더욱 악화되었다. 서로 의견이 다른 직원들 간의 충돌도 자주 벌어졌다. 마침내 회사 측의 요청에 의해 경찰이 투입되어 파업이 강제로 진압되었다. 그 과정에서 양측이 격렬한 싸움을 벌이던 모습과 회사 공장 건물이 불타던 모습이 뉴스를 통해 생생하게 보도된 바 있다. 대부분의 국민들이 이 모습을 보면서 안타까운 마음을 가졌을 것이다.

파업 진압이 이루어지던 8월 5일, 쌍용차 협력업체들이 법원에 쌍용차의 파산을 신청했다. 회생절차개시결정 이후 6개월 이상 밀린 납품대금을 받지 못해서 회사가 파산할 위기에 처해있으니 쌍용차를 청산해서 납품대금을 갚아달라고 요청한 것이다. 만약 이 주장이 법원에 의해서 받아들여지면 쌍용차는 청산되어 역사 속으로 사라지게 된다. 깜짝 놀란 노사 양측은 바로 다음 날 만나서 '회사를 살리자'며 대승적인 차원에서 구조조정 방안에 합의했다. 총 7천여 명의 쌍용차 직원 중 약 980명이 회사를 떠나는데, 이 중 절반은 희망퇴직 또는 분사의 형태로, 나머지 절반은 무급휴직 또는 영업직으로 전직시키는 안이었다. 그런데 이 중 165명이 이 안에 끝까지 반대해, 결과적으로 이 인원들은 해고되었다. 노사합의 당시에는 해고자가 발생할 것으로 예상을 못 했는데 자발적인 해고자가 탄생한 것이다. 무급휴직을 하게 된 직원들은 회사가 살아나서 직원이 더 필요하게 되면 우선적으로 채용하기로 약속했다. 그 결과 77일간에 걸친 점거농성이 끝나고 노사의 합의로 생산활동이 재개되었다.

•• 쌍용차사태일지

년도	사태일지
2008	쌍용차, 세계금융위기의 여파로 매출이 급감하여 경영위기 상황에 직면
2009. 1.	상하이차, 쌍용차의 경영권 포기 및 한국철수
	쌍용차, 회생절차개시 신청
2009. 2.	법원, 쌍용차 회생절차개시 결정
	안진회계법인회계 감사실시
2009. 3.	한국감정원, 유형자산감정보고서 제출.
	삼정회계법인, 구조조정방안 제출
	안진회계법인, 감사보고서 제출
2009. 4	쌍용차, 2,646명 인력조정을 포함한 구조조정안 발표
2009. 5	삼일회계법인, 가치평가보고서제출
	쌍용차노조, 파업돌입으로 조업중단
2009. 6	쌍용차 976명 정리해고 실시발표
2009. 5-8	쌍용차노조, 공장점거농성. 노-사 및 노-노간 다수의 충돌이 발생
2009. 8	쌍용차협력업체, 쌍용차파산신청
	경찰, 공장 건물에 진입하여 파업강제진압
	쌍용차노조와 사측, 대타협 후 조업복귀결정. 대상자중 462명은 무급휴직안에 동의했으나, 끝까지 동의하지 않은 165명은 해고
2009. 9.	쌍용차노조, 민주노총에서 분리된 새 노조집행부 선출
2009. 12	법원, 쌍용차회생계획안 인가
2010. 5	채권단, 쌍용차매각공고
2010.11	민노총과 민변, 해고자 153명을 대표해서 정리해고 조치무효소송제기
	채권단, 인도 마힌드라와 본계약체결하여 쌍용차의 대주주가 바뀜
2011. 3	법원, 기업회생절차종료결정
2012. 1	소송 1심 판결 (쌍용차측승소)
2012. 2	민노총과 금속노조, 회계조작혐으로 쌍용차와 안진회계법인 고발
2012. 12.	검찰, 기소중지결정
2014. 2	소송 2심 판결 (원고측승소), 검찰수사재개
2014. 3	검찰, 분식회계 및 고의부도혐의에 대해서 불기소 결정
2014. 11	소송 3심 판결 (쌍용차측 승소)

143

분식회계 논란과 해고무효 소송

원래 삼정회계법인이 마련한 구조조정 보고서에서는 매출 수량에 비해 직원 수가 과다하기 때문에 약 2천여 명의 인원을 감축해서 비용을 줄여야 한다고 제시되어 있었다. 그런데 회사가 어려움을 겪고 있던 8개월 동안 약 1천여 명이 자발적으로 퇴직을 하는 바람에 비자발적으로 일자리를 잃은 노동자의 숫자는 다행스럽게도 크게 줄었다. 그러나 남은 직원들의 봉급이나 복지후생비는 대폭 삭감되었다. 이런 아픈 과정을 거쳐서 회사가 정상화되는 듯했다. 조업재개 직후 직원들은 민주노총에 속하지 않은 새로운 노조 집행부를 선출해 파업을 주도했던 민주노총과 결별했다.

그러나 갈등은 끝난 것이 아니었다. 2009년 말부터 일부 국회의원과 참여연대 등의 단체들이 쌍용차가 분식회계를 해서 적자규모를 실제보다 대폭 부풀렸다는 의혹을 제기했다. 손상차손 규모를 제외하면 부채비율이 187%에 불과한데, 손상차손 5,200억 원을 반영해 부채비율 561%가 되도록 쌍용차와 안진회계법인이 공모해 분식회계를 했다는 주장이다. 당시 한국감정원이 감정평가한 유형자산을 매입하는 데 소요되는 금액이 손상차손 규모 판정에 반영되지 않았다는 점도 분식회계의 증거로 들었다. 회사가 회생절차개시신청을 할 만큼 어렵지 않았는데, 분식회계를 통해 재무상황을 왜곡해 구조조정을 정당화하고 과다한 인력을 해고했다는 것이다. 또한 해고대상자의 선정도 잘못 이루어졌다고 주장했다.

그러자 2010년 11월 들어 민주화를 위한 변호사 모임(이하 민변)

과 쌍용차 파업사건을 주도한 민주노총 등이 검찰에 회사와 안진회계법인에 대해 형사고발을 했고, 쌍용차를 대상으로 정리해고 근로자에 대한 부당해고를 취소하라는 민사소송도 제기했다. 법정에서 치열한 공방이 벌어지던 도중 어려운 처지를 비관하고 자살한 해직근로자까지 생겨남으로써 이 사건은 정치·사회적으로 더욱 큰 이슈가 되었다.

그러던 2011년 11월, 인도의 마힌드라그룹이 5,225억 원을 지급하고 쌍용차의 경영권(지분 중 70%)을 채권단으로부터 인수했다. 쌍용차 인수대금 중 4,271억 원은 신규 유상증자를 통해 쌍용차에 투입되며, 차액 954억 원은 신규 발행한 회사채를 마힌드라가 인수하는 방식으로 거래가 성사되었다. 마침내 쌍용차가 새 주인을 맞이한 것이다. 채권단은 이 매각이 성사됨에 따라 한시름을 놓게 되었다. 막대한 자금을 쌍용차에 빌려준 상태에서 언제 회수할지 모르고 몇 년째 손을 놓고 있었는데 마침내 일부라도 자금을 회수할 길이 생긴 셈이다.

쌍용차 측의 손을 들어준 1심 법원의 판결

2012년 1월 19일 1심 법원은 쌍용차에 대해 승소 판결을 선고했다. 판결의 근거는 다음과 같다. (1) 쌍용차에 대해 구조조정 개시를 결정한 법원의 판단은 쌍용차의 2008년 3분기 재무제표를 기본으로 해서 마련된 구조조정안을 기초로 해서 이루어졌으므로, 2008년 말 재무제표에 대해 2009년 2월 말 안진회계법인이 수행한 회계감사에서 내린 손상차손 결정이 법원의 구조조정 여부에 대한 판단이나 구조조정 방안 결정에 영향을 줄 수 없었다. (2) 회사의 구조조정은 회계감사를 수행한 안진회계법인이 아니라 삼정회계법인이 독자적으로 마련한 방안에 따라 수행된 것이므로, 안진회계법인이 수행한 회계처리 때문에 구조조정 방안이 잘못 마련되었다고 보기 힘들다. (3) 한국감정원이 제시한 감정평가액을 반영해서 삼일회계법인이 청산가치를 평가했지만 청산가치보다 계속기업가치가 더 높으므로 감정평가액을 손상차손 계상에 고려했느냐의 여부는 무의미하다는 판단이었다. 회계상의 이슈가 아니라서 자세한 언급은 생략하지만, (4) 당시 경영상황으로 보아 해고는 불가피했고 해고노동자의 선정도 합리적으로 이루어진 것으로 법원은 판단했다. 부당해고에 관한 소송이었으므로 판결내용은 주로 (4)에 대한 설명이 더 많았다. 민변과 민주노총 측은 이 판결에 대해 강하게 반발하고 법원에 대한 비판 성명을 내놨다.

1심 판결 선고 이전부터 지속된 일부 정치권의 요청 또는 압력에 의해서 금융감독원 회계감독국에서 2011년 10월부터 쌍용차에 대해 특별감리를 실시해 회계분식 여부를 조사했다. 법원 판결 이후인 2012년 5월, 금융감독원은 6개월이란 긴 시간과 다수의 인력을 투입해 정밀하게 조사를 한 결과 회계분식은 없었다는 조사결과를 발표했다. 금융감독원의 발표에 대해 원고 측은 다시 강하게 반발하면서, 금융감독원이 정부, 법원, 쌍용차, 회계법인, 그리고 채권단 등과 짜고 허위발표를 했다고 주장했다. 1심 판결에 대해서도 서울고등법원에 항소했다. 다시 소송전이 벌어진 것이다.

민변 측은 1심 판결에 불복해 다시 항소한 후 회계분식 여부에 대해 회계전문가의 감정을 받아보자고 주장했다. 쌍용차 측은 이 주장

대법원 전경
1심 법원에서는 쌍용차 측 승소판결을 내렸다. 그러나 재판은 2심을 거쳐 대법원까지 4년 동안 지루하게 이어지게 된다.

에 대해 강하게 반대했다. 1심에서 이미 회사가 손상차손을 인식한 것이 회사의 구조조정 실시여부에 영향을 미치지 않았다고 판결을 했고, 그 사이 금융감독원도 분식회계는 없었다고 판정했는데 왜 또 분식회계에 대한 감정을 해야 하냐는 논리였다. 그러나 2심 재판부는 민변 측 주장에 동의하고, 감정인을 선정해 손상차손 금액이 적정한지에 대한 조사를 위촉했다.

1심 판결을 뒤엎은 고등법원의 판결

그 후 양측으로부터 각종 자료를 제출받아 수개월 동안 검토한 후 전문가 감정인은 법정에 출석해 회계분식은 없었다고 증언했다. 그는 합리적인 손상차손 금액이 최소 5,177억 원에서 최대 5,248억 원 정도라고 판단되지만, 이는 회사에서 기록한 5,177억 원보다 오히려 더 큰 금액이라고 말했다. 그러나 두 수치에 큰 차이가 없으므로 회계감사의 '중요성'의 관점에서 볼 때 그 차이가 의사결정에 영향을 미칠 정도가 아니며, 따라서 회계처리가 적정한 것으로 보인다고 진술했다. 즉 민변 측에서 요청해서 법원이 선임한 전문가도 쌍용차가 회계분식을 하지 않았다고 판단한 것이다.

또한 감정인은 (3)의 의견과 동일하게 원고가 주장한 '한국감정원이 제시한 감정가치를 사용하는 것'은 손상차손 금액의 산정에 영향을 미치지 않으며, 미래 기간에 쌍용차가 판매할 수 있는 차량이 몇 대가 되느냐를 예측하는 것이 손상차손 금액의 적정성 판단의 핵심이라고 증언했다. 덧붙여 안진회계법인이 미래 판매수량을 예측하는 데 사용한 방법(후술함)은 회계감사 과정에서 종종 사용되는 방법으로써 합리적이라고 설명했다.

그런데 이러한 전문가의 증언에도 불구하고 2심 재판부는 쌍용차가 회계분석을 행했으며, 당시 쌍용차가 일시적 유동성 위기에 있었을 뿐 정말 심각한 위기에 있지 않았다는 판결을 내렸다. 따라서 심각한 구조조정의 필요성이 없었는데 회계분석을 해서 당시의 어려운 상황을 과장해 과다한 구조조정을 했다고 판결했다. 금융감독원과 전문가의 판단, 그리고 1심의 결과를 정반대로 뒤집는 판결이다. 이런 법원의 판단에 대해 민변 측 변호사들도 놀란 듯하다. 판결이 선고된 후 기자들이 민변 측 관련자에게 어떻게 해서 전문가의 판단도 뒤집는 판결이 났는지를 묻자, 민변 측은 해당 전문가가 엉터리로 감정을 했던지 아니면 쌍용차가 전문가를 매수한 것 같다는 답변을 했다. 금융감독원, 채권은행, 회계법인들도 모두 한통속으로 회사와 공모했다는 주장도 다시 되풀이했다. 이에 대해 쌍용차는 즉각 대법원에 상고했다. 쌍용차는 원고가 요청해서 선임한 전문가의 증언이나 그 외 여러 객관적 증거도 무시한 억지 판결이라고 주장했다. 또한 2009년 당시 법원이 인가한 구조조정 계획을 다른 법원이 불법이라고 판단한 이해할 수 없는 판결이라고 주장했다.

2심 법원의 판단이 적정했는지에 대해서는 그 이후 언론에서 상당 기간 논란이 되었다. 물론 언론들의 보도 논조는 해당 언론의 정치적 성향에 따라 크게 갈렸다. 그러나 회계법인 업계나 회계학 교수들 및 금융감독원에서는 회계적 이슈에 관한 법원의 판결이 틀렸다는 의견을 다수 제시했다. 대부분의 전문가들은, 손상차손은 현금흐름에 영향을 미치지 않는 회계상의 비용이기 때문에 회사의 부도나 파산 여부에 영향을 미치지 않는다고 설명했다. 따라서 손상차손 때문에 정상적인 회사가 경영상황이 악화되어 부도가 났다거나 경영상황을 고의적으로 악화시켜 과다한 구조조정을 했다는 주장은 옳지 않으므로, 본 사건은 손상차손 금액의 산정이 적정한지에 대해 전문가 감정 자체를 받을 필요가 없는 사안이라는 내용이다. 어쨌든 이 사건은 대법원까지 올라가서 결판이 나게 되었다.

회계로 본 세상

　지난 2008년 일어난 미국발 금융위기는 전 세계에 엄청난 파장을 미쳤다. 당시 수많은 기업이 파산을 했는데, 자동차 업계 세계 최고의 공룡이라고 불리던 GM도 예외가 아니었다. 2005년부터 일본이나 독일, 한국차에게 시장을 빼앗기면서 내리막길을 걸어오고 있던 GM은 2008년 파산에 이르게 되었다. 2007년과 2008년의 누적 적자가 약 500억 달러(약 60조 원)라는 천문학적 숫자에 이를 정도였다. 수많은 근로자들이 실직했음은 당연하다. 그런 충격의 여파로 회사의 본사가 위치하고 있던 디트로이트시도 세수가 급감하고 최고 180만 명에 이르던 인구가 70만 명으로까지 줄었다. 기업이 사회에 얼마나 큰 영향을 미치는지를 보여주는 좋은 사례다.

　미국에서만 이런 불행한 사태가 발생했던 것은 아니다. 한국에서도 이와 비슷한 일이 있었다. 바로 본고에서 언급한 쌍용차 사례다. 채권단과의 협약과 법원의 인가에 따라 부도 이후 회사에서는 유휴인력

해고를 포함한 구조조정이나 임금삭감 등의 조치를 했다. 이에 반발한 노조의 파업이 2달 이상 지속되면서 생산을 할 수 없는 상황이 계속되자 회사가 완전히 망하고 해고되지 않은 다수의 직원들조차 일자리를 잃을 수 있는 상황에 직면했다. 결국 회사의 요청에 의해 공장에 경찰이 투입되어 파업을 무력으로 진압하게 된다. 안타깝지만 회사측에서도 어쩔 수 없는 상황이었을 것이라고 생각된다. 그리고 노조도 회사와 대타협을 한다.

본고는 주로 이 이후에 발생한 사건들에 대해 다루고 있다. 본고를 서술하면서 필자는 대단히 주의를 기울여 양측의 입장을 공정하게 서술하려고 노력했다. 회계상의 이슈에 대해서는 전문가로서 필자의 의견을 분명히 밝혔지만(회계상 이슈에 대한 필자의 견해는 뒤에 이어질 '소위 쌍용자동차 분식회계 사건의 진실-II'에 등장한다), 회계상의 이슈가 아닌 내용은 문맥이나 상황 설명상 필요하지 않다면 언급을 자제했다. 싸움이 끝난 지 10년 정도밖에 지나지 않았고, 당시 양측에서 얼마나 많은 사람들이 고통받았는지도 잘 알고 있다. 그러니 상처받으신 분들에게 폐가 되지 않도록 누구나 동의할 수 있는 객관적인 사실만을 서술하려고 노력했다.

그럼에도 불구하고 당사자 양측에서 보면 틀림없이 동의하지 못하거나, 사실이긴 하지만 그 사실이 자세히 알려지는 것이 별로 기분 좋지 않은 내용들이 본고에 상당수 포함되어 있을 것이다. 그렇지만 필자가 노력했다는 점도 알아주셨으면 한다. 필자가 쓴 전작들이 포함된 『숫자로 경영하라』 시리즈 1, 2, 3권에 포함된 어떤 글들보다도 더 많은 시간을 투자해서 원고를 읽고 또 읽으면서 표현을 수정했다. 자

151

료의 분석에도 상당한 시간이 소요되었다. 초고는 2014년 2월 2심 판결이 내려진 후 작성했는데, 수정과 수정을 거듭하고 대법원 판결 결과를 기다린 후 다시 수정하느라 무려 1년에 걸쳐 수정이 이루어졌다. 그리고 나서도 사람들의 격양된 감정이 식는 것을 기다리느라 다시 3년을 기다린 후 2017년이 되서야 원고를 〈동아비즈니스리뷰〉에 발표한 바 있다. 오랜 시간을 기다린 바람에 원고의 시의성은 좀 떨어진 것 같다.

주관적인 견해가 아니라 객관적으로 당시 발생했던 사실들에 대한 묘사에서도 혹시 틀린 내용이 있을 수 있다. 이는 필자가 정확한 내용을 알지 못하고 언론에 보도된 내용을 수집해서 서술했기 때문에 발생한 것이리라. 혹시 사건의 직접 이해관계자들이 볼 때 틀린 내용들이 있다면, 필자에게 알려주시면 당연히 수정하도록 하겠다.

사람들은 어느 누구나 자기 입장에서 현상을 바라본다. 필자가 객관적인 체하고 있지만 필자의 글에도 필자의 주관이 일부 개입되어 있을 것이다. 필자가 글의 서두에서 STX대련의 사례를 소개한 이유는, 큰 그림을 보지 않고 자신의 입장에서만 현상을 보는 것이 얼마나 단편적인 것인지를 보여주려고 했기 때문이다. 중국에서 부채를 갚지 않고 공장을 버려둔 채 야반도주하는 한국 기업인들의 사례가 많다는 사실은 국내 언론에서 짤막한 단신으로만 보도되고 있다. 그런데 국내에서 경영을 포기한 채 철수한 상하이차에 대해서는 엄청난 비난이 쏟아졌다. 그에 반해 STX대련을 포기한 채 철수한 STX그룹에 대한 비난은 거의 없다. STX그룹이나 상하이차는 똑같은 일을 한 것이다.[1] 자신의 투자금은 포기하고 부채를 갚지 않은 채 철수한 것이다. 중국

회사를 윤리적으로 충분히 비난할 수 있겠지만, 한국 회사들이 더 빈번히 유사한 일을 중국에서 저질러 왔다는 점도 알았으면 한다. 그리고 윤리적이 아닌 법적 기준에서 보면 주주가 경영포기를 하는 것은 당연한 권리이며, 지급보증을 하지 않은 부채에 대해서 대주주가 책임질 필요도 없다. 따라서 법적으로 보면 두 회사 모두 비난할 근거는 부족하다.[2]

어쨌든 두 사건 모두 중국과 한국 양편에 엄청난 여파를 미쳤다. 이런 사례를 보면 성공적으로 기업을 경영하는 것이 얼마나 중요한 것인지 잘 알 수 있을 것이다. 또한 균형 잡힌 시각으로 현상을 봐야 한다는 것도 잘 이해할 수 있을 것이다.

---

[1] 참고로, 상하이차의 쌍용차에 대한 투자실패 사례는 중국에서 최악의 해외투자들 중 하나로 뽑힐 정도로 유명하다. 5,900억 원이라는 막대한 투자금액을 거의 전부 잃었으니 최악의 실패사례로 회자될 만하다. 사례로 만들어져서 중국 대학들 경영학과나 대학원 MBA 과정에서 교육용으로 사용되고 있다. 상하이차가 워낙 큰 회사이므로 이 정도 손실을 보고도 망하지 않았지, 그 정도 큰 회사가 아니라면 망할 수도 있을 만큼의 큰 타격이 될 수 있었다. 참고로 상하이차는 판매량 중국 1위를 다투는 큰 회사다. 1년 매출수량이 약 500만 대에 이르는데, 세계 5위권인 현대-기아차의 2013년 매출수량이 약 700만 대라는 점을 보면 상하이차의 규모를 짐작할 수 있다.

[2] 단 STX그룹의 경우는 STX대련의 부채에 대해 계열사들이 지급보증한 금액이 상당하다고 알려져 있는데, 이 금액에 대해서는 법적으로 문제가 될 소지가 충분히 있다.

소위 '쌍용자동차 분식회계 사건'의 진실 - II

··· 쌍용자동차 ···

민주노총과 민주화를 위한 변호사모임에서 쌍용차를 검찰에 고발하고 법원에 소송을 제기한다. 쌍용차가 그렇게 어려운 상황이 아니었는데, 분식회계를 통해 큰 적자를 보고함으로써 경영상의 어려움을 과장하고 불필요한 구조조정을 했다는 주장이었다. 특히 '손상차손' 부분이 분식회계라는 주장이었다. 이런 주장은 몇몇 정치인과 언론을 통해 널리 퍼지게 된다. 그러나 대법원까지 진행된 재판에서 법원은 이런 주장이 옳지 않다는 판단을 내린다. 2009년 사건이 발생한 이후 2015년 모든 법정 다툼과 검찰의 조사가 끝날 때까지 무려 6년의 시간이 걸렸다. 그리고 이런 다툼이 끝난 2016년 드디어 쌍용차는 흑자 전환에 성공한다. 손상차손이란 무엇인지, 그리고 이 사건의 진실은 무엇인지에 대해 소개한다.

MANAGING BY NUMBERS

　쌍용차가 분식회계를 통해 회사의 어려운 상황을 과장해 대규모 해고의 빌미로 사용했다는 민노총, 민변, 그리고 참여연대의 주장에 대해 1심 법원은 쌍용차 측 승소 판결을 선고했다. 판결의 근거는 다음과 같다. (1) 쌍용차에 대해 구조조정 개시를 결정한 법원의 판단은 쌍용차의 2008년 3분기 재무제표를 기본으로 해서 마련된 구조조정안을 기초로 해서 이루어졌으므로 2008년 말 재무제표에 대해 2009년 2월 말 안진회계법인이 수행한 회계감사에서 내린 손상차손 결정이 법원의 구조조정 여부나 방안 결정에 영향을 줄 수 없었으며, (2) 회사의 구주정은 회계감사를 수행한 안진회계법인이 아니라 삼정회계법인이 독자적으로 마련한 방안에 따라 수행된 것이므로 안진회계법인이 수행한 회계처리 때문에 구조조정 방안이 잘못 마련되었다고 보기 힘들고, (3) 한국감정원이 제시한 감정평가액을 반영해서 삼일회계법인이 청산가치를 평가했지만 청산가치보다 계속기업가치가 더 높으므로 감정평가액을 손상차손 계상에 고려했느냐의 여부는 무의미하다는 판단이었다. 그리고 (4) 당시 경영상황으로 보아 해고는 불가피했고 해고 노동자의 선정도 합리적으로 이루어진 것으로 법원은 판단했다.

그러나 2014년 2월 2심 법원은 그 반대로 쌍용차 측 패소 판결을 선고했다. 2심 법원은 쌍용차 패소 판결의 이유로 (5) 당시 쌍용차가 일시적인 유동성 위기를 겪었지만 정말 심각한 생존의 위기에 있지 않았으며, (6) 분식회계를 통해 손실을 부풀려 구조조정의 빌미로 삼았으며, (7) 충분한 해고회피 노력을 하지 않았다는 것이다.

(3)에서 한국감정원의 감정결과 활용여부가 본건에 영향을 미치지 않는다는 내용에 대해서는 1심과 2심 판결이 동일하다. 그러나 (4)에 대해서는 (7)에서 언급된 것처럼 1심과는 정반대로 판단한 셈이다.

본고에서는 (6)에서 이야기하는 분식회계의 진위여부에 대해 먼저 살펴보고, (5)와 관련해서 당시 쌍용차가 재무적으로 어떤 상황에 처해있었는지를 살펴보겠다. (7)은 회계와 관련이 없고 필자가 그 분야의 전문가도 아니므로 논의를 생략하지만, 당시 언론보도를 찾아보면 이에 대한 주요한 논점을 살펴볼 수 있을 것이다. 다만 2심의 판단에 대해 필자가 한 가지 지적하고 싶은 점은, 1심 판단이 잘못되었다고 2심에서 판단한 근거가 판결문에 거의 등장하지 않는다는 점이다. 2심 판결문에는 1심에서 논점이 되었던 (1)과 (2)에 대한 반론은 거의 없이 (5)와 (6)에 대한 2심 재판부의 판단만 주로 등장했다. 이점을 필자는 잘 이해할 수 없다. (1)과 (2), 그 중에서도 특히 (1)이 옳다면 (5)와 (6), 그 중에서도 특히 (6)은 틀릴 수밖에 없는 내용이기 때문이다. 시간적으로 나중 또는 거의 동시에 일어난 사건인 회계처리

(2008년 2~3월) 때문에 부도가 나고 기업회생절차에 접어들거나 구조조정 여부가 결정(2007년 12월~2008년 3월)되었을 수 없기 때문이다.

쌍용차 분식회계 논란의 진실

우선 논란의 핵심인 (6)에 대해 생각해보자. 이 판결에 의하면 쌍용차와 안진회계법인이 서로 공모해서 회계분식을 수행해 재무제표에 반영할 필요가 없는 손실 5,200억 원의 손상차손을 기록했다. 만약 이 말이 사실이라면, 쌍용차는 안진회계법인 측 공인회계사들을 설득 또는 매수해 자신들의 의견에 동의하도록 했어야 한다. 안진회계법인이 분식회계를 하자고 먼저 제안해서 쌍용차를 설득했을 가능성은 낮기 때문이다. 그런데 전술한 바처럼 안진회계법인은 회사의 재무제표에 대해 한정의견을 제출했다. 무형자산 항목인 개발비 1,298억 원의 가치도 거의 없으므로 추가적인 손상차손으로 기록해야 한다고 판단했었기 때문이다. 쌍용차가 이러한 주장에 대해 동의하지 않았으므로 안진회계법인이 한정의견을 발표한 것이다.

이를 보면 쌍용차가 안진회계법인을 설득해 분식회계 계획에 참여시켰을 것이라는 설명은 설득력이 부족하다. 쌍용차 측이 담당 공인회계사들을 설득해서 회계분식에 참여하도록 했다면, 안진회계법인이 더 많이 손상차손을 적어야 한다고 주장하고 쌍용차는 회계법인의 이러한 주장에 동의하지 않아 한정의견이 제시된 상황이 설명이 되지 않기 때문이다. 오히려 그 반대로 안진회계법인이 쌍용차의 반대에도 불구하고 손상차손을 적어야 한다고 주장했을 가능성이 높아 보인다. 안진회계법인 측이 설명한 바로는, 당시 안진회계법인은 손상차손을 기록하지 않으면 회계감사의견을 내지 않고 감사 철수를 하겠다고 강력하게 주장했다고 한다. 이에 쌍용차가 마지못해 동의를 해서 손상차손을 반영했다고 한다.

회계법인의 감사의견이 제시되지 않는다면 해당 회사는 주식시장에서 거래가 중지되고 상장폐지되기 때문에, 회사들은 감사의견을 반드시 받아야 한다. 쌍용차에서도 당시 상황에 대해 안진회계법인과 동일한 내용을 설명하고 있다. 양측이 이 문제에 대해 서로 격하게 논쟁을 벌이면서 주고받은 이메일 등의 증거자료도 있다. 앞에서 설명한 당시 정황에 대해서 필자가 판단한 내용과 일치하는 주장이다. 법원은 이런 증거들을 무시한 판결을 내린 셈이다.

대규모의 손상차손을 통해 불필요한 손실을 과다하게 기록해 회사의 재무적 어려움을 과장하고, 이를 근거로 과다한 구조조정을 행했다는 판결에 대해서도 생각해보자. 우선 이 주장은 회생절차개시신청 시점과 손상차손 기록 시점을 혼동하고 있다. 상하이차가 철수한 후 쌍용차가 부도가 난 것은 2008년 12월, 회생절차개시신청을 한 시점은 2009년 1월이다. 안진회계법인이 쌍용차에 대한 회계감사를 실시한 때는 2009년 2월 말이고, 감사받은 재무제표는 3월 말에야 공표되었다. 따라서 손실을 고의적으로 과다하게 기록해서 일부러 부도를 내고 회생절차개시신청을 했다는 주장은 성립되지 않는다. 손상차손 기록에 대한 의사결정이 내려지기 이전에 상하이차는 쌍용차에 대한 경영권을 포기하고 철수했다. 직원들 임금은 12월부터 주지 못했고

안진회계법인 홈페이지
안진회계법인은 쌍용차와 공모해 분식회계를 한 것으로 고발되었으나, 대법원까지 계속된 재판에서 무죄판결을 받았다.

만기가 돌아온 부채를 상환하지 못하고 있었다. 그래서 1월 들어 회생절차개시신청을 하게 된 것이다.

　즉 사건들이 벌어진 시간 순서만 놓고 봐도 판결 내용은 납득하기 어렵다. 또한 쌍용차가 손상차손을 기록했더라도, 그 때문에 현금이 없어 부채를 상환하지 못해 부도가 나는 일은 없다. 손상차손은 회계상의 손실일 따름으로, 감가상각비의 경우처럼 현금흐름에 영향을 미치지 않기 때문이다.[1] 부도는 현금이 없어서 지불해야 하는 돈을 지불하지 못해서 발생하는 것이다.

---

[1] 너무 복잡해서 자세한 설명은 생략하지만, 비용 자체가 현금흐름의 동반을 수반하지 않더라도 세금효과를 고려하면 현금흐름이 변할 수 있다. 세무적으로 비용이 인식되면 회사가 납부하는 세금이 감소하기 때문에 현금흐름이 증가하게 된다. 즉 회사의 상황이 악화되는 것이 아니라 오히려 좋아진다. 다만 쌍용차의 경우 손상차손 기록 이전에 이미 대규모 적자를 기록하고 있었기 때문에, 손상차손을 인식한 것이 세금납부액에 추가적인 영향을 미치지 않았다.

삼일회계법인과 삼정회계법인의 역할

쌍용차를 살리는 것이 좋은지 청산하는 것이 좋은지에 대한 판단은 안진회계법인이 아니라 삼일회계법인에 의해서 이루어졌다. 계속기업가치와 청산가치를 계산해서 양자를 비교하는 것이다. 계속기업가치의 계산은 과거의 정보가 아닌 미래 현금흐름을 예측해서 이루어진다. 물론 미래 현금흐름 예측을 하는데 현재의 이익이나 현금흐름이 기초자료로 사용된다. 그런데 손상차손은 현금흐름에는 영향을 미치지 않는 회계상의 손실일 뿐이다. 따라서 만약 손상차손을 인식해서 재무상의 어려움을 과장했다고 하더라도, 만약 삼일회계법인이 정상적으로 가치평가를 수행했다면 손상차손 인식여부는 계속기업가치와 청산가치의 추산에 영향을 미치지 않는다. 따라서 이 사안은 법원이 구조조정을 해서 회사를 살릴지를 결정하는 판단에 영향을 미칠 수 없다. 이런 내용들은 (1)과 동일한 이야기다.

한편 구조조정 방안은 삼정회계법인에 의해서 마련되었다. 손상차손 금액의 결정이나 계속기업가치의 추정과 마찬가지로, 구조조정 방안을 마련하기 위해서도 앞으로 어느 정도의 매출이 이루어질 것인가를 예측하는 것이 필요하다. 예상 매출수량에 맞추어, 그에 상응하는 수준의 차량을 생산하는 데 적합한 인원과 원가 수준을 예측할 수 있다. 이를 통해 예측한 적정인원 수를 현재 인력과 비교하면 불필요한 인력이 얼마나 되는지를 계산할 수 있다. 이렇듯 구조조정의 근거를 마련하는 것이 삼정회계법인의 역할이었다.

삼일회계법인의 계속가치평가의 경우와 마찬가지로, 손상차손은 회계상의 손실로서 현금흐름에 영향을 미치지 않기 때문에 손상차손의 인식 여부는 정상적으로 삼정회계법인이 업무를 수행했다면 삼정회계법인이 마련한 구조조정 방안에 영향을 미치지 않아야 한다. 이 내용도 1심의 판단근거가 된 (2)와 동일한 이야기다. 쉽게 핵심을 설명하면, 손상차손 의사결정이 미래현금흐름 예측에 영향을 미치고 그 미래 현금흐름 예측이 구조조정 방안이나 계속가치평가에 영향을 미쳤다는 것이 원고 측의 주장이다. 그러나 실제로는 이런 주장과는 반대로 미래 현금흐름에 대한 예측이 손상차손 규모, 계속기업가치의 계산, 구조조정 방안의 마련, 이 3가지 모두에 영향을 미치는 것이다.

이상의 결과를 종합해보면, 손상차손이 구조조정을 해서 회사를 살릴 것인지 혹은 청산시킬 것인지에 대한 판단에 영향을 미치고, 그 결과 구조조정 방안의 마련에도 영향을 미치기 위해서는 안진회계법인뿐만 아니라 삼일·삼정회계법인도 원고 측이 주장하는 조직적인 공모에 함께 참여했어야 한다는 것을 이해할 수 있다. 그렇지 않다면 삼일·삼정회계법인이 모두 엉터리로 임무를 수행했어야 한다. 그래서 현금흐름에 영향을 미치지 않는 손상차손이 미래 현금흐름을 줄이는 것처럼 오판해서 분석을 했어야 한다. 한국의 4대 회계법인 중 3개 법인이 쌍용차와 공모를 했거나 부실하게 업무를 수행했어야만 나올 수 있는 결과다.[2] 더군다나 금융감독원에서도 6개월 동안 조사를 했고, 법원에서 선임한 전문가 감정인도 수개월에 걸친 조사를 했다. 이런 과정에 직접 동원되었을 쌍용차 직원, 회계법인 소속 공인회계사들, 금융감독원 직원 등을 모두 합하면 적게 잡아도 최소 30~40명은 되지 않을까 한다. 물론 이 숫자는 간접적으로 지휘·감독을 수행하는 위치에 있는 사람들을 제외하고 직접 작업에 참여했을 사람들의 수만 어림잡은 것이다.

이 모든 사람이 함께 공모를 했거나 부실하게 업무를 수행했어야만 (6)이라는 법원의 판단이 옳은 셈이다. 과연 이런 일이 가능할까? 만약 가능했다면 어떻게 해서 2009년 이후 오랜 시간이 흐른 지금까지도 관계자들 중 아무도 자신이 공모에 참여했었다고 증언하는 사람이 나타나지 않을까? 이런 의문들을 종합적으로 고려해서, 공모를 통해 분식회계가 이루어졌고 그 결과를 과다한 구조조정의 빌미로 사용했다는 주장이 합리적인지는 독자 여러분들이 직접 판단해보기 바란다.

미래 판매예측을 고의축소했다는 법원의 판단

법원이 (6)과 관련해 쌍용차와 안진회계법인이 공모해서 분식회계를 했다는 근거로 판결문에 설명한 내용은 다음과 같다. (6-1) 쌍용차가

---

2 세 회계법인이 공모에 참여하지 않았다면 다음과 같은 일이 발생했을 수도 있다. 쌍용차 측에서 의도적으로 미래 매출계획을 축소해서 세 회계법인에게 전달했고, 세 회계법인이 그 자료를 그대로 이용해서 미래의 매출이 적게 발생할 것이라고 판단한 것이다. 역시 세 회계법인이 모두 부실하게 작업을 했어야만 가능한 결론이다. 그러나 앞에서 설명한 내용을 보면 알겠지만 쌍용차 측에서는 손상차손 금액을 줄이기 위해 안진회계법인과 상당한 논쟁을 벌였다. 따라서 쌍용차 측에서 의도적으로 미래의 매출계획을 축소한 자료를 제공했을 가능성은 낮다. 또한 미래 매출계획을 축소해서 제공한다면 그 계획에 따라 계산되는 계속기업가치가 낮아지며, 그 결과 계속기업가치가 청산가치보다 낮다고 판단되면 쌍용차를 청산시킨다는 결정이 내려질 수도 있다. 따라서 당시 쌍용차는 오히려 미래의 매출이 매우 높을 것이라는 낙관적인 자료들을 적극 회계법인들에게 제공했을 가능성이 높다. 쌍용차가 제공한 미래 매출계획에 대한 내용은 후술하겠지만, 이런 예측과 동일하게 낙관적으로 작성되어 있었다.

제시한 미래 매출 수량에 대한 사업계획을 안진회계법인이 부당하게 축소해서 미래의 매출액을 예상했으며, (6-2) 특히 회사가 신규로 개발해서 생산을 시작할 예정인 신차종에 대해서는 미래 판매예상액을 전액 가치평가 과정에서 누락했다. (6-3) 신차종을 생산할 수 없다면 기존의 구차종을 계속 생산해서 판매할 텐데, 일부 구차종이 앞으로 수년간에 걸쳐 점차 단종될 것으로 판단함으로써 미래 매출 예상액을 축소했다는 것이다.

미래 매출 예상액에 대한 예측이 필요한 이유는 이 예상액이 손상차손 금액 추정에 사용되기 때문이다. 전술한 것처럼 손상차손이란 유형 또는 무형자산의 장부가치가 그 자산을 사용해서 벌어들일 수 있는 현금의 현재가치보다 적다고 판단될 때 장부가치를 미래 벌어들일 수 있는 현금의 현재가치로 낮추는 것이다. 따라서 미래에 벌어들일 수 있는 현금이 얼마인지를 먼저 추정해야 한다. 미래에 벌어들일 수 있는 현금은 사용가치와 처분가치로 구분할 수 있다. 사용가치는 해당 자산을 계속 사용하면 얼마를 벌어들일 수 있는지를 말하며, 처분가치는 해당 자산을 매각하면 얼마를 벌어들일 수 있는지를 말한다. 사용가치가 처분가치보다 높은 경우에는 자산을 계속 사용해 현금흐름을 창출하는 의사결정을 할 것이며, 처분가치가 사용가치보다 높은 경우에는 자산을 처분해 매각대금을 활용하게 된다. 쌍용차의 경우 사용가치가 처분가치보다 월등히 높은 것으로 평가되어, 사용가치와 유형자산 장부금액을 비교해 손상차손 금액이 결정되었다.

(6-1)에서 제시된 것처럼 매출 예상액을 축소했다는 법원의 판단에 대한 안진회계법인 측 반론은 다음과 같다. 쌍용차는 2008년 감

서울고등법원 전경
서울고등법원에서 벌어진 2심에서 재판부는 분식회계를 통해 쌍용차가 적자규모를 부풀려 불필요한 구조조정을 수행했다고 판결했다. 1심과는 전혀 다른 판결이다. 그 후 이 싸움은 대법원까지 계속된다.

사를 수행하기 전인 2005년부터 2007년까지 한 번도 사업계획 목표를 달성한 적이 없었다고 한다. 과거 3년 치의 자료를 이용해 미래를 예측하는 것은 회계추정에서 종종 사용되는 방법이다. 3년 동안의 목표 대비 판매달성률이 계획 대비 차종에 따라서 최소 40%에서 최대 80%에 불과한 만큼, 쌍용차가 미래의 판매계획을 그대로 인정해서 미래의 예상매출액으로 이용할 수 없다는 주장이다. 따라서 안진회계법인은 과거 3년 동안의 실제 판매목표 달성률을 차종별로 반영해서 미래의 예상매출액을 추정했다고 설명했다. 즉 특정 차종의 매출목표가 1만 대인 차종의 경우 과거의 목표 달성률이 평균 60%라면, 미래 기간에 6천 대를 팔 수 있을 것으로 계산했다는 것이다.

재미있는 점은 사건이 발생했던 2009년부터 2심 판결이 선고되기 직전인 2013년까지 5년 동안 쌍용차는 단 한 번도 2008년 당시 제시했던 미래 사업계획 목표를 달성한 적이 없을뿐더러, 안진회계법인이 차종별로 목표 대비 40%에서 80%까지 축소해서 추정한 판매예상액도 달성한 적이 없었다는 사실이다. 2009년 이후로 일어난 이런 사실들을 본다면, 쌍용차의 과거 판매계획과 실제 판매량 사이에 상당한 차이가 난다는 사실은 분명해 보인다. 즉 미래 판매계획이 상당히 낙관적으로 추정되어 있다는 점을 알 수 있다. 그럼에도 불구하고 법원은 회사의 미래 판매계획을 그대로 인정해서 유형자산의 사용가치를 계산해야 한다고 판정했다. (6-1)과 관련해 누구의 주장이 더 옳은지도 독자 여러분의 판단에 맡기겠다.[3]

어쨌든 판결이 내려진 후 회계사 업계나 회계학 교수들 중 상당수가 '만약 회사의 미래 판매계획을 그대로 인정해 유형자산의 사용자산의 가치를 계산한다면 그것이 바로 분식회계'라는 의견을 개인적인 자리나 언론 등을 통해서 밝힌 바 있다. 회사가 손실을 줄여 보고하거나 주가를 올리려는 목적으로 미래의 판매계획이나 이익예측액 등을 종종 부풀리는데, 이런 회사의 주장을 그대로 믿어야 할까?[4] 참

165

---

[3] 기업들은 종종 낙관적인 사업목표를 제시한다. 다소 무리할 정도의 낙관적인 목표를 제시해야 직원들이 목표달성을 위해 더 열심히 노력하겠다는(그래서 상당한 보너스를 받겠다는) 유인이 생기기 때문이다. 그런데 회계법인이 회계감사를 수행할 때 현실적으로 사업계획이 어느 정도 달성가능한지 정확히 알 방법도 없다. 따라서 회계법인은 자기 나름대로의 합리적인 방법을 적용해서 미래 사업계획의 현실성을 평가하고 이를 회계감사시에 반영한다. 그렇다면 안진회계법인이 사용한 과거 3년간의 실제 목표달성률을 사용한 방법이 합리적인지, 그리고 만약 합리적이지 않다고 생각한다면 어떤 수치를 사용하는 것이 합리적인 것인지에 대해서 독자 여러분들이 생각해보기 바란다.

[4] 필자의 개인적인 견해이지만, 이 부분에 대한 법원의 판단은 전체 판결 내용 중 가장 비논리적인 부분이다. 이 법원의 판단을 대우조선해양의 분식회계 사건과 비교해서 살펴보자. 대우조선해양은 미래 공사예정원가를 고의로 낮춰 잡는 방법을 이용해서 공사진행률을 과다하게 부풀려서 매출액을 늘리는 방식으로 분식회계를 했다. 쌍용차 사건 2심 법원의 판단을 그대로 따른다면, 대우조선해양이 공사진행률을 과다하게 추정한 것은 정당한 것이다. 그리고 만약 회계법인이 회계감사 과정에서 이를 발견해서 과다한 수치를 보다 현실적인 수치로 조정했다면 회계법인의 행위가 분식회계라는 결론이 도출된다.

고로 회계에서는 '불확실하다면 보수적으로 회계처리 한다'는 '보수주의 원칙'이 회계의 근간이 되는 기본적인 회계원칙으로 받아들여지고 있다.[5]

미래 개발예정 신차종 매출 예상액의 누락 사유

(6-2)에서 언급한 미래 기간에 신규로 개발을 완료해서 생산할 예정이던 차종에 대한 판매수량 예측액을 누락시켰다는 주장에 대한 반론은 다음과 같다. 당시 쌍용차는 미래 기간에 5종의 신차를 개발해서 생산을 시작한다는 사업계획을 가지고 있었다. 안진회계법인은 당시 쌍용차가 부채를 갚을 수 있는 현금이 없고 몇 달 치의 급여도 지급하지 못하고 있는 상황이었기 때문에, 신차 개발에 필요한 자금과 신차개발이 끝난 후 실제로 생산을 시작하기 위해 필요한 기계장치를 구입하는 데 추가적으로 소요될 자금이 없었다고 평가했다. 따라서 신차종 개발계획을 실행할 능력이 없다고 봤다.

채권단이 신차 개발에 필요한 수천억 원의 자금을 추가로 쌍용차에 빌려준다면 추가투자가 가능할 수 있겠지만, 당시 상황으로 볼 때 채권단이 앞으로 어떤 결정을 내릴지는 불확실했다. 이에 따라 안진회계법인은 '보수주의' 회계원칙에 따라 신차개발을 할 수 없다는 가정하에 회계처리를 한 것이라고 주장한다. 따라서 기존에 신차개발을

---

5 보수주의란 수익과 비용의 인식 시점에서 불확실성이 존재할 때 손실은 즉시 인식하고 이익은 실현될 때까지 기다렸다가 인식하는 회계원칙을 말한다.

위해 투입한 개발비용으로서 무형자산으로 기록되어 있는 1,298억 원에 대해서도 자산성이 없는 것으로 판단해 손상차손으로 처리해야 한다고 주장했다. 그러나 쌍용차에서 1,289억 원을 추가로 손상차손에 포함시키는 것을 끝까지 반대했으므로, 안진회계법인은 회계감사 의견으로 적정의견이 아닌 한정의견을 제시한 것이다.

2008년 당시 쌍용차는 미래 약 5년 동안 5종의 신차종을 개발해 기존 구차종을 대체해서 생산하겠다는 계획을 가지고 있었다. 그러나 회사 부도 후 5년이 지난 2014년 초 2심 판결 시점까지 계획된 5개 차종 중 1개 차종만 개발이 완료되어 생산에 투입되었다. 이 신차개발도 나중에 채권단이 신차개발을 위해 필요한 자금을 특별히 제공해 주었기 때문에 가능했던 것이다. 그리고 신차종 40만 대를 판매한다는 야심 찬 계획과는 달리 2013년 동안 생산중인 전 차종을 합산해도 판매수량이 13만 대 수준에 불과했다.

관련된 분식회계 사례들

이 주제와 관련해 최근 벌어진 다른 분식회계 사건 2가지를 소개하도록 하겠다. 2014년 초 ㈜동양시멘트는 재무제표에 약 200억 원으로 기록된 해외 자원개발 관련 유형 및 무형자산(유전설비, 광업권, 탐사평가자산)에 대한 손상차손을 인식하지 않은 것이 적발되어 분식회계로 처벌을 받았다. 2012년까지 개발한 유전이 상업적 가치가 거의 없다는 것을 2013년 들어 인지했는데도 불구하고 손상차손을 인식하지 않았다는 것이 금융감독원의 판단이다. ㈜동양시멘트가 속한 동양그룹 전체가 2014년 들어 부도가 발생했는데, 2013년 당시 재무상태가 악화되었다는 것을 숨기기 위해 회사는 대규모의 분식회계를 행했고, 그 중 손상차손과 관련된 사안도 포함되어 있었다.

코스닥 상장법인인 ㈜에어파크도 광업권에 대한 손상차손을 기록하지 않은 것이 2014년 적발되어 징계를 받은 바 있다. 2009년 회사는 광산채굴 허가도 받지 않은 상태였는데, 앞으로 채굴허가를 받은 후 상당한 광물을 채굴할 수 있을 것이라고 판단해서 광업권을 무형자산에 기록하고 있었다. 그 후 채굴허가를 받아 채굴을 시작했지만 실제로 회사가 채굴한 광물의 가치는 2009년 당시 추정했던 예상량에 크게 못 미쳤다. 금융감독원은 채굴허가를 받지 않았고 미래에 허가를 받을 수 있는 가능성이 높다는 객관적인 증거도 없는 상황에서 허가를 받을 것이라는 가정을 적용하는 것 자체가 '불확실하면 보수적으로 회계처리 하라'는 회계의 기본 원칙을 지키지 않은 경우이며, 회사가 구체적인 근거 없이 미래의 채굴량을 추정했다고 판단했다.

㈜에어파크의 상황을 쌍용차에 적용해보면, 미래에 채권단이 신차개발을 위한 자금을 추가로 대출해줄 것인지를 거의 알 수 없는 불확실한 상황에서 어떻게 회계처리를 하는 것이 올바른 것인지에 대한 답을 유추할 수 있다. 논리적으로 보면 '채굴허가'나 '자금의 추가대출' 모두가 당시 상황에서는 불확실한 조건들이다. 미래에 대한 예측이 상당히 확실하다는 근거가 없다면 보수적으로 회계처리 하라는 것이 회계의 기본원칙이다. (6-2)의 논의 역시 무엇이 옳은지에 대한 판단은 독자들에게 남겨두도록 하겠다.

구차종 매출 예상수량의 축소 사유

이제 (6-3)에서 구차종 매출 예상수량을 미래 사업계획에 반영하지 않았다는 2심 법원의 판단에 대해 논의해보자. 신차를 생산하지 못한다면 구차종을 계속해서 생산할 것이라는 것이 법원의 판단이다. 그렇다면 구차종을 계속해서 생산했을 때 회사가 벌어들일 수 있는 이익을 고려해야 할 것이다. 실제로 회사는 2009년 이후 현재까지 대부분의 구차종을 계속 생산하고 있는 중이다. 따라서 언뜻 보면 앞의 (6-1)이나 (6-2)에서 제기된 이슈와는 달리 (6-3)에 대한 법원의 판단은 타당하다고 생각된다.

이런 주장에 대해 안진회계법인은 당시 생산중이던 7개 차종 중 미래 일정기간 동안 점차적으로 단종할 계획이 있던 4종의 차종들은 모두 적자 차량이기 때문에, 만약 이 차종들을 단종시키지 않고 계속해서 생산을 한다면 적자가 더 커진다고 반박했다. 따라서 해당 차량의 생산에 사용되는 기계설비의 수명이 종료되면 신규로 기계설비를 구입해서 생산을 계속하기보다는 생산을 종료하는 것이 오히려 이익이 최대가 된다는(또는 손실이 최소가 된다는) 설명이다. 물론 회사가 해당 시점이 되었을 때 반드시 생산을 종료해야 한다는 의미는 아니다. 그렇지만 종료하는 것이 이익을 최대화하거나 손실을 최소화할 수 있는 합리적인 선택이므로, 회사가 합리적인 선택을 할 것이라는 가정하에서 미래의 매출 예상액을 계산했다는 주장이다.

법원의 판결이 발표되자 금융감독원도 이례적으로 반박성명을 냈다. 그 내용의 핵심도 (6-3)과 관련된다. 금융감독원은 만약 법원의 판결대로 구차종 중 적자 차종을 단종하지 않고 계속 생산한다면 회사의 손실이 더 커진다면서, 추가로 인식될 구체적인 손실규모까지 계산해서 발표했다. 따라서 단종을 하지 않는다고 가정한다면 손상차손 규모가 더 커져야 한다는 설명이다. 검찰이 발표한 보도자료를 보면 전문가 감정인도 검찰에서 동일한 증언을 했다. (6-3)과 관련된 이런 양측의 주장 중 어느 것이 더 합리적인 것인지에 대한 판단도 독자 여러분들에게 맡기겠다.

여기서 한 가지 주의해야 할 점은, 이런 계산이 실제로 쌍용차 측이 구차종을 현시점에서 무조건 단종해야 한다는 의미는 아니라는 점이다. 상당수의 설비자산에 대한 투자는 이미 지출이 완료되었기 때문에, 설비자산에 대한 감가상각비는 생산 의사결정과는 무관하게 고정적으로 발생한다. 따라서 감가상각비를 제외하면 쌍용차가 해당 설비를 계속 사용 가능한 미래 시점까지 추가적으로 부담해야 하는 현금비용은 전체 비용 중에서 일부분일 뿐이다. 따라서 그 시점까지는 해당 차종의 생산에서 창출되는 공헌이익(즉 차량 한 단위를 생산 및 판매해 추가적으로 발생하는 매출액과 그때 발생하는 현금비용의 차액)만 가지고 생산 여부를 결정하면 된다. 공헌이익이 양수라면 감가상각비까지 고려한 전체 이익이 음수라도 생산을 계속하는 것이 회사에게 유리하기 때문이다. 그러나 기존 설비자산의 수명이 종료되면 새로 설비자산에 대한 신규투자가 이루어져야 한다. 따라서 이때는 신규투자에 따른 감가상각비를 추가적으로 고려해야 한다. 즉 이 시점 이후에는 차량의 계속 생산 여부를 결정할 때 공헌이익이 아니라 차종별 전체 이익(추가매출액 – 추가 현금 및 비현금 비용)이 얼마인지를 고려해야 한다.[6] 안진회계법인이나 금융감독원의 주장은, 상당수의 구차종들은 차종별 이익이 음수이기 때문에 설비자산의 수명이 종료되는 시점에 도달하면 추가로 설비자산에 대한 투자를 하는 것보다는 해당 차종을 단종시키는 것이 이익극대화 측면에서 쌍용차에 유리하다는 것이다.

물론 차종별 이익이 음수더라도 이익 측면만 고려해 구차종을 꼭 단종해야 한다는 법은 없다. 직원에 대한 고용을 유지해야 할 경우도 있고(유지할 능력이 있다면), 향후 시장상황이 변해 미래 매출 예상액이 바뀌어 이익 차종으로 전환될 수도 있다. 이런 이유에서 쌍용차는 2013년까지도 목표 매출수량을 달성하지 못해 계속해서 적자를 보고 있는 것이 분명한 상당수의 구차종 중 특히 적자규모가 큰 일부만 단종시키고 나머지는 생산을 계속하고 있었던 것이라고 추측된다.

쌍용차 재무건전성 위기의 진위 여부

이제 2심 법원에서 언급한 (5)의 내용에 대해 생각해보자. (5)는 당시 쌍용차가 일시적인 유동성 위기를 겪었을 뿐 정말 심각한 재무건전성 위기까지 겪지 않았다는 법원의 판단이다. 아마도 이런 판단은 쌍용차가 2009년 이후 2013년까지 적자를 면하지는 못했지만 손실

---

6 감가상각비는 과거 설비자산에 투자한 금액에 대해 비용을 기간별로 나누어 인식하는 과정으로써, 현금흐름을 수반하지 않는 비용이다. 이러한 측면에서 감가상각비는 이미 집행되어 매몰비용의 성격을 가지므로 회사의 의사결정에 영향을 미치지 않는다. 현금흐름과 이익, 공헌이익 등을 비교해 생산지속 또는 생산중단 등의 결정을 내리는 방법에 대한 좀더 자세한 내용은 『숫자로 경영하라 2』의 '이익인가, 현금흐름인가?'라는 글을 참조하기 바란다.

이 점점 감소하고 있는 상황을 근거로 내린 판단으로 보인다. 쌍용차의 2011년 손실은 1,128억 원, 2012년 손실은 1,059억 원이었으나 2013년의 손실은 24억 원에 불과하다. 따라서 경영상황이 호전되고 있다는 언론보도를 보면서 재판부가 쌍용차가 2009년 당시 심각한 재무건전성 위기에 있지 않았다고 생각한 것이 아닐까 필자는 추론한다.

그러나 이때 회사가 인식한 당기순손실은 2008년 유형자산의 손상차손을 인식한 결과라는 점에 유의해야 한다. 손상차손 때문에 2008년 유형자산의 장부가치가 크게 감소했으므로, 2009년부터는 유형자산에 대한 감가상각비가 감소한다. 회사의 연차보고서에 포함된 주석사항을 찾아보니, 2008년의 감가상각비는 1,556억 원인 데 반해 2009년의 감가상각비는 737억 원이다. 1년 동안 감가상각비가 약 820억 원 감소했다. 따라서 2008년 손상차손을 기록하지 않았다면 2009년 이후의 손실이 매년 대략 800억 원 정도 더 컸을 것이다.[7] 그 외에도 채권자들이 채무를 포기해서 생긴 채무면제이익 2,900억 원, 쌍용차가 회사 회생을 위해 보유하고 있던 토지나 건물 등을 매각해 생긴 1,400억 원의 처분이익, 마힌드라가 회사를 위해 투자한 자금 등이 회사의 부채를 상환하는 데 사용되었기 때문에 감소한 이자비용도 손실을 줄이는 효과가 있었다. 이런 점들 때문에 2009년에서

---

7 이 점을 보면 보수주의적인 회계처리 방법의 효과를 이해할 수 있다. 손상차손을 비롯한 보수주의적인 회계처리 방법은 예상되는 미래의 손실을 앞당겨서 한꺼번에 인식하는 역할을 한다. 그 결과 손익계산서에 표시되는 당기 영업성과는 악화되지만 미래의 영업성과는 더 좋게 표시되는 효과가 있다.

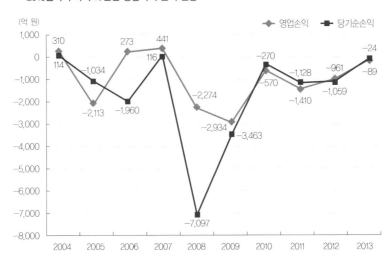

(억 원)

◆ 영업손익 ■ 당기순손익

1,000	
0	
-1,000	
-2,000	
-3,000	
-4,000	
-5,000	
-6,000	
-7,000	
-8,000	

310 114 273 441 116 -2,274 -270 -1,128 -961 -24
-1,034 -1,960 -2,113 -2,934 -3,463 -570 -1,410 -1,059 -89
-7,097

2004 2005 2006 2007 2008 2009 2010 2011 2012 2013

2010년 적자가 대폭 감소한 것은 쌍용차가 보유하고 있던 토지와 건물을 처분해 약 1,400억 원의 처분이익이 발생했기 때문이다. 이를 제외하면 2011년이나 2012년과 비슷한 규모의 적자가 발생했을 것으로 예측된다. 2009년 3,463억 원의 적자가 발생했는데, 이는 채권자들이 채무를 돌려받기를 포기함으로써 발생한 채무조정이익 2,927억 원을 포함한 수치다. 따라서 채무조정이익이 없었더라면 쌍용차의 2009년 당기순손실은 6,400억 원 정도다.

173

2013년에 이르는 동안 손실규모가 대폭 줄어들었던 것이다. 2008년 말 시점에서는 이런 상황에 대한 예측이 거의 불가능했을 것이다.

따라서 이런 점들까지 고려하면 쌍용차가 정상궤도에 진입했다는 판단은 2심 판결이 내려진 2014년 초 시점에서는 섣부른 것으로 보인다. 그리고 2009년 초 시점에서는 회사의 정상화에 도움이 되는 이런 일들이 미래기간 동안 일어날 수 있을지가 불확실했다. 한때 16만 대가 넘었던 연간 차량 판매 대수가 2008년에는 8만 대까지 감소했다가 2014년에는 일부 회복되어 14만 대 수준이었다. 쌍용차의 실질적 정상화를 위해서는 앞으로도 가야 할 길이 멀다는 점을 알 수 있다. 현재까지 쌍용차 임직원들이 회사를 부활시키기 위해 얼마나 열심히 노력하고 있는지는 이런 내용들을 보면 짐작할 수 있다. 그분들의 노력에 대해 뜨거운 박수를 보내고 싶다.

2008년의 쌍용차 상황의 분석

2008년 시점으로 되돌아가 보면 회사는 총 820억 원의 현금과 단기금융상품을 보유하고 있었다. 매출채권과 단기대여금 및 미수금을 모두 회수한다고 가정하면 추가적으로 최대 1,500억 원 정도를 마련할 수 있었다. 그러나 실제로 이를 모두 회수하기는 어려울 것이다. 반면 회사가 당장 지불해야 하는 단기부채는 8,600억 원에 이르렀다. 이는 몇 달째 지급하지 못한 직원에 대한 봉급이나 협력업체에 대한 납품대금을 포함한 금액이다. 언론보도를 보면 주채권은행인 산업은행도 상하이차의 자금 투자 없이 산업은행이 추가로 자금을 제공하는 일은 없을 것이라는 입장을 여러 번 밝힌 상황이었다. 이런 상황에서 은행들이 미래에 상환 받기 힘들 것으로 예상되는 자금을 쌍용차에 추가로 빌려줄 것이라고 기대하기는 힘들 것이다.

보유하고 있는 현금 및 현금성 자산 이외에도 영업활동을 통해 창출하는 현금에서 투자활동에 사용되는 현금을 차감하고 남는 자금[8]이 부채 상환에 사용될 수 있다. 쌍용차의 현금흐름표를 통해 확인해

---

8 이를 잉여현금흐름(free cash flow)이라고 부른다.

서울검찰청 전경
분식회계 고발 건에 대해 조사를 수행한 검찰은 '혐의없음' 처분을 내리고 조사를 종결했다. 2심 재판부의
판결과 검찰의 판단이 전혀 달랐던 것이다.

보면 그 금액이 2008년 -431억 원이었다. 참고로 이 금액은 2009년
은 -1,062억 원, 2010년은 +922억 원이다. 쌍용차의 이러한 재무적
여건이 2심 법원이 판단한 것처럼 일시적인 유동성 위기일 뿐인지,
또는 생사의 기로에서 심각한 재무적 곤경을 겪고 있는 상황인지에
대한 판단은 독자 여러분들에게 남겨두겠다. 어쨌든 2008년 당시 쌍
용차가 최소한 유동성 위기를 겪고 있었다는 점은 명백해 보인다.

　민변 측에서는 부채비율 187%의 우량한 회사를 분식회계를 통해
부채비율이 500%가 넘는 어려운 상황인 것처럼 보이게 해서 구조
조정의 빌미로 사용했다고 주장했지만, 위에서 설명한 것처럼 실제
로 재무제표를 좀더 자세히 들여다봐야 회사가 부채를 상환할 수 있
는 형편인지 아닌지를 파악할 수 있다. 그리고 부채비율은 회사의 재
무상황을 나타내는 여러 지표들 중의 하나일 뿐이다. 부채비율은 쌍

용차의 경우처럼 손상차손을 기록하면 높아지고, 그 반대로 자산재평가를 하면 낮아진다.[9] 그러나 본 원고에서 살펴본 것처럼 회사가 당장 동원할 수 있는 현금이 얼마 있는지와 현금을 앞으로 벌어들일 수 있는 능력이 있는지, 그리고 당장 갚아야 할 부채가 얼마 인지를 비교하는 방법은 손상차손이나 자산재평가의 여부와 관계없다. 또한 부채비율 이외의 이자보상비율, 유동비율(유동자산/유동부채) 등 회사의 재무 상태를 나타내는 다른 지표들은 손상차손 여부에 영향을 받지 않는다. 따라서 다양한 지표들을 종합적으로 이용해야 당시 쌍용차의 상황이 어떠했는지를 정확히 이해할 수 있다.

2014년 2월 10일 법원에서 민사소송에 대한 2심 판결 선고 이후 민변과 민노총 측에서는 법원의 판결을 크게 환영한다는 성명서를 발표했다. 그러나 쌍용차는 즉각 법원의 판결에 대해 반발하고 대법원에 상고하겠다는 뜻을 밝혔다. 안진회계법인에서도 대표가 직접 기자회견을 열어 법원의 판결을 반박했다.

검찰의 불기소처분과 민변의 추가고발

법원의 판결이 발표되자 곧이어 분식회계에 관한 형사고발 건에 대한

---

9 자산재평가에 대한 보다 자세한 내용은 본서에 실린 필자의 '제일모직은 왜 자산재평가를 하지 않았을까?'라는 글을 참고하기 바란다. 지난 1998년 정부가 2000년 말까지 대기업들은 부채비율 200% 이하로 무조건 맞추라는 강력한 요구를 했을 때도 상당수의 기업들이 자산재평가 제도를 이용해서 부채비율을 낮춘 바 있다.

검찰의 수사가 시작되었다. 원래 2012년 2월 고발이 이루어졌으나 민사재판 결과를 보고 조사 여부를 결정할 목적으로 기소중지가 되어 있었던 사건이다. 2심 판결이 내려지자 조사를 재개해 2개월 동안 관련자들을 불러 조사한 검찰은 2014년 3월 24일 관련자 전원에 대해 '혐의없음' 처분을 내렸다. 검찰은 여러 근거들을 제시하면서, 결론적으로 '재무제표나 감사보고서에 유형자산 손상차손을 계상함에 있어 회계기준을 위반해 거짓의 내용을 기록하고 이를 공시했거나, 설령 재무제표나 감사보고서 일부에 사실과 다른 내용이 있다고 하더라도 그것이 사실과 다름을 알았다고 볼만한 증거가 없다'고 설명했다. 검찰이 제시한 여러 근거자료들은 본고에서 필자가 설명한 내용들이 상당 부분 일치하고 있다. '고의적으로 미래 판매계획을 축소했다'는 2심 재판부의 판결이 잘못된 이유도 설명하고 있다.

이런 검찰의 발표에 대해 민변과 민노총 측은 강하게 반발했다. 검찰이 '부실수사'를 한 것이며, '검찰과 금융감독원, 관련 회계법인들, 쌍용차, 전문가들이 모두 짰다'고 비난했다. 따라서 특별검사를 도입해서 이 사건을 다시 수사해야 한다고 주장했다.

그 외에 민변 측은 안진회계법인의 감사조서가 변조되었다고 주장하며 검찰에 고발장을 접수했다. 소송이 발생하자 안진회계법인이 소송에 대비하기 위해 감사조서를 거짓으로 꾸몄다는 주장이다. 주장의 근거로서 안진회계법인이 만든 손상차손권유조서와 최종 손상차손조서에 나타난 손상차손 금액이 약간 다르다는 점을 들었다. 이런 주장에 대해 안진회계법인은 손상차손권유조서는 쌍용차에 손상차손이 대략 이 정도쯤 발생했으니 이를 회계장부에 반영해야 한다는 것을 권유하기 위해 작성한 조서이며, 이 조서를 바탕으로 쌍용차를 설득했다고 한다. 처음에는 손상차손 계상에 반대하던 쌍용차가 마침내 동의를 하자, 쌍용차와 안진회계법인이 함께 정확한 자료를 수집해 손상차손 금액을 계산한 것이 최종 손상차손조서라고 설명했다.

감사조서는 감사를 하는 동안 공인회계사들이 감사절차 및 감사과정에서 수집한 증거를 모아놓은 문서이다. 대형 회계법인들은 감사가 완료되면 조서를 모아 컴퓨터 파일로서 시스템의 문서고archive에 저장한다. 따라서 일단 파일이 문서고에 저장이 되면 저장된 문서를 변경시키는 것이 일반적으로는 불가능하며, 혹시 변경한다면 변경에 대한 기록이 컴퓨터에 남게 된다. 따라서 문서변조를 했다면 이는 상대적으로 손쉽게 진위여부를 알아볼 수 있다.

그리고 최종 조서와 최초 조서는 다른 경우가 많다. 감사를 실시하기 전 회사 측에서 제시한 재무제표에 근거해 회계법인이 작성하는 것이 최초 조서이며, 감사를 실시하면서 회계감사인이 증거 자료를 수집해 판단한 내용들이 추가되어 결론이 내려지는 것이 최종 조서이기 때문이다. 그런데 민변 측은 최초 조서와 최종 조서는 숫자 한 자 달라서는 안 된다고 주장했다.

대법원의 판단은?

2014년 2월 고등법원의 2심 판결이 선고되자 피고인 쌍용차는 즉시 대법원에 상고했다. 대법원은 10개월 동안 이 사건을 심리한 후

2014년 11월, 쌍용차 승소 취지로 2심 판결을 파기환송했다. 판결의 핵심을 요약하면, (4)에서 언급한 것처럼 당시 경영상황으로 보아 해고는 불가피했고, 해고회피를 위한 노력을 하는 등 쌍용차는 법에서 정해진 의무를 수행했다고 법원은 판단했다. '필요인력이나 잉여인력 규모는 경영상의 판단을 존중해야 한다'고 설명했다. 그러나 이 부분의 내용은 회계상의 이슈가 아니고 필자가 이 분야 전문가도 아니므로 더이상의 언급은 생략한다.

회계상의 이슈와 관련된 판결문의 내용을 요약하면, (8) 피고는 당시 수년간 지속적으로 적자를 지속해왔으며 특히 2008년 매출액이 급감하면서 봉급을 줄 수 없는 상황이었다. 은행에서는 추가대출을 거부한 상태였으므로 일시적인 유동성 위기가 아니라 생존이 불확실한 큰 위기상황에 처해 있었다고 보인다. (9) 손상차손 계상에 있어서 미래에 대한 추정은 불확실성이 존재할 수밖에 없는 점을 고려할 때 피고의 예상 매출수량 추정이 합리적이고 객관적인 가정을 기초로 한 것이라면 그 추정액을 인정해주어야 한다. 또한 (9)와 관련해서 (9-1) 피고는 당시 극심한 위기상황에 처해있어서 신차를 개발하는 데 투자할 자금이 없었으므로 신차의 예상매출액을 고려하지 않는 것이 타당하고, (9-2) 단종될 계획이었던 차량들은 적자차종이었으므로 단종계획을 반영해서 미래현금흐름액을 추정한 것은 합리적이라고 판단되며, (9-3) 단종 없이 적자차종을 계속 생산한다고 해도 현금흐름이 늘어나지 않을 것이라는 점 등을 판결문에 언급했다.

결국 대법원의 판단은 2심 고등법원의 판단을 전면적으로 부정하고 1심의 재판결과를 받아들인 것이다. 이렇게 해서 쌍용차 회계분식

179

쌍용차 티볼리 광고
쌍용차 직원들의 노력의 결과 쌍용차는 2010년대 후반 들어 점점 매출수량이 늘어나면서, 2016년에 드디어
흑자전환에 성공했다. 열악한 환경 속에서 열심히 노력해 흑자전환에 성공한 것이다.

사건에 대한 재판은 종결되었다. 결과가 발표되자 민노총이나 민변은 다시 거세게 반발했다. 자본과 권력을 옹호하는 부당한 판결이라는 주장이었다. 기대를 하고 법정에 나왔던 수십 명의 해고근로자들 중 일부는 눈물을 흘리기도 했다. 일부 정치인들과 법학 전공 교수들 중에는 이 판결을 비판하는 기고나 성명을 발표한 사람들도 있었다.

물론 쌍용차는 판결에 대한 '소모적인 갈등이 해소될 수 있게 된 것을 크게 환영한다'는 환영성명을 내놓았다. 쌍용차 관계자는 해고자 복직에 대해 묻는 기자들에게 "적자가 지속되는 어려운 경영여건에도 대승적 차원에서 2013년 3월 무급 휴직자 전원에 대한 복직조치를 단행했으며 … 복직문제는 투쟁이나 정치공세 등 외부의 압력을 통해 해결될 수 있는 사안이 아니다"라고 설명했다. 회계법인 업계나 회계 학계에서는 이 판결에 대한 환영한다는 논평을 내놓았다.

쌍용차의 환영성명과 동일한 관점에서, 필자도 해고자가 복직되기 위해서는 우선 쌍용차가 살아나야 할 것이라고 생각한다. 아무리 투쟁을 한다고 해도 회사가 적자가 나고 조업도가 낮은 상황에서는 복직할 방법이 없다. 회사가 잘되어서 조업도가 올라가야 인력이 추가로 필요하기 때문에 복직이 가능할 것이다. 그러니 회사를 살리는 데 노사가 함께 힘을 합치는 것이 해고 노동자의 복직을 위한 선결조건일 것이다.

그 후 2015년 2월 27일 검찰에서도 안진회계법인에 대한 민변의 감사조서 변조 고발에 대해 혐의없음 처분을 내렸다. 조서를 변조했다는 주장에 대해 조사를 해보니 안진회계법인 측의 주장이 옳더라는 것이다. 검찰의 판단을 끝으로 이 사건에 대한 민사 및 형사소송은 모두 종료되었다. 2008년 금융위기 때 발생한 사건이 종결되는 데 7년의 시간이 흐른 것이다. 진실이 밝혀지는 데도 이렇게 시간이 오래 걸린다니 참 안타깝다. 아픈 만큼 성숙해진다고, 쌍용차가 현재의 어려움을 극복하고 하루빨리 회복되어 발전할 수 있기를 바란다. 그리고 쌍용차 사건 때문에 편을 갈라 다툰 많은 사람들도 이제는 시간이 많이 흐르고 진실이 밝혀진 만큼 마음을 추스를 수 있기를 바란다.

마지막 바람

이상에 걸쳐서 쌍용차 분식회계 논란을 둘러싼 여러 내용들을 소개했다. 핵심만을 정리했지만 사안이 워낙 복잡하기 때문에 방대한 분량이 되었다. 회계 전문가가 아닌 판사들이 이 방대한 사안들의 내용을 종합적으로 이해하려면 엄청난 노력과 시간이 필요했었을 것이다.

그렇지만 이 사건의 복잡성을 감안하더라도, 2심의 판결내용은 여러 증거나 증언 내용과도 배치되는 모순되는 내용이 너무 많았다. 결국 2심의 판결 내용은 대법원에 가서 완전히 뒤집어졌다. 여러 판사들이 함께 자료를 분석하고 의견을 모아 토의를 하고 결정하는 대법원에서는 2심 같은 모순된 판결이 통하지 않았을 것이다. 2심의 판결 내용은 앞으로 법조계에서 상당히 오랫동안 회자될 것으로 생각된다. 법관은 자신의 정치적 성향이나 친소관계가 아니라 진실과 증거에 입각해서 판단을 해야 할 텐데 '이런 일이 가끔 발생하니 국민들이 사법부를 잘 신뢰하지 못하는 것이 아닐까?'하고 안타까운 생각이 든다.

만약 민변 측에서 회계처리 문제가 아니라 구조조정 방안이 과다한 인력감축을 하도록 잘못 마련되었다는 점에 초점을 맞추고 재판을 제기했다면 어떤 판결이 났을지 필자는 알지 못한다. 그러나 (1)에서 언급한 것처럼 2008년 3분기 재무제표를 기준으로 결정된 회사의 구조조정에 대한 의사결정보다 나중인 2008년 4분기 재무제표를 기준으로 수행된 손상차손 회계처리 때문에 불필요한 구조조정을 했다고 주장을 하니, 재판의 주요 쟁점이 부당해고가 아니라 회계관련 이슈로 변해 버렸다. 그 결과 부당해고와 관련된 주제들은 재판에서 크게 논쟁의 대상이 되지 않았을 것이다.

아마도 2009년 파업이 되풀이되던 당시 회사 측에서 회사의 열악한 상황을 설명하면서, '손상차손을 포함해서 엄청난 손실이 발생했다'든가, '부채비율이 무척 높다'는 등의 이야기를 직원들에게 했었을 것이다. 즉 구조조정의 당위성을 설명하는 과정에서 이런 이야기가 나왔을 것이라고 짐작된다. 회계에 대한 전문지식이 상대적으로 부족했던 직원들이 당시에 손상차손이 무엇인지, 그리고 왜 그렇게 큰 손실이 발생했는지에 대해 잘 이해하지 못했을 가능성이 있다. 그렇다고 하더라도 손상차손 회계처리는 구조조정 방안의 마련에는 영향을 미치지 않았던 것이다. 손상차손 회계처리와는 관련 없는 구조조정 사안에서 회계 이슈가 지나치게 부각되면서 4년에 걸쳐 양측이 소모적인 법정 싸움만 한 것이다. 이 과정에 소송을 위해 투입된 노력이나 소송 비용은 물론이고 사회적 비용도 크게 발생했던 것이다. 쌍용차 입장에서는 최소 수십억 원 이상의 소송관련 비용을 썼고 경영진도 회사를 살리는 일이 아니라 소송이나 검찰고발과 관련된 일에 많은 시간을 소비해야 했을 테니, 적자 상태였던 회사가 회복되기가 더욱 어려웠을 것이다.

마침내 모든 일이 정리된 만큼 이제는 쌍용차가 이런 시련을 잊고 하루빨리 부활하기를 간절히 바란다. 그것이야말로 앞에서 설명한 것처럼 아직 복귀하지 못한 일부 근로자들이 회사로 복귀할 수 있는 지름길일 것이다. 다행스럽게도 쌍용차의 실적이 회복되면서 2013년 455명의 무급휴직자들이 복직한 바 있다. 그리고 2016년과 2017년 들어 정리해고되었던 사람들을 일부 포함해서 추가적으로 102명이 복직했다. 앞으로 쌍용차가 더 많이 팔려야 나머지 사람들도 복직할 수 있다. 그런 일이 하루빨리 일어나서 쌍용차와 관련된 모든 사람들이 함께 웃는 모습이 언론에 보도되는 모습을 봤으면 한다. 2016년 쌍용차가 드디어 8년 만에 흑자전환에 성공했으므로 그 날이 멀지 않은 것으로 기대한다.

회계로 본 세상

필자가 이 원고를 완성하고 지인들에게 보여줬을 때 여러 분들이 이 글의 출판을 만류했다. 내용은 충분히 이해하고 공감이 되지만 정치적인 사건에 연루되면 귀찮은 일만 발생한다는 충고였다. "인터넷 폭력을 당할 가능성이 있다"는 이야기도 들었다. 그럼에도 불구하고 회계를 전공하는 사람들 중 누군가는 해야 할 중요한 일이라고 생각했기 때문에 이 글을 발표하기로 결정했다. 참고로 이 글의 내용은 많은 회계학 교수들이 여러 모임에서 자주 이야기하던 내용을 좀더 구체적인 자료를 사용해서 정리한 것뿐이라는 점도 밝힌다. 필자 개인의 생각뿐만 아니라 전문가 집단의 종합적인 견해라는 의미다. 물론 전문가 집단 중에서도 논리적이라기보다는 정치적인 이유에서 필자의 의견에 동의하지 않은 사람도 일부 있을 것이다.

쌍용차가 회복되어서 문제가 상당히 해결되는 것을 기다리다 보니, 2014년 중반 2심이 끝난 후 판결의 잘못된 내용을 지적하는 내용의 초고를 썼다. 그 원고를 몇 차례에 걸쳐 수정한 후 2017년이 되어서야 최종원고를 〈동아비즈니스리뷰〉에 발표했다. 2016년 말 기준으로 쌍용차가 드디어 8년 만에 흑자전환을 했으므로 이 원고를 소개해도 될 것 같은 판단이 선 것이다.

해직된 근로자들이 흘리는 눈물을 보면 개인적으로 마음이 아프다. 그러나 인간적으로 불쌍하다고 해서 분식회계가 아닌 것을 거짓말로 분식이라고 할 수는 없다. 세계 및 국내 경기전망이 어려운 현재 상황을 보면 앞으로도 망하거나 망할 수 있는 위기에 봉착하는 기업들은 계속 있을 것이다. 그런 상황에 처한다면 해당 기업은 손상차손을 기록해야 할 가능성이 높다. 그때마다 이런 소모적인 진통을 다시 겪는다면 국가적으로 큰 손실이다. 그래서 손상차손이 무엇인지를 명확히 알리기 위한 의도로 이 글을 썼다. 손상차손이 무엇인지 모르면서 또는 사건의 내막이 어떤 것인지 잘 알지 못하면서 정치적 입장에서 호불호를 외쳤던 몇몇 사람들도 이 글을 읽고 사건의 내막에 대해 정확하게 이해하고 반성하기를 바란다.

필자의 개인적인 견해이긴 하지만, 소송을 주도한 인사들 중 일부도 최소한 처음에는 아니더라도 재판이 어느 정도 진행된 다음부터는 이 사건이 회계와 관련 없다는 것을 알았을 가능성이 있다. 관련이 없다는 것을 알았더라도, 일단 소송의 중심을 회계 이슈로 잡았기 때문에 그게 잘못되었다고 소송을 포기할 수 없으니 그냥 밀고 나간 것이 아닐까 추측한다. 2심 재판부도 사건의 진실이 무엇인지 알고 있었을 가능성이 있다. 회계에 대해 잘 모르더라도 회계처리 문제가 이 사건과 관련 없다는 것이 조금만 서류를 보면 명백하게 알 수 있고, 이미

185

1심에서 판결된 내용을 살펴보기만 해도 알 수 있기 때문이다. 회계처리 이슈가 소송의 핵심이 되어버렸기 때문에, 상대적으로 더 판단하기 어려운 복잡한 문제였다고 생각되는 구조조정 방안이나 해고기준이 제대로 마련되었는지에 대해서는 재판과정에서 큰 논쟁이 벌어지지 않았을 것이다. 그러다 보니 대법원에서는 거의 논란의 여지가 없다는 논조로 손쉽게 판결을 내려버렸다. 소송의 방향을 잘못 잡은 결과라고 생각된다.

필자의 개인적인 생각이긴 하지만, 만약 재판 당시 1심부터 근로자들이 부당하게 해고가 되었으므로 전원 복직시키라는 판결이 났었다면 아마도 쌍용차는 벌써 망해서 역사 속으로 사라졌을 가능성이 높다. 매출수량과 조업도가 낮은 상황에서 인건비 부담을 감내하기 힘들 것이기 때문이다. 그런 상황에서는 채권단도 회사를 살리기 위해 빚 탕감과 출자전환을 해줄 리가 없다. 마찬가지로 그런 상황이라면 쌍용차를 인도의 마힌드라가 인수하지 않았을 가능성이 높다. 당시 노동자들도 희생을 하고 동시에 채권단과 주주들도 희생을 했기 때문에 쌍용차가 위기를 넘길 수 있었던 것이라고 생각한다.

회계는 현상을 그대로 보여주는 거울일 뿐이다. 비록 그 거울이 그렇게 투명하지 않기 때문에 있는 현상을 조금 왜곡해서 보여주는 경우도 있지만, 그렇다고 해서 억지로 없는 이야기를 만들어 정치적으로 회계를 이용하려고 해서는 안 된다. 이런 일들이 가끔 벌어지기 때문에 국민들이 우리나라 기업들의 회계투명성이 실제보다 더 낮다는 선입관을 가지게 되는 것이다. 회계정보를 기반으로 해서 수많은 이해관계자들의 의사결정이 이루어지는데, 그들의 의사결정이 합리적으로 이루어지게끔 정확한 정보를 제공하는 것이 회계의 목적이다. 주주나 채권자를 위해 회계정보를 왜곡해서는 안 되는 것처럼 노동자나 대주주를 위해서 회계정보를 왜곡해서도 안 된다. 잘못된 정보에 의해서 한쪽에 부당하게 유리한 잘못된 의사결정이 내려진다면, 이는 다른 이해당사자에게 부당하게 손해를 보게 하는 것이다. 따라서 회계는 어느 쪽 편도 들지 않는 가치중립적인 자세를 견지해야 한다. 심정적으로는 한쪽 편이 불쌍해 보인다고 하더라도 회계 숫자를 왜곡해서 거짓말을 할 수는 없다.

  2008년 말 쌍용차가 부도가 난 지 이제 10년, 2014년 3심이 끝난 지도 4년이 지났다. 마지막으로 이 사건 때문에 상처받은 많은 사람들도 이제 시간이 많이 흐르고 상당수의 사람들이 일자리로 되돌아간 만큼 조금이나마 아픔을 추스를 수 있기를 바란다. 비록 당시 다른 편에 서 있다고 하더라도 쌍용차를 사랑한다는 입장은 대부분 같지 않을까 한다. 모두들 쌍용차를 열심히 사랑하지만 사랑하는 방법이나 조직과 개인 중 무엇을 앞세우느냐에 대한 견해가 조금씩 다르기 때문에 이런 갈등이 발생했던 것이라고 긍정적인 측면에서 생각해본다. 그리고 쌍용차의 2016년 말 기준 흑자전환을 진심으로 축하하고, 쌍용차의 더 큰 발전을 간절하게 기원한다는 말로 이 글을 마치도록 하겠다.

미공개 내부정보를
이용한 주식거래의
결말

••• CJ E&M, 한미약품 •••

기업 내부자들이 미공개 정보를 이용해 주식투자를 해서 큰 이익을 올라다가 적발되는 사건은 종종 발생한다. 한미약품의 경우는 신약 개발에 대한 뉴스를 이용해 다수의 내부 직원들이 주식투자를 하다가 적발된 사례다. CJ E&M의 경우는 회사의 이익정보에 대해서 미리 안 IR 담당 직원들이 이 정보를 회사를 담당하는 증권사 애널리스트들에게 미리 알려준 경우다. 두 사건 모두 정보를 전달받은 외부인사들이 이 정보를 다시 다른 사람들에게 적극적으로 알려주는 바람에 정보가 크게 확대되어 전파되었다. 이 두 사건은 엄청난 파장을 불러일으켜서, 결과적으로 대대적인 조사가 수행된 후 엄중한 처벌이 이루어진 바 있다. 이런 사례들을 통해 미공개 정보를 이용한 주식투자의 위험성에 대해 알아본다.

MANAGING BY NUMBERS

189

2015년 말, 오래간만에 국내 제약업계에 기쁜 소식이 알려졌다. 한미약품이 오랫동안 노력해온 신약개발에 성공했다는 것이다. 그 결과 당뇨병 신약 포트폴리오인 '퀀텀 프로젝트'에 대한 약 5조 원 규모의 라이선스 계약을 프랑스 소재 다국적 제약기업인 사노피아벤티스Sanofi-Aventis와 체결했다는 뉴스가 발표되었다. 당연히 한미약품의 주가는 폭등했다. 이어 한미약품은 임성기 회장이 그동안 고생한 직원들에게 자신이 보유한 시가 1,100억 원가량의 주식을 무상으로 나눠준다는 소식을 발표해서 더 큰 주목을 받았다. "회장님에게 감사한다"고 활짝 웃으면서 인터뷰하는 직원들의 모습이 TV 뉴스마다 소개되었다. 이 일은 보기 드문 훈훈한 미담으로 널리 알려졌다.

그 뒤 한미약품과 관련된 다른 소식이 언론에 보도되기 시작했다. 한미약품이 사노피아벤티스와 계약을 체결하기 10일 전부터 갑자기 한미약품 주가가 폭등하고 거래량도 대폭 늘어났다는 내용의 보도였

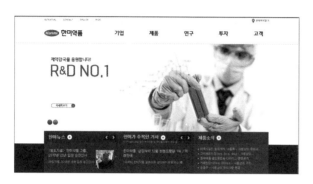

한미약품 홈페이지
한미약품이 오랫동안 노력해온 신약개발에 성공했다는 소식은 전국민을 기쁘게 했다. 그러나 그 이후 미공개 정보의 사전 유출사건이 알려지면서 비난이 쏟아지게 된다.

다. 자본시장에 중요한 정보가 공개되기 전에 이런 현상이 나타났다는 것은 금융당국의 주의를 끌기에 충분했다. 보도 이후 비정상적인 주식 거래의 원인에 대한 조사가 시작되었고, 그 결과 한미약품이 신약개발에 성공해서 라이선스 계약을 체결한다는 정보가 사전에 누출되었다는 것이 드러났다. 상당한 숫자의 한미약품 및 계열사 직원들과 직원들의 가족 등이 이 사실을 이용해 주식을 매수해서 큰돈을 벌었고, 또 일부 직원들은 평소 알고 있던 애널리스트들에게 이 사실을 알렸다. 애널리스트들은 이 정보를 몇몇 증권사나 자산운용사 소속 펀드매니저들에게 알려서, 이들도 회사가 보유한 펀드의 자금으로 한미약품 주식을 대거 매수했다. 검찰이 판단하기로는 관련 증권사나 자산운용사들이 한미약품 주식을 매수해 얻은 이익은 최대 250억 원 정도에 이른다. 애널리스트들 중 개인 자금으로 직접 한미약품 주식을 매수한 경우도 있었다.

이 사건 때문에 다수의 직원들과 애널리스트들이 기소되었다. 한미약품은 앞으로 사내 내부통제를 강화하고 준법시스템을 정비하겠다는 내용이 포함된 사과성명서를 발표했다. 또한 내부감사를 보다 철저하게 실시하고, 감사위원회의 권한을 강화하는 등의 재발 방지책도 내놨다. 훈훈한 뉴스의 김을 빼는 악재였던 것이다.

CJ E&M의 내부정보 유출사건

한미약품 관련 내부정보 유출사건은 2013년부터 2015년까지 벌어졌던 여러 미공개 내부정보 유출사건들 중 하나다. 한미약품 사건보다 더 주목을 받았던 사건은 CJ E&M의 실적정보 유출사건이다. 한미약품 사건의 경우 일부 직원들의 개인적인 일탈행위로 정보가 유출되었고, 그 정보가 우연히 친분관계에 있었던 애널리스트에게 흘러갔던 것이었다. 이들 직원들 중 일부는 이런 일을 하면 불법이라는 것을 알지 못했을 수도 있다. 그에 반해 CJ E&M 사건은 공시 및 투자자 관련 업무IR; Investor Relation를 담당하는 직원들이 CJ E&M을 담당하는 애널리스트들에게 의도적으로 실적 관련 정보를 알려준 사건이었기 때문에 큰 주목을 받았다. 즉 이런 행위가 불법이라는 것을 잘 아는 사람들이 익도적으로 저지른 행위였던 것이다.

IR 담당 직원의 임무는 회사의 중요한 소식을 외부에 제때 알려서, 회사에 필요한 자금을 공급하는 주주나 채권자들이 그 정보를 기반으로 한 의사결정을 하도록 도와주는 역할을 하는 것이다. 2013년 1분기에 CJ E&M은 애널리스트들의 이익예측치와 유사한 43억 원의 영업이익을 올렸다. 2분기 들어서는 이익이 대폭 늘어 193억 원의 영업이익을 기록했다. 2분기 업적발표 이후 발표된 2013년 3분기 업적(영업이익)에 대한 애널리스트들의 예측치는 대략 150억~200억 원 수준이었다. 이는 자본시장 참가자들이 CJ E&M이 2013년 3분기에는 영업이익을 150억~200억 원 정도 기록할 것으로 기대하고 있다는 것을 의미한다. 그런데 2013년 3분기 업적이 사내에서 집계되던 도중 IR 담당 직원은 3분기 영업이익이 85억 원에 불과하다는 사실을 알게 되었다. 애널리스트들의 예측치와 회사의 실제 실적에 큰 차이가 생긴 것이다.

영업이익이 예상과 달리 85억 원밖에 되지 않는다는 소식이 시장에 알려지면 주가는 폭락할 것이 분명했다. 이 소식이 나중에 자본시장을 통해 발표된다면 IR 담당 직원들은 실적과 관련된 중요한 소식을 사전에 알려주지 않았다면서 애널리스트들로부터 비난을 받을 수 있었다. 애널리스트들이 CJ E&M에 대해 보고서를 어떻게 쓰느냐에 따라서 자본시장에서 CJ E&M의 주가가 바뀔 수 있기 때문에 IR 담당 직원들은 애널리스트들의 눈치를 볼 수밖에 없었다. 그래서 2013년 10월 16일 아침, IR 담당 직원 2인은 친분이 있던 3개 증권사 소속 애널리스트 3인에게 이 사실을 전화로 알렸다. 나중에 이 사건으로 법정에 서게 된 IR 담당 직원들은 회사의 주가가 갑자기 떨어지는 것을 방지해서 주가를 연착륙시키기 위해 정보를 유출했다고 했다. 이 당시 이들 두 IR 담당 직원들은 짤막한 전화 통화가 주식시장에 얼마나 큰 여파를 가져올지 알지 못했을 것이다.

이 소식을 전해 들은 3인의 애널리스트들은 각자 이 소식을 다른 사람에게 알리기 시작했다. 우선 증권사나 자산운용사 소속 펀드매니저들에게 알렸다. 펀드매니저들은 애널리스트들의 정보에 기반해 주식의 매수나 매도 의사결정을 하기 때문에, 애널리스트 입장에서 펀드매니저들은 소중한 고객이다. 펀드매니저들은 애널리스트들로부터 CJ E&M의 소식을 들은 즉시 보유하고 있던 CJ E&M의 주식을 대량으로 처분하기 시작했다. CJ E&M 직원이 애널리스트들에게 전화로 정보를 알린 시간이 10월 16일 아침이었는데, 그날 저녁까지 주가는 10%가량 폭락했다. 다음날도 주식의 처분은 계속되었고, 그 결과 주가는 추가적으로 1%가량 하락했다. 이틀 동안 기관투자자들은 총 500억 원 정도 가량의 주식 물량을 처분했다. 이런 사실을 모르는 개인투자자들이 기관들이 갑자기 싼 가격으로 판 주식을 매수한 것이다.

이뿐만이 아니었다. 몇몇 펀드매니저들은 공매도short sale 거래에까지 뛰어들었다. 공매도란 예를 들어 현재 기업 A의 주가가 100원인데 주가가 앞으로 떨어질 것으로 기대하는 경우, 주식을 가지고 있지 않은 상태에서 우선 주식을 빌려서 100원에 파는 것이다. 미래에 기업 A의 주가가 실제로 80원으로 떨어졌다고 가정해보자. 그러면 공매도 계약을 맺은 당사자는 주식시장에서 80원의 가격에 A의 주식을 매수해 빌린 주식을 갚으면 된다. 그러면 주당 20원만큼 이익을 거두게 된다. 이 공매도 계약은 현재 큰돈이 없더라도 계약을 체결할 수 있다는 장점이 있다. 주식을 매수하려면 자금이 있어야 하는데 공매도는 약간의 계약금만 지불하고 계약을 체결할 수 있기 때문이다. 따라서 계약에 약정된 미래시점에 도달했을 때 실제로 A기업의 주가가 하락하면 큰돈을 벌 수 있고, 그 반대로 주가가 하락하지 않아서 A기

193

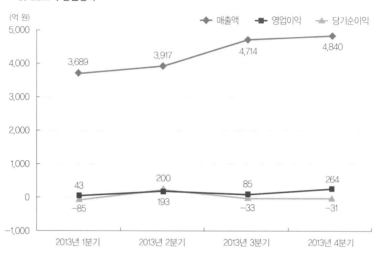

•• CJ E&M의 영업성과

(억 원)

매출액 ◆　영업이익 ■　당기순이익 ▲

	2013년 1분기	2013년 2분기	2013년 3분기	2013년 4분기
매출액	3,689	3,917	4,714	4,840
영업이익	43	200	85	264
당기순이익	−85	193	−33	−31

업의 주가가 계약된 가격보다 높다면 비싸게 사서 싸게 팔아야 하므로 손해를 보게 된다.

공매도 거래는 미래의 주가에 대해서 다른 견해를 가진 기관투자자와 외국인 투자자 등의 전문가들이 주로 참여하는 거래로서 평소에는 거래 금액이 많지 않다. CJ E&M의 공매도 금액은 하루 평균 1억 원 정도였는데, 실적이 유출된 날은 무려 125억 원으로 급등했다.

검찰의 기소와 법원의 무죄판결

이런 이상한 거래행태는 금융당국의 주의를 끌기 충분했고, 곧 사건에 대한 조사가 시작되었다. 우선 갑자기 주식을 내다 팔기 시작한 펀드매니저들이 소환되었다. 펀드매니저들이 정보를 몇몇 애널리스트에게 받았다고 고백하자 해당 애널리스트들도 줄줄이 소환되었다. 그 결과 기업-애널리스트-펀드매니저로 이어지는 연결고리가 드러났다. 금융당국은 CJ E&M과 애널리스트들 소속 증권사에 대해 기관경고를 하고, 이들을 자본시장법 위반혐의로 검찰에 고발했다.[1] 미공개 내부정보 유출을 통해 불법적인 이득을 올렸다는 혐의다.

그러나 놀랍게도 실제로 이 정보를 사용해서 주식투자를 한 펀드매니저들은 고발되지 않았다. 왜냐하면 이 당시 자본시장법에 따르면 미공개 정보를 이용한 거래를 통해 이익을 보거나 미공개 정보를 타인에게 전달해서 그 타인이 해당 정보를 이용한 거래를 통해 이익을 보도록 한 경우 그 두 당사자를 처벌하도록 규정되어 있었기 때문이다. 즉 미공개 정보를 외부로 전달한 정보전달자와 그 정보를 취득한 1차 정보수령자에 대해서만 법률의 규정이 있었고, 그 외 관계자들에 대한 조치는 규정되어 있지 않았다. 이 사건의 경우 정보전달자는 CJ E&M의 IR 담당 직원 2인이며 1차 정보수령자는 애널리스트 3인이다. 애널리스트들로부터 정보를 전달받은 펀드매니저 등은 2차 정보수령자가 된다. 자본시장법에는 2차 정보수령자를 처벌한다는 규정이 없었으므로, 2차 정보수령자들을 처벌할 근거가 없는 것이다.

이러한 법률상의 문제점 때문에 금융당국은 CJ E&M 사건 이후 자본시장법을 개정해서, 미공개 정보가 불법적으로 유출된 것을 알았다면 2차 정보수령자도 시장질서교란행위를 행한 것으로 간주해 금융

---

1 정확한 명칭은 '자본시장과 금융투자에 관한 법률'인데, 이를 축약해서 '자본시장법'으로 부른다.

위원회가 행정조치를 하겠다고 규정을 바꿨다. 그 결과 앞으로는 CJ E&M 사례의 펀드매니저들도 제재를 할 수 있는 법률적 근거가 생긴 것이다. 앞에서 소개한 한미약품 미공개 정보 유출사건에서도 정보를 유출한 내부직원과 이 직원으로부터 정보를 직접 받은 사람들은 처벌을 할 수 있었지만, 이 사람들로부터 다시 정보를 전달받은 2차 정보 수령자들은 처벌을 할 수 없다. 법률 개정이 한미약품 사건이 벌어진 후에 이루어졌기 때문이다.

그런데 이 사건에 대해서 2016년 1월 법원은 CJ E&M의 두 직원과 3명의 애널리스트 중 2명에 대해 무죄판결을 내렸다. 법률 규정에 따르면 '미공개 정보를 이용해서 이익을 봤어야' 처벌할 수 있는데, 직원 둘은 정보를 전달했을 뿐 그 정보를 이용해서 거래를 한 적이 없었다.[2] 거래를 직접 해서 금전적인 이익을 얻은 것이 아니더라도 정보를 이용해서 이들 개인이나 회사가 이익을 얻었다면 처벌할 수 있었을 것이다. 직원들은 법정에서 회사의 주가가 급격하게 떨어지지 않고 연착륙하도록 하기 위해 정보를 제공했다고 주장했는데, 이에 대해 법원은 정보를 전달해서 회사나 개인이 얻을 수 있는 직접적인 이익이 무엇인지 명확하지 않다고 판단한 것이다. 또한 회사의 간부가 정보를 유출하라고 지시한 사항도 아니었으며, 정보의 수령자가 직접 주식투자를 하는 사람이 아니라 주식투자를 할 수 없도록 규정된 애널리스트였다.[3] 따라서 타인이 거래를 통해 이익을 볼 수 있도록 하기 위한 목적으로 정보를 유출했다고 보기도 힘든 상황이었다.

---

2 이와는 달리 한미약품 사건의 경우는 미공개 내부정보를 유출한 직원이 직접 주식투자를 통해 이익을 본 바 있다.

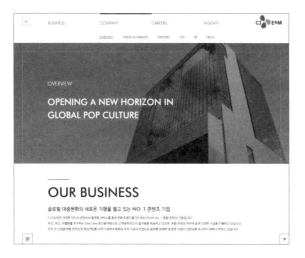

CJ E&M 홈페이지
CJ E&M은 방송, 게임, 영화, 음악/공연 등의 분야의 사업을 영위하고 있는 종합 엔터테인먼트 기업이다. 한류를 세계에 알리는 파수꾼 역할을 하고 있다고 할 수 있다.

또한 정보를 전달받은 애널리스트 3명 중 2명은 그 정보를 받아서 펀드매니저들에게뿐만 아니라 회사 내에서도 보고를 하고 다른 거래처나 투자자들에게도 알리는 등 애널리스트의 직분으로서 해야 할 일을 했고, 그 정보를 이용해서 개인적인 거래를 하지 않았다고 법원은 판단했다. 다만 한 명의 애널리스트는 그 정보를 몇몇 소수의 가까운 펀드매니저들에게만 알렸고 다른 사람들에게는 알리지 않았기 때문에, 이는 소수의 펀드매니저가 불법적인 이익을 얻도록 도와준 것이라며 유죄판결을 받았다.

---

3 규정은 이렇지만 간혹 불법적으로 차명계좌를 이용해서 주식투자를 하는 애널리스트가 적발되곤 한다. 앞에서 설명한 한미약품 사건에서도 미공개 정보를 이용해서 주식투자를 한 애널리스트가 적발된 바 있다.

1심이 끝났다고 해서 무죄판결을 받은 두 애널리스트들이 안심하지는 못할 것이다. 2심이 다시 진행될 것이기 때문이다. 또한 회사에서 조사와 재판이 진행되는 수년에 걸쳐서 제대로 업무를 할 수 없는 사람들을 그대로 놔두지 않았을 것이다. 일반 제조업체는 좀 다르지만 금융회사는 냉혹한 곳이다. 이들은 모두 이미 회사를 떠나지 않았을까 하는 추측이다.

갑을관계에 의해 잘못 형성된 문화와 공정공시제도

펀드매니저와 애널리스트 사이의 관계를 흔히 이야기하는 갑을 관계로 표현한다면, 펀드매니저가 갑이고 애널리스트는 을이 된다. 애널리스트를 평가하는 것이 펀드매니저들이기 때문이다.[4] 펀드매니저들이 매년 투표를 통해 베스트 애널리스트를 선정하는데, 베스트 애널리스트로 뽑히는지의 여부는 애널리스트의 연봉이나 평판에 큰 영향을 미친다. 그렇기 때문에 애널리스트들은 펀드매니저들에게 잘 보이기 위해 불법적으로 수집한 정보라도 제공하려고 하는 강력한 유인이 있다. CJ E&M 사건이나 다른 미공개 내부정보 유출사건에서 애널리스트들이 펀드매니저들에게 정보를 제공해서 펀드매니저들이 이 정

---

4 애널리스트는 펀드매니저와의 관계에서는 을이지만 기업들과의 관계에게는 갑이 되는 셈이다. 그렇다면 펀드매니저가 을이 되는 관계는 무엇일까 궁금할 수 있다. 펀드매니저의 갑은 자본시장이다. 펀드매니저의 펀드 운용성과가 나쁘다면 펀드매니저는 해고되거나 보수가 줄어들기 때문이다.

보를 이용해 주식을 사거나 파는 현상이 매우 자주 나타나는데, 바로 이런 이유 때문이다.

한편 애널리스트와 기업의 IR 부서의 직원들의 관계에서는 애널리스트가 갑이고 IR 부서의 직원들이 을이다. 애널리스트들이 회사에 대해 부정적인 보고서를 발표한다면 그 회사의 주가가 하락한다. 회사에 대해 좋지 않은 보고서가 계속 나오면 IR 담당 직원은 사내에서 좋은 인사고과를 받을 수 없다. 그래서 IR 부서 직원들의 임무 중 하나는 애널리스트들과 좋은 관계를 유지해 애널리스트들이 회사에 대해서 부정적인 보고서를 발표하지 않도록, 또는 발표하더라도 강도를 낮추도록 하는 것이다. 그러므로 IR 부서의 직원들이 애널리스트들과 좋은 관계를 유지하기 위해 특별히 친밀한 몇몇 애널리스트들에게만 중요한 정보를 살짝 제공하는 경우가 발생할 수 있을 것이다.

기업의 IR 담당직원 입장에서 볼 때 정보의 제공 자체가 직접적인 효익을 가져다줄 수는 없겠지만, 장기적으로 회사의 주가를 관리한다거나 사내 인사고과 점수를 잘 받는 등의 간접적인 효익은 충분히 가져다줄 수 있다. 회사의 중요한 정보, 특히 이번 사건의 경우처럼 부정적 정보를 일반 대중에게 적시에 제공한다는 것이 단기적으로는 손해로 느껴질 수 있을 것이다. 그러나 부정적 정보라도 숨기고 있다가 뒤늦게 발표하는 것보다는 사전에 시장에 알려주는 것이 주가 관리에 더 도움이 된다는 사실은 여러 연구를 통해 잘 알려져 있다.[5]

이번 법원의 판결은 내부정보의 유출 관련자들을 자본시장법 위반 혐의로 형사처벌하려다 내려진 결과다. 그런데 자본시장법 위반과 관련 없이 회사에게 불이익을 줄 수 있는 방법이 있다. 바로 공정공시제

199

도 위반 혐의다. 공정공시제도는 주가에 영향을 줄 수 있는 미래의 중요한 사업계획이나 이익 등의 중요한 정보를 공시할 때 특정 집단에게만 선택적으로 제공해서는 안 되고 모든 이해관계자에게 동시에 제공해야 한다는 규정이다. 이번 사건에서처럼 소수의 펀드매니저나 애널리스트에게만 선택적으로 정보를 제공해서, 이들이 이 정보를 이용해서 이익을 얻고 정보를 접하지 못한 대부분의 사람들, 특히 개인투자자들이 손해를 보는 경우가 가끔 발생한다. 이러한 일들이 일어나지 않도록 만들어진 제도가 공정공시제도다.[6]

공정공시제도는 2000년 미국에서 '공정공시에 관한 규정(Regulation Fair Disclosure)'이라는 이름으로 처음 도입되었으며, 우리나라에서는 2002년 말부터 실시되었다. CJ E&M의 경우를 살펴보면, 중요한 정보를 모든 이해관계자들에게 동시에 공시(금융감독원의 전자공시시스템이나 언론보도를 통해)한 것이 아니라 몇몇 애널리스트에게만 살짝 전화로 알려준 것이므로 공정공시제도를 위반한 것이다. 그런데 공정공시제도 위반에 대해서는 개인에 대해 형사처벌을 할 수 없다. 해당 기업을 불성실 공시법인으로 지정해서 벌점을 부

---

5 이들 연구들에 대한 보다 자세한 내용은 『숫자로 경영하라』에 실린 '먼저 맞는 매가 덜 아프다'라는 글에 소개되어 있다.

6 자본시장에서 특정인들이 남들보다 더 자세한 정보를 가지고 있는 상황을 전문용어로 '정보의 불균형(information asymmetry)'이 존재한다고 표현한다. 정보의 불균형이 커지면 주식시장 자체가 위축된다. 정보를 갖지 못한 사람들이 거래 당사자로서 불리한 입장에 놓이기 때문에 점점 주식투자를 덜 하게 되어 주식시장이 위축된다. 혹은 주식투자를 한다고 하더라도 상대적으로 정보가 부족한 투자자들은 정보불균형 때문에 발생한 위험을 회피하기 위해 큰 위험 프리미엄을 반영해 주식의 가치를 평가할 것이기 때문에, 장기적으로 기업 입장에서도 자본의 조달비용이 증가하는 결과를 낳게 된다.

과하고 1억 원 미만의 공시위반 제재금을 부과할 수 있을 뿐이다. 따라서 이번 사건의 경우 공정공시제도를 이용해 정보를 유출하거나 이 정보를 이용한 사람을 처벌할 근거는 없다.

마사 스튜어트의 미공개 정보를 이용한 주식거래 사건

이 사건과 관련되어 널리 알려진 미국의 유명 여성 CEO 마사 스튜어트Martha Stewart의 미공개 정보를 이용한 주식거래 사건을 살펴보자. 마사 스튜어트는 미국의 백만장자로서, 자신이 설립한 MSLO Martha Stewart Living Omnimedia를 세계적 기업으로 키운 기업인이다. 미국에서 '가장 영향력 있는 인물 25인'으로 뽑히기도 했을 정도다. MSLO는 출판, 방송, 인터넷 거래 분야에서 상당한 입지를 차지하고 있다. 마사 스튜어트는 자신이 소유한 방송국에서 송출하는 방송에 출연해 우아한 자태로 꽃꽂이나 실내장식, 패션 등에 대해 강의를 해서 전 미국에 널리 알려지게 된 유명인사celebrity였다. MSLO에서 출판하는 〈Martha Stewart Living〉이나 〈Martha Stewart Weddings〉 등은 널리 알려진 월간잡지다. 마사 스튜어트의 이름 그 자체가 MSLO의 브랜드이자 가장 중요한 자산이라고 할 수 있었다.

2001년 12월 27일, 마사 스튜어트는 자신이 보유하고 있던 바이오 기업 임클론ImClone의 주식 4천 주를 모두 매각했다. 동일한 날 임클론의 CEO 샘 왁슬Sam Waksal도 자신이 보유하던 500만 달러어치의 주식을 모두 매각했다. 샘 왁슬 뿐만 아니라 다른 몇몇 경영진도 주식을 팔았다. 그런데 이틀 뒤인 29일, 미국 식품의약국FDA은 임클론이 신청한 암 신약에 부작용이 있으니 허가를 불허한다고 발표했다. 이 발표가 있자마자 임클론의 주가는 단 하루 동안 16% 폭락했다. 미리 보유하고 있던 주식을 팔아버린 마사 스튜어트의 입장에서는 약 4만 5천 달러 정도의 손실을 회피한 셈이다.[7]

다수의 경영진들이 회사의 주가에 상당한 영향을 줄 수 있는 정보가 알려지기 이틀 전 주식을 대규모로 매도했다는 것은 관계당국의 의심을 받기 충분했다. 이들은 모두 미공개 정보를 이용한 주식거래 혐의로 체포되어 유죄판결을 받고 감옥에 수감되었다. 우리나라에서도 대기업에서는 임직원들에게 법률교육을 계속 실시하므로 이런 일이 거의 발생하지 않는데, 중소기업에서는 경영진들이 법률을 잘 알지 못하므로 종종 유사한 일이 발생하곤 한다. 이 사건을 보면서 미공개 내부정보를 이용해서 주식을 거래하는 일이 얼마나 위험한 행위인지를 잘 알았으면 한다. 샘 왁슬은 7년 형을 선고받았고, 거래를 통해 얻은 이익의 몇 배에 해당하는 막대한 벌금을 내게 된다.

관계당국은 마사 스튜어트도 미공개 정보를 미리 알고 주식거래를 한 것이라고 의심했다. 마사 스튜어트와 샘 왁슬이 서로 잘 아는 사이였기 때문이다. 그러나 통화기록을 뒤져봤으나 이 거래가 발생했던 날 전후로 둘이 서로 통화한 적이 없었다. 그날 마사 스튜어트가 샘 왁슬의 사무실로 전화를 하긴 했는데 샘 왁슬이 회의 중이라서 전화를 받지 않았던 것이다. 그렇다면 어떻게 마사 스튜어트가 주식을 모

---

7 마사 스튜어트의 재산규모와 비교해보면 0.007%에 불과한 금액이라고 한다.

마사 스튜어트
MSLO의 CEO 마사 스튜어트는 미국 사교계의 명사였으나, 이 사건으로 명예가 크게 추락하고 징역형까지 살게 된다. 미국에서 내부정보를 이용한 주식투자에 대한 처벌이 얼마나 엄한지를 보여주는 좋은 사례다.

두 팔기로 결심했을까? 공교롭게도 둘의 주식 거래 중개인이 메릴린치Merrill Lynch 소속의 유명한 주식중개인 피터 바카노빅Peter Bacanovic이었다. 피터 바카노빅과 마사 스튜어트는 바로 그날 오전에 전화통화를 했다. 검찰은 이 점을 주시했다.

  마사 스튜어트와 피터는 둘 사이에 임클론의 주가가 60달러 이하로 하락하면 주식을 전량 매각하기로 약속이 되어 있었다고 주장했다. 따라서 주가가 하락했다고 피터가 전화를 하자 마사가 그 약속에 따라 주식을 팔라고 해서 주식을 매각했다는 것이다. 조사가 진행 중이라는 사실이 널리 보도되자 마사 스튜어트는 억울하다면서 수차례 광고를 하기도 했다. 부정한 일을 한 적이 없으니 고객들과 주주들은 안심하라는 내용이다. MSLO의 경영성과가 마사 스튜어트의 유명세에 크게 의존하기 때문에, 만약 마사 스튜어트의 명예가 땅에 떨어진다면 경영성과에도 부정적인 영향을 끼칠 것이었다.

그렇지만 조사가 지속되자 마사 스튜어트와 피터의 주장이 사실이 아니라는 것이 드러났다. 검찰의 추궁에 비서가 사실을 자백한 것이다. 피터는 왜 샘 왁슬이 주식을 대규모로 매도하는지는 알지 못했지만, 샘 왁슬이 주식을 매도한다는 사실을 마사 스튜어트에게 전화로 알려줬다. 그래서 마사 스튜어트가 샘 왁슬에게 내부정보를 얻기 위해 전화를 했으나 통화를 할 수 없자 피터에게 주식을 매도하라고 지시한 것이었다. 한 고객의 주식거래에 대한 정보를 다른 고객에게 알려주는 것은 불법이므로 피터는 불법행위를 한 것이다. 그러나 마사 스튜어트를 미공개 정보를 이용한 거래로 처벌할 근거는 없었다. FDA가 신약을 불허하기로 결정했다는 것을 마사 스튜어트가 알지 못했기 때문이다. 미공개 정보를 얻으려고 샘 왁슬에게 전화를 한 것만으로는 처벌할 수 없다. 실제로 미공개 정보를 이용해서 투자한 것이 아니기 때문이다.

미국의 엄중한 처벌 사례

검찰은 다른 사실에 주목했다. '위증죄'로 마사 스튜어트를 기소한 것이다. 마사 스튜어트가 조사 과정에서 거짓말을 해서 조사에 혼란을 끼쳤다는 것이다. 2005년 법원은 그녀에게 5개월 징역형과 추가적인 5개월 자택연금, 그리고 2년 보호관찰을 선고했다.

이뿐만이 아니었다. 미국 증권거래소 SEC; Securities and Exchange Commission 는 검찰조사가 진행되는 동안 자신이 결백하다면서 광고를 하거나 인터넷 홈페이지를 통해 주장을 소개한 것이 거짓 정보를 다수의 이해관계자들에게 전달한 허위공시라고 판단해 조사에 착수했다.[8] 마사 스튜어트라는 CEO의 평판이 MSLO의 주가에 큰 영향을 미치는데, 허위공시를 해서 주주들을 오도했다는 것이다. 2006년 들어 마사 스튜어트가 이 거래를 통해 얻은 이익의 4배와 그 이자를 벌금으로 지불하는 조건으로 SEC가 기소를 하지 않기로 합의했다. 이익의 4배라고 해도 마사 스튜어트의 전체 재산규모에 비하면 아무것도 아니다. 그러나 신분에 상관없이 법은 반드시 지켜야 한다고 믿는 평균적인 미국인의 관점에서 보면, 조사과정에서 위증을 했다는 것과 허위공시를 했다는 것은 마사 스튜어트의 화려한 명성에 금을 가게 한 행위다.[9] 이런 유명인사들에게는 벌금과 징역형보다도 더 큰 것이 명예훼손이다.

금전적인 측면에서 위 사건의 결과를 살펴보면, 주주들이 마사 스튜어트의 거짓말을 믿었다가 손해를 보았다고 집단소송을 제기해서, 마사 스튜어트는 무려 3천만 달러의 손해배상을 해야 했다. 주식 매각을 통해 불과 4만 5천 달러 정도 손해를 덜 본 것에 비교하면 불법행위의 결과가 얼마나 큰지를 알 수 있다. 이 뿐만이 아니다. MSLO의 매출액이 급감해 회사의 가치가 대폭 하락한 것도 큰 피해다. 주가가 무려 70%나 하락했다. 마사 스튜어트 전체 자산의 약 1/3에서

---

8 마사 스튜어트는 자신이 기소된 날 USA Today 전면광고를 했으며, 이 사건과 관련된 인터넷 홈페이지를 만들었다. 이 광고나 인터넷 홈페이지는 '친구들과 열렬한 지지자들에게'라는 말로 시작해서 자신은 결백하고 미국 정부의 기소는 터무니없다고 주장했다.

9 예를 들어 미국에서는 '거짓말쟁이'라는 욕이 가장 큰 모욕이라고 받아들여진다. 거짓말을 하는 사람은 못 믿을 사람으로 사회에서 외톨이가 되는 것이다.

1/4 정도가 사라졌다. 별 것 아닌 것 같은 전화 몇 통화가 엄청난 결과를 가져온 것이다.

　내부정보를 이용한 주식거래 사건이 적발되어 큰 처벌을 받은 것은 이 사건뿐만 아니다. 2009년 월스트리트Wall Street에서 가장 유명한 헤지펀드 매니저이자 대부호인 갤리언그룹Galleon Group의 CEO 라시 라자라트남Raj Rajaratnam이 내부정보 이용사건으로 적발되어 2011년에 11년 형과 1억 5천만 달러의 막대한 벌금을 선고받은 바 있다. 내부정보 이용사건의 형량과 벌금 금액으로는 사상 최고일 것이다. 라자라트남은 IBM, 맥킨지앤드컴퍼니McKinsey & Company, 인텔Intel, 골드만삭스Goldman Sachs 등 미국의 대기업들에서 임원으로 근무하던 펜실바니아대학University of Pennsylvania의 MBA 동문들로부터 M&A, 기업매각, 신사업 진출 등 중요한 정보를 미리 제공받아 주식투자에 활용해서 큰돈을 벌었다. 이 사건이 적발될 때까지 월 스트리트 최고의 헤지펀드 운영자로서 각광받고 있었던 비결이 바로 불법적으로 획득한 정보였던 것이다. 재판 결과 정보를 제공한 사람들도 대부분 4년 형과 벌금을 선고받았다. 이들은 라자라트남이라는 이름에서 알 수 있듯이 인도나 스리랑카 등 남아시아계라는 공통점이 있었다. 이들이 MBA에서 동급생으로 만나 쌓은 인맥을 잘못 이용한 결과 친구들이 함께 감옥에 함께 가게 된 것이다.

　마사 스튜어트 사건이나 라자라트남 사건을 한국에서 벌어진 CJ E&M 사건을 비교해 보면 한국의 처벌이 경미한 수준이라는 점을 알 수 있다. 만약 미국에서 CJ E&M 사건과 유사한 사건이 발생했다면 관련자들은 당연히 감옥에 갔고 엄청난 벌금을 물어야 했을 것이다.

국내에서도 자본시장법이나 공정공시제도를 만든 취지를 생각해보면 이들 제도가 미공개 내부정보를 외부에 유출하는 것을 막기 위해 만들어진 제도라는 점을 쉽게 이해할 수 있다. 그렇지만 법원의 판결로 정보를 유출한 직원이나 이 정보를 다른 사람들에게 유출한 애널리스트들이 직접적인 이익을 얻지 않는 한 처벌할 수 없다는 것이 알려진 만큼, 금융당국이 유출된 정보로 거래를 해서 직접적인 이익을 얻지 않더라도 간접적인 이익을 얻었다든가 혹은 유출 그 자체만으로도 처벌할 수 있도록 법률을 개정할 가능성이 충분히 있다.

우리가 개선해야 할 점

금융당국의 법률 개정 움직임 이외에도, 이번 사건을 계기로 경제 활동 전반에서 애널리스트, 기업, 그리고 주식투자자들이 경각심을 가지고 변화를 모색할 필요가 있다. 우선 한국 애널리스트와 펀드매니저 업계의 문화가 변할 필요가 있다. 애널리스트는 자신이 담당하는 기업의 글로벌 수요나 공급의 변화, 매출이나 원가에 대한 정보를 수집하고, 재무제표를 분석해 정확한 기업보고서를 작성하고, 그 보고서의 정확성에 의해서 평가받아야 한다.

그런데 꼼꼼한 분석은 뒷전으로 밀려나고, 기업 IR 담당자와 친분관계를 맺어서 비공식적으로 중요한 정보를 제공받고 그 정보에 짜맞추는 보고서를 만드는 관행이 만연했다. 다른 것은 잘 몰라도 이익이 얼마라는 숫자 정보만 살짝 제공받아서 펀드매니저들에게 먼저 알려준다면, 펀드매니저들이 그런 애널리스트들을 베스트 애널리스트로 뽑는 등 칭송하기까지 했다. 합리적인 근거를 바탕으로 이익을 예측하고 정보를 전달하는 애널리스트의 보고서가, 논리 없이 비공식적인 경로로 얻은 정보나 기업의 보도자료만을 이용해 작성된 보고서와 차별화되고 대접받는 사회가 되어야 할 것이다. 이를 위해서는 펀드매니저들도 애널리스트가 쓴 보고서를 꼼꼼히 읽고 판단을 해서 주식을 사거나 팔면서, 꼼꼼한 분석을 해서 정확한 정보를 제공한 애널리스트를 가장 우수한 애널리스트라고 뽑는 문화가 정착되어야 한다. 개인 주식투자자들도 풍문을 통해 얻은 정보가 아니라 적극적으로 수집하고 분석한 정보, 그리고 애널리스트가 분석해놓은 보고서를 이용해 투자를 결정해야 할 것이다.[10]

상장기업은 수많은 주식투자자들이 공동으로 소유한 기업이다. 대주주가 혼자 소유한 기업이 아니다. 그렇기 때문에 대주주는 기업의 소유주들인 다른 주주들(소액주주들이라고 불리는)을 위해 기업의 상황에 대해 충분한 정보를 제공해야 한다. 이것은 기업의 선택이 아니라 의무다. 그렇지만 일부 상장기업들은 상장할 때나 신주 또는 채권을 발행할 때를 제외하고는 IR 활동, 즉 주주들과의 소통을 거의 하지 않는다. IR 활동을 할 때도 기업에게 유리한 정보를 필요한 때만 선택적으로 제공한다. 애널리스트가 불리한 보고서를 쓰면 협박을 하는 경우도 있으며, 중요한 정보를 일부 집단에게만 몰래 제공하는 경우도 있다. 소액주주들 입장에서 보면 분통 터지는 일이다.

---

10 개인투자자들도 애널리스트의 분석보고서를 참조해 투자결정을 하는 사례가 정착되어야 애널리스트들의 실력에 따라 옥석이 구분되는 시기가 좀더 빨리 올 수 있을 것이다.

이런 일이 자주 발생하면 정보의 불균형이 커지고, 그 결과 주식시장에서 정보를 가진 집단과 가지지 못한 집단 사이에 투자성과가 크게 달라지게 된다. 배신감을 느낀 주주들은 그 기업의 주식을 외면하게 된다. 이런 일을 막기 위해서는 주기적으로 기업설명회나 언론 인터뷰를 통해 회사의 상황에 대한 정보를 적극적으로 투자자들에게 알려야 한다. 워런 버핏도 "내가 기업에 대해 궁금할 것 같은 정보라면 주주들이 요청할 때까지 기다리지 말고 사전에 자세히 알려야 한다"고 한 바 있다. 회사의 상황을 잘 알려주는 기업에 대해 시장의 평가가 더 좋기 때문에 자본조달비용이 낮아진다.

그런 면에서 CJ E&M 직원들이 검찰에서 진술한 것처럼 주가를 연착륙시키고자 한다면 정보를 사전에 제공해야 한다. 즉 이익이 크게 줄어들었다는 부정적인 뉴스를 사전에 알리지 않고 숨겼다가 나중에 분기보고서가 발표될 때 알리는 것보다 사전에 알려주는 것이 주가를 덜 떨어뜨리는 방법이다. 반대로 긍정적인 뉴스도 사전에 미리 알려주는 것이 이 뉴스를 숨겼다 나중에 발표하는 것보다 주가를 더 오르게 한다. 투자자들 입장에서 보면 긍정적인 뉴스와 부정적인 뉴스 공시를 잘 하는 기업에 대해서는 궁금증을 적게 가지게 되어 위험(불확실성)이 낮은 것으로 평가하기 때문에 이들 기업의 주가가 상대적으로 높게 형성되는 것이다. 기업들이 IR 활동을 열심히 해서 정보가 투명하게 공개되고 소통하는 사회가 하루빨리 이루어지기 바란다.

회계로 본 세상

　최근 발생한 유명한 미공개 정보 유출사건 2가지를 소개한다. 미국에서 벌어진 페이스북 관련 사건과 한국에서 벌어진 공인회계사 관련 사건이다.

　2012년 5월 페이스북Facebook이 상장되기 직전 페이스북의 경영진은 지난 1분기의 경영성과가 기대치에 크게 못 미친다는 것을 알았다. 상장준비과정에서 많은 투자자들에게 공시한 장밋빛 전망에서 크게 벗어난 수치였다. 페이스북의 경영진은 상장 주간사회사인 모건스탠리Morgan Stanley 및 기타 간사회사인 JP모건체이스JP Morgan Chase, 골드만삭스Goldman Sachs, 뱅크오브아메리카Bank of America 등의 투자은행들에 이 사실을 알렸다. 그런데 투자은행들은 회의를 한 후 이 사실을 당분간 외부에 알리지 않기로 결정했다. 페이스북의 상장에 대해 많은 투자자들이 큰 관심을 보이자 원래 20달러대 후반으로 예정되어 있던 페이스북의 주당 공모가를 38달러로 바꾸기로 결정한 직후였기 때문이다.

　그렇지만 영원한 비밀은 없다. JP모건체이스는 일반 투자자들에게 는 이 사실을 알리지 않았지만 자신이 관리하던 페이스북의 기존 주주들(주로 페이스북의 초기 단계에 투자를 했던 벤처투자회사들)과 몇몇 VIP 개인투자자들에게 알려줬다. 이들은 페이스북이 상장되자마자 보유하고 있던 주식을 대량으로 매도하기 시작했다. 다른 간사회사 들도 보유하고 있던 주식을 상장 당일 내다 팔았다. 원래는 보유주식 중 일부 소수의 물량만 팔기로 계획되어 있었는데, 이 정보를 획득하 자 계획을 바꿔 거의 대부분을 판매한 것이다. 상장 직후부터 페이스 북의 주가는 폭등하기 시작했지만 대량의 매도물량이 쏟아져 나오 면서 종가는 상장가와 비슷한 수준까지 내려왔다. 그리고 며칠 후 이 뉴스가 알려지자 페이스북의 주가는 순식간에 30달러 정도까지 폭 락했다.

　이 사건도 큰 주목을 받았다. 많은 개인투자자들이 집단소송을 제 기했고, 미국 증권거래위원회도 조사에 착수했다. 현재까지 아직 재 판이나 조사가 끝나지 않았지만, 페이스북이나 간사회사들이 엄청 난 손해배상금과 벌금을 지불해야 한다는 결론이 나올 것은 명백해 보인다. 이익에 대한 중요한 정보를 알고 있었는데 발표하지 않고 숨 긴 것도 불법이고, 모든 투자자가 아니라 몇몇 소수의 회사나 개인에 게만 정보를 제공한 것도 불법이며, 이 정보를 이용해서 주식거래를 함으로써 이익을 얻은 것도 사실이기 때문이다. 이 사건으로 2008년 금융위기의 주범 중 하나로 큰 비난을 받고 나서 겨우 회복하고 있 던 투자은행들도 다시 한 번 도덕성에 먹칠을 하게 되었다.

한국에서 발생한 사건은 외부감사를 수행하는 공인회계사들이 집단적으로 정보를 유출한 사건이다. 모 젊은 회계사가 감사과정에서 얻은 기업의 실적 관련 정보를 이용해서 이 정보가 발표되기 이전에 차명으로 주식을 거래해 큰돈을 번다. 그는 점점 대담해져서 타 회계법인에서 근무하던 친구와 서로 정보를 공유해 공동으로 주식투자를 시작했다. 대학교 재학 시절 공인회계사반에서 공부하면서 알게되었던 동문 후배 회계사들을 회유해, 이들이 감사과정에서 얻은 실적정보도 자신에게 알리도록 했다. 판이 점점 커져서 이 일이 벌어졌던 2년 동안 총 20명가량의 회계사들이 두 주범들에게 정보를 제공했다. 두 주범이 이들 정보를 이용한 주식투자를 통해 벌어들인 이익은 약 6억 원이 넘었다. 2015년 들어 수상한 거래행태를 분석하던 금융당국의 눈에 이들의 거래도 포착되었다.

이 사건 때문에 금융당국은 회계법인에서 근무하는 모든 임직원들이 법인에서 감사하는 기업에 대한 주식투자를 하는 것을 전면 금지했다. 2015년까지는 파트너급 이상의 회계사들에 한해서 자신이 감사에 참여한 기업에 대한 주식투자만 금지되었었는데, 2016년부터 회계법인의 모든 임직원들로 대상자가 확대되고 종목에 대한 제한도 크게 강화된 것이다. 회계사들은 부당한 대우라고 거세게 항의했다. 미공개 내부정보에 접촉할 기회가 많은 금융당국, 증권사, 신용평가사 등의 직원들에 대해서, 자신이 담당한 기업에 대해서는 주식투자를 하지 못하게 하는 규제가 대부분 있지만 회사가 관여한 모든 기업에 대한 투자를 금지하는 규제는 없기 때문이다. 예를 들어 증권사나 금융당국 등에서도 미공개 정보 유출사건은 과거에도 계속 발생했었는데, 이들의 직원 모두에 대해 주식거래를 전면 금지하는 조치는 실시된 바 없다. 회계사들의 주장도 일리가 있기는 하지만, 이번 사건처럼 조직적, 장기간, 그리고 대규모로 미공개 정보를 이용한 주식투자가 이루어진 적이 없었으므로 이런 강력한 규제가 생겼을 것이다. 회계를 가르치는 교수로서 안타깝기도 하고 부끄럽기도 하다.

이런 일을 보면 한국이나 미국 어디에서든지 많은 사람들이 조금이라도 돈을 더 벌겠다는 욕심에서 불법적인 일을 하는 것을 마다하지 않는다는 것을 알 수 있다. 그렇지만 그런 불법행위는 오래가지 못한다. 몇 사람에게만 살짝 알려준 것이니 남들은 모를 것이라고 생각했겠지만, 그런 거래들도 모두 컴퓨터에 잡히게 된다. 항상 누군가가 나를 지켜보고 있으니 비밀이 없는 세상이다. 그러니 헛된 욕심을 버려야 한다.『숫자로 경영하라 2』에서도 소개한 바 있지만 '주식투자를 통해 손쉽게 돈을 버는 왕도'란 없다. 열심히 공부하기 싫다면 주식투자로 시간낭비 하지 말고 본업에 충실한 것이 더 큰 성공의 지름길일 것이다.

오비맥주의 성공요인과
국세청과 벌인
분쟁의 전말

··· 오비맥주 ···

두산그룹은 오랫동안 경영하던 오비맥주를 AB인베브에 매각했다. 하이트맥주에게 계속 밀리면서 오비맥주의 성과가 지지부진하던 시점이었다. 그런데 AB인베브는 2006년 오비맥주의 지분 100%를 인수하자마자 공격적인 경영에 나선다. 유럽이나 미국 시장에서 만들던 맥주들의 생산거점을 오비맥주로 이전해, 오비맥주에서 생산한 제품으로 아시아 시장 공략에 나선 것이다. 그러던 중 인베브가 세계 3위의 맥주사 안호이저부시를 인수하는데 자금이 부족하게 된다. 인베브는 오비맥주를 사모펀드 KKR과 AEP에게 다시 되사오겠다는 옵션을 붙여서 매각했다. 그 후 5년의 시간이 흐른 후 인베브는 KKR과 AEP로부터 오비맥주를 되사온다. 그런데 국세청이 KKR과 AEP에게 1,600억 원의 세금을 부과하면서 분쟁이 시작되게 된다. 이 분쟁의 전말에 대해 알아보자.

MANAGING BY NUMBERS

2015년 12월 말, 조세심판원은 국세청이 오비맥주의 전 대주주인 사모펀드 KKR과 어피니티에쿼티파트너스AEP로부터 징수했던 세금 1,600억 원이 부당하게 부과된 것이니 돌려주라고 결정했다. 이로써 지난 2년 동안 KKR/AEP와 국세청이 벌였던 싸움은 KKR/AEP의 승리로 끝났다. 2014년 초 KKR/AEP는 오비맥주를 세계 최대의 맥주회사 AB인베브[1]에 매각하면서 국내에서 철수한 바 있다. 이미 매각이 완료되어 AB인베브의 소유가 된 오비맥주의 과거 세금 문제를 둘러싸고 KKR/AEP가 국세청과 벌인 싸움에서 승리한 것이다.

KKR/AEP는 국내에 설립한 페이퍼컴퍼니 몰트홀딩을 통해 오비맥수를 지배했다. 국세청은 오비맥주가 AB인베브에 매각되기 이전인 2013년, 오비맥주가 몰트홀딩에 지급한 약 7,200억 원의 배당금에

---

1 정식 명칭은 안호이저–부시 인베브(Anheuser–Busch InBev)로, 대개 줄여서 AB인베브라고 부른다.

대해 배당소득세를 내라며 세금 1,600억 원을 부과한 바 있다. KKR/AEP는 이 세금부과가 부당하다면서 일단 세금을 납부한 후 조세심판원에 심판을 청구했다.[2] 2년 동안 조세심판원에서 이 사건이 논의된 끝에 마침내 결정이 난 것이다. 최근 국세청의 무리한 과세 결정으로 세금을 둘러싼 분쟁에서 국세청이 패소하는 비율이 급증했는데, 이 사건 또한 국세청의 패소 사례에 덧붙여진 것이다.

 이 사건이 종료된 결과 마침내 KKR/AEP는 오비맥주에 대한 투자금과 이익금을 모두 회수할 수 있게 되었다. 2009년 9,800억 원을 자본으로 출자하고 부족한 돈 약 9,000억 원을 빌려서 총 1조 9천억 원(18억 달러)으로 오비맥주를 인수한 후, 5년이 지난 2014년 약 6조 5천억 원(58억 달러)에 성공적으로 매각하게 된 것이다. 그런데 재미있는 사실은 2009년 KKR/AEP에게 오비맥주를 매각한 회사가 바로 2014년 오비맥주를 인수한 AB인베브라는 점이다. 옛 주인이 회사를 팔았다가 다시 산 것이다. 이 사건이 어떻게 전개되었는지 살펴보자.

파란만장한 오비맥주의 역사

원래 우리나라 맥주시장은 오비맥주와 하이트맥주가 양분해왔다. 그러다가 식품 분야에 전문성을 가지면서 뛰어난 유통망을 보유한 롯데

---

2 세금이 부과된 것에 대해 이의가 있다면 조세심판원에 조세심판청구 등의 불복청구를 할 수 있다. 조세심판원에서 결정을 내리면 국세청은 강제적으로 따라야 하는 의무가 있다.

가 오랜 준비 끝에 2014년 들어 '클라우드' 맥주를 출시하고 맥주시장에 뛰어들어서 경쟁이 심화되고 있다. 또 최근 들어 수입맥주시장도 점점 커지고 있다.

오비맥주의 옛 이름은 동양맥주다. 그리고 동양맥주의 전신은 일제시대 일본 기린맥주가 우리나라에 설립한 자회사다. 그리고 하이트맥주의 옛 이름인 조선맥주이고, 이 회사의 전신은 일본 삿포로 맥주가 우리나라에 세웠던 자회사다. 해방 이후 이 회사들을 한국 기업인들이 인수하면서 동양맥주와 조선맥주로 이름을 바꿔서 한국 맥주가 탄생한 것이다.

그 후 오랫동안 동양맥주와 조선맥주가 약 6:4의 비율로 시장을 양분해왔다. 그러다가 1993년 조선맥주가 출시한 '하이트맥주'가 '100% 천연 암반수'를 사용한다는 광고를 내세우면서 시장점유율을 높여가기 시작했다. 과거 쓴 호프 맛을 느낄 수 있었던 강한 맥주보다는 한결 부드러워진 맥주였다. 설상가상으로 1994년 소주시장의 최강자였던 진로가 '카스'라는 브랜드로 맥주시장에 진출해 역시 부드러운 맛의 맥주를 생산하기 시작하면서 경쟁이 더 치열해졌다. 절치부심한 동양맥주가 1995년 사명을 오비맥주(OB, oriental brewery의 약자)로 바꾸면서 재반격을 노렸으나 시장점유율은 계속 추락했다. 1997년부터는 조선맥주가 시장점유율 1위를 차지했고, 조선맥주는 회사명까지 하이트맥주로 바꿨다. 오비맥주와 하이트맥주의 시장점유율이 6:4에서 4:6으로 뒤집힌 것이다. 이때 경영난에 처해있던 오비맥주의 모그룹인 두산그룹이 오비맥주의 지분 50%와 경영권을 벨기에의 세계 4위 맥주회사 인터브루Interbrew에 매각했다. 1998년 들

하이트맥주 광고
과거의 조선맥주가 사명을 변경해 하이트맥주가 탄생했다. 하이트맥주와 오비맥주는 롯데그룹이 맥주시장에 진출하기 전까지 맥주시장을 과점하면서 치열한 경쟁을 벌여왔다.

어서 아시아 금융위기가 발발하고 한국 경제가 어려워진 상태에서, 1990년대 초중반 과다한 자금을 차입해 맥주뿐만 아니라 건설 및 유통 등의 분야에 진출했던 진로가 무너진다. 1999년 인터브루는 진로의 카스 브랜드와 공장을 인수해서 오비맥주와 합쳤다. 다시 한국 맥주시장이 오비와 하이트의 양강체제로 복귀한 것이다.

1998년부터 인터브루가 지분 50%씩을 두산그룹과 나눠서 보유하면서 오비맥주를 경영하기 시작했으나 큰 변화는 없었다. 여러 신제품을 출시하면서 하이트맥주에 맞서봤으나 한 번 역전된 시장점유율이 크게 달라지지 않았다. 입맛은 쉽게 바뀌지 않는 것이다. 또한 당시는 몰랐지만 지금 와서 생각해보면 인터브루의 입장에서는 오비맥주로부터 단기간에 큰 성공을 올릴 이유가 없었을 것이다. 경영권을 인수하기는 했지만 지분 50%를 두산그룹이 계속해서 보유하고 있는 상황에서, 오비맥주의 실적이 크게 개선된다면 남은 지분 50%의 가격이 올라갈 것이기 때문이다. 따라서 경영성과가 지지부진한 가운데 2001년부터 2006년까지 두산의 지분 50%를 차례로 인터브루의 후신인 인베브가 인수한다. 남미 시장을 장악하고 있던 브라질의 주류회사 세계 5위 암베브AmBev와 세계 4위 인터브루가 2004년 합병해서 탄생한 회사가 인베브InBev다. 이 합병의 결과로 인베브는 세계 최대의 맥주 회사로 등극한다.

 2006년 오비맥주의 지분 100%를 확보한 후에야 비로소 인베브는 공격적인 경영에 나선다. 호가든 등 외국 유명 브랜드의 맥주를 라이선스로 들여와서 오비맥주에서 생산하기 시작한 것이다. 그전부터 오비맥주의 제품이 일부 아시아 시장에 판매되기는 했으나 매출액은 미미한 수준이었다. 그러나 2000년대 중반부터는 적극적으로 오비맥주에서 생산한 제품을 아시아 시장에서 판매하기 시작했다. 국내 시장에서도 선진기술을 이용한 신제품을 내놓는다. 이때 하이트맥주는 진로의 소주 부문을 인수해서 하이트진로로 사명을 바꾼다.

KKR/AEP의 오비맥주 인수구조

오비맥주의 경영성과가 점차 향상되던 2008년 들어 인베브가 버드와이저 맥주를 생산하는 세계 3위의 맥주사 안호이저부시를 무려 520억 달러에 인수한다. 인수 결과 AB인베브가 탄생하지만, 막대한 현금이 동원된 이 인수 직후 AB인베브는 재무구조가 악화되어 유동성 위기에 빠진다. 유동성 위기를 극복하기 위해 필요한 자금을 마련하기 위해 AB인베브는 여러 지역 시장의 자회사들을 매각하는데, 오비맥주도 그런 매각의 일부분으로 팔리게 된 것이다. 그 결과 2009년 오비맥주가 KKR/AEP의 손으로 넘어갔다. 워낙 거래대금이 컸기 때문에 거대한 글로벌 사모펀드인 KKR과 AEP가 협력해서 공동으로 투자를 한 것이다.

이 거래에는 특별한 조건이 부가되었는데, 5년 이내 에비타EBITDA; Earnings Before Interest, Tax, Depreciation and Amortization의 11배에 오비맥주를 되살 수 있는 콜옵션(call option)이 붙어있었다.[3] 이 콜옵션의 만기가 돌아오는 5년째가 되기 직전인 2014년 4월 AB인베브가 옵션을 행사해 다시 오비맥주를 손에 넣은 것이다. 매각시의 계약조건을 살펴보면, 만약 AB인베브가 오비맥주를 되사지 않는다면 KKR/AEP는 다른 기업에게 오비맥주를 팔 수 있지만 그 경우 이익금 중 15%는 AB인베브에게 돌려주게 규정되어 있다. 따라서 KKR/AEP 입장에서는 오비맥주를 다른 기업에게 매각한다면 이익금의 85%만을 확보할 수 있기 때문에, AB인베브에 팔 때보다 상당히 비싸게 팔아야 AB인베브에 매각하는 것과 비슷한 규모의 이익을 얻을 수 있다. 즉 다른 기업에게 매각할 수 있는 가능성을 상당히 줄이는 계약조건으로서,

---

3 이 당시 AB인베브는 청도(칭따오)맥주도 일본 아사히맥주에게 매각한 바 있다. 널리 브랜드가 알려진 청도맥주를 완전히 매각하면서 오비맥주는 다시 사 오겠다는 옵션을 붙여서 매각했다는 점을 보면, 당시 AB인베브 측에서 오비맥주의 경영성과가 앞으로 호전될 것이라는 점을 알고 있었을 것이라 추측된다. 즉 오비맥주의 발전가능성을 고려해 옵션을 붙였을 것이다.

오비맥주를 꼭 되사겠다는 AB인베브의 의지를 보여준다고 할 수 있다.

2009년 오비맥주가 KKR/AEP에 인수된 과정은 상당히 복잡하다. 우선 KKR과 AEP 두 회사가 총 9,800억 원을 출자해서 특수목적회사SPC; Special Purpose Company를 네덜란드에 세운다. 이 SPC가 또 하나의 SPC를 네덜란드에 세워서 지배하고, 그 SPC가 국내에 몰트홀딩이라는 SPC를 세워서 100% 지배한다. 몰트홀딩은 추가적으로 3,750억 원을 국외로부터 차입해서 총 1조 3,554억 원을 투자해서 새로운 SPC인 몰트어퀴지션을 100% 지배한다. 몰트어퀴지션은 다시 약 1조 원을 국내에서 차입해서, 총 2조 1,800억 원으로 오비맥주의 지분 100%를 인수했다.[4] 전체적으로 보면 총 인수대금 중 약 45%의 자금을 KKR과 AEP가 직접 투자한 자금이며, 나머지 자금은 차입을 통해 조달한 것이다. 그러나 KKR과 AEP가 SPC에 최초 투자한 9,800억 원 중에서도 자신들의 자체자금이 아니라 차입한 자금이 포함되어 있을 가능성이 높기 때문에, 실제 직접 투자금의 비율은 45%보다 낮을 것이다. 이상의 인수 구조를 종합해보면, 네덜란드에

221

---

4 인수구조 중에 특이한 점이, 왜 국내에 몰트홀딩과 몰트어퀴지션이라는 두 SPC를 설립했냐는 점이다. 다른 대부분의 M&A의 경우 국내에 한 개의 SPC만 설립하기 때문이다. 필자가 내부정보를 가지고 있지 못하므로 명확한 이유는 알 수 없지만, 인수구조를 보면 몰트어퀴지션이 국내에서 차입한 자금과 몰트홀딩이 국외에서 차입한 자금(이 차입금을 빌려준 대출자는 바로 인베브다.)의 우선순위를 구분하기 위해서 이런 구조를 만든 것이 아닌가 추측한다. 이 인수구조에 따르면 오비맥주에서 벌어들인 자금으로 우선 몰트어퀴지션에서 국내 차입금을 상환하게 된다. 그 후 남은 자금을 몰트어퀴지션에서 몰트홀딩에 배당이나 유상감자 형태로 지급하고, 그 다음에야 몰트홀딩에서 국외 차입금을 지급할 수 있기 때문이다. 즉 선순위 부채가 국내차입금이 되고 후순위 부채가 해외차입금이 되는 셈이다.

2개, 한국에 2개의 SPC가 순차적으로 설립되어 최종적으로 오비맥주의 인수가 이루어졌다.

SPC를 세워 인수를 한 후 합병한 이유

2009년 말 인수가 이루어진 이후 2010년 들어 몰트어퀴지션은 오비맥주를 흡수합병한다. 이 결과 형식적으로는 오비맥주가 몰트어퀴지션에 합병되어 사라지는 것이나, 몰트어퀴지션은 법률적 실체만 존재하는 SPC이므로 오비맥주가 실질적인 존속법인이라고 볼 수 있다. 이 때문에 합병 후 회사명도 오비맥주를 사용했다. 최근 발생한 여러 인수합병 시에 널리 사용된 방식이다.

마지막 단계에서 몰트어퀴지션이 오비맥주를 합병한 이유는 다음과 같다. 앞에서 설명한 것처럼 몰트어퀴지션은 약 1조 원의 차입금을 가지고 있다. 이 차입금을 상환하기 위해서는 오비맥주가 큰 이익을 내고, 그 이익을 배당 또는 유상감자의 형태로 몰트어퀴지션에 지급해야 한다. 그런데 2009년 오비맥주는 약 240억 원의 적자를 기록해서 2010년도에 배당을 지급할 수 없었고, 따라서 몰트어퀴지션은 차입금을 상환할 자금을 마련할 수 없는 상황이었다. 반면 두 회사를 합치는 경우 오비맥주가 보유한 현금으로 몰트어퀴지션의 차입금을 상환하는 것이 가능해진다. 실제로 몰트어퀴지션과 오비맥주가 합병한 2010년 들어, 합병회사는 2009년도에 비해 약 1천억 원의 단기차입금, 1천억 원의 사채, 1,700억 원의 장기차입금을 더 상환한

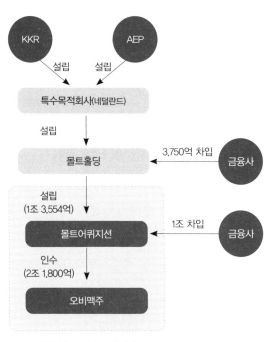

•• KKR과 AEP의 오비맥주 인수구조

KKR ──설립──→ 특수목적회사(네덜란드)
AEP ──설립──→ 특수목적회사(네덜란드)

특수목적회사(네덜란드) ──설립──→ 몰트홀딩

몰트홀딩 ←──3,750억 차입── 금융사

설립
(1조 3,554억)
몰트어퀴지션 ←──1조 차입── 금융사

인수
(2조 1,800억)
오비맥주

인수 후 두 회사를 합병해
신 오비맥주가 탄생

223

다. 그 결과 재무활동으로 인한 현금유출액이 2009년 4,500억 원에서 2010년도에 1조 2천억 원으로 급증한다. 유상감자를 통해 모회사인 몰트홀딩에 지급된 4,600억 원을 제외한 나머지 현금유출액의 거의 대부분이 부채 상환에 사용된 것이다. 이 결과 몰트어퀴지션이 2009년 차입했던 1조 원의 상당 부분을 2010년 들어 상환할 수 있었을 것이다.[5]

합병 이후 오비맥주는 2011년과 2012년 연간 약 1,100억 원, 2013년은 4,900억 원, 총 7,200억 원의 배당금을 모회사인 몰트홀딩에 지급했다. 전술한 것처럼 2010년에도 몰트홀딩은 4,600억 원의 자금을 유상감자를 통해 회수했다. 따라서 4년에 걸쳐 총 1조 1,800억 원 정도가 몰트홀딩에 지급된 것이다. 몰트홀딩은 이 자금의 일부를 몰트홀딩이 빌려온 부채 3,750억 원을 갚는 데 사용한다.

국세청과의 배당소득세 관련 분쟁과 KKR/AEP의 승리

이런 일이 발생한 후 국세청은 오비맥주 및 몰트홀딩에 대한 대대적인 세무조사를 실시한다. 2013년 들어 국세청은 오비맥주가 몰트홀딩에 대해 지불한 배당금 7,200억 원에 대한 배당소득세가 탈루되었다면서 약 1,600억 원의 세금을 부과한다. 이에 KKR/AEP가 불복해 조세심판원에 이의신청을 하면서 분쟁이 시작된 것이다.

　모회사(지주회사)가 지분을 100% 보유한 자회사로부터 받는 배당금은 배당소득세의 징수대상이 아니다. 자회사에서 벌어들인 이익에 대해 이미 소득세를 낸 후 남은 자금으로 배당을 지급한 것이기 때문이다. 모회사에서 배당을 받은 후 다시 그 배당소득에 대해 세금을 낸다면, 동일한 납세자(모회사의 주주)가 같은 소득에 대해 2번의 세금을 내는 셈이므로 '이중과세'가 된다. 따라서 자회사의 이익에 대해 자회

---

5 필자가 내부정보에 접근하지 못하므로 정확히 알지는 못하지만, 몰트어퀴지션이 국내 금융사들로부터 약 1조 원을 차입하는 계약서에 조만간 두 회사를 합병한다는 조건이 포함되어 있었을 것이다. 채권자들이 자신의 권리를 보호하기 위해 채권의 회수가능성을 높이는 이런 조건들을 요구할 수 있을 것이기 때문이다.

사에서 한 번만 소득세를 내고, 자회사가 모회사에 배당을 지급한 것에 대해서는 소득세를 내지 않는다.[6] KKR/AEP는 이런 세법 규정에 따라 오비맥주가 몰트홀딩에 대해 지급한 배당에 대해 소득세를 내지 않았다. 그런데 국세청이 이 배당에 대해 소득세를 내야 한다고 판단한 것이다. 국세청은 몰트어퀴지션이나 몰트홀딩이 SPC에 불과하고 이들 SPC의 실제 주인은 외국에 있는 KKR/AEP이므로, 배당을 받는 실제 귀속자인 KKR/AEP가 배당소득세를 지불해야 한다고 판단했다. SPC들은 조세회피 목적으로 설립된 실체가 없는 회사로서 지배구조상의 중간 연결고리일 뿐이므로, 이 배당의 실제 귀속자에게 세금을 물린 것이라는 주장이다.[7]

그러나 이번 사례에서는 국세청의 주장을 받아들이기 어렵다. 앞에서 설명한 KKR/AEP의 오비맥주 인수구조를 보면, 몰트홀딩과 몰트어퀴지션이 인적 및 물적 실체가 없는 페이퍼컴퍼니이기는 하지만 아무 일도 하지 않는 서류상 존재하는 회사라고만은 볼 수 없다. 각자 전체 거래에서 독자적인 역할을 수행했다. 몰트홀딩은 KKR/AEP가 투자한 9,800억 원의 자본금에 덧붙여 3,750억 원을 차입했고, 이 자금을 모두 투자해서 다른 SPC 몰트어퀴지션을 지배했다. 몰트어퀴지션 또한 투자금에 덧붙여 약 1조 원을 차입해서, 총 2조 1,800억 원

---

6 그렇지만 만약 지주회사가 자회사의 지분을 100% 보유하고 있지 않다면, 자회사에서 지주회사에 지급한 배당의 일부에 대해 세금을 내야 한다. 지분비율이 100%가 아니므로 자회사의 주주와 지주회사의 주주가 일부 달라진다. 따라서 이들 다른 주주들은 세금을 내야 하기 때문이다.

7 전문용어를 사용해 설명하면, 국세청은 SPC들이 배당수익을 오비맥주로부터 KKR/AEP로 이전하는 과정에 있는 도관(pass-through or conduit)에 불과하며, 이 배당금의 실제 수혜자(beneficial owner)는 KKR/AEP라고 판단했다.

으로 오비맥주의 지분 100%를 인수했다. 즉 몰트홀딩과 몰트어퀴지션은 나름대로 조금씩이지만 독자적인 역할을 수행했다. 또한 오비맥주로부터 지불된 배당금이나 유상감자 대금이 몰트홀딩을 거쳐서 모두 KKR/AEP로 보내진 것이 아니라 몰트홀딩의 부채를 상환하는 데도 일부 사용되었다.

만약 몰트홀딩이나 몰트어퀴지션이 필요한 자금을 빌릴 때 KKR/AEP가 지급보증을 했거나 담보를 제공했다면, 차입은 형식적으로만 몰트홀딩이나 몰트어퀴지션에서 이루어진 것이며 실질적인 차입의 주체는 KKR/AEP라고 판단할 수 있을 것이다. 그렇지만 그런 일도 없었다. 몰트홀딩은 자신이 설립한 몰트어퀴지션의 주식을 담보로 제공하고 자금을 빌렸고, 몰트어퀴지션은 오비맥주의 주식을 담보로 제공하고 자금을 빌렸다. 좀 복잡한 이야기이지만, 몰트어퀴지션이 오비맥주를 인수하는 거래, 몰트어퀴지션이 오비맥주의 주식을 담보로 제공하고 돈을 빌려오는 거래, 몰트홀딩이 몰트어퀴지션의 주식을 담보로 제공하고 돈을 빌리는 거래가 모두 동시에 일어나는 것이다. 따라서 차입행위와 차입금 상환의 실질적 및 형식적 주체가 몰트홀딩이나 몰트어퀴지션이지 KKR/AEP가 아니다.

국세청의 과세처분을 둘러싼 의문

물론 법적 개념에 대한 이해가 부족하다면 몰트홀딩이나 몰트어퀴지션의 소유주가 KKR/AEP이므로, 결국 이런 행위를 한 것이 모두

오비맥주 광고
오비맥주는 현재 국내 시장에서 시장점유율 1위를 차지하고 있으며, 해외시장에도 많은 제품을 수출하고 있다. AB인베브가 인수한 이후 큰 발전이 이루어진 것이다.

KKR/AEP가 아니냐고 생각할 수 있다. 이러한 주장도 어느 정도 일리가 있지만, 법적으로 볼 때 KKR/AEP와 몰트홀딩 및 몰트어퀴지션은 서로 다른 별도의 기업이다. 각 기업들이 다른 기업에 의존하지 않고 서로 독립적으로 자신의 역할을 수행했다. 바로 이런 이유에서 조세심판원도 KKR/AEP 쪽에게 부과된 세금을 모두 돌려주라고 판단을 내린 것이다.

사실 필자는 왜 국세청이 이런 무리한 과세처분을 했는지 잘 이해할 수 없다. 세법이나 세무회계 전문가가 아닌 필자가 보더라도 국세청이 이길 가능성이 거의 없는 싸움으로 보이기 때문이다. 우선 일부 자금을 투자해 SPC를 세우고, 그 SPC가 추가적으로 차입을 하고, 이렇게 마련한 자금을 모아 다른 기업을 인수하고, 인수 후 SPC와 피인수회사를 합병하는 방법은 2000년대 중반 이후 상당히 많은 인수합병 거래에 사용되었다.[8] 국내 회사가 인수자일 때는 SPC를 하나 세우는 것이 대부분이지만, 외국 회사가 인수자일 때는 본 거래에서 보는 것처럼 여러 개의 SPC가 설립된다. 우리나라 기업들도 외국에 투자할 때 이 방법을 종종 사용한다. 이번 일이 있기 전까지 국세청은 단한 번도 이런 거래 과정에서 지급된 배당금에 대해 세금을 부과한 적이 없다. 앞에서 설명한 것처럼 논리적으로 생각해봐도 이런 거래에 대해 국세청이 세금을 부과할 근거를 찾기도 없다. 그런데 국세청은 이 거래에 대해서만 세금을 부과했고, 결국 분쟁에서 패소했다.

이 과정을 보면 국세청이 이 거래에 세금을 부과한 것에는 공공연히 말하기 힘든 다른 이유가 있는 듯한 느낌이 든다. 외국 펀드들이 국내에서 상당한 돈을 벌어가는데도 불구하고, 외국 펀드들이 조세피난처 국가에 설립한 자회사를 통해 우리나라에 투자했으므로 국내에서 이들이 벌어들인 소득에 대해 세금을 징수하지 못 하는 일이 과거 여러 차례 발생했다.

이로 인해 국세청은 많은 비난을 받았다. 지금도 국정감사 때만 되면 그 문제 때문에 국회의원들이 국세청에 대해 비난을 쏟아낸다. 국세청이 이런 압력과 비난을 피하기 위한 목적으로 추후 조세심판이나 소송에서 질 것을 알면서도 배당금에 대한 과세를 하지 않았을까 하는 추측이다. 즉 외국 펀드가 국내 기업을 인수해서 보유하다 팔아서 돈을 벌고 떠나는 것에 대해 다른 나라와 맺은 조세협약 때문에 세금

---

[8] 본서에서 소개한 '하이마트의 영업권 회계처리와 상장의 비결'이라는 글에도 이런 사례가 2번이나 등장한다.

을 매길 수 없어서 비난을 받았으니, 그 대신 국내에서 지급된 배당금에라도 세금을 매겨서 일시적으로 비난을 피해보자는 숨겨진 의도가 있지 않았을까 추측한다. 외국 펀드에 세금을 매기지 못한다는 것은 안타깝지만, 그렇다고 해서 법에 따라 세금을 낼 필요가 없는 거래에 억지로 세금을 매길 수는 없다. 만약 필자의 이런 추측이 옳다면, 정치적 이유 때문에 쓸데없는 일로 많은 사람들이 시간과 노력을 낭비하고 결과적으로 국민 세금이 낭비된 예일 것이다.

앞에서 설명한 것처럼 KKR/AEP가 SPC를 세워서 오비맥주를 인수한 거래는 구조적인 측면에서 다른 여러 인수합병 사례에서와 크게 다르지 않다. 그러나 다른 인수합병 사례와 비교해보면, 이 사건의 경우에는 국세청의 과세조치에 대한 분쟁이 있었다는 점과 오비맥주가 외국자본에 팔린 후 크게 성공해 국내 시장을 장악한 1위 업체로 성장했다는 2가지 큰 차이점이 있다. 외국 기업이 국내 기업을 인수해서 크게 성공한 드문 경우이다.

오비맥주가 성공한 이유

과세에 대한 분쟁에 대해서는 이미 설명을 했으므로, 이제 오비맥주의 성공비결이 무엇일까 생각해보자. 지난 몇 년간 벌써 수차례에 걸쳐서 여러 교수나 기자들이 오비맥주의 성공 이유에 대해 나름대로 분석을 해서 언론에 발표한 바 있다. 이들은 주로 한국에서의 공격적인 영업, 품질관리, 노사화합, 기존 연공중심에서 성과에 따른 보상체계로의 개편 등 미시적인 입장에서의 성공요인을 다뤘다. 외부로 공시되는 사업보고서에 포함된 정보와 언론보도 및 외국자료들을 이용해서 원고를 쓰는 필자의 입장에서는, 이런 미시적인 내용들은 내부 정보에 해당하므로 잘 알지 못한다. 또한 '맥주 분야의 세계 최고 전문가인 AB인베브는 이런 정책을 실시하지 않았는데, 어떤 이유에서 KKR/AEP가 오비맥주를 인수한 후 이런 정책을 전과 달리 혁신적으로 실시했을까?' 하는 의문도 생긴다. 이런 관점에서 벗어나서 필자는 오비맥주가 성공할 수 있었던 거시적인 요인들을 소개하려고 한다. 특히 AB인베브의 경영행태를 돌아보면서 오비맥주의 성공 이유를 살펴보겠다.

오비맥주는 우리나라 입장에서 보면 국내 맥주시장을 장악한 큰 회사다. 그렇지만 모회사인 AB인베브의 입장에서 보면 한국에 있는 조그마한 자회사일 뿐이다. AB인베브는 2016년 들어 세계 2위 맥주사 사브밀러를 인수해서, 현재 전 세계 맥주시장의 30% 이상을 장악한 공룡기업이다.[9] 1위 기업이 2위 기업을 인수했으니 그 크기가 얼마나 큰지 짐작할 수 있다. 인수대금 1,170억 달러는 역대 인수합병 건 중 세 번째 규모라고 한다.[10] 그 결과 AB인베브는 누구도 넘보기 힘든 세계 제1의 위치를 확고하게 다졌다.[11]

230

9 참고로 설명하면, AB인베브는 버드와이저, 벡스, 코로나, 호가든, 스텔라 아르투와 등의 브랜드를 보유하고 있으며, 사브밀러는 밀러, 페로니, 필스너, 포스터 등의 브랜드를 보유하고 있다.

10 2016년 1월 이 인수대금을 마련하기 위해 AB인베브가 채권 460억 달러를 발행했는데 무려 1,100억 달러가 몰려들었다. 채권 발행 규모로는 역사상 두 번째, 몰려든 자금 규모로는 최대 규모라고 한다. 세계 경기가 어려운 상황에서 상대적으로 안전한 투자처인 AB인베브가 채권을 발행한다고 하니 엄청난 자금이 몰린 것이다.

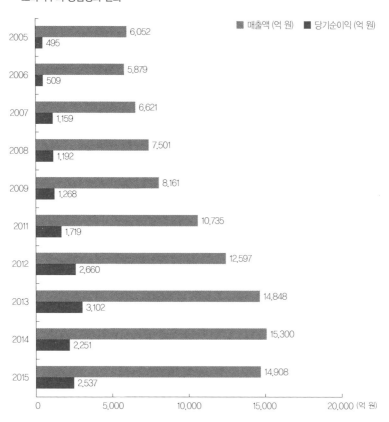

•• 오비맥주의 영업성과 변화

	매출액 (억 원)	당기순이익 (억 원)

2005 6,052 / 495
2006 5,879 / 509
2007 6,621 / 1,159
2008 7,501 / 1,192
2009 8,161 / 1,268
2011 10,735 / 1,719
2012 12,597 / 2,660
2013 14,848 / 3,102
2014 15,300 / 2,251
2015 14,908 / 2,537

0   5,000   10,000   15,000   20,000 (억 원)

오비맥주가 2000년대 말부터 2010년대 초반까지 비약적인 발전을 하는 모습을 볼 수 있다. 그러다가 2014년 롯데가 만든 클라우드맥주가 탄생하고 수입맥주도 증가하면서 치열한 경쟁이 벌어져서 영업성과가 주춤한 모습이다.

11 이 합병 이후 세계 제2의 맥주회사는 네덜란드의 하이네켄(시장점유율 약 10%), 3위는 덴마크의 칼스버그(시장점유율 약 7%)가 된다. 1위 회사와의 시장점유율 차이가 매우 크다는 점을 알수 있다. 따라서 시장점유율이 30% 이상인 AB인베브를 '세계 맥주시장을 지배하는 회사'라고부를만하다.

AB인베브의 CEO 카를로스 브리토는 원래 브라질 맥주회사인 암베브 출신으로서 냉혈한으로 불린다. 그는 수많은 인수를 통해 회사의 크기를 키워왔는데, 그때마다 인수 직후 비용절감을 위한 노력을 해왔다. 유럽이나 미국 등에 위치한 소규모의 공장문을 닫고, 동일한 제품을 주변에 위치한 다른 대규모 공장에서 생산하도록 한 것이다. 따라서 피인수회사에서는 20~30% 정도의 인력감축이 이루어지는 경우가 많았고, 인원감축 이외에도 임금삭감이나 복지혜택 축소 등의 여러 비용억제 정책이 실시되었다. 이때마다 많은 갈등이 있었다. 그래서 인력의 해고가 자유로운 미국에서조차 냉혈한이라고 별명을 붙인 것이다. 너무 오래전이라 정확한 통계를 확인할 수 없지만, 아마우리나라에서도 1997년 오비맥주의 경영권을 인수했을 당시 비슷한 일이 발생했었을 가능성이 높다.

앞에서 설명한 것처럼 AB인베브는 2006년 들어서야 두산그룹으로부터 오비맥주의 잔여 지분을 모두 인수해서 100% 지배하게 된다. 이때까지는 비용절감에 치중하면서 적극적으로 매출을 늘리려는 등의 노력을 별로 하지 않았었다. 비용절감에 치중했으므로, 당시 국내 시장 점유율은 하이트맥주와 비교할 때 6:4로 밀렸는데도 불구하고 이익은 더 많았다고 한다.

그러다가 2006년 지분 100%를 인수한 후 AB인베브는 적극적으로 오비맥주의 수익을 높이려는 작업을 시작한다. 이때까지 AB인베브는 자사의 해외 유통망을 적극 활용해서 오비맥주 제품을 해외에 수출하려는 노력을 거의 하지 않았었다. 그러나 2006년 이후에는 수출에 주목한다. 그 결과 2007년까지 400만 상자 정도에 불과하던 수

출량이 2015년도는 2천만 상자를 넘을 만큼 급속히 증가했다.

이뿐만이 아니다. 2008년부터 AB인베브로부터 호가든의 생산방법을 라이선스로 전수받아 국내에서 생산하고 있다. 버드와이저도 마찬가지로 국내에서 생산한다. 이 제품들이 국내 및 아시아 시장에 판매되는 것이다. AB인베브 입장에서 볼 때도 먼 서양 국가에서 맥주를 생산해서 아시아로 수송해오는 것보다 오비맥주 한국공장에서 생산한 제품을 아시아 시장에서 판매하는 것이 더 경제적일 것이다. 오비맥주가 벌어들이는 돈 중 일부를 라이선스 비용이나 자문료 등의 명목으로 받아가면 된다. 오비맥주 입장에서 본다면, 이러한 제품을 국내에서 생산하면서 그 기술이나 품질관리 기법을 전수받아 기존에 오비맥주에서 생산하던 국산 브랜드 제품의 품질도 상당히 개선되었을 것이다. 물론 오비맥주가 이렇게 선제적으로 치고 나갔으니, 경쟁업체인 진로하이트도 마찬가지로 품질개선을 위해 많은 노력을 했었을 것이다.

Small M&A의 장점과 효과

AB인베브가 오비맥주의 수익을 높이려는 작업을 적극적으로 실시하고 있던 중인 2009년, 세계 3대 맥주회사인 안호이저부시를 인수하는 과정에서 AB인베브가 일시적인 유동성 위기에 빠지게 된다. 이를 모면하기 위해 AB인베브는 5년 이내 EBITDA의 11배에 오비맥주를 되살 수 있는 콜옵션을 포함해서 오비맥주를 잠시 KKR/AEP에 매

233

클라우드맥주 광고
롯데그룹은 오랜 준비 끝에 2014년 클라우드맥주를 출시하고 대대적인 광고전에 돌입했다. 그 결과 기존의
양강인 오비와 하이트가 바짝 긴장하게 된다.

각한 것이다.

인수 이후 KKR/AEP는 AB인베브가 막 착수했던 수익확대정책
을 계속해서 실시했다. 해외 시장에서는 매출액이 계속 증가했다. 예
를 들어 오비가 생산해서 홍콩 시장에서 블루걸Blue Girl이라는 브랜드
로 판매하는 맥주는 2000년대 들어 계속 홍콩 맥주시장 매출액 1위
를 차지하고 있다. 국내 시장에서도 카스 브랜드의 매출액이 점점 증
가했다. 그 결과 1997년부터 약 10년 동안 하이트맥주와 비교할 때
4:6으로 밀리던 시장점유율 차이가 2008년경부터 점점 줄어들더니
2011년 근소한 차이로 역전되었다. 그리고 2012년에는 55:45 정도
의 큰 차이로 오비맥주가 우위에 서게 된 것이다. 그 뒤 클라우드맥주

가 시장에 진입할 때까지 이 격차가 점점 벌어진다.

이런 상황에서 AB인베브는 KKR/AEP로부터 오비맥주를 되산다. 앞으로 오비맥주가 더 발전할 것이라고 판단했으니 되사기로 한 것이지만, AB인베브 입장에서 보면 18억 달러에 팔았다가 58억 달러에 되샀으니 값비싼 수업료를 지불한 셈이다. AB인베브 입장에서는 자신들이 실시한 경영개선의 효과가 이렇게 빨리, 또 크게 나타날지 몰랐을 것이다. 그런 측면에서 KKR/AEP도 AB인베브의 정책을 잘 실천했으니 성공에 기여한 측면이 상당히 있다고 볼 수 있다. 그리고 내부정보를 가지지 못한 필자는 잘 알지 못하니 이 원고에 소개하지 못했지만, 오비맥주의 성공비결에 대해 연구한 다른 사람들이 설명한 것처럼 KKR/AEP가 경영하는 동안 독자적으로 이룬 혁신도 성공에 영향을 끼쳤을 수 있다. 이런 다양한 요인에 힘입어 KKR/AEP는 투자 5년 만에 대박을 얻은 셈이다.

AB인베브가 오비맥주를 인수한 것을 학술적으로는 small M&A소규모 인수합병라고 부른다. 앞에서 설명한 것처럼 한국 기준으로 보면 오비맥주가 대기업이지만 AB인베브 입장에서 보면 아주 작은 중소기업이기 때문이다. 외국 사례를 보면 small M&A는 성공가능성이 높다. 인수 후 큰 모회사가 보유한 기술이나 경영기법 등을 작은 피인수 회사에 적용시키기 때문이다. 예를 들어 AB인베브는 수많은 자회사들을 보유하고 있다. 이들 자회사들이 보유하고 있는 노하우know-how 중 일부만 오비맥주에 도입해도 오비맥주의 기술수준은 상당히 상승한다. 또한 AB인베브가 가진 전 세계적인 유통망을 활용해 오비맥주의 제품을 외국에 판매할 수 있다. 이런 이유에서 small M&A가 시

235

너지 효과가 크게 나타나서 성공할 가능성이 높은 것이다.

이에 반해 인수기업이 자신보다 더 큰 피인수기업을 인수하는 거래는 상대적으로 실패할 가능성이 더 높다. 모든 것이 앞서 있는 큰 회사에서 배우려고 하지 않고, 작은 회사가 큰 회사를 지배하려고 하기 때문이다. 이러니 좀 시간이 흐르면 큰 회사의 실력이 떨어져서 작은 회사 수준으로 퇴보하는 역효과가 나타난다. 한국에서 통하는 제품이나 서비스로 선진국 시장에 진입해서 성공하기는 매우 어렵지만 후진국 시장에 가서는 상대적으로 성공할 가능성이 높다는 것과 동일한 이유다. 그렇지만 많은 기업들이 좀더 폼나는 선진국의 큰 기업 인수에 집중하는 경향이 있다. 오비맥주의 사례를 교훈 삼아, 회사의 전체 역량을 집중해야 하는 대규모 M&A가 아니지만 회사에 작은 규모의 보탬이 될 수 있는 small M&A들에도 경영자들이 더 관심을 기울이길 바란다. 작은 M&A를 통해 경험을 쌓아야지 큰 M&A에 나서도 성공할 가능성이 높을 것이다.

치열한 경쟁과 맥주시장의 미래

오비맥주가 국내시장에서 역전에 성공하고 해외에서도 크게 선전하고 있는 중이지만 앞길이 그렇게 낙관적이지만은 않다. 수입산을 모두 합한 국내 맥주시장에서 오비맥주가 차지하는 비중은 2015년 말 현재 47% 정도라고 한다. 수입 브랜드 맥주의 비중이 매년 급속히 늘어 현재 국내 맥주시장의 19% 정도를 차지하고 있으며, 국산 브랜드

맥주의 수요는 오히려 감소하고 있다고 한다. 일본 아사히 맥주와의 기술제휴로 개발한 클라우드맥주를 앞세운 롯데도 시장점유율을 늘리고 있다. 최근 새롭게 탄생한 소규모 맥주제조업체micro-brewery들이 파는 다양한 종류의 '수제맥주'도 점점 시장을 넓히고 있다. 이런 상황이니 현재의 국내 맥주시장을 '춘추전국시대'라고 부를 만하다. 업계 1위인 오비맥주라고 해도 과거의 성공에 안주할 수 없는 위기상황인 것이다.[12]

맥주시장 내에서의 경쟁뿐만 아니라 맥주 외의 다른 주류 시장에서도 치열한 경쟁이 벌어지고 있다. 중국에서 수입하는 백주나 일본에서 수입하는 사케의 소비도 점점 늘어나서 맥주시장을 넘보고 있다. '국민 술'이라고 불리는 소주도 맥주와 치열하게 경쟁하고 있다. 이런 상황이니 맥주사들 입장에서 보면 한 치 앞을 내다볼 수 없는 것이다. 그러나 소비자 입장에서 보면 치열한 경쟁 때문에 많은 효익을 즐길 수 있게 된 것이다. 앞으로 맥주시장에서 어떤 신제품들이 출시되고 새로운 경쟁이 시작될지 지켜보도록 하자.

237

---

12 참고로 설명하면 2014년 수입 브랜드 맥주의 시장점유율은 15%였다. 2015년까지 1년 동안 점유율이 4%p나 늘었으니 수입 브랜드 맥주에 대한 수요가 얼마나 빠르게 증가하는지를 잘 알 수 있다. 국내 맥주 3사가 모두 긴장해야 하는 이유다. 다만 이들 수입 브랜드 맥주 중 일부는 국내에서 생산되는 것이므로, 외국 브랜드의 시장점유율 증가가 모두 맥주 수입의 증가로 이어지지는 않는다.

회계로 본 세상 1

    M&A를 시도하는 많은 회사들은 인수하기만 하면 큰 시너지 효과가 있을 것이라는 기대하에 과도한 가격의 프리미엄을 지불하고 인수를 하는 경향이 많다. 외국에서 보다 국내에서 이런 일이 더 비일비재하게 일어난다. 참고로 설명하면, 국내에서 인수 프리미엄은 평균적으로 볼 때 피인수회사 주가(비상장회사라면 공정가치의 평가액)의 40~50% 정도다. 미국의 경우와 비교하면 10% 이상 높다. 사실 대부분의 경우는 대략 30% 정도 수준에서 프리미엄이 결정되는데, 몇몇 대형 M&A에서 치열한 인수경쟁이 벌어진 끝에 프리미엄이 거의 100% 정도까지 올라갔기 때문에 평균이 좀 높아졌다. 이렇게까지 프리미엄이 올라간 경우, 인수를 위해 경쟁하다가 가장 높은 입찰가를 써내고 인수한 기업이 인수 이후 높은 인수가격이 부담되어서 어려움을 겪는 일이 종종 발생한다. 이런 현상을 말하는 '승자의 저주winner's curse'라는 표현까지 생겼다. 승자의 저주에 대한 염려 때문에, M&A를

한다고 하면 주가가 떨어지는 일도 종종 발생한다.

이런 사례들을 보면 많은 경영자들이 인수 후 발생할 수 있는 시너지 효과를 과대평가한다는 점을 이해할 수 있다. 그렇다면 어떤 시너지 효과가 발생할 수 있을지 생각해보도록 하자. 우선 시너지 효과는 크게 비용 측면에서의 시너지와 수익 측면에서의 시너지로 구분한다. 인수 후 비용을 절감할 수 있다면 비용 측면에서 시너지 효과가 있는 것이며, 인수 후 매출을 확대시킬 수 있다면 수익 측면에서 시너지 효과가 있는 것이다.

본고에서 설명한 것처럼 AB인베브는 우선 비용 측면에서의 시너지 효과를 추구하는 인수합병 형태를 보여왔다. 인수 후 작은 공장문을 닫고 큰 공장에서 여러 브랜드의 제품을 생산하는 것이다. 기술향상을 통한 원가절감도 가능하다. 구매 규모도 커지므로 좀더 낮은 가격으로 원재료를 구매할 수 있을 것이다. 그렇지만 국내 기업들의 경우는 외국과는 달리 직원의 해고가 거의 불가능하기 때문에 인력 절감을 통해 비용을 줄이는 것은 큰 효과를 기대하기 힘들다. 즉 우리나라 기업을 인수하는 경우 비용 측면에서의 시너지 효과를 얻는 데는 상당한 제한이 있다. 상대적으로 인력해고가 자유로운 금융권에서는 국내에서도 비용면에서의 시너지 효과가 발생하기도 한다. 그러나 기술향상을 통해 생산원가를 낮추는 경우는 국내에서도 종종 발생한다. AB인베브가 오비맥주를 인수한 후에도 기술향상을 통해 원가절감을 했거나 더 좋은 제품을 유사한 원가로 생산하는 것이 가능하게 되었을 것이다.

수익 측면에서의 시너지는 새로운 제품, 새로운 고객, 새로운 시장

등에 진출해서 매출을 늘리는 것이다. 오비맥주의 경우 AB인베브 인수 이후 기존 국내에서 생산하지 못하던 외국 브랜드의 맥주를 기술 도입을 통해 생산하게 되었고, 각종 브랜드로 아시아 시장에 맥주를 수출하기 시작했다. 필자가 정확한 정보를 가지고 있지는 않지만, AB 인베브의 전 세계적인 유통망이나 브랜드가 상당한 도움이 되었을 것이라고 추측된다. 이런 측면에서 수익 측면에서의 시너지 효과가 많이 발생했을 것이라 생각된다.

AB인베브의 입장에서는 오비맥주가 크게 발전해서 많은 배당을 받아갈 수 있는 것 이외에도 여러 추가적인 효익을 기대할 수 있다. 우선 오비맥주가 국내에서 생산하는 호가든이나 스텔라 아르투아, 버드와이저 등의 기술료를 받아갈 수 있으며, 이렇게 해서 생산한 맥주를 아시아 시장에서 판매할 수 있다. 본고에서 설명한 것처럼 이들을 미국이나 유럽에서 직접 생산해서 아시아로 운송해오는 것보다는 아시아에 생산거점을 마련해서 아시아 시장에 공급하는 것이 비용 측면에서 상당히 유리할 것이다. 이런 측면에서 AB인베브도 큰 이익을 얻었을 것이다.

회계로 본 세상 2

논의의 초점을 세금 이슈로 바꿔보자. 사실 이 사건에서 배당소득세보다 더 중요한 이슈는 KKR/AEP가 오비맥주를 매각하면서 벌어들인 40억 달러의 이익에 대해 세금을 매길 수 없다는 점이다. 조세피난처 국가에 설립한 SPC를 통해 우리나라에 대한 투자가 이루어졌기 때문이다. 과거에도 우리나라에 투자했다 큰 이익을 얻은 해외 PEF들이 벌어들인 소득에 대한 세금을 국내에 내지 않아 논란이 되었던 적이 종종 있었다.[1]

이 문제는 우리나라뿐만 아니라 세계 여러 나라 정부들이 함께 고민하는 문제다. OECD 통계에 따르면 다국적기업들의 조세회피는 연간 약 2천억 달러가 넘는 것으로 추산된다. 이 문제를 해결하기 위

---

1 『숫자로 경영하라』에 실린 '헐값매각 논란의 숨겨진 진실'을 보면 외환은행을 인수했다 매각하고 철수한 론스타의 세금 문제를 둘러싼 논란이 일부 소개되어 있다.

해 세계 각국이 동시에 세법을 개정하는 문제가 OECD와 G20 등에서 논의가 되고 있는데, 이에 반대하는 국가들도 상당하므로 쉽게 합의점이 마련되지 않는다. 해외투자를 많이 하는 나라들은 조금이라도 세금을 국외에 덜 내려고 하고, 해외투자를 많이 받는 나라들은 그 반대로 조금이라도 국내에서 세금을 더 거두려고 하기 때문에 의견의 일치를 보기가 쉽지 않다. 어쨌든 조세회피를 막기 위한 방안을 마련하는 데 여러 국가들이 원칙적이나마 동의를 한 만큼, 조금씩이나마 앞으로 진전이 있을 것으로 보인다.

국내나 외국에서도 가끔 세금을 더 올려서 개인이나 기업으로부터 세금을 걷으면 국가가 세수 부족 문제를 쉽게 해결해서 정부지출을 늘릴 수 있다고 주장하는 사람들이 있다. 이론적으로 보면 옳은 것 같지만 현실은 그렇게 간단하지 않다. 세금을 더 올리면 세금을 내지 않기 위해 세율이 싼 해외국가로 이탈하는 자금들이 많이 생기기 때문이다. 예를 들어 미국에서 지난 몇 년간 소득세 증세가 있자 아마존Amazon, 아리스Arris, 버거킹Burger King, 존슨콘트롤즈Johnson Controls, 몬산토Monsanto, 파이저Pfizer, 테렉스Terex 등 많은 회사들이 본사를 해외로 이전했다. 형식적으로 본사를 해외의 조세피난처 국가에 두어 소수의 직원만 근무시키면서, 미국 회사를 조세피난처에 위치한 본사의 자회사로 만든 형태가 대부분이다. 애플Apple, 구글Google, HP, IBM, 마이크론Micron, 마이크로소프트Microsoft, 오라클Oracle, 시스코Sysco 등 많은 회사들이 외국에서 벌어들인 자금을 미국으로 가져오지 않고 그대로 외국에 쌓아두고 있다. 미국에 가져와야만 세금을 내기 때문이다. 개인들도 해외 국적을 취득하거나 해외에서 번 소득을 숨기고 국내에 신고하지 않는 사람들이 증가했다. 그래서 최근 이 문제가 큰 사회적 이슈가 되고 있으며, 미국 국세청은 이 문제에 대한 조사를 확대하기 위해 인력을 상당히 보강했다.

이런 사항들을 보면, 증세를 하지 않았으면 국내에서 소비될 돈이 증세를 하자 해외로 나가버려서 국내에 남아있는 돈의 규모가 오히려 줄어든다는 점을 알 수 있다. 그 결과 국내 일자리가 줄어들고 경기가 어렵게 된다. 국가가 증세를 통해 세금을 더 걷어서 사용하니 좋다고 생각되지만, 그 돈은 어차피 증세를 하지 않았어도 국내에서 사용될 돈이었는데 돈의 사용자가 개인이나 기업에서 정부로 바뀌었다는 차이가 생긴 것뿐이다. 즉 증세가 경제 전체에 긍정적인 효과를 가져올 것이라고 보기 힘들다. 그러나 증세의 목적이 부의 불평등을 해소하기 위해서이고, 부의 불평등 해소 목적이 경기 침체를 피하는 것보다 더 중요하다면 증세를 할 필요도 있을 것이다.[2] 다만 세율을 올린다면 경기가 침체되고 일자리가 줄어들므로 처음 생각한 것보다 세수는 별로 늘지 않는다는 점과, 실업자의 증가에 따라 복지지출의 대상이 되

---

2 과거 사례들을 봐도 감세는 경기호황을 초래하는 것을 보여주는 사례들이 많다. 그렇다고 해서 증세가 경기불황을 초래하는지는 명확하지 않다. 지난 반 세기 정도 동안 세계 각국에서 서로 경쟁적으로 세금을 내리면서 기업활동을 촉진하려고 노력해왔으므로 대폭적인 감세의 사례는 많은 데 빈해 대폭적인 증세의 사례는 거의 없기 때문이다. 세율이 조금만 변한 경우는 그 후 경제상황의 변화가 있더라도 그 변화가 세율의 변화 때문인지 명확하지 않다. 그렇지만 감세가 경기호황을 초래하는 것을 보면 증세가 경기에 도움이 되지 않을 가능성이 높아 보인다는 점을 유추할 수 있다. 증세를 하면 소득이 줄어든 계층에서 소비를 줄일 것이고, 상대적으로 고소득 계층인 이들이 소비를 줄인다면 증세로 영향을 받지 않는 하위계층의 소득도 줄어들기 때문이다. 이처럼 증세와 감세에 대한 문제는 전문가들도 뭐가 더 옳은지 고민할 정도로 판단하기 힘든 문제인데, 우리나라에서는 비전문가들이 너무 쉽게 자기의 주장을 내세우는 경향이 있다.

는 사람들의 숫자는 처음 생각한 것보다 더 늘어날 것이라는 점을 꼭 명심해야 한다. 그러니 이런 역효과를 신중히 검토해야 한다.

앞에서 설명한 것처럼, 증세 정책이 긍정적인 효과를 보기 위해서는 세계 각국이 동시에 세금을 올려야만 한다. 그래야만 자금의 해외 유출이 발생하지 않기 때문이다. 그런데 돈을 끌어가려고 낮은 세율로 기업이나 개인들을 유혹하는 나라들이 있기 때문에 전 세계가 마음을 합쳐 한꺼번에 증세를 한다는 것이 쉽지 않다. 그래서 손해를 보는 미국이나 영국 같은 나라가 국제공조를 하자고 외치고 있지만, 자금을 끌어들이는 네덜란드, 룩셈부르크, 버뮤다, 스위스, 아일랜드, 푸에르토리코, 케이만 군도 등의 많은 나라들이 이런 주장에 반대하고 있다.[3]

조세회피를 막기 위해 각국이 새로 부과할 것을 고민하는 법안의 이름을 '구글세Google tax'라고 부른다. 구글, 애플, 아마존 같은 거대 다국적 기업들이 세율이 높은 국가에서 얻은 이익을 세율이 낮은 국가로 이전(특허 사용료 지급, 이자비용 지급, 배당 지급, 이전가격transfer pricing 설정 등의 방법을 통해)해서 세금을 덜 내는 것을 막기 위한 세금이라서 구글세라고 부르는 것이다. 이 명칭이 생긴 것은, 이 이슈가 영국에서 구글 때문에 발생했기 때문이다. 2011년 한 해 동안 구글이 영국에서 5조 4천억 원의 매출액을 올렸는데, 본사를 영국이 아니라 조세피난처인 아일랜드에 두고 영국에서 사업을 했다. 그래서 영국에

---

3 KKR/AEP도 네덜란드에 설립한 SPC를 이용해 오비맥주에 투자한 바 있다. AEP는 케이만 군도에 위치하고 있다.

세금을 거의 내지 않은 점이 논란이 되자, 2015년 말부터 구글에 세금을 매기기 위해 우회이익세diverted profits tax를 도입했다. 영국에서 버는 돈을 세금을 내지 않고 해외로 가져가는 것을 막기 위한 제도다. 구글은 똑같은 방법을 이용해서 한국에서도 세금을 별로 내지 않는다고 한다.

구글을 막기 위해 도입했는데 이 세제의 가장 큰 피해자는 애플이 될 것 같다는 소식이다. 예를 들면 애플은 지적재산권을 아일랜드에 등록해서 미국의 엔지니어들은 단지 용역을 제공하는 것으로 처리하며, 앱스토어의 매출은 룩셈부르크에서 일어나는 것으로 한다. 그렇지만 애플이라는 기업의 거의 모든 중요한 활동들이 미국에서 벌어진다는 것은 누구나 다 아는 사실이다. 아일랜드나 룩셈부르크는 단지 세금을 줄이기 위해 만들어놓은 중개지일 뿐이다. 이만큼 교묘하게 애플이 세금을 덜 내고 있으니 세계 많은 나라들이 애플을 밉게 보는 것이다. 필자가 잘 알지 못하지만, 애플이 국내에서 벌어들이는 수익과 비교하면 국내에 내는 세금도 그렇게 많지 않을 것이라고 생각한다.

총 3편의 글로 구성된 3부에서는 널리 알려진 사건의 이면을 회계지식을 통해 들여다본다. 언론에 단편적으로 보도되었던 사건들의 큰 흐름을 종합적으로 소개하면서, 언론에 보도되지 않았던 배후에 숨어있는 이야기들을 추측해본다. 자세한 내막을 알게 되면 얼마나 많은 이야기들이 사건의 배후에 숨겨져 있는지 놀랄 것이다. 중국고섬의 상장폐지 사건, 대우조선해양의 분식회계, 그리고 하이마트의 영업권 회계처리에 관련된 사례를 차례로 소개한다. 모두들 사회적으로 큰 이슈가 되었던 사건들이다. 이런 사례들을 통해 외부로 잘 드러나지 않는 큰 그림을 생각해보고, 이런 일을 되풀이하지 않으려면 의사결정 과정에서 어떤 주의를 기울여야 할지를 고민하는 시간이 될 수 있을 것이다.

3부

재무제표 속에
숨겨진 비밀을 읽자

중국고섬 분식회계와
상장폐지 사건의
전말

··· 대우증권 ···

2011년 증권시장에 상장된 중국고섬은 중국 섬유업체를 자회사로 둔 싱가포르 소재 지주회사다. 당시는 미국 경기의 쇠퇴와 중국의 성장에 따라 국내에 '중국 열풍'이 불던 시기였다. 그런데 상장 불과 2개월 후, 엄청난 규모의 분식회계가 드러나면서 싱가포르와 한국 주식시장에서 중국고섬의 주식은 거래정지가 되었다. 사건이 발생하자 중국의 경영진은 회계장부를 불태우고 잠적해버렸고, 중국 정부는 이에 대한 조사를 거부했다. 투자자들만 엄청난 손해를 보게 된 것이다. 이 사건이 발생하자 상장을 중개했던 대우증권은 자신들은 잘못이 없고, '모든 잘못은 부실하게 실사를 수행한 회계법인의 탓'이라고 주장했다. 그러나 사건 후 벌어진 소송에서 대우증권은 일부 책임이 있다는 판결이 내려졌지만 회계법인은 무죄판결을 받았다. 이 사건의 전말을 소개한다.

지난 2014년 1월 17일 서울남부지방법원 민사부는 '중국고섬 사태'의 피해자들이 KDB대우증권(이하 대우증권), 한국거래소, 한화투자증권, 한영회계법인을 대상으로 제기한 총 190억 원의 손해배상청구소송에서 원고 측에 일부 승소 판결을 내렸다.

이 소송의 원고인 피해자들은 2011년 1월 큰 관심을 받으면서 한국거래소에 상장되었다 상장 2개월 만에 분식회계가 적발되면서 상장폐지된 중국고섬에 투자했다가 손해를 입은 투자자들이다. 피고인 대우증권은 상장과정을 주관한 상장주관사였으며, 한화증권은 이를 보조하는 기타 주관사 역할을 했다. 한영회계법인은 상장 전 재무제표를 검토하는 역할을 수행했다.

법원은 피고 중 대우증권의 경우 중국고섬 상장과정에서 재무제표의 분식을 적절하게 검증하지 못한 책임이 50% 있다고 판단했다. 따라서 공모주에 투자했던 125명에 대해서는 손해배상 책임이 있으므로 이들의 손해액 62억 원 중 절반인 31억 원을 배상하라고 판결했다. 나머지 50%는 재무제표나 다른 기업가치 관련 사항들을 제대로 살펴보지 않고 투자한 투자자들의 잘못이라고 판단했다. 그러나 주식이 상장된 후 나중에 주식을 구매했던 다른 투자자들의 소송은 기각했다. 대우증권을 제외한 한국거래소, 한화투자증권, 한영회계법인은 모두 무죄판결을 받았다.

이게 끝이 아니었다. 불과 사흘 뒤인 2014년 1월 20일, 금융감독원은 대우증권에게 상장주관사로서의 의무를 불성실하게 수행한 책임 때문에 '기관경고'라는 중징계를 내렸다. 또한 담당 임직원 14명에게 정직과 감봉 등의 중징계를 부과했다. 자본시장법상 금융투자회사를 영위하는 최대주주의 자격요건에 최근 3년간 기관 경고 이상의 제재를 받지 않아야 한다는 조항이 있다. 따라서 기관경고를 받으면 3년간 국내에서 새로 금융투자업 회사를 설립하거나 인수할 수 없고 자회사 신설도 불가능하다. 해외 진출, M&A 등 신규 사업에도 진출할 수 없다. 따라서 대우증권 입장에서는 앞으로 회사의 성장에 족쇄가 채워진 셈이다.

설상가상으로 대우증권은 이미 이 사건 때문에 2013년 말 증권선물위원회로부터 법에 규정된 최고수준인 20억 원의 과징금을 부과받은 적이 있었다. 그러니 손해배상 소송의 결과와 함께 과징금까지 납부해야 하므로 상당한 금전적 피해도 입은 셈이다. 2013년 증권업계 전체적인 경기상황의 악화로 적자를 기록한 대우증권 입장에서는 큰 타격이었다.

중국고섬의 한국 증권시장 상장

그렇다면 이 소송사건의 단초가 된 중국고섬의 상장과 상장폐지까지의 과정을 살펴보자. 지난 2011년 1월 국내 주식시장에 상장된 중국고섬은 중국 섬유업체를 자회사로 둔 싱가포르 소재 지주회사로서, 우리나라에 상장되기 이전 이미 싱가포르 주식시장에 상장되어 있었다. 주식이 싱가포르에 상장되어 있는 만큼, 주식을 직접 우리나라 증권거래소에 상장한 것이 아니라 원래 주식을 기초로 한 주식예탁증서DR를 한국에 상장한 것이다.[1] 중국 저장(절강)성과 푸젠(복건)성 등에 소재를 둔 자회사는 섬유 원단 분야에서 중국 내 시장점유율 3위의 대기업이다. 대주주는 중국인 챠오상빈 대표가 소유한 'China Success'라는 회사다. 2009년 싱가포르 증권거래소에 상장한 이후 2011년 우리나라에도 상장한 것이다. 여기서 주의할 점은, 이 회사가 싱가포르 주식시장에 상장되어 있는 싱가포르 회사이지만 싱가포르에는 소수 인원이 근무하는 지주회사만 존재하고 있다는 점이다. 사명이 중국고섬인 것처럼, 회사의 실제 사업은 모두 중국에서 발생하고 있었으므로 중국회사로 보는 것이 더 옳다.

상장 당시 미국 경기의 쇠퇴와 중국의 성장에 따라 국내 경제에서 중국이 차지하는 비중이 급등하면서 중국 열풍이 불고 있었던 상황이었다. 따라서 중국고섬의 상장은 연합과기(2008년 12월 상장), 성융광

---

1 주식예탁증서(DR: Depository Receipt)란 기업이 해외에 위치한 주식시장에 주식을 상장하는 경우, 직접 주식을 상장시키는 것이 아니라 주식(원주)는 본국에 소재한 금융기관에 보관하고 해외의 투자자들에게는 원주에 대한 소유권을 인정하는 표시로 발행하는 증서를 말한다.

전투자(2010년 9월 상장) 등과 함께 우리나라 주식시장에서 중국기업 열풍을 불러일으키기도 했다. 상장 당시 대우증권은 중국고섬이 앞으로 발전 가능성이 높은 회사라면서 적극 홍보를 했다. 중국고섬의 챠오상빈 대표도 한국을 방문해 기자회견을 하면서 "한국 투자자들을 위해 배당도 일정수준 유지하며 IR 활동도 강화하겠다"고 밝혔다. 여러 증권사의 애널리스트들도 중국고섬의 장밋빛 미래에 대한 보고서를 쏟아냈다.

이런 과정을 통해 결정된 중국고섬의 공모가가 7천 원으로서, 싱가포르 시장에서 거래되고 있는 가격보다 상당히 높은 가격이었다. 그 결과 국내에 상장된 주식예탁증서의 공모가격 총액은 2,100억 원에 이르렀다. 이 공모를 중계하면서 대우증권은 7.6%의 수수료를 받아 무려 117억 원의 대박을 터뜨렸다.[2] 한화증권도 32억 원을 받을 것으로 보였다. 그런데 회사의 내재가치에 비해 공모가가 너무 높다는 의견이 많았다. 이 때문에 공모주에 대한 최종 청약률이 0.46:1에 불과했다. 대우증권은 공모가가 2011년 예상이익 기준으로 계산하면 주가이익비율PER; Price-Earnings Ratio 7.4배에 불과한 만큼 높은 수준이 아니라고 주장했으나, 소위 차이나 리스크라고 불리는 중국 기업에 대한 불신과 싱가포르 주식시장 거래가격 대비 높은 공모가격 때문에 흥행에 실패한 셈이다.

공모과정에서 청약이 이루어지지 않은 실권주는 총액인수 계약조건에 따라 상장주관사인 대우증권을 비롯한 한화, IBK, 그리고 HMC

---

[2] 중국고섬의 상장시 수수료 비율도 높고 공모가도 예상보다 높았으므로 상장중계 수수료가 높게 결정되었지만, 실제 대부분의 상장시 중계 수수료는 이 정도로 높지는 않다.

증권의 기타 주관사들이 인수했다.[3] 실권주를 인수하는 데 대우증권 581억, 한화증권 380억 원 정도를 사용해야 했다. 즉 수수료를 많이 받기 위해서 공모가를 너무 높이 잡았다가, 기대와는 달리 시장이 반응하지 않아 수수료보다 월등히 많은 자금을 주식취득에 사용해야 했던 것이다.

주가폭락과 회계법인의 감사의견 거절

상장 후 이들 기관들이 인수한 주식을 대량으로 시장에서 매각할 것이 예상되었으므로 주가는 폭락했다. 공모가 7천 원에서 10% 하락한 6,300원에 최초 거래가 시작되었고 5,900원에 거래를 마쳤다. 7천 원에 잔여주식을 인수한 증권사들은 상당한 평가손실을 입은 셈이다. 그러자 대우증권의 임기영 대표가 3만 주를 장중에서 매수했고 한화증권의 임일수 대표도 1만 주를 매수했다. 이들은 중국고섬의 미래를 보고 주식을 구입한 것이라고 밝혔다. 중국고섬의 주가 떠받치기에 나선 셈이다. 이런 노력에도 불구하고 2011년 2월과 3월 초 동안 주가는 4천 원대 중반에서 5천 원대 전반을 횡보한다.

그러던 중인 2011년 3월 21일, 상장 불과 2개월 후 중국고섬 원주

---

3 총액인수(firm commitment) 계약이란 신주발행시 발행자의 주식을 인수기관이 전액 인수한 후 투자자들에게 판매하는 방식이다. 즉 발행자는 발행된 주식을 인수기관에게 전액 판매하는 셈이므로, 주식이 판매되지 않을 위험을 회피할 수 있는 방식이다. 그 결과 인수기관(본 사건의 경우는 대우증권과 한화증권)이 위험을 부담하는 것이다.

가 상장되어 있는 싱가포르 거래소에서 갑자기 하루 동안 중국고섬 주식 5천만 주를 팔겠다는 매도폭탄이 발생하면서 주가가 24%나 폭락하고 주식이 거래정지되었다. 몇몇 기관투자자들이 주식을 가격 불문하고 무조건 팔겠다고 매물로 내놓았다고 한다. 속보를 통해 이 소식을 재빨리 전해 들은 국내 기관투자자들은 3월 21일 오후 장 마감 직전부터 주식을 투매하기 시작했는데, 이들 주식은 싱가포르 소식을 미처 전해 듣지 못한 개인투자자들이 사들였다. 그러면서 국내 주가도 순식간에 하한가까지 폭락했다.

그러자 증권거래소에서도 하루 뒤인 22일 오전 중국고섬 주식의 거래를 정지시켰다. 이때까지만 해도 왜 주가폭락이 발생했는지 명확하게 알려지지 않았다. 이유는 잘 모르지만 주가가 폭락하므로 거래정지를 한 셈이다. 다시 '차이나 리스크'가 부각되면서, 당시 중국고섬뿐만 아니라 한국 시장에 상장되어 있던 여러 다른 중국 회사들의 주식 가격도 동반 폭락했다.

이틀 후인 24일 싱가포르 소재 중국고섬 본사에서 '중국에 위치한 자회사가 은행에 예치하고 있는 현금의 잔액 확인을 위한 외부감사를 진행중이며, 그동안 진행되던 대규모 투자 관련해서도 세부 내역을 확인중'이라는 짧고 애매한 내용만을 공시했다. 그 후 중국고섬을 감사한 회계법인 언스트앤영Ernst & Young이 감사의견 제출을 거절하면서 중국고섬 사태는 장기화되었다. 감사의견 거절이란 재무제표에 포함된 숫자들을 신뢰할 만한 근거가 부족하기 때문에 회계감사를 할 수 없다는 의미로서, 쉽게 이야기하면 재무제표가 엉터리이니 재무제표에 포함된 정보를 믿지 말라는 의미다. 싱가포르에 위치한 사외이사들로 구성된 중국고섬의 감사위원회가 이 문제의 심각성을 깨닫고 회계법인에 특별감사를 요청하자 중국고섬의 경영진은 모두 사표를 내고 사라지는 황당한 일도 발생했다.

국내 감독기관이나 대우증권, 그리고 투자자들은 모두 발을 동동 구르며 중국고섬 측에서 도대체 무슨 일이 발생했는지를 알려주는 것을 기다릴 수밖에 없었다. 우리나라 회사가 아니니 우리나라 감독기관이 영향력을 발휘할 수도 없고, 증권사나 투자자들이 직접 항의를 하기도 곤란했기 때문이다. 그러나 국내에서 아무리 연락을 해도 중국고섬 측은 대답이 없었다.

상장폐지와 분식회계의 적발

아무 소식 없이 2개월이 흐른 2011년 7월 1일, 회계법인 프라이스워터하우스쿠퍼스PwC의 중국고섬에 대한 특별감사 결과가 발표되었다. 내용은 충격적이었다. 2010년 말 기준 자회사의 보유 현금이 11억 위안으로 재무제표에 기록되어 있었는데, 실제 현금 보유액은 1억 위안 미만이었다. 무려 10억 700만 위안(약 1,700억 원)이 사라진 것이다. 즉 상장으로 조달한 자금의 거의 대부분이 증발한 것이다. 이외에도 부채가 실제보다 약 1억 위안(약 220억 원) 축소되어 기록되었다는 점도 확인되었다. 엄청난 회계부정이 숨겨져 있었던 것이다.

그 후인 10월 들어 회계법인의 회계감사 의견이 다시 '의견거절'로 확정되자 중국고섬 주식은 상장폐지된다. 거래소 규정에 따르면 감사의견이 의견거절이라고 바로 퇴출되는 것은 아니며, 재감사를 하게 된다. 그런데 재감사에서도 감사의견이 다시 의견거절이면 상장폐지 된다. 상장폐지가 결정되자 중국고섬에 투자했다가 큰 손실을 본 피해자들이 힘을 합쳐 대우증권과 한화증권, 증권거래소, 한영회계법인을 대상으로 집단소송을 제기했다. 그 재판 판결이 2014년 1월 17일에 내려진 것이다.

중국고섬의 회계부정 사건이 알려진 후 대우증권은 일관되게 재무제표의 신뢰성 검증은 회계법인의 몫이며, 대우증권은 그 부분에 대해서는 잘못이 없다고 주장했다. 언론보도를 보면, 여러 대우증권 측 인사들이 "회계분식과 관련해서 상장주관사가 무슨 책임을 질 수 있느냐"며 강한 자신감을 보이기도 했다. 그러나 법원은 대우증권의 주장과는 달리 상장 당시 중국고섬의 회계자료를 검토한 한영회계법인은 책임이 없다고 무죄판결을 내렸다. 또한 재판 전에 열렸던 회계분식에 대한 행정적 제재를 내리는 증권선물위원회의 회의에서도 한영회계법인은 아무런 처벌을 받지 않았다. 법원과 증권선물위원회 모두 이번 사건이 부분적으로 대우증권의 잘못이라고 판정한 셈이다. 어떤 이유에서 이런 판정이 내려졌는지 알아보자.

분식회계가 발생한 시기는 2009년 말부터다. 중국고섬의 두 자회사인 '복건신화위'와 '절강화항'에서 분식회계가 발생했다. 이들 회사를 감사한 회계법인은 Ernst & Young Singapore(이하 EYS, Ernst & Young의 한국 이름이 한영회계법인이다.)였다. 중국고섬은 중국에 위치한 자회사를 거느린 싱가포르 시장에 상장되어 있는 회사였기 때문이다. EYS의 담당자는 자회사가 위치한 중국을 찾아 회계감사를 수행하는 과정에서 회사의 현금이 예금되어 있던 중국은행과 중국교통은행을 방문해 직접 현금의 잔액증명서를 수령했다. 중국교통은행의 경우는 은행거래명세서까지 받았다. 당시 EYS 소속 회계사가 만났던 은행 담당자의 명함이나 은행 방문 당시 은행 앞에서 찍은 사진 등도 모두 감사 증거자료로 감사조서에 남아 있다. 잔액증명서나 은행거래명세서 모두 은행에서 사용되는 용지에 은행 직인까지 찍혀 있었다. 따라서 EYS는 감사절차에 따라 은행의 잔액증명서를 직접 확인한 셈이며, 은행이 발급한 서류가 위조되었다고 볼 가능성은 없는 상황이었다.

2010년의 경우도 마찬가지였다. 그런데 교통은행에서 잔액증명서를 수령한 다음 날, 전날 은행을 방문했던 EYS 회계사가 은행 앞을 지나다가 어제 만났던 직원의 직책을 확인하지 않았다는 생각이 떠올라 지점을 다시 방문했다. 그래서 어제 만나서 잔액증명서를 자신에게 건네준 직원을 면담할 것을 요청했는데, 그때 나온 교통은행 직원이 어제 만났던 직원과 다른 사람이었다. 동명이인이 아닌가 해서 어제 받은 명함을 보여주니, 그 직원은 자신의 명함이 맞다고 확인을 했다. 뭔가 이상하다는 것을 깨달은 회계사가 다시 잔액증명서 발급을 요청하니 어제 받았던 수치와는 전혀 다른 수치가 인쇄된 잔액증명서를 발급해줬다. 그래서 분식회계가 발각되었다. 교통은행에서 잔액증명서가 가짜인 것이 발견되자 그 전에 중국은행에서 받은 잔액증명서도 다시 확인을 해보니 역시 가짜로 드러났다.

한영회계법인의 역할: 감사와 검토의 차이

그렇다면 왜 한영회계법인은 아무런 책임이 없다는 판정을 받은 것일까? 한영회계법인은 중국고섬의 한국 상장 당시 재무제표에 대한 검토review 업무를 수행했다. 일반인들은 구별하기가 힘들지만, 감사audit와 검토review는 그 업무의 범위가 전혀 다르다. 감사는 회계수치를 검토하면서 비정상적인 수치가 있는지를 확인하고, 일부 자료에 대해서는 표본추출을 통해 실물 자료와 회계장부의 수치를 비교해 장부의 수치가 정확한지를 확인한다. 감사는 회계감사기준에 따라 수행을 한다. 따라서 감사기준에 따라 적합하게 감사를 수행했다면 회계분식을 발견하지 못했다고 해도 회계법인의 책임이 아니다.

물론 '감사'가 아니라 검찰이나 경찰, 국세청처럼 '수사'를 한다면 거의 모든 분식회계를 적발할 수 있을 것이다. 그러나 수사를 하는 정도의 철저한 조사를 하기 위해서는 감사를 수행하는 것보다 몇십 배의 시간과 노력이 필요하기 때문에, 그렇게 정밀한 조사를 매년 실시하는 것이 비효율적이라고 판단해서 일부 자료들만 조사해서 감사를 수행하도록 한 것이다. 그렇기 때문에 회계감사를 실시하는 데 필요한 비용과 회계감사의 효익을 비교해 어느 정도 수준에서 감사를 수행하는 것이 적당하다고 판단해서, 이에 맞추어 감사기준을 정해놓은 것이다.

'검토'는 '감사'보다 더 낮은 수준의 조사만을 행하는 절차다. 실물 자료의 확인은 거의 없이 일부 회계장부와 근거서류만 확인하는 정도의 조사를 행하는 것이 검토다. 현행 기준에 따르면 연차보고서는 공인회계사로부터 회계감사를 받아야 하지만, 반기 보고서는 검토만을 받으면 된다. 감사도 반기마다 실시하는 것은 비효율적이기 때문에 정해진 것이다.

2011년 1월 중국고섬이 한국에 상장될 당시 상장의 기초가 된 재무제표는 2010년 6월의 반기보고서다. 즉 감사받은 재무제표가 아니라 검토만 받은 재무제표다. 이 재무제표도 상장시 회계정보에 대한 검토를 수행한 한영회계법인이 직접 수행한 것이 아니다. 회계감사기준에 따르면 외부 전문가를 활용해서 감사나 검토를 수행할 수 있는데, 중국고섬이 싱가포르 시장에 상장되어 있으므로 중국고섬에 대한 직접 검토는 싱가포르 회계법인인 EYS가 수행한 것이다. 한영회계법인은 EYS로부터 서류를 넘겨받아, EYS의 검토가 제대로 이루어졌는지에 대한 부차적인 서류조사만 수행했다. 한영회계법인이 증권선물위원회로부터 아무런 처벌을 받지 않았고 결과적으로 법원에서도 무죄판결을 받았다는 의미는, 한영회계법인이 기준에 정해진 규정에 따라 성실히 검토를 수행했다는 것을 말한다.

따라서 당시 회계부정을 적발하지 못했어도 그것이 한영회계법인의 책임이 아니라고 감독기관이나 법원에서 판단한 것이리라. 조사를 수행한 금융감독원에서는 "중국 측에서 협조를 하지 않고 있으므로 회계법인이 제대로 감사나 검토를 수행했는지를 명확히 밝힐 수 없다"고 발표했지만, 이용 가능한 자료만 보면 회계법인이 부실 검토를 했다는 증거는 발견할 수 없었다. 그 결과 한영회계법인과 EYS는 모두 면책이 되었다.

은행과 회사 측의 치밀한 공모와 사기

이 사건의 경우, 중국 최대 은행이라고 볼 수 있는 중국은행이나 중국 교통은행을 EYS의 담당 회계사가 직접 방문해서 관련 서류를 수령했는데 은행 측에서 제공한 서류가 가짜였다. 은행 내부에서도 누군가가 중국고섬 측과 사전에 공모해서, EYS의 회계사가 언제 은행지점을 방문할 것을 미리 알고 은행의 해당 지점 내부에서 가짜 직원이 기다리고 있다가 회계사가 도착해서 서류발급을 신청하자 가짜 서류를 건네주었다는 뜻이다. 회계법인이 은행에서 제시한 서류가 위조된 가짜 서류인지를 확인한다는 것은 불가능하다. 따라서 다음 날 은행 앞을 우연한 기회에 지나치던 담당 회계사가 다시 해당지점을 방문해서 담당자 면담을 요청하지 않았더라면 2012년 재무제표에 포함된 부정도 발견되지 않았었을 것이다.

이 과정을 보면 최소한 은행과 회사 측 일부 인사들이 공모해 부정을 저지른 것이 분명하다. 공모한 것이 아니라면 은행 직원이 아닌 사람이 은행 직원처럼 은행 내부에서 은행 직원 유니폼을 입고 기다리고 있을 수도 없으며, 회계사가 은행에 가서 창구에서 잔액증명서 발급을 요청했을 때 그 가짜 직원이 가짜 서류를 전해줄 수도 없고, 그 가짜 서류가 은행에서 사용하는 잔액증명서 용지로 작성되었을 수도 없으며, 거기에 은행 직인이 찍혀있을 수도 없기 때문이다. 정말 상상을 초월하는 일이 일어났던 것이다.

그런데 이런 사항들을 회계분식이 발견된 이후라면 수사라도 해서 전말을 밝혀내야 하는데, 중국 땅에서 벌어진 일이니 수사를 할 방법이 없다는 것이 문제다. 중국 당국은 협조를 거부하고 있으며, 은행 측에서는 그런 일은 일어난 적이 없다고 부인하고 있다. 직인이 찍힌 잔액증명서도 위조된 것이라며 은행에서 발행한 적이 없다고 주장한다. 돈을 빼돌리고 잠적한 중국고섬 경영진도 체포할 방법이 없다. 한국 측만이 아니라 싱가포르 측에서도 똑같이 이 사건에 대한 수사를 요청하고 있는데도 말이다. 이래서 이 사건의 전말은 미궁에 묻히고만 셈이다.

더욱 황당한 일은 이 사건이 알려지고 2011년 PwC의 특별감사가 시작되자 중국고섬의 최고경영진과 재무담당 직원들이 일제히 퇴사하고 행방을 감추어 버렸다는 데 있다. 더군다나 2011년 4월 1일 이전의 중국고섬 자회사들의 회계기록은 경영진이 도주하기 직전 모두 불태워 버렸다. 따라서 과거에 어떤 일이 벌어졌는지도 알 수 없는 상황이다. 한국이나 싱가포르 같으면 일어날 수 없는 일인데도, 중국의 감독당국(중국 증권감독관리위원회)은 협조도 할 수 없고 외국 정부기관의 중국 내 조사활동도 허가할 수 없다고 하는 상황이다. 이런 내막을 보면 중국 정부가 이 일을 숨기려고 한다는 점을 짐작할 수 있다.

대우증권이 싱가포르에서 중국고섬에 대해 소송을 제기했지만 현재까지 중국고섬에 대한 수사는 별다른 진척이 없다. 중국 측에서 범인에 대한 조사를 거부하고 있는 상황에서 싱가포르의 사법당국도 한국과 마찬가지로 별다른 조치를 할 방법이 없다. 중국 정부가 사기꾼을 보호하고 있다는 것을 보면, 중국고섬의 경영진과 중국의 부패한 정치권력이 결탁하고 있는 것이 아닌가 하는 생각이 든다. 즉 중국고섬의 경영진이 빼돌린 막대한 자금 중 일부분이 중국 공산당 간부들

261

에게 제공되었을 가능성이 있다.

재판과정에서 대우증권은 분식회계를 적발하지 못한 것은 한영회계법인의 책임이라고 주장을 했었다. 그런데 행정적인 측면(금융위원회와 금융감독원)과 법률적인 측면(법원) 모두에서 볼 때 한영회계법인의 책임은 아니라는 판단이 내려졌다. 또한 실질적인 중국고섬에 대한 회계검토 업무를 수행한 EYS의 경우도, 소위 Big 4라고 불리는 세계 4대 회계법인 Ernst & Young의 싱가포르 자회사인 EYS가 회계감사인으로서의 전문성을 충분히 가지고 있고 회계감사 규정에 따라 적합하게 감사나 검토를 했다고 판단한 것이다. 싱가포르에서도 현재까지 EYS가 이 사건 때문에 처벌을 받았다는 소식은 알려진 바 없다.

상장주관사 대우증권의 역할과 책임

그렇다면 이 사건은 누구의 책임일까? 우선 분식을 저지른 중국고섬의 책임이 제일 크다. 당연히 사기를 치고 자금을 빼돌려 숨어버린 일부 경영진이 책임져야 한다. 그런데 그 경영진들을 찾을 수 없으니 문제가 된다. 가해자는 찾을 수 없는데 피해자들은 많이 생겼으니 부족하더라도 누군가가 일부분이라도 책임을 지지 않으면 안 되는 상황이다. 어떻게 보면 희생양을 찾는 셈이다.

그렇다면 증권선물위원회는 왜 대우증권에게 행정적인 징계를 내렸고, 법원은 왜 피해자들의 손해 중 50%를 배상하라고 판결을 내렸을까? 기업의 상장시 상장주관사는 '기업가치 산정 → 공모희망가격 결정 → 증권신고서 제출 → 수요예측 실시 → 공모가격 결정'과 같은 과정을 거쳐 상장주관 업무를 수행한다. 즉 공모가격 결정에 무려 5단계의 세부과정이 있는 셈인데, 사실 그 중에 기업가치 산정까지의 첫 번째 과정이 제일 중요한 과정으로서 대부분의 시간이 소요된다.

기업가치 산정을 위해 상장 주관사는 이미 공표된 재무제표를 수집해 검토할 뿐만 아니라 회사를 직접 방문해 예비실사 및 본실사 등을 수행한다. 그 과정에서 회사 직원들을 인터뷰하고, 재무 증빙자료를 직접 징구해 분석을 해야 한다. 매출채권이나 매입채무 등의 내역을 자료를 수집해 파악할 뿐만 아니라 우발채무나 특수관계자와의 거래도 확인하고, 회계시스템이나 내부통제제도에 대해서도 제대로 작동하고 있는지 확인해야 한다. 기타 재고관리나 매출 현황, 매입 현황 등도 확인해야 한다. 이런 업무들은 모두 상장시 상장주관사가 수행해야 할 업무 매뉴얼인 '금융투자협회의 대표 주관업무 모범규준'에 나와 있다.

이런 과정을 통해 회사 관련 자료가 모두 수집되면, 그 자료를 바탕으로 회사의 위험(리스크) 수준에 대한 평가도 해야 한다. 그리고 이러한 자료와 평가내용을 바탕으로 기업가치 산정이 이루어진다. 이런 과정에 소요되는 시간이 대략 2~3개월 정도. 최대 2~3주밖에 걸리지 않는 회계감사보다 훨씬 더 많은 인력과 시간을 투입해 이런 일들을 수행해야 한다.

결국 언론에서 보도한 것처럼 대우증권이 회계자료의 검토는 회계법인의 몫이라고 주장을 한 것이 사실이라면, 대우증권은 기업가치 산정과정에서 스스로 수행했어야 하는 회계감사보다 더 자세한 회계자료에 대한 실사나 자료 분석 과정을 제대로 수행하지 않았다고 자진해서 고백한 셈이다. 아마도 이런 이유에서 감독당국이나 법원으로부터 대우증권의 책임이 있다는 판단이 내려지지 않았을까 추측한다. 이런 과정의 대가로 받은 수수료만 비교해봐도 한영회계법인은 2억원 정도, EYS는 1억원 정도에 불과하다. 그렇지만 대우증권은 전술한 것처럼 상장 중계 수수료로 117억 원을 받았다.

물론 117억 원 모두를 대우증권이 차지한 것은 아니다. 117억 원 중 3억 원 정도를 회계검토 관련 수수료로 한영회계법인과 EYS에게 지불했다. 또한 언론보도에 나오지는 않았지만 대략 회계법인들에게 지불된 수수료의 절반 정도 규모의 수수료가 법률적인 문제들을 검토한 변호사들(법무법인)에게 지불되었을 것이다. 물론 회계자료 검토가 상장주관사의 전체 책임 중 일부에 해당하는 일이긴 하다. 그렇다고 해도 상장주관사의 책임이 회계법인보다 월등히 크다는 것은 현행 관련 규정상 부인할 수 없으며, 현실적으로 수수료 수준을 비교해봐도 양 당사자의 역할 차이는 명백하다고 할 수 있다.

그렇다면 누구의 책임인가?

그렇다면 이런 문제점을 발견하지 못한 것이 전적으로 대우증권의 책임인가? 피해자들 입장에서는 안타깝겠지만 이 사건이 대우증권의 책임이라고 단정하기도 쉽지 않다. 업무를 게을리한 것은 분명하지만, 규정에 따라 제대로 회계자료를 검토하고 분석했었다고 하더라도 이 사건의 경우 회계분석을 발견할 수 있었는지 명확하지 않기 때문이다. 회사가 조직적으로 공모한 분식회계는 경찰이나 검찰의 수사가 아니라면 발견하기 힘들다. 더군다나 이 사건처럼 회사뿐만 아니라 은행 측 일부 인사까지 함께 공모해서(물론 중국은행이나 교통은행에서는 그런 일이 없다고 주장하고 있다.) 가짜 잔액증명서까지 발급한 경우라면 더욱 발견하기 힘들다. 이러니 대우증권 측에서 억울하다고 주장할 만하다.

어쨌든 1심 법원과 증권선물위원회는 대우증권에 일부 책임이 있다는 판단을 내렸다. 법원이 피해액의 50%를 피해자들에게 배상하라는 판단을 내린 것으로 보면, 법원은 대우증권의 책임이 상당히 크다고 본 셈이다. 구체적으로 증권선물위원회는 대우증권이 "거짓 현금성 자산에 대한 실사를 하지 않고, 공모자금의 사용계획도 확인하지 않았다"고 밝혔다. 법원도 "대우증권은 재무비율 분석만 했을 뿐 예금통장 확인, 은행의 잔액조회서 수령, 중국고섬의 현금원장이나 명세서 수령 같은 절차를 진행하지 않았다"면서, "'금융투자협회의 대표 주관업무 모범규준' 등을 감안할 때 이는 적절한 검증 절차가 아니다"라고 판단했다. 대우증권이 부실하게 업무를 수행했다는 점을 증권선물위원회와 법원이 모두 인정한 것이다.

증권선물위원회의 판단은 대우증권이 업무를 제대로 수행했는지의 여부만 판단하는 것이지, 업무의 미수행 때문에 투자자의 손실이 일어났는지를 판단한 것은 아니다. 증권선물위원회는 규정에 따라 행정제재에 대한 판단만 하는 것이기 때문이다. 그러나 민사소송을 담

265

당하는 법원은 대우증권의 행위와 투자자 손실 사이에 인과관계가 있는지를 판단한다. 법원의 판결은 대우증권이 업무를 제대로 수행했었다면 분식회계를 어느 정도 적발할 수 있었을 것이라고 봤다는 의미다. 필자가 구체적인 감사나 검토자료를 가지고 있지 않으므로 이 판단이 정확한 것인지에 대해서는 알지 못한다. 판사들이 자료들을 열심히 검토하고 내린 판결이니만큼 근거가 충분히 있을 것이라고 추측할 뿐이다. 그렇지만 은행에 가서 예금통장을 확인하고 잔액조회서를 수령했어도, 이 경우처럼 은행과 회사 측이 공모해서 은행에서 가짜 서류를 제공한 경우라면 사실을 발견한다는 것은 거의 불가능했을 것이다.

결과적으로 이 사건으로 대우증권은 큰 피해를 봤다. 상장주관사로서 공모시 청약되지 않아 떠안은 주식 물량 581억 원이 휴지조각이 된 것을 포함해서, 기타 현재까지 발생한 비용들과 앞으로 투자자들에게 보상해주어야 할 자금까지 포함하면 총 1천억 원 정도의 손해가 발생할 것으로 보인다. 외부에 잘 알려지지는 않았지만, 내부적으로 이 사건과 관련된 책임 추궁 때문에 일자리를 잃은 사람도 있을 것이다. 실무진의 반대에도 불구하고 적극적으로 이 일을 주도한 것으로 알려진 대우증권 임 대표도 주식시장에서 3만 주를 개인적으로 구입했으니 손해를 입은 셈이다.

투자는 자기 책임이다

그러나 법원의 판결에 따르면 피해액의 상당부분은 투자자들이 부담해야 한다. 필자가 여러 글에서 수차례 강조한 바 있지만 결국 투자는 자기 책임이다. 내가 스스로 재무제표를 분석하고 때로는 다른 정보들도 참조해서 투자결정을 하는 것이다. 법정에 서서는 모두들 허위로 작성된 재무제표를 보고 투자를 했다고 주장을 하지만, 실제로 얼마나 많은 사람들이 재무제표를 꺼내서 검토해보고 투자를 했을지는 불명확하다. 만약 이것을 명확히 증명할 수 있는 투자자라면, 법원으로부터 피해액의 100%나 최소한 2/3쯤의 피해보상 판결을 받을 수 있을 것이다.

필자는 '우리나라에서 주식투자를 하는 개인투자자들 중 10%쯤은 재무제표를 분석해서 투자를 결정하지 않을까?'라는 이야기를 지인들과 나눈 바 있다. 대부분의 지인들은 10%가 아니라 1%에 불과할 것이라고 이야기했다. 기관투자자가 되어야 10%쯤은 재무제표를 찾아볼 것이라는 이야기도 전해 들었다. 재무제표를 찾아 본다고 해도 투자자들이 그 재무제표가 엉터리로 작성된 것이라는 것을 알아챈다는 것은 정말 힘들다. 회계전문가가 아니라면 거의 불가능하다고도 볼 수 있다. 분식회계가 가끔 발생하기는 하지만 그래도 재무제표 정보가 가장 신뢰할 만한 객관적인 정보인데, 이 정보도 이용하는 사람들이 드물다는 이야기다.

사실 필자가 생각해볼 때 재무제표 정보보다 더 못 믿을 엉터리 정보가 애널리스트의 분석보고서다. 당시 다수의 애널리스트들이 중국고섬에 대해 매우 낙관적인 보고서를 발행하고, '강력 매수' 추천의견을 발표했었다. 아마도 중국고섬의 재무제표를 찾아보고 투자한 사람들보다, 애널리스트들의 보고서를 직접 보거나 보고서 내용이 언론에 보도된 것을 보고 투자여부를 결정한 투자자들이 월등히 많을 것이다. 그런데 놀랍게도 애널리스트는 아무도 법적 책임을 지지 않는다. 소송을 제기하는 사람도 없다. 법적 책임이 없으니 애널리스트 업계를 정화하고 애널리스트들의 실력을 향상시킬 수 있는 방법이 별로 없다.

다시 한 번 결론을 언급하자면, 어떤 경로로 투자하게 되었던 그 투자는 자기 책임으로 진행된 것이다. 결국 최후의 순간에 의사결정을 내린 사람은 바로 자신이다. 그런데 그 의사결정 과정에서 사용된 정보가 잘못된 정보였는데, 잘못된 정보를 규정대로 검증하지 않은 대우증권에게 일부 책임이 있다고 법원이 판정을 내린 셈이다. 따라서 1심 법원은 상장 시점에 주식을 산 주주들이 입은 손해 중 50%를 배상하라고 판결을 내렸다. 상장된 후 주가가 떨어지자 낮은 가격에 주식을 구입한 투자자들의 피해는 인정하지 않았다. 이 투자자들의 투자의사결정 여부에는 재무제표가 거의 영향을 미치지 않았다고 봤다는 의미다.

증권거래소나 기타 관련자들의 책임

투자자들은 증권거래소에 대해서도 소송을 제기했지만 증권거래소는 1심에서 무죄판결을 받았다. 2011년 3월 21일 오후 싱가포르 시장에서는 거래중지 결정이 내려졌고, 한국에서는 다음 날인 3월 22일 오전 10시에 거래중지 결정이 내려졌다. 3월 21일 오후 늦게 싱가포르에서 발생한 소식을 전해 들은 몇몇 국내 기관투자자들은 주식을 시장에서 처분했다. 이런 소식을 모르던 국내 개인투자자들이 주가가 폭락하자 주식을 대량으로 매수했는데, 개인투자자들은 이 점에 대해 증권거래소가 빨리 거래중지 결정을 내리지 않아 싱가포르 소식을 모르고 주식을 매수했으니 증권거래소에게 책임지라고 소송을 제기한 것이다.

당시 주식을 매도한 기관투자자들에 대해서도 비난이 쏟아졌다. 기관투자자들이 미공개 정보나 내부정보를 이용해서 불법적으로 거래를 했다면 당연히 법적인 책임을 져야 한다. 그러니 한국 기관투자자들이 싱가포르 3월 21일 오후 주식시장에서 중국고섬의 주가가 폭락하고 있다는 공개된 정보를 빨리 알아서 주식을 처분한 것을 법적으로 처벌하기는 곤란하다. 공개된 정보를 획득하고 이용하는 것은 투자자 스스로의 능력과 노력에 따라 달라지는 것이며, 똑같은 정보가 공개되었을 때 그 정보를 사용해서 의사결정을 내리는 것은 투자자 스스로의 역할이다. 자신이 해당 소식이 보도된 신문이나 뉴스 속보를 읽지 않았다고 해서, 그 소식을 보고 재빨리 매도 의사결정을 내린 사람들 보고 손해를 배상하라고 할 수는 없다.

그렇다고 하더라도 '어떻게 너희들만 알고서 그 내용을 모르는 나에게 숨기고 주식을 팔 수 있느냐'는 감정적인 비난은 할 수 있을 것이다. 기관투자자들의 행동이 '신사도'에 입각한 행동이 아닌 것은 분

269

명하지만, 돈 앞에서는 피도 눈물도 없는 법이다. 안타깝지만 윤리도 덕을 언급한다는 것 자체가 주식시장에서는 어울리지 않는다. 기관투자자들을 비난하는 사람들의 대다수도, 만약 자신이 먼저 그 정보가 보도된 언론을 접했다면 당연히 그 소식을 알리지 않고 재빨리 주식을 팔아버렸을 것이다. 증권거래소도 싱가포르 시장의 거래정지 관련 정보를 획득하자마자 내부 의사결정 프로세스를 밟아 거래중지 결정을 내린 것이라고 법원은 판단한 듯하다. 따라서 거래소가 주의의무를 게을리했다는 판단을 할 수 있는 근거가 부족해 거래소에 대해서 무죄판결이 내려진 것으로 보인다.

필자의 개인적인 의견이기는 하지만, 우리나라가 아니라 싱가포르에서 당시 사건 첫날 사건이 언론에 알려지기 전에 5천만 주라는 막대한 물량을 처분한 싱가포르의 기관투자자는 법적 책임을 져야 할 것으로 생각한다. 틀림없이 내부정보를 알고 있었기 때문에 보유하고 있던 중국고섬 주식 전부를 신속하게 싼 가격에 내다 팔았을 것이고, 그런 내용을 잘 모르던 싱가포르 개인투자자들이 주식을 사들였던 것이다. 내부정보를 이용해서 투자를 하는 것은 강력한 법적 처벌의 대상이 된다.

중국고섬 사태가 일어난 후인 2011년 11월, 거래소는 한국 시장에서 거래되는 외국기업의 회계투명성과 투자자보호 강화를 위한 '외국기업 상장제도 개선안'을 마련해서 발표했다. 이 안에 따르면 상장주관사인 증권사들은 앞으로 공모주식의 10%에 해당하는 주식을 최대 100억 원(코스닥 시장은 50억 원)까지 공모가로 인수해야 하며, 상장 후 6개월 동안은 주식매각을 할 수 없다.

중국고섬의 경우 대우증권은 공모가를 높게 잡았다가 공모한 물량이 시중에서 팔리지 않자 남은 주식을 스스로 떠안게 되었다. 그러다가 주식이 상장폐지되면서 큰 손해를 봤다. 10%에 해당하는 주식을 상장주관사가 인수하고 6개월간 처분을 못 하게 되면, 이런 일이 다시 발생하는 것을 막기 위해서 상장주관사는 공모가를 내재가치보다 매우 높게 잡을 수 없다. 그리고 스스로 손해를 보지 않기 위해서라도 열심히 회계장부를 검토하고 관련 서류를 뒤져서 문제가 있는 부분을 가려내고 내재가치를 정확히 평가하려고 노력할 것이다.

외국기업 상장제도 개선안에 대한 논란

이 새로운 규제에 대해서 증권사 업계는 강력히 반대했다. (1) 10%를 투자하라고 하면 돈이 없는 소규모 증권사는 대규모 기업 상장을 주관할 수 없다는 주장도 했고, (2) 상장을 통해 더 많은 자금을 모집하고자 하는 기업(고객사)에서 요구해서 공모가 부풀리기를 하는 것인데, 이것을 안 하겠다고 하면 상장주관사로 선정되지 못하므로 사업을 할 수 없다는 주장도 나왔다. (3) 상장 후 주식물량을 의무적으로 보유하고 있어야 한다면 주가가 공모가보다 떨어지는 것을 막기 위해 공모가를 정상적인 수준보다 낮게 책정하게 되어 상장하는 기업이 손해를 보게 된다는 주장도 했다.

이런 주장은 논리적으로 옳지 않다. (1)의 경우 최대 인수금액이 100억 원으로 정해져 있는데, 100억 원도 마련할 수 없는 작은 증권사가 공모가가 1천억 원 이상 되는 대규모 상장을 주관할 일은 거의 없기 때문이다. 작은 증권사는 해외 네트워크나 인력이 부족하기 때문에 해외 기업 상장을 중계하는 일을 수행하는 경우도 드물다. 결국 대형 증권사들이 소형 증권사들을 핑계로 들면서 이 제도의 도입을 비판하는 것으로 보인다.

(2)의 경우는 더욱 논리적이지 않은 주장이다. 이 주장이 옳다면 '상장주관사로서 상장하려는 기업이 더 많은 돈을 공모시 마련하기 위해 공모가를 부풀리려고 할 때 이 기업을 돕는 것은 좋지만, 그 과정에서 투자자들을 속여서 내재가치보다 비싼 가격에 주식을 사도록 유도하는 것은 괜찮다'는 이야기가 되기 때문이다. 만약 모든 증권사들이 정당하고 객관적인 방법으로 주식 가치를 평가하여 상장주관업무를 수행한다면 (2)의 이야기가 나올 필요조차 없다. 모든 증권사들이 부정한 방법을 사용하는 것을 거부한다면, 결국 상장회사는 증권사들 중 하나를 상장주관사로 골라야 하므로 공모가는 합리적인 수준에서 결정될 것이기 때문이다. 만약 그 중 특정 증권사가 내재가치보다 부풀린 공모가로 공모를 하겠다고 해서 상장주관사로 선정된다면, 상장 후 주가가 떨어질 것이기 때문에, 그 증권사는 6개월 후 떠안은 주식 물량을 매각할 때 손해를 보게 될 것이다.

(3)의 주장도 만약 공모가를 낮게 잡는다면 처음부터 상장주관사로 선택되기 힘들 것이라는 반론에 부딪히게 된다. 공모가가 너무 낮으면 상장주관사로 선정될 수 없고, 공모가가 너무 높으면 공모가 이루어지지 않은 많은 주식 물량을 증권회사가 떠안고 가야 한다. 결국 양자의 힘이 균형을 이루는 선에서 공모가가 결정될 것이다.

결국 이 규제안의 핵심은 상장주관사에게 더욱 강한 책임을 부과할 것이니 앞으로 상장주관사는 자기 책임하에서 상장주관사로서의 역할을 충실하게 수행하라는 것이다. 중국고섬 상장폐지사건이 이런 결과를 부른 셈이다.

미래에셋대우의 출범

중국고섬 사건에 대한 1심 판결이 내려진 직후인 2014년 여름 대우증권은 대대적인 조직개편 계획을 발표했다. 2013년 대규모 적자를 기록한 후 중국고섬 사건에 대한 문책인사를 포함한 조직개편이다. 고객의 의견을 더욱 적극적으로 반영하겠다는 의미로 '금융소비자보호헌장'을 발표하고, 준법감시본부 산하의 금융소비자보호부를 신설하겠다는 내용도 개편안에 포함되었다. 단기이익 추구보다는 고객들에게 더 알기 쉽고 도움이 되도록 상품을 설명하거나 추천하는 방식으로 회사를 운영해 나가겠다는 선언도 있었다. 불완전판매 소지를 없애고, 수익률만 보고 상품을 추천하는 것이 아니라 안전성과 재무건전성, 준법성, 매니저 리스트 등 세세한 부분까지 점검하도록 한다는 '금융상품 품질보증제도' 내용도 포함되었다. 그 후 최고경영자를 포함한 대대적인 경영진 개편도 발표되었다.

개인적인 생각이긴 하지만, 대우증권이 중국고섬 사건을 겪었다고 해서 앞으로 외국 기업의 상장을 중계하는 일을 그만두어서는 안 될 것이다. 우수한 외국 기업을 찾아 한국 거래소에 상장을 알선하는 것

미래에셋대우 광고
2016년 4월, 미래에셋증권이 산업은행으로부터 대우증권을 인수해서 미래에셋대우라는 새로운 이름으로 출범했다. 자기자본 8조 원의 초대형 증권사가 탄생한 것이다. 두 회사의 능력을 결합해서 앞으로 미래에셋대우의 큰 발전을 기대해본다.

은 모두에게 좋은 일이다. 국내에 해외 기업 상장을 중개할 만큼 해외와의 네트워크를 가지고 있고 역량도 보유한 증권사는 몇 되지 않는다. 따라서 대우증권이 앞으로도 이 분야에 계속 노력하기를 바란다. 이번에 호된 시련을 겪었으므로, 앞으로는 대우증권뿐만 아니라 모든 증권사가 상장을 주관할 때 더욱 조심하면서 자료를 꼼꼼히 분석할 것이다. 따라서 똑같은 유형의 일이 일어날 가능성은 이제 상당히 낮아지지 않았을까 생각된다.

그 후 시간이 흐른 2015년 2월, 법원은 대우증권과 한화증권이 금융위원회를 상대로 낸 행정소송에서 원고 승소 판결을 내렸다. 금융위원회가 두 증권사에게 부과한 20억 원 과징금 처분이 위법하다면서 과징금을 돌려주라고 판결한 것이다. 그 판결 이유는 현행 자본시장법상 과징금 부과대상은 '거짓 기재나 표시를 하는 행위와 기재나 표시를 아예 하지 않는 행위'로 규정되어 있다는 것이다. 따라서 중국고섬의 행위가 과징금 부과대상이지, 이런 행위를 막기 위해 충분한 주의를 기울이지 않은 증권사의 행위는 과징금 부과대상이 아니라는 것이 법원의 판단이다. 두 증권사 입장에서는 불행 중 다행이라고 할 수 있다.

2016년 4월 들어 대우증권의 대주주인 산업은행은 보유하고 있던 대우증권의 주식을 2조 3,205억 원을 받고 미래에셋증권에게 매각한다. 이후 미래에셋증권과 대우증권이 통합해 미래에셋대우라는 새로운 이름으로 합쳐졌다. 자기자본 8조 원의 증권업계 최대 공룡 증권사가 탄생한 것이다. 미래에셋대우의 박현주 회장은 합병 시너지를 발휘해서 앞으로 초대형 투자은행으로 발돋움하겠다는 야심을 밝혔다. 이런 희망이 꼭 실현되어 우리나라의 증권사들이 우물 안 개구리에서 벗어나서 세계 무대에서 활약할 날이 하루빨리 올 수 있기를 기대해본다.

2심 재판의 결과는?

대우증권과 미래에셋증권이 통합한 후인 2016년 11월 말, 서울고법은 중국고섬 투자자들이 낸 소송의 2심 재판에서 1심과 마찬가지로 원고 일부 승소 판결을 내렸다. 그러나 배상액은 1심의 절반 수준으로 줄였다. 대우증권이 잘못을 한 것은 맞지만 중대한 잘못을 저지른 것은 아니라는 판단이었다. 1심은 대우증권이 중대한 잘못을 했다고 봐서 50%의 피해를 보상하라는 판결을 내린 것이었는데, 그에 비하면 2심에서 대우증권의 주장이 상당히 받아들여진 것이다. 이 판결의 결과 미래에셋대우는 한시름을 놓았을 것이다.

피해자들은 이 판결에 대해 강하게 반발했지만 어쩔 방법이 없다. 필자도 심정적으로는 큰 손해를 본 피해자들이 안타깝다는 생각이다. 그러나 위에서 설명한 것처럼 사건의 발생과정을 잘 따져보면, 대우증권이 잘못을 했지만 그 잘못이 없었다면 이런 사태를 예방할 수 있었으리라고 보기 힘들다. 은행에서 가짜 잔액증명서를 발급했는데, 이게 가짜라는 것을 사전에 알 수 있는 방법이 없기 때문이다. 따라서 이런 판결이 내려진 것이라고 판단된다. 만약 이 소송이 대법원까지 올라가더라도 이 사실을 부인할 수 없는 한 결과가 크게 바뀔 가능성은 적다고 보인다.

민사소송에 대한 2심 판결이 내려지기 이전인 2015년 말 미래에셋대우가 한영회계법인과 중국고섬, 그리고 중국고섬의 한국 상장을 중계한 중국은행을 대상으로 손해배상 소송을 제기해서 현재 1심 재판이 진행중이다. 필자의 개인적인 견해이지만, 피해자들이 미래에셋대우에 대해 제기한 소송을 유리하게 진행하기 위해 전략적으로 미래에셋대우가 이 소송을 제기하지 않았을까 생각한다. 자신들의 책임이 아니라 다른 측의 책임이라고 주장을 하는 것이 미래에셋대우의 전략으로 보인다. 본 원고에서 설명을 한 것처럼 책임소재를 논리적으로 따져보면서, 한영회계법인 등을 대상으로 한 소송들이 이길 수 있는 것인지는 독자 여러분들이 스스로 판단해보기 바란다. 중국고섬이나 중국은행에 대한 소송은 승소할 가능성이 높지만, 승소한다고 해도 피해를 보상받을 방법이 없으니 형식적인 의미의 소송일 뿐일 것이다.

어쨌든 이 사건의 결과 승자는 상장과정에서 모은 돈을 들고 사라진 중국고섬의 경영자와 4년간의 긴 재판과정 동안 상당한 수임료를 챙긴 변호사들이다. 투자자들뿐만 아니라 한화증권이나 한영회계법인도 상당한 피해자다. 대우증권은 가해자이면서 동시에 피해자이기도 하다. 사회에는 이처럼 명확히 잘잘못이나 승패를 가리기 힘든 일들이 너무 많다.

앞으로 3심 결과가 어떻게 전개되든, 대우증권이 미래에셋대우로 새롭게 출발한 만큼 과거를 훌훌 털어 잊어버리고 새롭게 미래를 위해 도약했으면 하는 바람이다. 대우증권이 미래에셋에 인수된 후 구경영진 중 상당수가 자의 반 타의 반으로 퇴사한 만큼, 이 사건과 관련된 사람들은 이미 회사에 거의 남아 있지 않을 것이다. 그러니 이런 과거의 일에 시간과 노력을 낭비할 필요가 더이상 없다. 마찬가지로 피해자들도 과거의 아픔을 그만 잊는 것이 더 정신적인 고통을 줄일 수 있는 방법이라고 생각한다. 아픈 만큼 성숙해진다고, 이 경험을 계기로 앞으로는 모든 투자자들이 투자를 할 때 좀더 자세하게 재무제표나 관련 자료를 살피는 습관이 생겼으면 한다.

회계로 본 세상

　공모가 부풀리기라는 본고에서 논의된 현상은 국내에서만 발생하는 것이 아니다. 미국에서도 종종 발생한다. 가장 최근 발생했던 유명한 예는 2012년 상장한 미국의 IT업체 페이스북의 경우다. 총 공모금액이 160억 달러에 이르렀는데, 이를 주관한 모건스탠리, 골드만삭스, JP모건은 엄청난 수수료 수익을 올렸다. 이 공모금액대로라면 페이스북의 시가총액은 1천억 달러나 된다. 이 중 CEO 저커버그의 지분가치는 총 20조 원 정도로 평가된다. 공모가 기준으로 보면 역사상 두 번째로 높은 시장가치로서, 이익은 동종업계 회사인 구글의 1/10에 불과한데 시장가치는 구글의 절반을 넘어서는 수치였다.

　당시 페이스북의 공모가는 흔히 사용하는 주가이익비율PER; Price-Earnings Ratio로 보면 70배가 넘었다. 미국 기업들의 일반적인 PER이 15배 정도이고 주가수준이 높은 기업들도 대부분 20배 미만이므로, 페이스북의 공모가가 PER 기준 70배가 넘는다는 것이 얼마나 상장 공모가가 높았는지를 짐작하게 해준다. 즉 앞으로 엄청나게 이익이 성장할 것이라는 가정하에 이렇게 높은 공모가가 결정된 것이었다. 어쨌든 이런 논란이 상당히 치열하게 벌어졌는데도 불구하고 공모한 주식 물량이 성공적으로 다 팔렸다. 이 가격에도 페이스북의 주식을 산 투자자들이 많았다는 의미다. 투자는 자기 책임인 것이니, 페이스북 주식가격이 내재가치보다 너무 높다는 말이 많았는데도 불구하고 주식을 구매한 것이므로 남 탓하기가 곤란하다.

그런데 상장 직후부터 그런 예측이 무색할 정도로 이익이 뒷걸음질을 하는 바람에 거품 논란도 벌어지고 페이스북의 대주주인 저커버그를 비롯한 경영진이 상당한 비난을 받았다. 상장 당시 이미 이익이 크게 하락하고 있다는 내부정보를 경영진이나 상장 주간사 모건스탠리가 알고 있었는데, 상장을 홍보할 때는 이 사실을 숨기고 상장을 했다. 그리고 상장 직후 저커버그를 비롯한 여러 대주주들이 주식을 처분해 엄청난 돈을 벌었다. 그런 후에야 이런 중요한 정보가 뒤늦게 시장에 공시되고, 그 결과 주가가 폭락한 것이다. 이 사건이 미공개 정보를 이용한 내부자 거래라면서 회사나 모건스탠리에 대해 큰 소송이 벌어지고 있다.

그런데 2014년 초반까지 페이스북의 주가는 공모가 수준을 맴돌았지만, 현재는 상당히 오른 상태다. 이러니 페이스북의 비싼 공모가가 틀렸다고 말하기 힘들다. 오히려 높은 공모가가 페이스북의 밝은 미래를 잘 반영했다고 볼 수 있다. 어쨌든 대주주나 상장 주간사가 중요한 정보를 숨긴 것이 사실이라면 법적 책임을 져야 할 것이다. 이런 사례를 보면 미래에 어떤 일이 발생하는지를 정확히 예측한다는 것이 얼마나 어려운지를 알 수 있다. 2012년 상장부터 2014년 초까지의 페이스북의 성과를 보면 공모가가 과대평가된 것이고, 2014년 중반부터 그 이후를 보면 공모가가 적정하게 평가되었거나 오히려 과소평가되었다고 볼 수 있기 때문이다.

본문에서는 상장주관사에 대한 내용만 언급했지만, 상장주관사가 공모가를 부풀리는 것이 꼭 상장주관사의 잘못 때문만은 아니라는 점도 밝힌다. 외부에 자세히 알려지지는 않지만 상장사 자체도 당연히 공모가를 높이는 것을 원한다. 그러기 위해서 상장주관사에게 공모가를 높일 것을 강요하는 경우도 존재할 것이며, 당연히 공모가를 더 높여주겠다는 증권사를 상장주관사로 선정하려고 할 것이다.

예를 들어 2013년 현대로템의 공모 당시 원래 상장주관사로 선정되었던 메릴린치가(대우증권과 함께 공동 상장주관사로 선정) 상장 준비과정에서 상장주관사 자격을 박탈당하고 공동주관사로 위치가 격하되는 일이 발생했었다. 그 대신 공동주관사 역할이던 하나대투증권이 상장주관사로 격상되었다. 이 사건의 원인에 대해 정확히 알려진 바는 없다. 그러나 언론보도에 의하면 공모가를 둘러싼 논란이 중요한 교체사유인 것으로 보인다. 메릴린치가 상장주관사로 선정될 당시 이야기했던 공모가 보다 최종 공모가가 훨씬 낮게 결정되었다는 것이다. 또한 메릴린치는 개인 투자자 배정 공모 물량 중 미청약 부분이 발생하더라도 이를 인수할 수 없다고 주장했다고 한다. 이 이야기는 결국 메릴린치는 낮게 결정된 공모가에도 현대로템의 주식이 팔리지 않을 가능성이 있다는 판단을 했다는 의미다. 그래서 미청약 물량 인수를 거부한 것이리라. 전술한 중국고섬 사례를 보면 상장주관사인 대우증권을 포함한 다른 증권사들이 미청약 인수물량을 모두 책임지고 인수했었다. 이는 중국고섬 주식이 시장에서 잘 팔릴 것이라고 대우증권이 판단했었다는 의미다. 그래서 안 팔릴 물량이 거의 없을 것이라고 판단해서 중국고섬 측과 미청약분을 모두 인수하겠다는 계약을 맺었을 것으로 보인다.

이러니 주식 상장을 주관하는 것도 각 이해관계자들 사이에 치열한 보이지 않는 전쟁이 벌어지는 싸움터라는 것을 알 수 있다. 아무리 싸움이 치열하더라도, 앞으로는 좀더 도덕적인 규칙을 지키면서 고객에 대한 책임을 생각했으면 한다.

어쨌든 이 사건을 계기로 금융당국에서는 국내에 상장하는 해외기업에 대한 여러 안전장치를 마련하기 위해 고심했다. 그 결과 국내에 신규로 상장하는 해외기업들의 숫자가 급감했다. 이처럼 모든 규제에는 부작용이 있다. 결국 규제가 가져오는 긍정적인 효과와 부정적인 효과를 면밀히 비교해 규제를 만들어야 한다는 점을 알 수 있다. 이 경우는 억울한 투자자 보호와 국부유출을 막는다는 긍정적 측면에서의 효과가 신규 상장기업 수 감소 및 거래소나 상장을 중개하는 증권사의 이익 감소라는 부정적 효과보다 크다고 판단되었으므로 규제가 신설된 것이리라. 이런 규제조치가 마련된 만큼 앞으로는 유사한 사건이 다시 일어나는 일이 없기를 바란다.

대우조선해양의
분식회계 여부에 대한
논란

··· 대우조선해양 ···

2015년 2분기 들어 대우조선해양이 갑자기 1분기 대비 매출액 60% 감소, 영업손실 3조 원 이상 증가한 최악의 영업성과를 발표했다. 이 사건은 엄청난 후폭풍을 불러일으켰다. 대우조선해양이 '빅 배스' 회계처리를 했을 가능성과 함께, 그동안 대규모의 분식회계를 저질러왔었을 가능성이 높다는 사실이 알려진 것이다. 세계금융위기 발발 이후 조선경기가 악화되자 해양플랜트 사업 물량을 대규모로 수주했는데 이 부문에서 큰 손실이 발생한 것이다. 대우조선해양 사태 때문에 대주주인 산업은행의 역할에 대한 논란이 벌어졌고, 기업구조조정 분야에서 산업은행이 맡아오던 역할을 축소하겠다는 움직임이 시작되었다. 또한 회계제도를 개혁하려는 움직임도 시작되었다. 아직까지 모든 진실이 드러난 것은 아니지만, 이 사건의 전말과 현재까지의 진행사항에 대해 살펴보자.

2015년 7월 대우조선해양이 2015년 2분기 업적을 발표하자마자 큰 논란이 발생했다. 대우조선해양의 2분기 업적은 깜짝 놀랄만한 수준이었다. 1분기 매출액이 4조 4,860억 원, 영업손실 430억 원이었던 것에 비해 2분기 매출액은 1조 6,564억 원, 영업손실은 무려 3조 399억 원에 달했다. 매출액이 60% 이상 대폭 감소했고, 영업손실 규모가 무려 매출액의 2배 정도에 달했다. 기업에 대한 이익 예측치를 발표하는 애널리스트들을 포함해서 아무도 예상하지 못했던 엄청난 규모의 손실이었다.

이 뉴스가 공개되자 주식시장은 큰 충격을 받았다. 대우조선해양의 주가는 단 하루 만에 30% 정도 급락했다. 뉴스가 알려지기 직전 1만 3천 원 정도였던 주가는 7월 말 7천 원 정도 수준까지 40% 정도 폭락했다. 큰 손실을 본 투자자들과 언론들은 분식회계 의혹이 있다면서 대우조선해양에 대해 비난을 쏟아냈다. 파장이 커지자 금융감독원에서 나서서 대우조선해양에 대한 분식회계 여부 조사계획을 발표했다.[1] 만약 금융감독원의 조사결과 의도적인 분식회계가 있었던 것으로 판명난다면 대우조선해양의 투자자들은 회사를 상대로 민사소송을 제기할 수 있을 것이다.

사건이 발생하자 대우조선해양의 대주주인 산업은행도 자회사인 대우조선해양을 제대로 관리하지 못했다는 이유로 비난을 받았다. 산업은행은 1998년 금융위기 이후 파산했던 대우조선해양의 주채권은행이었는데, 2000년 대우조선해양의 구조조정 과정에서 보유하고 있던 채권의 출자전환을 통해 대우조선해양의 대주주가 되었다. 이후 대우조선해양을 오랫동안 계열사로 거느리고 있었다. 2008년에 대우조선해양을 약 6조 3천억 원에 한화그룹에 매각하기로 계약을 맺었다가, 글로벌 금융위기의 여파와 매각조건에 대한 이견으로 한화그룹이 인수를 포기하면서 매각에 실패했다.[2] 그동안 산업은행은 대우조선해양의 대주주로서 사장을 선임하고,[3] CFO를 파견하며, 대우조선해양의 경영에 대한 보고를 주기적으로 받고, 기타 여러 가지 방법으로 경영을 감독했다. 그럼에도 불구하고 이번 사건이 발생한 이후 산업은행 관계자들은 대우조선해양의 막대한 손실에 대해 전혀 알지 못했다고 변명했다. 전후 맥락을 살펴보면 사실이 아닐 가능성이 높다고 보이는 주장이다.

---

1 금융감독원의 분식회계여부 조사를 '감리'라고 표현한다.
2 이때 발생했던 여러 사건들에 대한 자세한 내용은 『숫자로 경영하라 3』에 실린 '한화의 대한생명 인수 및 대우조선해양 인수 실패와 그 뒷이야기'를 참조하기 바란다.
3 사장은 형식적으로는 산업은행이 선임했지만, 실질적으로는 정권에서 임명했다.

분식회계의 가능성에 대한 논란

대우조선해양 측에서는 해양 플랜트 부분에서 발생한 2조 원대 이상의 손실을 한꺼번에 반영해서 적자가 크게 늘었다고 발표했다. 2008년 세계금융위기 이후 신규 선박의 주문량이 거의 0으로 폭락하자 조선3사(현대중공업, 대우조선해양, 삼성중공업)는 해양 플랜트 분야에서 다수의 프로젝트를 수주했다. 해양 플랜트란 바다 밑에 매장되어 있는 석유나 가스 등의 자원을 발굴해 시추하는 데 사용되는 설비다. 한때 석유 가격이 배럴당 100달러 이상으로 폭등하자 각국의 석유회사들이 바다 밑에 매장되어 있는 석유나 가스를 채굴하기 위해 대규모로 해양 플랜트를 발주했고, 국내 조선3사가 이들 프로젝트를 수주한 것이다. 2010년대 초중반까지는 해양 플랜트 분야가 우리나라 조선사의 미래 먹거리가 될 것이라는 기대감이 풍부했다. 그랬던 해양 플랜트 사업 분야가 기대와는 반대로 부메랑이 되어 조선사의 발목을 잡게 된 것이다.

대우조선해양 사건과 관련해 언론들은 연일 '빅 배스big bath 회계처리'일 것이라는 추측 보도를 내놨다. 빅 배스 회계처리란 미래에 대한 추정을 변경해서 당기에 한꺼번에 많은 비용을 기록하는 회계처리를 말한다.[4] 빅 배스 회계처리가 반드시 분식회계를 의미하지는 않는다. 하지만 분식회계를 통해 빅 배스 회계처리를 하는 경우는 종종 존재한다. 분식회계냐 아니냐를 판단하는 근거는 (1) 손실이 발생한 것을 알

---

[4] 빅 배스 회계처리에 대한 보다 자세한 내용은 본서에 실린 "경영자 교체와 '빅 배스' 회계처리, 왜 자주 일어날까?"를 참조하기 바란다.

고 있었으나 의도적으로 숨기고 있다가 늦게 서야 공개했는지, 또는 (2) 손실을 부풀려 실제보다 더 큰 손실이 발생한 것으로 과장했는지 여부다.

대우조선해양의 경우는 이 2가지 가능성을 모두 의심받고 있다. 우선 첫 번째 가능성과 관련해, 2012년 취임해서 2015년 초 임기를 마친 고재호 전 사장이 연임을 목표로 업적을 부풀리기 위해 손실반영 시기를 늦춘 것이 아니냐는 의심을 받고 있다. 비슷한 시기에 해양 플랜트 사업을 수주했던 현대중공업이나 삼성중공업은 이미 2014년, 공사를 완성하는 데 예상보다 더 많은 비용이 발생할 것으로 예상되어 적자가 날 것으로 추정된다면서 손실을 재무제표에 반영했다. 실제 2014년 동안 현대중공업은 총 3조 2천억 원의 영업손실, 삼성중공업은 겨우 1,700억 원의 영업이익을 기록한 데 반해 대우조선해양은 4,700억 원의 영업이익을 기록해서 탁월한 업적을 보였다. 따라서 대우조선해양 역시 2014년에 손실이 발생할 것을 알고 있었지만, 고 전 사장이 연임을 위해 2014년에는 손실을 일부러 숨겼다가 2015년 5월 정성립 사장으로 교체된 후 비로소 그동안 숨겨놨던 손실을 재무제표에 반영한 것이 아니냐는 추측이다.

2014년도에 현대중공업이나 삼성중공업에서 대규모 손실을 발표할 때 시장에서는 수차례 대우조선해양은 문제가 없냐는 의심을 제기했었다. 그런데 그때마다 대우조선해양에서는 다른 회사에서는 문제가 된 해양 플랜트 사업이 대우조선해양에서는 차질없이 순조롭게 진행되고 있다고 발표했다. 그러다가 1년도 채 지나지 않아서 사장이 바뀌자마자 갑자기 엄청난 손실이 난다고 하니, 2014년부터 알고 있

었던 손실을 숨겨오다가 이제서야 발표한 것이 아니냐는 의심을 받는 것이다.[5]

두 번째 의심 역시 설득력이 있다. 고 전 사장이 연임에 실패하고 정성립 사장이 신규 사장으로 부임하면서, 미래 발생할 것으로 예상되는 공사비를 실제보다 더 높게 추정해서 손실규모를 과장한 것이 아니냐는 견해다. 만약 미래 예상되는 비용을 과대추정해 2015년 2분기에 손실로 반영한 것이라면, 미래 기간 동안은 비용이 실제보다 적게 회계장부에 기록되게 된다. 따라서 미래 기간 동안 이익이 실제보다 높은 것처럼 보이게 된다. 정 신임 사장 입장에서는 이를 노리고 임기 초기에 비용을 과대추정해 기록한 것이라는 추측이다. 사장이 교체된 직후에 이런 의도에서의 빅 배스 회계처리가 종종 나타나기 때문에, 시장에서 빅 배스의 가능성에 대해 의심하는 것이다.

대우조선해양의 반론과 수익인식조건에 대한 이해

이런 2가지 비난에 대해 대우조선해양이나 전직 및 현직 사장들은 모두 억울하다는 입장이다. 국정감사에 출석한 관련자들은 분식회계는 절대 없었다고 주장했다. 공사가 진행되는 과정에서 예상보다 공사비

---

5 대우조선해양뿐만 아니라 삼성중공업도 2015년 2분기 매출이 1분기 2조 5천억 원보다 45% 감소한 1조 4천억 원이라고 발표했다. 1분기 263억 원을 기록했던 영업이익도 2분기에서는 1조 5천억 원 영업손실로 급감했다. 대우조선해양과 비슷한 추세이지만 매출액 감소나 영업손실의 규모는 훨씬 적다. 어쨌든 대우조선해양이 화제의 중심이 되는 바람에 삼성중공업은 큰 이슈가 되지 않았다.

•• 조선3사의 매출액 변동 추세

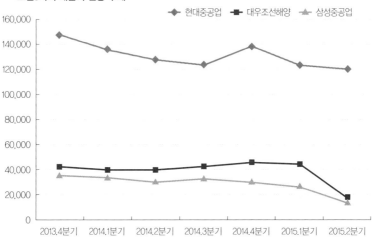

•• 조선3사의 영업이익(손실) 변동 추세

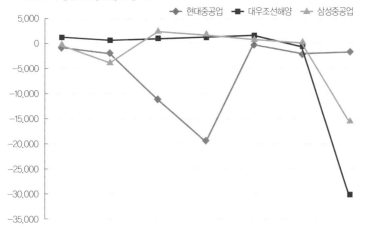

위 그림을 보면 현대중공업이나 삼성중공업의 매출액은 약 2년 동안 계속 하향하는 추세였는데 반해 대우조선해양은 일정한 수준의 매출액을 유지하고 있었다는 점을 알 수 있다. 그러다가 2015년 2분기 매출액이 갑자기 급감한다. 아래 그림을 보면 삼성중공업은 2014년 1분기에, 현대중공업은 2014년 2분기에 상당히 많은 손실을 인식한 것을 알 수 있다. 그러나 대우조선해양만은 꾸준한 영업이익을 기록하고 있었다. 그러다가 2015년 2분기에 갑자기 엄청난 손실을 기록한다. 삼성중공업도 2015년 2분기 들어 큰 손실을 기록하지만 손실의 규모는 대우조선해양의 절반 정도다. 이런 이유에서 대우조선해양의 2015년 2분기 업적발표가 시장에 큰 논란을 가져오게 된 것이다.

가 훨씬 더 많이 발생할 것으로 처음 예상된 시점이 2015년 2분기였기 때문에, 2015년 2분기에 손실을 반영했을 뿐이라는 설명이다. 다른 회사들보다 손실 반영 시점이 늦었다는 비난에 대해서는, 대우조선해양이 다른 회사들보다 6개월 이상 늦게 해양 플랜트 건설에 뛰어들었다고 설명했다.

대우조선해양의 분식회계 여부를 판단하기 위해서는 회계상 수익 인식 방법에 대한 이해가 필요하다. 기본적으로 회계에서 수익을 인식하기 위해서는 다음 2가지 기준이 모두 충족되어야 한다.[6] (1) 고객에게 재화나 용역을 제공했거나 현재 제공하는 과정에 있어야 한다. (2) 재화나 용역제공의 대가로 현금을 수취했거나, 만약 아직 수취하지 못했다면 미래에 현금을 수취할 가능성이 매우 높아야 한다. 이 두 조건 중 하나라도 충족시키지 못한다면 수익을 인식하지 못한다. 매우 복잡한 것 같지만 실제로 그 개념을 살펴보면 생각보다 쉽다.

회계상 수익인식기준과 공사진행기준

B2C 거래에서 두 조건이 모두 충족되는 순간은 고객에게 재화를 인도하거나 용역을 제공하고, 고객이 현금 또는 카드를 사용해서 대금을 결제했을 때다. 상점에서 소비자가 물건을 구입하는 순간을 생각하면 된다. 따라서 B2C 거래에서는 수익인식에 따른 논란이 거의 발

---

6 수익을 '인식한다(recognize)'라는 말은 수익을 회계장부에 기록한다는 의미다.

생하지 않는다. 이와는 달리 B2B 거래에서는 (1)과 (2)가 충족되는 시점이 다른 경우가 많다. 재화(제품)나 용역(서비스) 제공 이후 일정한 시간이 흐른 이후에 결제가 이뤄지는 것이 보통이다. 대부분 '2주 후 결제' 또는 '2달 후 결제' 등의 결제조건이 거래계약에 포함되어 있다. 오랫동안 거래를 해온 거래처에 대해서는 미래에 결제가 이뤄질 것이 거의 확실하기 때문에 재화나 용역을 제공하는 시점에 (1)과 (2)가 모두 충족된 것으로 보아 수익을 인식한다. 그러나 신규로 거래를 시작한 거래처라서 미래의 결제여부가 불명확하거나, 오랫동안 거래한 거래처라고 하더라도 거래처의 신용상태가 하락해 결제를 할 수 있을지의 여부가 불확실하다면, 이런 경우는 (2)가 충족되지 못한 것이므로 결제가 이루어질 때까지 수익을 인식하지 말아야 한다.

그런데 수주산업이라고 통칭하는 조선업이나 건설업에 대해서는 (1)과 (2)의 시점이 언제 충족되었는지를 결정하기가 쉽지 않기 때문에 다른 거래들에 대한 수익인식 방법과는 상당히 다른 '공사진행기준'이라는 방법이 수익인식에 사용된다. 공사진행기준이란 공사가 진행되는 기간 동안 공사진행률에 비례해서 공사수익을 인식하고, 비용(공사원가)은 이에 대응해 실제로 발생한 만큼을 인식하는 방법이다. 조선업이나 건설업은 대부분 미리 주문을 받은 후 공사에 착수한다. 발주처가 대부분 큰 대기업이므로, 주문을 받았다면 (2)의 기준은 충족시키는 것으로 볼 수 있다. 그런데 배나 건물을 완성해 발주처에 인도해야만 (1)의 기준이 충족되게 된다. 그런데 조선업의 경우 배를 건조하는 데 수년의 시간이 소요되므로, (1)의 기준을 엄격히 따른다면 배가 건조되는 동안에는 수익을 전혀 기록하지 못하다가 배가 완성되

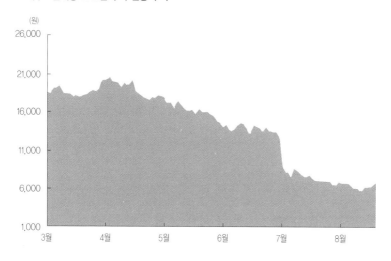

•• 대우조선해양 2015년 주가 변동 추이

(원)

26,000

21,000

16,000

11,000

6,000

1,000

3월   4월   5월   6월   7월   8월

전반적인 조선경기의 불황 속에 대우조선해양의 주가는 하락하는 추세였다. 그러다가 2015년 7월 막대한 손실을 기록했다는 뉴스가 알려지면서 주가는 갑자기 폭락한다. 뉴스가 알려지기 전 1만 3천 원대였던 주가는 뉴스가 보도되자 하루 만에 약 30%, 7월 말까지는 약 45% 정도 폭락해 6천 원대가 된다. 당시 대우조선해양에 투자했던 투자자들이 큰 손실을 입었다는 것을 알 수 있다.

291

어 발주처에 인도하는 순간에만 수익이 기록되게 된다. 예를 들어 4천억 원을 받기로 한 배를 건조하는 데 4년이 소요된다면, 첫 3년 동안은 수익이 0원이고 4년째 되는 해 선박이 완성되어 발주처에 인도되는 시점에서 수익이 4천억 원이 기록된다. 이렇게 하면 수익이나 이익의 연도별 변동성이 커지면서 연도별 수익이나 이익이 기업의 내재가치를 제대로 반영하지 못한다. 따라서 공사진행기준이라는 특별한 기준을 이용해 이런 문제점이 발생하는 것을 방지하고 있다. 만약 4년 동안 공사가 일정한 속도로 진행되었다고 가정하고 공사진행기준에 따라 수익을 인식한다면, 이 회사는 매년 1천억 원씩 총 4년간 공사수익을 인식하게 된다.

공사진행기준에 따른 수익인식과 공사손실충당금

공사진행기준을 적용하기 위해서는 총 수익금액이 거의 확정되고, 공사에 소요되는 원가(총공사예정원가 또는 총추정원가)를 신뢰할 수 있을 정도로 거의 정확하게 추정할 수 있어야 한다. 예를 들어 2012년 유럽의 석유회사로부터 해양 플랜트를 5천억 원에 주문받았다고 가정하자. 2013년 공사를 착수하는 시점에서 총 공사소요시간은 4년, 총 예상공사원가는 4천억 원으로 추정되었다고 가정하자. 공사대금은 공사착수 시점에서 20%, 공사가 50% 진행된 시점에서 30%, 나머지 잔액 50%는 공사가 완료되어 해양 플랜트를 인도하는 시점에서 지급받기로 했다고 가정하자. 이 경우 공사진행기준에 따라 수익을 어떻게 인식하는지 살펴보자.

2013년 공사 착수 시점에서 미리 받은 공사 대금 20%인 1천억 원은 선수수익(선수금)으로서 부채로 기록된다. 제공해야 하는 재화나 용역을 제공하지 않은 상태에서 미리 대금을 받은 것이므로 부채로 기록하는 것이다. 2013년 동안 총 공사예정원가 중 1천억 원이 실제로 발생했다고 하자. 그렇다면 공사진행률은 25%(=1,000/4,000)다. 이 경우 2013년 동안 공사수익은 총 공사수주액 5천억 원의 25%인 1,250억 원이 된다. 따라서 공사수익 1,250억 원, 공사원가 1천억 원이 발생해, 250억 원의 공사이익(=공사수익-공사비용)이 발생하게 된다. 공사수익 1,250억 원 중 선수금으로 받은 1천억 원을 제외한 나머지 250억 원을 미청구공사대금이라고 부른다. 일반 회사들의 매출채권과 비슷한 개념이다. 대금수취시 부채로 기록되었던 선수금은 공사가 진행됨에 따라 수익으로 바뀌면서 부채는 소멸되게 된다. 미청구공사대금을 공사진행률에 따라 계산되는 채권이라는 의미에서 진행률채권이라고도 한다.

2014년 동안에도 총추정원가는 4천억 원으로 변동이 없으면서 전년도와 동일하게 1천억 원의 공사원가가 발생했다고 가정하자. 그렇다면 공사진행률은 50%(=2,000/4,000)다. 2013년에 25%의 공사가 진행되었으므로 2014년도에 추가적으로 25%의 공사가 진행된 것이다. 따라서 2014년의 공사수익은 총 공사수주액 5천억 원의 25%인 1,250억 원이 된다. 이 공사수익은 모두 외상으로 발생한 수익으로서 미청구공사대금으로 기록되며, 따라서 미청구공사대금 총액이 1,500억 원(=250+1,250)이 된다. 그렇지만 계약조건에 따라 공사진행률이 50%가 됨에 따라 이 미청구공사대금을 발주처에 달라고 청구할 수 있다. 총 공사대금의 30%인 1,500억 원을 모두 지급받으면 미청구공사대금은 소멸되게 된다.

이렇게 안정적으로 공사가 진행된다면 문제가 없다. 그러나 장기간 벌어지는 선박 건조과정에서는 예상하지 못했던 돌발변수가 많다. 2013년과 2014년 동안에는 예정대로 공사가 진행되었는데, 2015년 들어 공사에 차질이 생겼다고 가정하자. 처음 수주한 복잡한 기능의 특수 해양 플랜트였기 때문에 작업을 하다 보니 기술이 부족하거나 조선사 측에 귀책사유가 있는 설계변경으로 예상보다 훨씬 더 많은 공사원가가 투입될 것으로 판명된 것이다.[7] 그 결과 총추정원가가 4천억 원이 아니라 6천억 원으로 증가했다. 그리고 2015년 동안 발생한 공사원가는 2천억 원이었다. 이 경우 공사진행률은 67%(=4,000/6,000)다. 현재까지 발생한 총원가가 4천억 원(=1,000+1,000+2,000)이며, 총추정원가가 6천억 원이기 때문이다. 그렇다면 현재까지 발생한 누적공사수익은 3,350억 원(=5,000× 67%)이다. 과거 2년 동안 이미 2,500억 원의 공사수익을 인식했으므로, 2015년의 공사수익은 850억 원(=3,350-2,500)이 된다. 따라서 지난 두 해보다 훨씬 적은 공사수익이 인식되는 것이다. 그 결과 공사 3년 차인 2015년에는 공사수익 850억 원, 공사원가 2천억 원이 기록되어 무려 1,150억 원(=850-2,000)의 손실이 발생하는 것이다. 발주처로부터 현금을 지급받은 것은 없으므로 이 공사수익 850억 원은 모두 미청구공사대금으로 기록된다.

이뿐만이 아니다. 이 공사가 완료되면 총 1천억 원의 손실(=공사수주액 5천억 원-총원가 6천억 원)이 발생할 것으로 예측된다. 이 예상손실도 보수주의 회계처리 원칙에 따라 모두 2015년에 반영해야 한다. 그런데 2013년과 2014년 각각 250억 원의 영업이익, 2015년 동안 1,150억 원의 손실이 발생했으므로, 2015년까지 3년간 인식된 총 손실은 650억 원(=250+250-1,150)이다. 1천억 원의 총손실 예상액과 현재까지 인식한 650억 원의 손실의 차이인 350억 원도 2015년에 추가적인 손실로 인식한다. 복잡한 이야기이지만 350억 원만큼 손실로 인식하면서 동시에 공사손실충당금을 적립한다.[8] 따라서 2015년

7 만약 조선소에 귀책사유가 있는 것이 아니라 공사발주처 측에 귀책사유가 있어서 설계변경을 해서 원가가 더 투입되게 된다면 그에 따라 발주금액이 조정될 것이다. 언론보도에 따르면 어느 쪽에 귀책사유가 있는지를 둘러싸고 발주처와 조선소 사이에 소송이 벌어지는 경우가 종종 발생한다.

8 동 금액만큼을 공사손실충당금전입액(비용항목)으로 회계처리하면서 공사손실충당금을 적립한다.

(공사수주액: 5,000억)

	2013년	2014년	2015년	2016년
누적공사진행률	25%	50%	67%	100%
총추정원가	4,000억	4,000억	6,000억	6,000억
누적 공사원가	1,000억	2,000억	4,000억	6,000억
누적 공사수익	1,250억	2,500억	3,350억	5,000억
① 당기에 인식할 공사수익	1,250억	1,250억	850억	1,650억
② 당기에 인식할 공사원가	1,000억	1,000억	2,000억	2,000억
③ 공사손실충당금 전입액	-	-	350억	-350억
④ 당기 공사이익 (①-②-③)	250억	250억	-1,500억	0
⑤ 누적 공사이익	250억	500억	-1,000억	-1,000억

295

의 총 손실은 1,500억 원(=1,150+350)이 된다. 2013년도와 2014년도 동안 250억 원의 이익을 기록한 것에 비하면 막대한 손실이다. 대우조선해양이 2015년 2분기 동안 2조 원이 넘는 엄청난 손실을 기록한 이유가 바로 이런 이유 때문이다.

보수주의 회계처리의 이유

2015년 동안 350억 원의 손실을 추가적으로 기록하는 이유는 보수주의 회계처리 원칙 때문이다. 보수주의란 현재 어떤 사건이 발생하거나 미래 현금흐름에 대한 판단이 변해서 미래 손실이 발생할 것으로 예상되는 경우 그 손실을 모두 현재 시점에 인식하지만, 동일한 사건이나 판단의 결과 미래 이익이 발생할 것으로 예상되는 경우에는 그 이익을 현재 시점이 아니라 미래에 그 이익이 실제로 발생하는 시점에 이익을 회계장부에 기록하는 방법을 말한다.[9] 즉 손실의 인식과 이익의 인식에 서로 다른 기준을 적용하는 것이다.

'보수주의'가 회계처리의 기본이 되는 중요한 기준으로 자리 잡게 된 것은 다음과 같은 이유 때문이다. 기업의 경영자는 기업의 업적을 가능한 한 과대평가해 보여주려는 경향을 가지고 있다. 과대평가해 업적이 좋은 것처럼 보여줘야 보너스도 더 많이 받을 수 있고 자금조달도 좀더 유리한 조건으로 할 수 있기 때문이다. 특히 주식회사들이 설립된 자본주의 발달 초기에는 대부분의 경영자가 소유경영자이고 외부에서 자금을 공급하는 사람들이 채권자였기 때문에, 상대적으로 정보를 덜 가진 외부 채권자들을 보호할 필요가 있었다. 그래서 이익이나 자산규모를 부풀리려는 소유경영자의 의도를 시스템적으로 억제하기 위해서 보수주의 원칙에 따라 회계처리를 하게 된 것이다. 현대에 이르러서는 채권자뿐만 아니라 소액주주들을 보호하기 위해서도 보수주의 원칙이 계속 유지되어 왔다.[10]

---

9 또는 수익이나 자산은 가능하면 작게, 비용이나 부채는 가능하면 크게 기록하는 회계처리 방법을 말한다.

10 보수주의 원칙은 국제회계기준(IFRS; International Financial Reporting Standards)이 도입되기 이전에 국내에서 사용되던 회계기준하에서는 지금 현재보다 더 중요하게 적용되었다. 2011년과 2012년에 걸쳐 IFRS가 도입되어 적용되면서 보수주의 기준은 과거보다는 일부 완화되어 적용되고 있다.

대우조선해양의 선박건조 모습

대우조선해양은 약 10년의 기간에 걸쳐 대규모의 분식회계를 수행한 것이 적발되었다. 분식의 총규모가 3조~4조 원 수준에 달하는 막대한 규모다. 현재 관련된 경영진에 대한 형사사건 재판이 벌어지고 있으며, 피해자들은 대규모 민사소송도 제기한 상태다.

보수주의 회계원칙에 따라 위에서 설명한 사례에서 350억 원의 손실을 추가적으로 인식하게 된 것이다. 2015년 동안 미래에 발생할 공사원가에 대한 추정이 변한 경우, 추정(예측)이 변한 시점인 2015년에 미래에 발생할 것으로 예측되는 손실 전액을 인식한 것이다. 대우조선해양이 2015년 2분기에 막대한 손실을 인식한 것이 분식회계인지의 여부를 판단하기 위해서 이점은 매우 중요하다. 대우조선해양이 해양 플랜트 사업을 수행하는데 소요될 공사원가가 처음 공사수주 시점에서 예상했던 원가보다 크게 증가할 것이라는 점을 언제 알았는지에 따라 대우조선해양의 회계처리는 분식회계일 수도 있고 정당한 회계처리일 수도 있다. 만약 현대중공업의 경우처럼 2014년 중에 대우조선해양도 공사원가가 더 많이 소요될 것을 깨달았는데도 불구하고 2015년 2분기까지 이를 숨겼다면, 대우조선해양의 2014년과 2015년의 회계처리는 모두 분식회계라고 볼 수 있다. 그러나 대우조선해양이 주장한 것처럼 2015년 2분기에 들어서야 공사원가가 더 많이 소요될 것이라는 것을 알았다면 정당한 회계처리라고 할 수 있다.

결과적으로 대우조선해양은 약 10년의 기간에 걸쳐 대규모의 분식회계를 수행한 것이 적발되었다. 분식의 총규모가 3조~4조 원 수준에 달하는 막대한 규모다. 현재 관련된 경영진에 대한 형사사건 재판이 벌어지고 있다.

보수주의 회계처리 이후의 효과

사례를 계속해서 살펴보자. 공사 마지막 연도인 2016년 들어 최종적으로 2천억 원의 추가원가가 발생했다고 가정하자. 그렇다면 총발생원가는 2015년에 추정한 것처럼 6천억 원(=1,000+1,000+2,000+2,000)이 된다. 공사진행률은 100%다. 따라서 2016년까지 발생한 총공사수익은 5천억 원(=5,000×100%)이다. 2015년까지 3,350억 원의 공사수익이 발생했으므로, 2016년 동안 추가적으로 발생하는 공사수익은 1,650억 원(=5,000-3,350)이며, 이 금액은 공사대금을 현금으로 받기 전까지 미청구공사대금으로 기록된다. 따라서 350억 원의 공사손실(=1,650-2,000)이 발생한다. 이 금액은 2015년에 미리 적립한 공사손실충당금 350억 원과 일치한다. 2015년에 적립한 공사손실충당금과 2016에 발생한 손실을 상계처리해, 2016년에는 추가적인 손실이 전혀 인식되지 않는다. 즉 2016년 동안 이 공사에서 발생하는 손실은 0이 된다. 2016년에 발생할 것으로 예상되는 손실을 2015년도에 이미 인식했으므로 2016년도에는 추가적인 손실이 인식되지 않는 것이다.

이런 회계처리 때문에 2016년도에는 상대적으로 전년도에 비해 크게 개선된 영업이익을 보고할 수 있다. 2016년에 공사가 완성되었으므로 그동안 발생한 미청구공사대금은 모두 발주처에 청구되고, 발주처가 계약조건에 따라 대금을 지불하면 미청구공사대금(매출채권)은 소멸한다.[11]

그러나 만약 2016년도에 2015년도의 예상보다 더 많은 손실이 발생했다면 추가적으로 발생한 손실금액은 2016년도에 인식한다. 조선3사의 경우에도, 공사가 진행되면서 점점 더 많은 어려움이 발생해 예상원가가 커진다면 미래 기간 동안 추가적인 손실을 인식해야 할 것이다. 따라서 해양 플랜트 사업에서 앞으로도 추가적인 손실이 발생할 가능성이 있다. 또한 공사가 지체되어 납기를 맞추지 못하면 막대한 지체보상금을 발주처에 지불해야 하기 때문에 손실규모는 더 커질 수도 있다. 성급하게 해양 플랜트 사업에 진출한 것이 엄청난 역효과를 가져온 것이다.

그 결과 조선3사들은 현재 인력감축을 포함해 비용절감을 위해 상당한 노력을 하고 있는 중이다. 그 반대로 대우조선해양의 경우 일부에서 예측하고 있는 것처럼 미래의 손실액을 과대평가해서 2015년

---

11 만약 발주처의 재무상태가 어려워져서 발주처가 약속된 공사대금을 지불하지 못한다면 미청구공사대금은 부실채권으로 분류되어야 한다. 그렇다면 부실예상액 만큼 대손충당금을 적립해야 한다. 금융감독원은 미청구공사대금에 대한 대손충당금을 제대로 적립했는지의 여부도 철저히 조사하겠다고 밝힌 바 있다.

동안 손실을 실제보다 더 많이 기록했다면, 앞으로 예상했던 공사원가보다 적은 공사원가가 발생할 것이므로 해당 공사에서 미래 기간 동안 이익이 발생할 것이다.

분식회계 논란 후에 발생한 일들

대우조선해양의 분식회계 논란이 발생한 이후 이와 연관된 여러 가지 후속사건들이 일어났다. 이 사건들에 대해 살펴보자. 대우조선해양을 둘러싼 논란이 거세지자, 대우조선해양뿐만 아니라 최근 갑자기 대규모의 손실을 발표한 다른 회사들에 대해서도 분식회계 의혹이 있다는 주장을 일부에서 제기하기 시작했다. 언론에서는 갑자기 이익이 절벽에서 떨어지는 것처럼 급감했다면서 '회계절벽'이라는 신조어를 만들어냈다. '빅 배스' 회계처리의 한국어 번역쯤에 해당되는 용어다. 이익을 고무줄처럼 쉽게 늘였다 줄였다 한다면서, '고무줄 회계'라는 말도 생겼다.

국회에서도 국정감사 기간 동안 대우조선해양의 전·현직 CEO와 산업은행장들을 출석시켜 책임을 추궁했다. 회계분식 논란이 정치권으로까지 번진 것이다. 평상시에는 거의 신경 쓰지 않는 회계에 대해서 이렇게 많은 사람들이 큰 관심을 가졌던 것은 우리나라 역사상 드문 경우일 것이다. 국정감사에 출석한 전·현직 CEO들을 향해 국회의원들이 호통을 쳤지만, 이들은 모두 분식회계가 절대 아니라고 증언을 했다. 산업은행장도 호되게 관리책임을 추궁당했다. 회계전문가들이 엄청난 자료를 쌓아놓고 분석을 해도 쉽게 파악하기가 어려운 것이 분식회계인데, 비전문가인 국회의원들이 TV 카메라와 기자들 앞에서 큰소리로 호통을 친다고 해서 분식회계가 곧바로 밝혀지는 일은 아마 없을 것이다.

대우조선해양의 분식회계 여부를 밝히기 위한 핵심은 공사진행기준에 따라 수익을 인식하는 회계처리를 어떻게 바라볼 것인가에 있다. 공사진행기준을 적용하기 위해서는 총추정원가를 신뢰성 있게 추정을 해야 하는데, 수년에 걸쳐 완성되는 대규모의 공사원가를 신뢰성 있게 추정하는 것이 현실적으로 쉬운 일이 아니다. 그뿐만 아니라 해양 플랜트처럼 기존에는 거의 경험이 없었던 신사업에 진출한 경우에는 원가를 추정하기가 더 어렵다.

이와 같이 수주산업에서 사용하는 공사진행기준 수익인식 방식이 문제가 많다는 주장에 따라 공인회계사회와 회계기준원 주최로 '수주산업 회계투명성 제고방안 토론회'도 열렸다. 이 토론회에서는 다양한 의견이 제시되고 치열한 찬반논란이 벌어졌다. 이 문제가 쉽게 결론이 날 것 같지는 않다. 그렇지만 한 가지 확실한 점은, 앞으로 최소한 수주산업에 대한 공시 기준이 대폭 강화될 것이라는 점이다. 총추정원가나 진행률이 어떻게 산정되었는지, 미청구공사대금의 내역은 어떤지에 대한 자세한 정보의 공시가 요구될 것으로 보인다. 총추정원가를 신뢰성 있게 추정할 수 없다면 공사진행기준을 사용하는 것을 금지할 수도 있다.

자금난에 빠진 대우조선해양에 산업은행이 약 3조 원 규모의 증자를 결정했다는 뉴스가 들린다. 산업은행도 금융감독원의 회계분식에

산업은행 홈페이지

산업은행은 국책은행으로서 일시적으로 위기에 빠진 기업을 인수해 경영을 개선시킨 후 매각해 투입한 자금을 회수하는 역할을 수행한다. 산업은행은 대우조선해양을 제대로 경영하지 못해 큰 부실을 초래한 것에 대해 많은 비난을 받았다. 그 결과 산업은행의 일부 업무도 축소되는 등 제재를 받게 된다.

대한 조사와는 별도로 사건의 정확한 원인과 손실 규모의 파악을 위해 실사작업을 시작했고, 대우조선해양의 2대 채권은행인 수출입은행도 별도의 실사작업에 착수했다. 무려 3곳에서 대우조선해양에 대한 조사를 하고 있는 셈이다. 분식회계를 저지른 경영진과 제대로 업무를 수행하지 않아 분식회계를 발견하지 못한 것으로 보이는 사외이사들과 회계법인에 대한 민사소송도 시작되었다.

그런데 한 가지 언론이나 시장에서 오해를 하고 있는 점은, 공사진행기준에 따라 미래에 대한 예측이 변해서 막대한 손실을 기록한 것 때문에 대우조선해양이 어려움에 처한 것이 아니라는 점이다. 막대한 손실을 기록한 것은 맞지만 이 손실은 현금흐름과 관련이 없이 회계처리 기준에 따라 기록한 것뿐이다. 회계처리 때문에 회사가 어려움에 처한 것이 아니라 사업이 부실해 어려움에 처한 것이다. 이 점에 대해서 오해를 하는 사람들이 상당히 있는 듯하다.[12] 회계처리 관련 이슈는 이 막대한 부실을 분식회계를 통해 그동안 숨겨왔느냐, 또는 부실이 존재하기는 했지만 고의로 부실이 더 심각한 것처럼 과장해서 회계처리를 했느냐는 것뿐이다.

자율적 감사인 지정 신청제도의 도입

대우조선해양의 분식회계 여부와 관련해 외부감사인(회계법인)도 논란의 대상이 되었다. 어떻게 감사를 했길래 이런 막대한 분식회계를 사전에 적발하지 못했느냐는 비난이다. 시장의 의혹이 점점 증폭되자 금융감독원에서는 자율적 외부감사인 지정 신청제도를 도입하겠다고 선언했다. 최근 갑자기 대규모의 손실을 인식해서 분식회계로 의심을 받고 있는 17개 기업을 선정해, 이들 기업들이 자율적으로 현행 외부감사인과의 감사계약을 해지하고 금융감독원에 신청하면 금융감독원이 감사인을 지정하겠다는 내용이다.[13] 이 방안에 대해 해당 기업들은 일제히 반대의견을 내놨다.

---

12 본서의 '소위 쌍용자동차 분식회계 사건의 진실'이라는 글에서 설명한 '손상차손'에 대한 회계처리와 유사한 성격이다. 회사가 형편이 어려워져서 부채를 갚을 현금이 없어 부도가 나고 파산한 것이지, 현금흐름에 영향이 없는 손상차손을 회계장부에 기록해서 회사가 파산한 것이 아니다. 이와 마찬가지로 대우조선해양이 손실을 기록해서 회사가 어려워진 것이 아니라 회계장부에 반영되지 않았던 손실을 회계장부에 반영한 것뿐이다. 즉 회사는 경영을 제대로 하지 못해서 어려워진 것이지 손실을 회계장부에 기록해서 어려워진 것이 아니다.

원래 외부감사인은 감사를 받는 기업에서 자율적으로 선임하고, 선임된 감사인도 계약이 종료되면 다른 감사인으로 교체할 수 있다. 외부감사인은 독립적인 위치에서 기업의 재무제표와 회계장부를 감사해야 하는데, 감사인을 선정하고 교체할 수 있는 권한을 기업에서 가지고 있다 보니 완전히 독립적인 입장에서 감사를 제대로 수행하기 힘들다. 만약 분식을 하려는 의도가 있는 기업이라면 분식을 숨기려고 할 텐데, 그렇다면 감사인이 감사를 형식적으로 대충 수행해야 분식을 발견하지 못할 것이기 때문이다. 따라서 많은 시간을 투입해서 깐깐하게 감사를 수행하는 감사인을 그렇지 않은 감사인으로 교체할 가능성이 높다. 또한 감사보수를 적게 받는 감사인으로 교체할 가능성도 높다. 감사보수가 낮아지면 감사인이 감사비용을 줄이기 위해 감사에 투입하는 시간을 줄이고, 감사시간이 줄어들면 제대로 감사를 수행할 수 없기 때문이다. 이런 문제점을 방지하기 위해 금융감독원에서 특정 조건에 해당되는 기업들을 대상으로 감사인을 강제로 지정해 독립적인 자세에서 제대로 감사를 수행하도록 감사인 강제지정제도를 운영중인 것이다.

그렇지만 이번 금융감독원에서 발표한 17개 기업은 주식회사의 외부감사에 대한 법률에서 정한 감사인 지정조건에 해당하지 않는 기

---

13 현재 '주식회사의 외부감사에 대한 법률'에 따라 '감사인 지정제도'가 운영중이다. 상장하기 직전의 기업이나 관리종목에 속한 기업, 최근 분식회계를 저질렀다가 적발된 경험이 있는 기업, 재무상황이 특정 기준보다 좋지 않은 기업들에 대해서 금융감독원이 외부감사인을 강제로 지정하는 제도다. 이들 기업들은 회계분식을 저지를 가능성이 상대적으로 높기 때문에, 이들 기업에 대해서 좀더 엄밀한 감사를 수행하도록 하기 위해서 감사인을 지정하는 것이다.

금융감독원 홈페이지
대우조선해양 사건과 관련해 금융감독원에도 많은 비난이 쏟아졌다. 그러나 금융감독원의 힘만으로 이런 사건의 재발을 막기는 힘들 것이다. 이 사건을 계기로, 회계투명성을 대폭적으로 강화하기 위한 여러 제도들과 개혁안들이 제시되어 현재 시행을 준비중에 있다.

업들이다. 따라서 금융감독원이 마음대로 감사인을 지정할 권한이 없다. 그렇기 때문에 해당 기업에서 자율적으로 신청을 하면 감사인을 지정하겠다는 대안을 내놓은 것이다. 의심이 된다면 금융감독원 인력을 투입해서 자세한 조사를 하면 되지 않겠느냐고 하겠지만, 현재 금융감독원의 회계감독 인력은 여유가 없다. 의심이 된다고 해도 실제 조사를 시작하려면 몇 년이 걸린다. 따라서 의심을 받는 기업들이 회계분식이 아니라고 자신한다면, 스스로 감사인 지정을 신청해서 의심을 벗으라는 제안을 한 것이다.

그러나 이런 내용이 발표되자 해당되는 기업들은 일제히 강하게 반발했다. 말만 자율이지 실제로 강제가 아니냐는 불만이다. 우리가 왜 분식회계를 한 것으로 의심을 받는지 억울하다는 주장과, 감사인 지정을 신청하면 시장에서 낙인이 찍혀서 기업에 대한 신뢰도가 폭락해 기업활동을 제대로 할 수 없을 것이라는 주장, 회계연도 중간에 감사인을 바꾸는 것은 전 세계적으로 유례가 없다는 반론도 제기되었다. 결국 아무 기업도 자율지정을 신청하지 않았다. 그래서 이 제안은 유명무실하게 되어버렸다.

아직도 먼 회계제도 개혁

금융감독원이 17개 기업을 선정한 기준이 잘못되었다는 반론도 있을 수 있다. 어쨌든 금융감독원이 내놓은 대안은 시장의 의혹에 대해 자신이 있다면 기업들 스스로 나서서 그 의혹을 씻으라는 것이었다. 그런데 기업들이 그런 기회를 거부했으니, 어떻게 생각해보면 감사인 지정을 받는 것보다는 계속해서 시장의 의심을 받는 편이 더 좋다고 선택한 듯하다. 미국이나 유럽 국가들에서는 회계처리에 의혹이 있다면 회사의 감사위원회가 직접 나서서 외부감사인과는 별도로 특별감사인을 고용해 그 문제에 대해 조사를 한다. 즉 회사에서 직접 나서서 의혹을 해결하려고 노력하는데, 우리나라에서는 아직 그럴 만큼 사외이사나 감사위원회가 경영진을 감시하는 역할을 충분히 수행하지 못한다고 볼 수 있다.

어쨌든 기존 감사인과의 계약 때문에 회계연도 중에 계약 중인 감사인을 해임할 수 없으므로 감사인 지정을 신청하지 못한다고 변명한 기업들도 있었으니, 내년도에 기존 감사인과의 계약이 종료된 후 이

기업들이 어떤 행동을 하는지 볼 수 있을 것이다. 만약 이 기업들이 아무런 조치도 하지 않는다면 당장은 아니라도 앞으로 금융감독원이 분식회계에 대한 조사에 나설 가능성이 높다. 이들 기업들 스스로가 금융감독원 조사를 받아도 아무 문제가 없을 만큼 자신이 있다고 판단하고 있는 것이므로, 금융감독원의 조사가 어떤 결론을 도출할 것인지 궁금하다.

대우조선해양에 대한 조사가 어떤 결론이 나든 간에, 이 사건은 우리나라 기업들의 회계관행에 큰 영향을 미친 사건이 될 것이다. 회계법인들이 좀 더 감사를 철저히 수행할 수 있도록 하기 위한 제도보완책도 논의중이다. 10년 정도의 기간 동안 분식회계를 눈치채지 못했거나, 또는 알면서도 모른 체하고 있었던 산업은행의 지배구조나 역할에 대한 논란도 벌어졌다.[14] 그 결과 기존에 부실채권을 처리하는 역할을 수행하던 유암코[15]의 기능을 확대해 부실기업에 대한 구조조정을 담당하게 하겠다는 움직임도 시작되었다. 즉 기존에 이 업무를 담당해왔던 산업은행과 경쟁을 시키겠다는 것이다. 산업은행이 제대로 업무를 수행하지 않아서 대우조선해양사태가 발생했으므로, 산업

---

14 만약 산업은행이 분식회계에 대해 알고 있었지만 모른 체하고 있었다면 이는 다음 2가지 이유 때문일 가능성이 높다. 첫째, 대우조선해양이 높은 이익을 기록해야 대우조선해양을 높은 가격에 매각할 가능성이 높아지기 때문이다. 둘째, 대우조선해양의 이익에 대우조선해양에 대한 관리를 담당하는 산업은행 직원들의 보너스나 성과평가가 연동되어 있었을 것이다. 그래서 대우조선해양에서 분식회계를 통해 이익을 부풀리고 있다는 것을 알고 있으면서도 보너스를 더 받기 위해 가만히 있었을 수 있다.

15 연합자산관리(UAMCO)의 약자로서, 부실채권을 처리하기 위해 민간은행들이 출자해서 공동 설립한 회사다. 여기에 산업은행과 수출입은행 등의 국책은행도 주주로서 출자를 하고, 그 대신 유암코가 부실채권 처리뿐만 아니라 구조조정도 담당하는 역할을 하도록 하겠다는 것이 금융위원회의 안이다.

은행이 보유하고 있던 권한을 일부 뺏어서 경쟁기업을 만든 것이다. 산업은행이 인수한 기업들을 오랫동안 매각하지 않고 보유하고 있었으며, 경영을 개선해서 매각하려는 의지보다는 계속해서 보유하면서 산업은행 사람들을 내려보내는 창구로 사용해왔다는 비난 때문에 발생한 일이다.

'아픈 만큼 성숙해진다'고, 대우조선해양사건의 경험이 우리나라 기업들이 회계문제가 얼마나 중요한 이슈인지 깨닫고 한 단계 업그레이드하는 계기가 되었으면 한다.

후기

2015년 말 금융위원회는 수주산업의 회계관행을 개선하기 위한 여러 대책을 담은 '수주산업 회계투명성 제고방안'을 발표했다. 이 대책에는 본고에서 설명한 여러 개선책들이 담겨 있다. 앞에서 설명되지 않은 내용 중 중요한 항목으로는, 회계법인이 감사보고서에 감사중에 발견한 중요한 사항들(key audit matters)을 자세히 설명하도록 한 것과 회계부정 발생시 이사진에 대한 처벌을 강화하겠다는 2가지 내용이 있다. 특히 부실하게 감독업무를 수행한 내부감사나 사외이사들에 대한 처벌안도 이 방안에 포함되었다. 부실감사를 수행한 회계법인의 담당 회계사뿐만 아니라 회계법인 대표에 대한 처벌안도 마련하기로 했다. 회사내부에 상근하면서 감사업무를 담당하는 감사에 대한 처벌은 손쉽게 시행될 것 같지만, 상근이 아닌 사외이사나 회계법인 대표에 대한 강력한 처벌은 현실적으로 어려울 것이다. 그렇지만 이들이 제대로 업무를 수행하지 못할 경우 처벌될 수도 있다는 것을 알게 된다면 아무래도 더 열심히 감시활동을 수행할 유인이 될 것이다. 이런 내용들이 수주산업뿐만 아니라 모든 기업들에게 다 해당되는 만큼, 대우조선해양을 둘러싼 큰 논란이 한국 기업들의 회계관행에 큰 변화를 가져다주는 결과가 된 셈이다.

또한 이러한 방안과는 별도로 법률을 개정해서 회계법인을 기업이 자율적으로 선정하는 것이 아니라 금융감독원이 강제로 지정을 하도록 하는 법안도 국회에서 논의중이다. 감사를 받는 기업이 회계법인을 선정하다 보니, 회계법인이 독립적으로 깐깐하게 감사를 수행하기가 힘들기 때문이다. 이런 제도들이 앞으로 실행된다면 분식회계가 이루어지기 훨씬 어려워질 것이다. 그 결과 한국 기업의 투명성이 크게 개선될 수 있기를 바란다.

회계로 본 세상

  필자의 개인적인 견해이기는 하지만, 필자는 회계투명성을 높이기 위해서 그동안 국내에 도입되었던 여러 제도들 중 감사인 지정제도가 가장 효과적이라고 생각한다. 회계 문제가 있을 가능성이 높은 기업들을 골라 감사인을 강제로 지정함으로써, 해당 기업이 입맛에 맞는 감사인을 선임한 후 분식회계를 저지를 가능성을 사전에 막을 수 있기 때문이다. 지정 감사인은 금융감독원에서 선임한다. 과거의 분식회계 적발 및 미적발 결과 등을 평가해서 감사인의 성적을 매기고, 감사품질이 우수한 회계법인을 더 자주 지정감사인으로 선정하는 것이다. 따라서 열심히 일하는 회계법인이 더 자주 지정감사인으로 선임되기 때문에, 회계법인들이 열심히 일하도록 유도하는 효과도 있다. 지정기간 동안 분식회계가 다시 발생하고 지정감사인이 이를 적발하지 못했다면 감사인도 가중처벌을 받는다. 이 점도 회계법인에서 열심히 감사를 실시하는 이유다. 이 제도가 분식회계나 이익조정을 막는 데 효과가 있다는 연구결과도 국내에서 다수 발표된 바 있다.

2014년도까지는 신규상장을 앞둔 기업, 관리종목에 속한 기업, 최근 분식회계를 저질러서 적발된 경험이 있던 기업들만 감사인 지정의 대상이었다. 그러다가 2014년 말 '주식회사의 외부감사에 대한 법률(외감법)'의 시행령을 일부 개정해, 재무구조가 열악한 기업들도 감사인 지정을 하도록 지정대상 기업의 범위가 확대되었다. 상장사 중 부채비율이 200%가 넘으면서 동종 업종 평균 부채비율 대비 1.5배를 초과하고, 이자보상비율은 1 미만인 기업들이다. 이 기준에 따라 2015년 현재 77개 기업이 신규로 감사인을 지정받았다. 약 2천 개에 달하는 상장기업 전체 숫자와 비교하면 미미한 숫자라고 볼 수 있다.

2014년 지정감사인 제도를 확대실시할 때 일부 기업들에서는 감사인을 지정받게 되면 문제가 있는 기업이라고 시장에서 낙인찍히기 때문에 사업을 제대로 수행할 수 없어서 회사의 생존에 위기가 닥칠 것이라고 주장하며 크게 반발했다.[1] 그러나 실제로 그런 일은 일어나지 않았다. 부채비율이 높다거나 회사에서 번 영업이익으로 이자를 낼 수도 없다는(즉 이자보상비율이 1 미만이라는) 내용은 이

---

1 대우조선해양 사건 직후 분식회계의 의혹을 받고 있던 17개 기업을 선정해 금융감독원이 자율적으로 감사인 지정을 신청하라고 했을 때도 해당 기업들이 똑같은 이유를 들어 반대의견을 내놓았다. 또한 회계연도 중간에 감사인을 바꾸는 것은 전 세계적으로 유례가 없다고도 반박했다. 이 두 주장 중 전자에 대해서는 본문의 내용을 참조하기 바란다. 후자의 주장은 사실이 아니다. 미국의 경우 회계연도 중간 언제라도 감사인을 바꿀 수 있으며, 실제로 그런 경우가 다수 존재한다. 그렇지만 필자의 이런 설명이 이들 17개 기업이 분식회계를 범했다는 주장은 절대 아니다. 이들 기업들 중에서는 정말로 억울한 기업들도 틀림없이 있을 것이다.

미 재무제표를 통해 시장에 알려져 있는 사실들이다. 그런 기업들을 골라 추가적으로 감사인 지정을 한다고 해서 회사가 큰 위험에 닥칠 것이라는 주장은 설득력이 없다. 외부감사인이 바뀌어서 회사가 위험에 처하게 되는 것이 아니고, 회사가 제대로 영업을 못 해서 이미 재무적으로 위험에 처해있는 상황이라 감사인이 지정된 것이다. 외부감사인이 감사를 깐깐히 해서 멀쩡한 회사가 망한다는 주장은 어불성설이다.

참고로 설명하면, 우리나라의 회계법인들이 회계감사시에 투입하는 시간은 동일한 규모와 특성을 가진 미국기업에 대한 감사투입시간의 10~20% 정도, 홍콩 기업의 1/3, 일본이나 싱가포르 기업의 절반에서 2/3 정도에 불과하다. 한국의 감사보수가 글로벌 스탠더드보다 매우 낮고, 그 결과 감사투입시간도 이와 비례해서 낮다는 것을 알 수 있다. 이런 수치를 외국에 알리기가 부끄러울 정도다. 몇몇 대기업의 경우, 한국 소재 거대기업인 본사에 대한 감사보수보다 미국에 위치한 조그마한 현지법인의 감사보수가 더 높은 경우도 종종 발생한다. 미국 현지법인은 미국 회계법인에서 감사를 받기 때문에, 미국의 회계감사 수준에 따라 상당한 시간이 투입되어 철저하게 감사가 수행되기 때문이다. 이런 열악한 국내 현실을 고려하면, 회사가 작심하고 분식회계를 수행한다면 회계감사 과정에서 이 분식회계를 적발하는 것이 얼마나 어려운지 짐작할 수 있다. 문제만 생기면 회계감사를 어떻게 해서 이걸 발견하지 못했냐고 회계법인을 비난하지만, 이런 현실을 고려한다면 왜 분식회계를 잘 발견하지 못하는지 이해가 될 것이다.

따라서 필자는 감사인 지정대상 기업의 범위를 좀더 확대해야 할 것이라고 생각한다. 지정대상 기업의 범위에 '분식회계의 조짐이 있는 기업'이라는 항목을 추가해 외감법 시행령을 개정하면 된다. 그렇다면 분식회계의 조짐이 있는 기업들을 찾는 기준이 무엇이냐는 질문이 나올 텐데, 이 기준은 만들면 된다. 이미 회계학계에서는 분식회계나 이익조정을 찾는 방법들이 많이 개발되어 연구 목적으로 사용되고 있다. 금융권에서도 기업분석의 목적으로 활용하고 있으며 금융감독원에서도 감리대상 기업 선정에 활용하고 있는 모델이 있다. 따라서 이들 모델을 이용하면 된다. 그렇다면 2015년 발생한 감사인 자율 신청을 하라고 몇몇 기업에 대해서 요청하는 해프닝 같은 사건은 일어나지 않았을 것이다. 이들 기업들의 상당수가 분식회계의 조짐이 있는 기업으로 분류될 것이기 때문에 자연스럽게 감사인 지정을 할 수 있기 때문이다.

사건이 발생한 다음 외양간 고치기 위해 노력하는 것보다 사건이 터지기 전 사전적으로 막는 방법을 찾는 것이 훨씬 중요하다. 잊을 만하면 다시 되풀이되는 분식회계 사건을 막기 위해서 지정대상 기업의 확대는 하루빨리 이루어졌으면 하는 바람이다.

하이마트의
영업권 회계처리와
상장의 비결

••• 롯데하이마트 •••

유진그룹은 하이마트를 AEP파트너스로부터 인수한다. 이때 하이마트의 최고경영자인 선종구 회장이 2대 주주로서 공동으로 인수에 참여한다. 그런데 인수 이후 유진그룹은 재무구조 악화로 어려움에 처하게 되며, 하이마트는 영업권 상각 문제 때문에 적자를 기록하게 된다. 그런데 이 시점에서 한국이 국제회계기준을 도입하겠다고 선언한다. 유진그룹은 국제회계기준을 조기도입했는데, 그 후 영업권 상각을 멈춤으로써 하이마트를 흑자전환 시켰다. 흑자전환에 따라 상장기준을 맞출 수 있게 되자 하이마트를 상장시켰고, 상장을 통해 마련한 자금으로 상당한 부채를 갚을 수 있었다. 그러나 그 이후 1대 주주와 2대 주주 사이에 경영권 분쟁이 벌어지게 되고, 분쟁의 결과 하이마트는 또 다시 매물로 등장하게 되어 롯데그룹이 인수하게 된다. 이런 복잡한 사건들의 전말에 대해 살펴보자.

MANAGING BY NUMBERS

롯데하이마트는 2015년 영업이익 1,600억 원, 당기순이익 1,065억 원의 영업성과를 올렸다. 2014년에 기록한 영업이익 1,400억 원, 당기순이익 960억 원의 성과에 비해 진일보했지만 회사가 창사 이래 최고의 성과를 기록했던 2013년보다는 못하다. 어쨌든 2012년 말 주인이 유진그룹으로부터 롯데그룹으로 바뀐 뒤 롯데하이마트는 2014년 겪었던 침체기에서 어느 정도 벗어나고 있는 모습이다. 2015년 롯데그룹이 경영권 분쟁에 휩싸이는 등 내홍을 겪으면서 롯데그룹의 이미지가 타격을 입었는데도 불구하고 거둔 호실적이어서, 시장에서는 이를 긍정적인 신호로 받아들이는 분위기다.

인수과정을 되돌아보면 롯데그룹은 하이마트를 어부지리로 손에 넣었다고 할 수 있다. 2011년 말부터 2012년 초에 걸쳐서 유진그룹은 선종구 하이마트 회장과 하이마트의 경영권을 둘러싸고 치열한 분쟁을 벌였다. 하이마트의 최대주주인 유진그룹이 하이마트의 경영을 담당하고 있던 CEO 선종구 회장을 교체하기 위해 이사회를 소집하면서 갈등이 본격화되었다. 겉보기에는 32%의 지분을 보유한 유진그룹이 18%를 보유한 선 회장보다 보유지분이 월등히 더 많아 큰 문제가 없어 보였다. 그러나 막상 경영권 분쟁이 벌어지자 선 회장이 약 10%의 우호지분을 확보한 상황이었고, 차명으로 보유하고 있던 지분도 상당히 많이 존재한다는 것이 밝혀졌다. 그 결과 양자의 지분비율이 비슷해서 뚜렷한 승자가 나타나지 않았다. 분쟁이 쉽게 끝나지 않아 정상적인 경영이 이루어지지 않으면서 주가가 폭락하자 양측은 타협책으로 양 당사자 모두 지분을 제3자에게 매각한다는 결론을 내렸다. 분쟁 중 양측 모두 감정이 악화되어서 서로 상대방에게는 회사를 넘기지 않겠다는 결심을 한 것으로 보여진다. 이 과정에는 재무적 투자자로서 약 10%의 지분을 보유하고 있는 사모펀드 H&Q와 IMM 컨소시엄의 설득이 있었다고 한다.

그 결과 시장에 매물로 나온 하이마트를 사기 위해서 사모펀드인 MBK파트너스와 롯데쇼핑이 치열한 경쟁을 벌였다. 1조 2,500억 원 정도의 높은 입찰가격을 적어냈던 MBK파트너스가 우선협상대상자로 선정되었으나, 그 후 협상이 결렬되면서 MBK파트너스는 인수를 포기했다. 당시 MBK파트너스는 하이마트와 웅진코웨이의 인수전에 동시에 참여하고 있었는데, 두 인수목표회사를 저울질 하다가 웅진코웨이를 선택한 것이다. 그 결과 2012년 10월 롯데쇼핑이 하이마트를 인수해서 롯데하이마트가 탄생했다.

그러나 갈등은 이것으로 끝난 것이 아니었다. 분쟁이 벌어지던 당시 유진그룹 측과 선 회장의 측근에서 제보한 것으로 보이는 선 회장의 여러 비밀이 드러났다. 선 회장은 검찰의 수사를 거쳐 횡령 및 배임, 그리고 증여세 포탈 등의 혐의로 기소되었다. 그리고 2015년 벌어진 1심과 2016년 벌어진 2심 법원에서 일부 기소내용에 대해서는 유죄판결을 받았다.

AEP파트너스의 하이마트 인수와 매각

그렇다면 과거 하이마트가 어떤 과정을 통해 성장했고 유진그룹으로 경영권이 넘어갔는지에 대해 살펴보자. 하이마트는 원래 대우전자의 국내 유통망 역할을 수행하는 것을 목적으로 설립된 회사다. 삼성전자의 디지털플라자Digital Plaza나 LG전자의 베스트샵Best Shop과 동일한 역할을 수행했다. 그러다가 1997년 아시아 금융위기 이후 대우전자가 파산하자 종업원지주회사 형태로 독립해 위기를 극복하고 살아남았다. 대우전자 시절 이 사업부분을 담당하고 있던 임원이었던 선 회장이 대리점 사장들을 규합해서 독립한 것이다. 1999년에 사명을 하이마트로 변경했다.

　하이마트 창립 이전의 국내 가전제품 유통은 주로 삼성전자와 LG전자를 비롯한 가전제품 제조사들의 전속대리점들을 통해 이루어져 왔다. 그런데 하이마트는 대우전자 제품뿐만이 아니라 타 회사의 제품까지 모두 한 곳에서 판매하는 '전자제품 양판점'으로 변신했다. 대우전자로부터 독립했으므로 가능할 일이었다. 소비자들이 다른 브랜드의 다양한 제품을 한 곳에서 비교해보고 선택할 수 있으므로, 하이마트는 인기를 끌면서 성장을 거듭했다. 그러나 위기의식이 사라지자 성장이 정체되기 시작했다. '모두가 주인'이라는 종업원 지주제가 '누구도 주인이 아닌' 제도로 변해가면서 비효율이 나타나기 시작한 것이다. 3년 동안 연속해서 매출이 제자리를 맴돌자, 선 회장은 이런 상태에서는 더 이상의 발전가능성이 없다고 판단하게 된다. 그리고 주주들인 대리점 사장들과 직원들을 설득해서 하이마트를 경영할 수 있는 주인을 찾아 경영권을 매각하기로 했다.

이때 나타난 회사가 홍콩에 기반을 둔 사모펀드PEF; Private Equity Fund인 어피니티 에쿼티 파트너스AEP; Affinity Equity Partners다. AEP는 2005년 조세피난처 국가인 네덜란드에 페이퍼컴퍼니인 Korea CE HoldingsKCH를 설립했다. AEP가 KCH 설립을 위해 정확히 얼마를 투자했는지는 알 수 없다. KCH는 AEP가 투자한 자기자금과, 이 자금을 담보로 외부에서 대출한 자금을 합쳐 약 2,800억 원을 출자해서 다시 하이마트홀딩스라는 페이퍼컴퍼니를 한국에 설립한다. AEP가 직접 자회사를 국내에 세우는 것이 아니라 조세피난처 국가에 첫 번째 자회사를 세운 후 다시 그 회사의 자회사로 한국에 두 번째 자회사를 세운 것이다. 그 이유는 조세피난처 국가를 경유해 투자하면 한국에서 소득이 있는 경우 세금을 거의 내지 않아도 된다는 국내법의 허점을 이용하기 위한 것이다. 외국계 PEF가 국내 투자를 할 때 흔히 사용하는 방법이며, 국내 기업들이 해외 투자를 할 때도 역시 널리 사용하는 방법이다.

하이마트홀딩스는 설립 직후 다시 국내 금융사로부터 부족한 자금을 차입해서 2005년 4월 약 5,200억 원으로 하이마트 지분 80%를

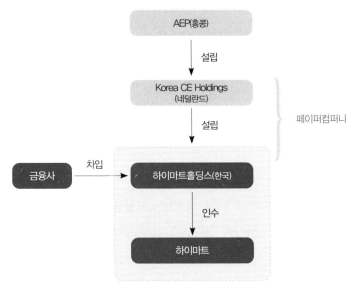

인수 후 두 회사를 합병해 구 하이마트가 탄생

319

인수했다. 이후 나머지 지분 약 20%도 추가로 1,700억 원에 매입해 하이마트를 100% 소유하게 된다. 따라서 총 매입대금은 약 7천억 원이다. 매각조건은 선 회장이 계속 경영을 담당하며, AEP에서 CFO를 파견하고 경영자문을 하는 것이었다.

결과적으로 보면 AEP가 얼마의 자체자금을 투자했는지는 불명확하지만, KCH가 차입한 자금과 하이마트홀딩스가 차입한 자금을 모두 합쳐 생각해보면 7천억 원의 인수 대금 중 최소 1/3에서 1/4 정도만 자기 돈으로 투자하고 나머지 부족한 자금을 빌려서 인수에 필요한 자금을 마련한 것으로 보인다. 전형적인 LBO(Leveraged Buy-

Out, 부채를 통해 조달한 자금을 이용해 타 회사를 인수하는 것)의 예다.

2007년 5월 들어 하이마트홀딩스는 하이마트를 흡수합병한다. 그렇지만 하이마트홀딩스는 페이퍼컴퍼니이기 때문에 경제적 실질은 하이마트만 남는다. 그리고 존속법인의 이름도 하이마트로 정한다. 합병한 이유는 하이마트홀딩스가 가지고 있는 부채(하이마트 인수를 위해 빌려온 돈)를 하이마트가 보유하고 있는 현금이나 하이마트가 벌어들인 돈을 이용해서 갚기 위해서다. 또한 조만간 하이마트를 다시 매각할 것이므로, 두 회사를 합쳐서 복잡한 연결관계를 정리할 필요도 있었을 것이다. 논의의 편의상 뒤에 설명할 같은 '하이마트'라는 명칭을 사용하는 다른 회사와 구별하기 위해, 양자의 구별이 애매한 경우에는 이때 합병을 통해 탄생한 회사를 구 하이마트라고 부르도록 하겠다. 이런 과정들은 간단히 〈그림 1〉에 요약했다.

유진그룹의 하이마트 인수구조

2005년 AEP의 하이마트 인수 이후 한국 경제가 점차 회복되면서 구 하이마트의 성과도 급신장한다. 2007년 하반기가 되자 AEP는 하이마트를 다시 매각하기 위해 시장에 매물로 내놨다. PEF는 회사를 인수해서 장기적으로 경영하려는 것이 아니라 단기적으로 경영한 후 좋은 가격에 파는 것이 목적이므로, 당시 하이마트의 성과가 상승한 시점에서 AEP가 하이마트를 매물로 내놓은 것은 당연한 결정이었다.

이때 롯데, GS, 유진그룹 등이 하이마트를 직접 경영하기 위한 전

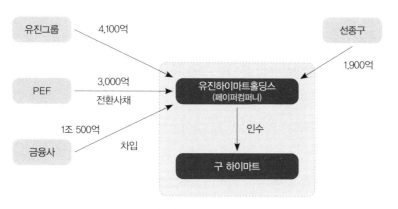

•• 〈그림 2〉 유진기업의 하이마트 인수구조

유진그룹 —4,100억→ 유진하이마트홀딩스 (페이퍼컴퍼니) ←1,900억— 선종구

PEF —3,000억 전환사채→

1조 500억
금융사 —차입→

인수

구 하이마트

인수 후 두 회사를 합병해 신 하이마트가 탄생

략적 투자자로서 인수전에 참여했다. 그리고 MBK파트너스와 CCMP
의 두 PEF는 재무적 투자자로서 경쟁에 참여한다. 그 결과 입찰에서
최고가를 써낸 롯데와 2위 GS가 모두 탈락하고, 3위인 유진그룹이
2008년 1월 1조 9,479억 원에 하이마트를 인수하게 된다. 하이마트
측에서는 가격 외 조건이 유진그룹이 더 좋았다고 설명했으나, 외부
에서는 약 1천억 원 이상의 입찰가를 더 써낸 롯데나 GS가 탈락한 것
이 이상하다는 의혹을 제기하기도 했다.

　유진그룹의 하이마트 인수구조는 AEP의 하이마트 인수구조를 거
의 그대로 되풀이한 것이다. 유진그룹의 주력사인 유진기업을 중심
으로 하이마트를 인수하기 위해 4,100억 원을 출자해서 유진하이
마트홀딩스EHH라는 페이퍼컴퍼니를 설립했다. 하이마트의 선 회장
도 EHH에 1,900억 원을 출자해서, EHH의 총 자본금은 6천억 원이
된다. 즉 유진기업과 선 회장이 공동으로 EHH의 주주가 된 것이다.

EHH는 전환사채 발행을 통해 총 3천억 원, 그리고 금융권 차입으로 1조 500억 원을 추가적으로 조달한다. 이 돈을 모두 합쳐 1조 9,500억 원으로 하이마트를 인수해서 EHH의 자회사로 편입한 것이다. 결국 인수자금의 상당부분이 부채를 통해 조달되었으므로, 이 인수구조도 역시 LBO로 분류할 수 있다.

인수 후 EHH는 자회사인 구 하이마트를 흡수합병하고 존속회사의 명칭을 하이마트로 정했다. 논의의 편의상 구 하이마트와 구분해서 이때 탄생한 회사를 신 하이마트라고 부르겠다. AEP가 설립한 하이마트홀딩스가 하이마트를 흡수합병하고 존속회사의 명칭을 구 하이마트로 정한 것과 동일한 방식이다. 합병 결과 EHH가 빌려온 차입금을 신 하이마트의 자금을 이용해서 갚을 수 있게 된 것이다.[1] 인수 후 신 하이마트의 경영은 구 하이마트 때와 마찬가지로 계속 선 회장

---

[1] 검찰이 선 회장을 기소했을 때 EHH가 구 하이마트 인수를 위해 빌린 차입금을 EHH와 구 하이마트의 합병 후 신 하이마트의 자금을 이용해서 갚았다는 내용도 포함되어 있었다. 신 하이마트의 자금이지만 자금의 원천은 구 하이마트 시절부터 가지고 있던 자금이므로, 이 행위가 구 하이마트의 주주들의 가치를 손상시키는 배임이라는 것이다. 그러나 이 안건에 대해서 법원에서는 무죄판결을 내렸다. 법에 대한 전문지식이 부족한 필자의 개인적인 견해이지만 이 문제에 대한 검찰의 기소는 무리한 것으로 보인다. 만약 이 행위가 배임으로서 유죄라면 과거 국내에서 벌어진 M&A 중 거의 대부분이 유죄가 된다. 예를 들어 AEP가 설립한 하이마트홀딩스가 하이마트를 합병해 구 하이마트가 설립되었을 때도 하이마트가 보유하던 자금을 이용해서 하이마트홀딩스가 차입한 자금을 상환했던 바 있다. 두 회사가 합병 절차를 통해 한 회사로 결합한 만큼 어느 쪽 자금을 사용해서 부채를 상환했느냐를 문제 삼아 한쪽 회사의 과거 주주들의 가치를 손상시켰다는 판단해서 기소한다는 것은 상당한 무리가 있다. 하이마트의 주주들이 합병에 찬성했을 때는 이미 합병을 통해 두 회사가 하나가 된다는 것에 대해서 동의를 한 것이니만큼. 합병 이후 회사가 보유한 자금으로 부채를 상환하는 것은 지극히 정상적인 경영활동이라고 생각한다. 배임에 해당되는 M&A시의 LBO에 대한 예와 그렇지 않은 LBO의 예에 대한 보다 자세한 내용은 필자의 저서 『숫자로 경영하라 3』에 실린 'M&A를 위한 대규모 자금조달 방법들의 차이점'이라는 글을 참조하기 바란다.

이 CEO로서 책임지게 되었다. 이런 과정은 간단히 〈그림 2〉에 요약했다.

유진그룹의 유동성 위기와 하이마트의 상장을 위한 준비

유진그룹이 인수를 한다는 소식이 알려지자 시장에서는 유진그룹의 자본규모나 유동성을 고려했을 때 유진그룹의 부담이 지나치게 높다는 소식이 퍼졌다. 유진그룹의 신용등급이 강등되지는 않았으나 '부정적 전망'으로 바뀔 정도로 시장에서는 우려를 하기 시작했다. 차입금의 규모가 하이마트나 유진그룹의 이익으로 갚기가 어려워 보이는 큰 금액이었기 때문이다. 당연히 주가도 폭락했다. 인수 시점인 2008년 1월 1만 5천 원대까지 올랐던 주가는 2008년 6월 들어서는 9천 원대까지 떨어졌다. 9월 이후 세계금융위기가 발생하자 주가는 이보다 더 크게 하락한다.

원래 시멘트 분야에 주력하던 유진그룹은 2006년 들어 서울증권(현 유진투자증권)을 인수하고, 2007년 로젠택배를 인수하는 등 적극적으로 M&A를 수행함으로써 외형은 급격히 커졌으나 부채비율이 300%에 근접할 정도로 자본구조가 열악해진 상황이었다. 설상가상으로 2008년 가을 세계금융위기가 발생하면서 소비가 둔화되고 하이마트의 영업성과도 하락했다. 하이마트가 벌어들인 자금을 이용해서 EHH가 빌려온 차입금을 갚을 수 있을 것이라던 유진그룹 측의 계산이 어긋나기 시작한 것이다.

EHH가 하이마트 인수를 위해 빌린 차입금은 5년 만기로서 2013년까지 상환하도록 예정되어 있었다. 그러나 하이마트의 경영성과가 악화되자 차입금을 갚지 못할 위험이 크게 대두되었다. 또한 하이마트 인수를 위해 4,100억 원을 출자한 유진기업도 위험해 보였다. 그러자 유진그룹은 하이마트를 상장시켜 보유하고 있는 지분의 일부나 신주를 발행해 주식시장에 매각함으로써 자금을 마련한다는 계획을 세웠다. 그래서 부채를 갚는다는 아이디어다. 당시 역시 급속한 성장을 보이던 STX그룹이 공격적으로 M&A를 수행하면서 사용하던 방법과 동일하다. 또한 유진그룹의 하이마트 인수시 전환사채 3천억 원을 인수했던 재무적 투자자들도 하이마트의 경영성과가 개선되면 보유하고 있던 전환사채를 주식으로 전환해 주식시장에서 매각하고자 하는 의향을 가지고 있었다.

기업이 증시에 상장하기 위해서는 주식의 분산, 경영성과, 안정성 및 건전성 등 분야에서 정해진 조건을 충족시켜야 한다. 그런데 하이마트는 경영성과 부분에서 상장조건을 충족시키지 못하고 있었다. 구체적으로 유가증권시장 상장규정을 보면, 상장기업은 반드시 다음 3가지 중 한 가지 조건을 충족해야 한다. (1) ROE가 최근 5% 이상이며 3년 합계가 10% 이상, (2) 순이익이 최근 25억 원 이상이고 3년 합계가 50억 원 이상, (3) 자기자본 1천억 원 이상이면 최근 ROE 3% 이상 또는 순이익이 50억 원 이상이면서 영업현금이 양(+)이어야 한다. 또한 이 3조건에 추가해 반드시 상장 직전 연도에 영업이익, 법인세차감전계속사업이익, 당기순이익이 양(+)이어야 한다.

하이마트는 2005년에서 2007년까지 약 700억 원에서 800억 원

유진그룹 소유 레미콘 공장의 모습
유진그룹은 시멘트나 금융 분야를 중심으로 성장해왔다. 2008년 초, 유진그룹은 AEP로부터 하이마트를 인수한다. 이때 선종구 회장이 유진그룹과 함께 일부 지분을 인수하고, 대표이사 역할을 계속해서 수행하게 된다.

정도의 당기순이익을 기록하고 있었으나, 2008년 들어 621억 원의 손실을 기록한 상황이었다. 또한 2009년 들어서도 371억 원의 손실을 기록했다. 만약 상장요건 중 (2)조건을 충족시키려면 상장 직전 연도인 2010년에 최소 1,042억 원 이상의 당기순이익을 기록해야만 했다. 하지만 그럴 가능성은 낮아 보였다. 예를 들어 하이마트는 2008년과 2009년 동안 이자비용으로만 각각 1,200억 원을 지불하고 있었다. 영업이익이 2008년 488억 원, 2009년 1,820억 원이라는 점을 고려하면 엄청난 금액을 이자비용으로 지불하고 있었던 것이다. 이 이자비용 액수를 보면 하이마트 인수를 위해 빌려온 자금들 때문에 부채가 상당히 많았다는 것을 알 수 있다.

하이마트가 2008년과 2009년 동안 계속 적자를 기록한 또 다른 이유는 막대한 영업권상각비 때문이다. 영업권상각비가 무엇이고, 왜 발생하게 되었는지에 대해 자세히 알아보자.

영업권 회계처리와 국제회계기준의 도입

영업권이란 M&A 시에 피인수회사를 공정가치보다 비싼 가격, 즉 프리미엄을 지불하고 인수했을 때 발생한다. 회계처리시 이 프리미엄을 '영업권'이라고 정의해 무형자산으로 분류한다.[2] 당시 우리나라에서 사용하던 회계기준(이하 K-GAAP이라고 부름)에 따르면, 영업권은 최장 20년을 넘지 않는 경제적 내용연수 기간 동안 균등한 금액으로 나누어(회계상 용어로는 정액법을 사용해) 매 기간 동안 비용으로 처리한다. 예를 들어 200억 원의 프리미엄을 지급한 경우, 지급 시점에는 이 프리미엄을 영업권으로 분류한다. 그 후 매년 200억 원의 1/20인 10억 원씩을 영업권상각비로 비용처리 하고, 10억 원만큼 영업권 금액을 줄이는 것이다. 따라서 첫해가 지난 후 영업권 금액은 190억 원이 되어 재무상태표에 보고되고, 첫해 동안의 영업권상각비 10억 원은 손익계산서에 영업비용의 일부로서 포함되는 것이다. 둘째 해가 지나면 재무상태표에 표시되는 영업권 금액은 또 10억 원이 줄어 180억 원이 되고, 줄어든 금액 10억 원은 손익계산서에 영업비용으로 표시된다.

영업권의 가치가 20년이 되지 않는다면 회계처리가 달라진다. 만약 프리미엄의 가치가 지속되는 기간이 20년보다 짧다면 20년이 아니라 그 기간을 사용해 영업권을 상각해야 한다. 또한 만약 상각 도중

---

2 보다 정확히 전문용어를 이용해서 설명하면, 영업권은 기업이 경제활동을 통해 축적한 가치가 기업이 보유한 개개의 자산의 가치에서 부채의 가치를 차감한 금액을 초과하는 경우 그 무형의 가치초과분을 의미한다.

•• 2005~2008년 사이의 하이마트의 경영성과

(단위: 억 원)

	2005년	2006년	2007년	2008년
매출액	19,812	21,577	14,253	14,920
영업권상각비	0	0	0	515
영업이익	994	1,188	763	489
이자비용	120	111	192	1,215
당기순이익	664	870	738	-621

상황이 변해서 영업권의 가치가 크게 하락했다는 것이 판명된다면 그 시점에서 즉시 하락한 가치만큼 영업권의 금액을 하락시키고, 하락된 금액을 영업권상각비로 인식해야 한다. 예를 들어 앞으로 회사가 잘 될 것이라는 기대하에 상당한 프리미엄을 주고 회사를 인수했는데, 막상 회사를 인수해서 경영해보니 회사의 가치가 기대만큼 증가하지 않거나 오히려 감소할 수도 있다. 이런 경우라면 영업권이 가치가 없는 것이므로 영업권을 즉시 상각해야 한다.

그런데 EHH가 구 하이마트를 인수할 때 AEP에게 지급한 인수대금 1조 9,479억 원 중 영업권으로 분류된 금액이 1조 7,348억 원이었다. 구 하이마트가 보유하고 있는 자산과 부채의 공정가치의 차액(즉 순자산의 공정가치)이 2,131억 원밖에 안 되는데, 1조 9,479억 원을 지불했으므로 양 금액의 차이가 영업권으로 분류된 것이다. EHH는 회계기준에서 허용한 최장기간인 20년 동안 영업권을 상각하는 방법을 택했다. 그 결과 매년 약 880억 원이 영업권상각비로 기록된

다. 영업권상각비는 영업비용에 포함되는 항목이기 때문에 하이마트의 영업이익은 크게 감소한다. 원래 영업권상각비는 EHH의 비용이고 신 하이마트의 비용이 아니지만, EHH가 구 하이마트를 흡수합병한 후 이름을 바꿔 신 하이마트가 탄생한 것이므로 영업권과 영업권상각비가 존속법인인 신 하이마트의 자산과 비용으로 각각 기록되게된 것이다.[3]

이런 회계처리 때문에 2008년에는 총 514억 원, 2009년부터는 880억 원이 영업권상각비로 기록된다. 2008년의 영업권상각비가 다른 연도보다 작은 이유는 2008년 5월 말 합병이 이루어졌으므로, 영업권상각비가 1년 수치가 아니라 합병 이후의 7개월 수치만 기록되었기 때문이다. 이런 내용을 종합하면, 영업권상각비와 이자비용을 고려하면하이마트가 상장을 위해 필요한 1,042억 원 이상의 당기순이익을 올릴 가능성은 거의 없어 보이는 상황이었다. 2009년 말 시점에서 보면2010년 순이익은커녕 적자를 면할 수 있을지도 불명확해 보였다.

IFRS 조기도입과 영업권 회계처리 방법의 변경

이때 한국이 국제회계기준IFRS; International Financial Reporting Standards을 도입한다고 선언한다. 대기업은 2011년, 중소기업은 2012년부터 IFRS

---

3 영업권상각비는 영업비용으로 분류되어 영업이익을 감소시킨다. 그러나 앞에서 설명한 이자비용은 영업비용이 아니라 영업외비용으로 분류되므로 영업이익에 영향을 미치지 않는다. 그러나 법인세차감전이익과 당기순이익 계산에는 두 비용이 모두 포함된다.

를 적용하지만 원하는 기업은 자발적으로 그 이전부터 IFRS를 조기 도입해서 사용해도 된다는 발표를 한 것이다. 뒤에 설명하겠지만, 한국의 IFRS의 도입 결정은 유진그룹에게 단기적으로는 구세주와 같은 역할을 하게 된다. 그러나 장기적으로 보면 유진그룹과 선 회장 사이의 경영권 분쟁의 시발점이 되는 계기가 된다.

IFRS와 IFRS 도입 이전 한국이 사용하던 K-GAAP 사이에는 여러 가지 차이가 있다.[4] 그 중 중요한 차이 한 가지는 '영업권 회계처리'에 대한 점이다. 전술한 바처럼 K-GAAP하에서는 영업권을 20년 이내의 기간 동안 정액으로 나누어 상각해 매년 상각분을 비용처리 한다. 그러나 IFRS하에서는 영업권상각을 매년 할 필요가 없고, 영업권의 공정가치를 평가해 공정가치가 장부가치보다 하락한 경우(회계상의 전문용어로는 손상차손이 발생한 경우)에만 하락한 부분만큼 장부가치를 상각한다. 그래서 재무상태표 상에는 영업권을 공정가치로 평가해 기록하고, 손익계산서에는 상각한 가치만큼만 영업권상각비로 기록하게 된다.

따라서 IFRS하에서는 영업권의 공정한 가치가 얼마인지를 평가하는 것이 매우 중요한 과제가 된다. 평가된 영업권의 가치에 따라 기록되는 영업권상각비가 크게 달라질 수 있기 때문이다. 그런데 공정한 가치를 평가한다는 것이 말은 쉽지만 실제로는 쉬운 일이 아니다. 유

329

---

4 IFRS와 K-GAAP의 중요한 차이점에 대해서는 필자의 저서 『숫자로 경영하라 3』에 실린 '왜 국제회계기준 도입이 문제인가?'라는 글을 참조하기 바란다. 두 회계기준 모두 각각의 장점과 단점을 가지고 있기 때문에 어느 한 방법이 다른 방법보다 반드시 우수하다고 이야기할 수 없다.

런던에 위치한 IASB의 모습
영국에 위치한 국제회계기준(IFRS)을 제정하는 기관인 IASB(International Accounting Standards Board)의 본부. 현재 전 세계 거의 모든 나라가 IFRS를 사용하고 있다.

진그룹이 하이마트를 인수할 때 큰 프리미엄을 지불한 이유는 앞으로 하이마트의 실적이 계속 상승할 것이라고 기대했기 때문이다. 이 정도 높은 가격을 지불하더라도 이익이 된다는 판단을 내렸기에 그 가격을 지불한 것인데, 미래에 얼마의 실적개선이 있을지를 현재 시점에는 정확히 알 수 없다. 만약 기대한 것만큼 실적이 좋지 않다면 인수시에 지불한 프리미엄이 헛돈 쓴 것이 된다. 따라서 영업권의 가치를 삭감해야 한다. 그렇다면 영업권의 공정한 가치를 평가하기 위해서는 앞으로 하이마트가 벌어들일 이익이 얼마가 될 것인지를 정확하게 예측하는 일이 매우 중요하다. 그런데 인간이 신이 아니기 때문에 미래에 얼마를 벌 수 있을지 정확히 알 수가 없다. 이런 경우에는 예측하는 사람의 의도에 따라 계산된 영업권의 공정가치가 얼마든지 달라질 수 있다. 따라서 기업이 자의적으로 이익을 늘리거나 줄이기 위해 영업권 평가를 이용할 수도 있다.

의무도입이 예정된 2011년 이전인 2010년부터 IFRS를 조기도입한 회사가 일부 존재했다. 대부분 대기업들이다. 중견기업으로는 거의 유일하게 유진그룹도 IFRS 조기도입을 결정한다. IFRS가 적용된 2010년 하이마트는 1,065억 원의 당기순이익을 올렸다고 발표했다. 전술한 것처럼 2011년 주식상장을 하기 위해서는 2010년에 최소 1,042억 원 이상의 이익을 기록해야 하는데, 1,042억 원을 아슬아슬하게 초과하는 1,065억 원의 이익을 기록한 것이다. 따라서 상장조건을 충족했다.

상장의 비결을 살펴보면?

그런데 재무제표의 주석과 각 항목들을 자세히 살펴보니, 전년도까지 K-GAAP에 따라 기록하던 880억 원의 영업권상각비를 2010년에는 전혀 기록하지 않았다. 즉 IFRS에 따라 영업권의 가치평가를 해보니 영업권의 손상이 없다고 판단한 것이다. 그 결과 이 항목 하나 때문에 2009년보다 2010년 들어 비용이 880억 원 감소하는 놀라운 효과가 발생했다. 즉 2010년 기록한 1,065억 원의 당기순이익 중 880억 원이 영업권상각비를 기록하지 않았기 때문에 발생한 것이라고 유추할 수 있다.

물론 매출액도 증가하고 여러 다른 상황도 개선된 점도 이익의 증가에 추가적으로 기여했다고 볼 수 있다. 하지만 아무리 다른 사정들이 개선되었다고 하더라도 만약 IFRS를 조기도입하지 않았다면 이익

규모는 200억 원 미만에 불과했을 것이다. 그렇다면 2011년 상장은 불가능하며, 2012년 상장도 불가능할 것이다. 아마 이익이 계속 개선된다고 해도 2014년이나 2015년쯤에야 상장이 가능해졌을 것이다. 따라서 상장기준 충족에 영업권상각비를 계상하지 않은 점이 결정적인 기여를 했다고 결론 내릴 수 있다.[5] 대부분의 사람들이 전혀 중요하지 않다고 생각하고 잘 알지도 못하는 회계처리 방법 한 가지의 변화가 하이마트나 유진그룹의 운명에 얼마나 큰 영향을 미쳤는지를 이 사례를 통해 잘 알 수 있다.[6]

이런 과정을 거쳐 상장조건을 충족시킨 하이마트는 2011년 초 한국거래소에 상장심사를 청구하고, 6월 29일 드디어 상장이 이뤄진다. 하이마트의 상장에 유진기업의 주식가격도 폭등한다. 상장을 통해 마련한 자금으로 유진기업이 가진 부채도 상당히 많이 상환할 수 있으리라는 기대감이 커졌기 때문이다. 상장을 통해 재무적 투자자들은 보유 지분 대부분을, 유진기업은 보유지분의 일부를 처분해 현금을 회수할 수 있었다. 또한 신주도 상당히 발행해서 매각했기 때문에, 신주발행으로 모은 자금은 하이마트로 들어왔다. 그 자금이 하이마트의 부채 상환에 사용된다. 따라서 하이마트의 부채가 줄어들 것이므로 이자비용도 동시에 감소해 미래 실적이 상승할 것으로 보였다. 당시

---

[5] 참고로 설명하면 유진그룹은 공식적으로 영업권상각비 문제 때문에 IFRS를 조기 도입한다고 밝힌 적은 전혀 없다. 유진그룹은 회계투명성 강화를 위해 IFRS를 조기도입한다고 발표한 바 있다.

[6] IFRS를 조기도입하지는 않았지만, IFRS가 도입된 후 IFRS의 영업권 회계처리 방법 때문에 영업권상각비가 줄어들어 이익이 급증한 기업들은 다수 있다. 예를 들어 SK는 매년 2천억 원 이상의 영업권상각비가 IFRS 도입 이후 감소했다.

여러 애널리스트들도 하이마트의 미래가 밝다며 장밋빛 전망을 쏟아냈다. 실제로 상장 후인 2011년 하이마트가 지불한 이자비용은 770억원 정도로서, 2009년 1,250억 원의 이자비용을 부담했던 것과 비교하면 이자비용이 상당히 많이 줄었다는 것을 알 수 있다. 부채를 많이 상환했기 때문에 이자비용이 준 것이다. 영업권 회계처리 방법의 변화가 이런 긍정적인 효과를 가져온 것이다.

경영권 분쟁의 시작

상장 직전 하이마트의 지분은 유진기업이 44%, 선 회장이 21%, 나머지 35%를 재무적 투자자들과 하이마트의 직원들이 보유하고 있었다. 상장 과정에서 일부 지분을 매각하고 신주를 발행했으므로, 상장 이후 지분비율은 유진기업이 32%, 선 회장이 18%, 하이마트 직원들이 10% 정도로 바뀐다. 재무적 투자자들도 상장 시점에 일부 지분을 매각했지만, 아직 상당한 수의 주식을 보유하고 있었다. 이때까지만 해도 유진그룹은 하이마트의 경영은 선 회장에게 맡겨둔 채 전혀 간섭을 하지 않았다. 선 회장은 하이마트의 창립 이전부터 하이마트의 경영을 맡아왔으므로, 선 회장은 15년의 긴 기간 동안 하이마트를 경영해온 것이었다.

상장이 이뤄지고 경영이 안정화된 2011년 말이 되자 유진그룹은 경영에 참여하려는 의사를 나타낸다. 그러자 선 회장이 강력히 반발하면서 경영권을 둘러싼 갈등이 시작된다. 상장을 통해 경영상의 큰

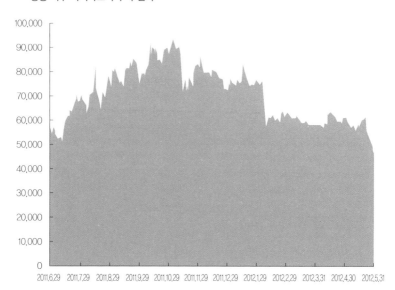

•• 상장 이후 하이마트의 주가 변화

상장 이후 하이마트의 주가변화를 보면 상승하던 주가가 3번에 걸쳐 크게 하락하는 추세를 관찰할 수 있다. 우선 경영권 분쟁이 시작된 2011년 11월 주가가 크게 하락한다. 그 후 검찰의 수사가 이루어지는 2012년 2월이 되자 주가는 또다시 크게 하락한다. 마지막으로 2012년 6월 주가가 크게 하락하는 때는 MBK파트너스가 하이마트 인수의사를 철회한 시점이다.

짐이 해결되자 다른 문제가 불거지게 된 것이다. 지분이 더 많은 유진기업이 주주총회에서 유경선 유진그룹의 대표를 하이마트의 공동대표로 선임하고, 유 대표는 회사 살림을 선 회장은 외부 영업을 맡도록 업무를 분담하기로 결정했다. 그러나 하이마트 쪽에서는 유 대표의 공동대표 취임을 인정하지 않았다. 말뿐인 공동대표가 된 것이다.

이런 일이 발생하자 2011년 말에 열린 주주총회에서 표 대결이 벌어지게 될 것을 인지한 양측은 다른 주주들을 설득해 자신을 지지하도록 만들기 위해 많은 노력을 기울인다. 겉으로 보면 32%의 지분을 가진 유진기업의 지분이 선 회장의 지분 18%보다 월등히 많지만, 10%의 지분을 가진 하이마트의 직원들이나 대리점주들이 선 회장을 지지하고 있으므로 이 표를 합하면 선 회장 측 표가 28%가 된다. 32%와 28%는 큰 차이가 없기 때문에 소액주주들의 지지여부에 따라 승자가 바뀔 수도 있는 상황이 된 것이다. 상장과정에서 유진 측이 현금 확보를 위해 보유 지분 중 상당부분을 매각해서 지분비율이 줄어들었기 때문에, 경영권 분쟁에서 확실한 우위를 점할 수 없는 상황에 처한 것이다. 당시에는 알려지지 않았고 나중에 밝혀진 것이었지만, 선 회장 측은 차명이나 가족 명의로 추가적으로 3% 이상의 지분을 확보하고 있던 상태였다. 이 3%의 표를 합치면 양측의 표차는 거의 없었다.

유진 측은 최대주주가 경영에 참여하는 것이 당연한 것이라는 주장을, 선 회장 측은 오랫동안 노력해서 하이마트를 발전시켰는데 이제 와서 경영권의 일부를 달라고 요구하는 것은 과거 경영을 자신에게 맡긴다는 약속을 어긴 것이라고 주장했다. 그러나 유진 측에서는 그런 약속을 한 적이 없다면서 맞섰다. 선 회장 측이 'employee들의 고용을 보장한다'는 내용이 포함된 영문 계약서를 공개하자 유진은 employee종업원란 평직원을 말하는 것이지 임원을 의미하는 것이 아니며, 계약서의 내용은 평직원들의 고용을 보장한다는 것일 뿐 선 회장의 경영권을 보장한다는 내용은 없다고 설명했다. 유진 측에 대항해서 하이마트의 직원들은 사직서를 회사에 제출했고, 대리점 직원들은 유진그룹 앞에 모여 항의시위를 벌이기도 하면서 선 회장 지지 의사를 적극적으로 표현했다. 이러는 사이 회사의 이미지가 추락하면서 영업이 제대로 이루어질 수 없었다. 하이마트의 주가도 20%나 폭락한다. 언론에서는 양측 모두를 비난하는 기사를 쏟아냈다.

분쟁의 종결과 롯데그룹의 하이마트 인수

2011년 11월 30일 열린 주주총회 직전 양측은 유 대표와 선 회장 각자대표 체제로 회사를 운영하기로 극적으로 합의한다. 그러나 불과 하루 뒤인 12월 1일, 양자는 경영권분쟁을 통해 물의를 일으킨 책임을 지고 보유지분을 모두 매각하겠다고 발표한다. 여러 재무적투자자들과 기관투자자들의 설득에 따라 이런 결정이 내려진 것으로 알려졌다. 양측은 "분쟁 과정에서 양측 간 불신의 골이 너무 깊어져 공동 경영이 더이상 어려워진 데다 주주에게 신뢰마저 잃은 만큼" 회사를 매각해서 새 주인이 경영하도록 하겠다는 결론을 내렸다고 발표했다. 모두가 깜짝 놀란 전혀 예상하지 못했던 뉴스였다.

이런 일이 발생한 후 매각이 준비되던 2012년 초 선 회장의 횡령과 배임 및 증여세 포탈 혐의에 대한 의혹이 제기되면서 선 회장과 유진기업사이에 폭로전이 벌어진다. 그러자 검찰이 수사에 착수해 하이마트에 대한 압수수색을 벌인다. 하이마트의 주가는 다시 폭락한다. 그리고 검찰이 유 대표와 선 회장을 모두 기소했고, 둘은 직책에서 물러났다. 검찰이 선 회장을 기소했을 때 다음과 같은 내용이 알려졌다. 유 대표가 AEP로부터 하이마트를 인수하던 시점에 개인적으로 선 회장에게 현금 400억 원을 지급하며, 1천억 원 이상의 주식을 선 회

롯데하이마트 광고
유통업의 강자 롯데그룹이 하이마트를 인수해 롯데하이마트가 탄생한다. 전자제품 유통 분야에 진출하기 위한 포석인 것이다. 롯데하이마트의 미래에 대해서는 낙관과 우려가 공존한다.

장이 액면가로 취득할 수 있도록 했다는 것이다. 검찰은 이 부분을 회사를 고의적으로 싸게 살 수 있도록 도와주는 대가로 받은 뇌물이라면서 업무상 배임과 횡령 혐의로 기소했다. 그러나 그 후 벌어진 1심과 2심 모두에서 선 회장은 여러 기소내용 중 이 부분에 대해서는 무죄판결을 받았다.[7]

재판과는 별개로, 하이마트 매각을 위한 입찰과정을 거쳐 2012년 6월 제일 높은 가격을 제시한 MBK파트너스가 우선협상대상자로 선정되었다. 그러나 한 달 동안의 협상기간이 끝나갈 때쯤인 6월 말 MBK파트너스는 하이마트의 2분기 업적이 예상보다 부진해서 기업

---

7 이 돈에 대해 유진기업의 유경선 회장은 뇌물, 선 회장은 정당한 자문료였다고 법정에서 주장했다. 법원은 선 회장이 이 돈을 받고 고의적으로 회사의 가치를 부당하게 낮추는 행동을 했다고 볼 증거가 없다고 판단했다. 물론 유죄판결을 받은 다른 사항들도 상당수 있다.

가치가 과대평가되었다면서 인수를 포기한다. 그리고 하이마트가 아니라 웅진코웨이를 인수하겠다고 발표한다. 그래서 입찰에서 2위를 차지했던 롯데가 1조 2,480억 원의 가격에 하이마트를 인수하게 된 것이다. 10월 말 롯데는 하이마트를 계열사로 편입하면서 사명을 롯데하이마트로 바꾼다.

롯데는 유진기업이 보유한 지분은 주당 8만 8,622원에, 다른 지분은 평균 7만 4천 원에 매입했다. 유진기업이 보유하고 있는 경영권에 대한 일부 프리미엄을 인정한 것이다. 유진 측 입장에서 보면 하이마트 인수 이후 모기업이 어려움을 겪기도 했지만, 결과적으로 볼 때 위기를 잘 극복하고 4년 만에 수천억 원의 이익을 올리면서 하이마트를 매각하게 된 것이다. 롯데그룹은 과거 롯데백화점이나 롯데마트 등을 통해 소비재 유통업 부분에서 상당한 우위를 차지하고 있었지만 가전제품 유통시장에서는 큰 존재감이 없었다. 따라서 하이마트 인수를 통해 명실공히 소비재 유통 거의 전 부분에서 시장을 장악한 제1의 사업자 입지를 확보하게 된 것이다. 따라서 유진기업과 롯데가 서로 윈-윈한 형태였다.

롯데하이마트의 미래

롯데하이마트의 미래에 대해서는 낙관과 우려가 공존한다. 롯데하이마트는 롯데그룹에 인수된 직후인 2013년 크게 개선된 실적을 달성한다. 유통업 분야에서 전문성을 가진 롯데의 경영이 효과를 보이고 있다는 분석이 많았다. 그러나 2014년 전반적인 내수경기의 침체 속에 롯데하이마트의 실적도 다시 추락했다. 그러다가 2015년 들어 일부 회복된 것이다. 2012년 하이마트를 롯데가 인수한 후 여러 점포들을 공격적으로 신규개점하면서 사업장 수를 늘려온 효과가 있는 듯하다고 언론들은 평가했다. 많은 우여곡절을 겪은 후 경영권이 안정되어 드디어 회사발전을 위해 주력할 수 있게 된 만큼, 롯데하이마트가 앞으로 더 큰 발전을 보이기를 바란다.

2016년 들어 대주주 형제 사이에서 경영권 분쟁이 벌어지면서 롯데그룹의 이미지가 훼손되어, 그 결과 롯데그룹 전 계열사의 업적이 악화되면서 주가도 하락한 상황이다. 롯데하이마트의 경영성과도 일부나마 영향을 받을 것으로 예측된다. 또한 점차 오프라인에서 온라인으로 이동하는 유통시장의 추세도 하이마트의 미래에 영향을 줄 수 있다. 이젠 가전제품까지도 직접 매장에 가지 않고 집에서 인터넷 쇼핑을 하는 시대가 온 것이다. 이는 하이마트뿐만 아니라 모든 오프라인 시장의 위기이기도 하다.

하이마트가 이런 위기를 잘 극복하고, 앞으로 좁은 국내시장을 넘어서 세계 유통시장에 진출할 수 있는 날이 오기를 희망한다. 제조업뿐만 아니라 유통서비스업에서도 한국 기업이 해외에서 크게 성공하는 사례를 만들 수 있기를 바란다.

회계로 본 세상

　이 사례를 통해 영업권에 대한 회계처리 방법의 변화가 어떤 결과를 가져왔는지를 잘 이해할 수 있을 것이다. 영업권에 대한 회계처리 문제는 M&A가 있었던 모든 회사들이 가지고 있는 문제다. 이 사례에서도 알 수 있듯이 M&A시에 지불하는 프리미엄이 상당히 큰 금액이기 때문에, 영업권을 어떻게 처리하느냐에 따라 재무제표가 큰 영향을 받게 된다. 만약 영업권의 가치가 없다고 판단된다면(즉 영업권에 대한 손상차손을 기록한다면) 한 번에 큰 금액을 상각할 수 있다. 영업권의 가치에 대한 판단이 자의적이기 때문에, 어떤 경우에 영업권에 대한 상각이 이루어지는지 주의해야 할 것이다. 일부 기업들이 기회주의적으로 영업권의 가치를 평가하는 경우도 가끔 발생한다.[1]

　본고에서 필자는 유진기업이 하이마트를 인수할 때 유진그룹 유경선 대표가 개인적으로 선 회장에게 현금 400억 원을 지급하며, 1천억 원 이상 가치의 주식을 선 회장이 액면가로 취득할 수 있도록 했다는 내용에 대해 소개했다. 2015년 말 열린 1심과 2016년 여름 열린 2심에서 선 회장은 검찰의 여러 기소내용 중 이 혐의에 대해서는 무죄판결을 받았다. 법정에서 유 대표는 싼 가격에 하이마트를 유진그룹에 넘기는 대가로 지불하기로 약속한 뒷돈이라고 주장했지만 선 회장은 정당한 자문의 대가라고 맞섰다.

필자가 법에 대해서는 전문가가 아니지만, 법원이 이 부분에 대해 무죄판단을 내린 이유는 부정한 돈이라는 증거가 부족하기 때문이라고 보인다. 어떤 자문을 해주었는지와 그 자문내용이 부정한 것인지에 대한 증거가 없을 것이다. 예를 들어 돈을 받은 후 인수가를 부당하게 낮추도록 하기 위해 선종구 회장이 어떤 행동을 했다는 등의 구체적인 증거가 없을 것이다. 어쨌든 만약 법원이 부정한 돈이라고 판단한다면 돈을 준 측과 받은 측이 모두 처벌을 받아야 했었을 것이다. 그러니 유 대표가 부정한 돈이었다고 하는 주장은 '너와 나 모두 감옥에 가자'는 이야기인 셈이다. 이 사실을 보면 유 대표가 얼마나 화가 많이 났는지를 알 수 있다.

참고로 이와 유사한 사례를 소개하면, 2003년 외환은행을 론스타가 인수할 당시 외환은행장이었던 이강원 행장이 론스타로부터 받은

341

---

1 다음 연구들을 참조하기 바란다.

Beatty and Weber, 'Accounting Discretion in Fair Value Estimates: An Examination of SFAS 142 Goodwill Impairments', 〈Journal of Accounting Research〉, 2006년.

Ramanna and Watts, 'Evidence on the Use of Unverifiable Estimates in Required Goodwill Impairment', 〈Review of Accounting Studies〉, 2012년.

백정한, 'K-IFRS 도입 이후 영업권 손상인식의 재량의사결정에 관한 실증적 연구', 〈회계학연구〉, 2015년.

돈 17억 원을 둘러싼 법정 공방에서도 무죄판결이 내려졌었다. 검찰은 이강원 행장이 받은 돈이 외환은행을 싼 가격에 인수하게끔 도와주고 받은 검은돈이라고 주장했으나, M&A에 대해 자문을 해둔 대가로 받은 정당한 돈이라고 주장한 이 행장이 역시 증거불충분으로 법정다툼에서 승리한 바 있다. 이 사건에 대한 보다 자세한 내용은 필자의 저서 『숫자로 경영하라』에 실린 '헐값매각 논란의 숨겨진 진실'을 참고하기 바란다.

이 두 판결은, 피인수회사의 지배주주와 CEO가 다를 때 인수회사가 피인수회사의 주주들에게 지급한 인수대금 외에 별도로 주주들에게 알리지 않고 뒤에서 CEO에게 지급한 돈(한쪽에서는 뇌물, 다른 쪽에서는 자문료라고 부르는)이 정당한 것인지에 대해 다시 한 번 생각하게 만드는 판결이다. 도대체 CEO가 누구를 위해서 일하라고 고용된 사람인지를 고민해봐야 할 것이다. 이 판결대로라면, CEO가 자신이 일하는 회사(즉 피인수회사)의 주주들 몰래 인수회사에게 유리한 정보를 제공하는 행위나 인수회사를 도와주는 행위(인수에 대한 자문을 하는 행위)가 합법이기 때문이다. 최소한 피인수회사의 주주들이 CEO를 상대로 배임혐의로 소송을 제기할 수 있는 행동이다.

'김영란법'에서 부정한 청탁이 없더라도 직무연관성이 있는 사람과 3만 원 이상 식사를 하거나 5만 원 이상의 선물을 받기만 해도 무조건 처벌을 하도록 했는데, 김영란법이 취지는 좋지만 처벌조항이 너무 포괄적이라서 거의 모든 국민을 잠재적 범법자로 만든다는 비판이 많다. 이 두 사례에서 직무연관성이 명백한 CEO가 받은 자문료 금액과 비교해보면, 부정한 청탁이 없어도 5만 원짜리 선물을 받는 것은 처벌하지만 1천억 원이 넘는 거액의 자문료를 받는 것은 부정한 청탁임을 입증하지 못하므로 처벌하지 못한다는 것은 상당히 불합리해 보인다. 더군다나 돈을 준 사람은 뇌물이라고 증언하고 있는데 말이다. 도대체 어떤 내용의 자문을 했길래 자문료가 기네스북에 올라갈 만큼의 막대한 금액이 될까? 어쨌든 이런 필자의 해석은 심증일 뿐이며, 명백한 물증이 없다는 법원의 판단은 옳다. 형사사건에서는 원고인 검찰이 증명해야 하는 수준이 높으므로 법적인 잣대로는 처벌이 불가능할 수 있겠지만, 윤리적으로 보면 씁쓸함을 느낀다.

이 두 판결과 다른 판결을 하나 소개한다. 2011년 공인회계사가 A씨가 B사를 외부감사를 하면서 얻은 내부정보를 바탕으로 B사를 인수하려는 C사에 대한 자문행위를 제공한 것에 대해 법원은 불법이라고 판결한 바 있다. 이 사건은 A씨와 C사 사이에 나중에 자문료로 얼마를 지급해야 하는지 분쟁이 벌어져서 재판까지 오게 된 것이다. 재판부는 B사와 계약을 맺고 감사서비스를 제공하는 A씨는 B사를 위해 일하는 것이며, 감사과정에서 얻은 정보를 다른 목적으로 이용해서는 안 된다고 판단했다. 회계사는 당연히 감사과정에서 얻은 내부정보를 외부에 알리지 말아야 한다. 따라서 감사과정에서 알게 된 정보를 이용해 C사에게 자문행위를 제공하는 것은 불법이라고 판단했다. 따라서 불법적으로 자문서비스를 제공한 것이므로 C사는 A씨에게 자문료를 전혀 지급할 필요가 없다는 판결을 내렸다. 공인회계사가 감사과정에서 알게 된 정보를 다른 목적에 타인을 위해 사용하지 못하는 것처럼, CEO도 자신의 재직기간 동안에는 주주의 이익에 반하는 행동을 해서는 안 되는 것이 아닐까?

MANAGING BY NUMBERS

총 3편의 글로 구성된 4부에서는 기업지배구조와 관련된 사례들을 모았다. 기업지배구조 문제는 현재 한국 사회의 큰 화두가 되고 있다. 정확한 답이 없는 이슈인데도 불구하고, 정치권이나 일부 인사들은 큰 그림을 보지 못하고 근시안적인 입장에서 다양한 정책들을 쏟아내고 있다. 그러다 보니 제안된 정책들의 효과가 서로 정반대인 경우도 많고, 경제 전반에 상당한 부정적인 효과를 미치는 정책들도 일부 존재한다. 이런 혼란을 정리하는 데 도움이 될 수 있을까 하는 기대로 지배구조에 대한 사례들을 정리해 소개한다. 이 글들을 통해 한국의 기업지배구조가 더 발전하는 데 조금이라도 공헌을 했으면 하는 바람이다.

4부

기업지배구조와
회계의 역할

알리바바는
왜 미국 상장을
택했을까?

··· 알리바바, 국내 대기업 집단 ···

세계 최대의 상거래 업체 알리바바는 미국 주식시장에 상장한다. 미국 주식시장에 상장하게 된 이유는 미국 주식시장이 차등의결권을 인정하기 때문이다. 일반적인 주식 1주당 1표의 의결권이 아니라 복수의 표를 가진 주식이 존재하는 것을 허용한다는 의미다. 알리바바의 마윈 회장은 바로 이 차등의결권 주식을 이용해서 소수의 지분을 가지고도 알리바바의 경영권을 장악하고 있다. 놀랍게도 알리바바의 1대 주주는 재일교포 손정의 씨다. 한국은 차등의결권을 허용하지 않는 소수의 나라들 중 하나인데, 당시 이 사건 때문에 우리나라에서도 차등의결권 제도를 허용해야 한다는 논란이 발생했었다. 차등의결권 제도의 장단점에 대해 살펴보고, 우리가 나아가야 할 방안이 무엇인지 생각해본다. 또한 지배구조에 대한 한국의 규제들의 정당성에 대해서도 생각해본다.

2014년 세계 경제 분야에서 가장 화제를 불러일으킨 뉴스 중 하나는 중국 인터넷 상거래 업체인 알리바바의 미국 뉴욕 증권거래소NYSE; New York Stock Exchange 상장IPO; Initial Public Offering일 것이다. 2014년 9월 19일 알리바바의 상장가는 68달러였으나, 상장하자마자 주가가 폭등해 거래 첫날 종가는 94달러에 이르렀다. 상장 결과 알리바바의 시가총액은 약 2,300억 달러(250조 원) 정도로 평가되었다. 전 세계 기업들 중 시가총액을 기준으로 14위이며, IT기업들 중에서는 애플에 이은 2위다. 알리바바는 3위 구글과 4위 마이크로소프트 같은 유명 기업들을 모두 제쳤다. 한국의 대표 기업 삼성전자의 당시 시가총액 1,700억 달러를 월등히 능가하는 규모다.

알리바바의 최고경영자 마윈Ma Yun 회장은 주식 7.3%를 보유하고 있으므로 상장 이후 그의 주식 가치는 약 22조 원으로 산출된다. 마윈 회장은 알리바바의 주식 이외에도 약 10조 원 정도로 평가되는 다른 자산들을 많이 보유하고 있다. 이들 자산 중 대부분은 알리페이(모바일 결제업체로 알리바바에게 결제 서비스를 제공)의 주식이다. 이를 합치면 마윈 회장의 자산 규모는 32조 원대에 이르는 셈이다. 무일푼으로 창업한 사람이 10년 만에 중국 제1의 부를 가지게 되었으니 대단한 성공이다. 경탄의 눈으로 마윈 회장을 바라볼 만하다. 더구나 이런 일이 중국 같은 특수한 사회에서 발생했다는 것은 더욱 놀라운 일이다.

중국에서는 '연줄'이라고 번역될 수 있는 용어인 '관시關係'가 없는 사람이 새로운 일에 도전해서 성공하기 힘들다. 마오쩌둥Mao Zedong의 사회주의 혁명 동지들의 손자뻘 일가들이 중국 상장기업 중 약 70% 정도의 경영권을 보유하고 있으며, 동시에 이들이 중국 고위급 정치직의 약 80% 이상을 차지하고 있다고 한다. 명문 대학도 가문의 배경이나 부가 없으면 실력만으로 입학하기 어렵다. 마치 중세 유럽의 귀족사회처럼 소수의 지배계층에 의해 국가의 정치권력 및 부가 통제되고 있는 것이다. 중국이 대외적으로는 모두가 평등하다는 '사회주의'를 표방하고 있다는 점은 이런 사실과 잘 어울리지 않는다.

어쨌든 이런 계급사회 국가에서 마윈 회장은 돈이나 배경 없이 맨주먹으로 창업해 성공을 이룬 드문 경우다. 그는 중국 문화대혁명 이후 심한 박해를 받았던 반혁명분자 집안 출신이다. 고등학교도 재수를 했고 대학 입시에서는 삼수를 해서 항저우 사범대학에 입학했다. 학창 시절에 공부를 잘하지 못했다는 의미다. 키도 160cm가 안될 정도로 작고, 얼굴에는 광대뼈가 튀어나와 잘생겼다고 말하기 어렵다. 사람들이 그의 외모에 대해 이야기하면 그는 "사람의 외모와 능력은 반비례하는 것이 아니냐?"라고 답하고는 했었다고 한다. 두둑한 배짱이다.

마윈 회장과 손정의 회장의 성공

그는 대학을 졸업한 후 항저우에서 영어 교사 생활을 시작했다. 그런데 그는 안정적이고 편한 교사라는 직업에 만족하지 못하고 더 큰 꿈을 꾸기 시작했다.[1] 그에게는 다른 중국인들이 가지지 못한 강력한 무기가 있었다. 바로 '영어'였다. 한국이 빠른 속도로 발전하던 1970~1980년대에는 영어만 잘해도 국내에서 얼마든지 성공할 수 있었다. 지금은 유창한 영어회화 실력이 거의 기본처럼 받아들여지지만 당시에는 영어회화를 할 수 있는 인력이 거의 없었다. 알리바바가 창업되었던 중국의 1990년대 말은 한국의 1970~1980년대와 비슷했다. 영어 교사로 일하며 영어에 능통했던 그는 번역 사업을 시작했으나 시장규모가 크지 않아 실패했다. 그 후 통역과 보따리 상인 일로 겨우 생계를 유지하다 새롭게 발달하는 인터넷을 접해 서양 문물에 남들보다 빨리 눈을 떴다. 의뢰인의 통역 업무를 위해 미국 출장을 하던 중 인터넷 상거래 분야가 이제 막 생겨서 널리 확산되고 있다는 점

---

1 마윈 회장은 "물이 없으면 10일, 식량이 없으면 1주일, 공기가 없으면 2분 정도 버틸 수 있다. 그러나 꿈이 없으면 1분도 살 수 없다"라는 말을 남겼다. 또한 "꿈에게 기회를 주라. 그렇지 않다면 꿈도 당신에게 기회를 주지 않을 것이다"라는 말도 남겼다. 꿈을 실현하기 위해 노력하는 자세를 잘 보여주는 말이다.

알리바바의 마윈 회장
맨주먹으로 사업을 일으켜서 알리바바를 창업한 마윈 회장은 현재 중국 최고의 부자가 될 정도로 큰 성공을 거두었다. 그런데 마윈 회장은 알리바바의 1대 주주가 아닌 데도 불구하고 차등의결권을 이용해 알리바바를 지배하고 있다.

을 알게 되었다. 아마존닷컴 amazon.com 같은 회사의 사례를 본 것이다.

이점에 착안해 그는 1999년 자신의 항저우 아파트에서 인터넷 상거래 회사를 세운다. 집과 컴퓨터만으로 사업을 시작한 것이다. 요즘 우리나라에 흔한 인터넷 쇼핑몰 같은 조그마한 규모의 회사다. 18명의 친구들이 출자한 8천만 원 정도가 회사의 자본금이었다. 마윈은 부르기 쉽고 누구나 알고 있는 이름을 찾기 위해 고민하다 『아라비안 나이트arabian night』에 나오는 '알리바바와 40인의 도둑'이라는 동화의 주인공 이름을 따서 회사 이름을 정했다. 전 세계를 시장으로 삼기 위해 중국적이지 않으면서 모든 사람들이 알고 있는 이름을 택한 것이다. 처음에는 B2B Business to Business, 기업과 기업 간 거래 사업으로서, 중국 업체가 생산하는 물품을 해외 바이어들에게 소개하는 분야에 주력했다. 초기 사업모델이 성공하자 B2C Business to Customer, 기업이 개인들에게 판매하는 거래 및 C2C Customer to Customer, 개인들이 다른 개인에게 판매하는 거래를 중개하는 등 사업을 확대한다.

그런데 놀랍게도 알리바바의 최대주주는 마윈 회장이 아니다. 1대 주주는 재일교포 손정의 회장이 이끄는 일본 회사 소프트뱅크이며, 2대 주주는 미국의 야후다. 마윈 회장은 3대 주주일 뿐이다. 그러니 알리바바의 상장 때문에 소프트뱅크나 야후도 만세를 불렀을 것이다. 손정의 회장은 알리바바의 성장 가능성을 눈여겨 보고 2000년에 약 200억 원을 투자해 알리바바의 지분 35%를 인수했다. 그 지분을 현재까지 보유하고 있는데 앞으로도 팔 계획이 없다고 한다. 이 지분 가치는 현재 약 80조 원 정도로 평가된다.

차등의결권 주식과 알리바바의 미국 증시 상장

여기까지 살펴보면 한 가지 궁금한 점이 생긴다. 소프트뱅크가 알리바바의 지분 35%를 보유하고 있는데, 불과 7.3%의 지분을 보유한 마윈 회장이 어떻게 경영권을 유지할 수 있는가? 여기에는 한 가지 비법이 숨어 있다. 바로 차등의결권 주식dual class stock이다. 우리나라에는 이 주식이 허용되지 않으므로 익숙하지 않은 제도다.

보통주common stock라고 불리는 일반적인 주식들은 주주들이 1주당 1표의 의결권(투표권)을 가지고 있다. 그런데 차등의결권 제도가 있으면 1표의 의결권을 가진 class A주식과는 별도로 복수의 의결권을 가진 class B주식이 존재한다. 몇 표의 의결권을 갖는지는 회사의 정관에 규정되어 있다. 예를 들어 주식 1주만으로 100표의 의결권을 행사할 수 있다. 주식회사에서 회사의 경영권은 이사회를 지배하는 개인이나 집단이 차지한다. 주주총회에서 주주들의 투표를 통해 이사회를 구성하는 이사들을 선임하므로, 보다 많은 의결권을 가진 개인이나 집단이 이사의 과반수 이상을 임명해 경영권을 장악할 수 있다. 복수의 의결권을 가진 주식을 가지고 있다면 이를 행사해서 경영권을 장악할 가능성이 높다.

이 제도는 유럽의 거의 대부분의 국가와 미국 등에서 허용되고 있다. 역사가 오래된 유럽 상당수의 기업들은 창업자 가문이 이 제도를 이용해 지분비율이 낮아도 경영권을 유지하고 있다.[2] 미국은 전체 상장기업들 중 10% 정도만이 이 제도를 채택하고 있으므로 유럽만큼 널리 사용되지는 않는다. 이 제도를 사용하는 대표적인 미국 기업에는 다우존스Dow Jones, 페이스북Facebook 갭Gap, 골드만삭스Goldman Sachs 구글Google, 허시푸드Hershey Foods, 뉴욕타임즈New York Times, UPS, 스프린트Sprint 등이 있다. 포드 자동차의 경우 창업자인 포드 가문이 약 7%의 주식을 보유하고 있지만 의결권 기준으로는 40%를 차지한다. 최고의 투자자로 유명한 워런 버핏Warren Buffett도 차등의결권 제도를 이용해 1주당 200표의 투표권을 행사해 투자회사 버크셔 해서웨이Berkshire Hathaway를 지배하고 있다. 한국에서 우수한 지배구조의 모델 기업으로 종종 언급되는 스웨덴의 발렌베리Wallenberg 그룹도 마찬가지다. 발렌베리 집안이 동일한 방법으로 20%의 지분을 보유하며

---

2 언론보도에 따르면 OECD 소속 34개 국 중 29개 국가에서 차등의결권 제도가 사용되고 있다.

40%의 의결권을 행사해 그룹을 지배하고 있다. 프랑스는 1년 이상 주식을 보유하면 1주당 2표를 부여하는, 즉 보유기간에 따라 투표권이 늘어나는 형식의 제도를 운영하고 있다. 오랫동안 주식을 보유하는 장기투자자를 우대하는 것이다. 이 제도를 테뉴어 보팅tenure voting 제도라고 부른다. 프랑스에서는 심지어 투표권만 더 많은 것이 아니라 배당도 더 받는다.

알리바바도 이런 회사들처럼 차등의결권 제도를 이용하고 있다. 마윈 회장은 7.3%의 주식을 보유할 뿐이지만 의결권 기준으로 지분비율은 40%에 이른다. 따라서 소프트뱅크를 제치고 경영권을 행사할 수 있는 것이다.

그런데 재미있는 사실은 알리바바의 미국 상장이 알리바바 그룹의 최초 상장이 아니라는 점이다. 원래 알리바바의 자회사인 알리바바닷컴(B2B 사업을 영위하는 회사)은 2007년부터 홍콩 주식시장에 상장되어 있었다. 그러다가 2012년 시장에서 거래되는 이 회사의 지분을 모두 알리바바가 매입하고 상장을 폐지시킨다. 그 후 지분구조를 정리하고 2014년 모회사인 알리바바를 NYSE에 상장한 것이다.

차등의결권 제도의 장점과 단점

알리바바가 재상장할 때 처음부터 NYSE에서의 상장을 계획했던 것은 아니다. 원래 자회사가 거래되던 홍콩 주식시장에 재상장하려고 했었다. 그런데 상장 조건을 두고 협의하던 중 홍콩 주식시장이 차등의결권 제도를 허용하지 않는다는 점을 알게 되었다. 홍콩이 한국처럼 드물게 '1주1표주의' 원칙을 갖고 있었던 것이다. 자회사인 알리바바닷컴은 차등의결권 제도를 채택하고 있지 않아서 문제될 일이 없었지만 모회사인 알리바바는 그렇지 않았다. 홍콩 주식시장에 상장시키려면 차등의결권 제도를 폐지해야 하는데, 그렇게 하면 마윈 회장이 경영권을 유지할 수 없으므로 홍콩 상장을 포기하고 이 제도를 허용하고 있는 미국 주식시장 상장을 택한 것이다. 어떤 면에서는 미국 NYSE가 어부지리로 혜택을 보게 되었다고 할 수 있다.

이 일 때문에 홍콩에서는 국제적 흐름에 맞추어 차등의결권 제도를 허용해야 한다는 의견이 대두되어, 이에 대한 찬반논란이 치열하게 벌어졌다. 차등의결권 제도가 허용되면 대주주가 경영권에 대한 위협을 덜 받게 되므로 상대적으로 장기적인 관점에서 안정적으로 경영하는 일이 가능하다. 회사 성장을 위해 필요한 투자자금이 모자라면 상대적으로 경영권 상실에 대한 우려 없이 증자를 통해 필요한 자금을 조달할 수 있다. 따라서 투자가 늘어나서 기업의 성장이 촉진되고 일자리도 늘어난다는 장점이 있다. 차등의결권 제도가 허용되지 않으면 투자를 할 곳이 있더라도 대주주 입장에서는 경영권을 잃을 우려가 있으므로 증자를 마음대로 할 수 없다. 증자를 할 수 없다면 필요한 자금을 부채를 통해 조달해야 하는데, 부채 조달에는 한계가 있으므로 큰 자금을 마련하기 힘들다.

그러나 차등의결권 제도의 단점도 존재한다. 유능하지 못한 대주주가 차등의결권 제도를 이용해 경영권을 장악하고 있다면, 주식시장에서 다른 주주들이 연합해 경영권을 인수하기가 어렵다. 대주주가 소

액주주들을 보호하지 않고 전횡할 때도 마찬가지다. 이런 대주주가 회사를 장악하고 있으면 회사 발전이 저해되고 기업가치가 떨어진다.

이런 장단점을 종합해보면 이 제도를 허용하거나 금지하는 것 중 무엇이 옳다고 일률적으로 말하기 어렵다. 유능한 대주주라면 허용하는 편이 대주주와 소액주주들은 물론 국가 경제적으로도 좋겠지만, 그렇지 않은 대주주라면 오히려 소액주주들과 국가 경제에 불리하기 때문이다.

우리나라에서도 과거 가끔 차등의결권 제도의 도입에 대한 찬반논란이 있었다. 특히 2014년 말 홍콩에서 도입 논란이 벌어지자 우리나라에서도 전국경제인연합회를 중심으로 알리바바 사례를 들면서 이 제도를 허용해야 한다는 주장이 제기되었다. 일부 시민단체나 정치권은 이런 의견에 대해 반대하는 의사를 표명했다. 2015년 6월 삼성그룹에 대한 엘리엇 매니지먼트의 경영권 공격이 시작되자 차등의결권 제도를 도입해서 경영권 보호수단을 마련해주어야 한다는 주장과 찬반논란이 다시 되풀이되었다. 전경련에서는 제도의 장점만 주장할 뿐 문제점을 어떻게 보완할 수 있을지에 대해서는 말이 없다. 반대하는 편에서는 대기업의 확장을 억제하고 싶은 의도로 이 제도의 도입을 반대하지만, 이 제도의 긍정적인 측면에 대해서는 눈을 감는다. 결국 논란은 평행선을 달릴 뿐이다.

차등의결권과 지분율괴리도

차등의결권 제도를 좀더 자세히 알아보자. 예를 들어 1주당 1표의 의결권을 갖는 A주식(class A) 4주와 1주당 5표의 의결권을 갖는 B주식(class B) 1주로 '홍길동사'의 주식이 구성되어 있다고 하자. 그렇다면 주식의 수는 총 5주인데 의결권은 총 9표가 된다. B주식을 보유한 B주주는 전체 9표의 의결권 중 5표를 보유함으로써 56%(5/9)의 의결권을 갖는다. 과반수 이상의 의결권을 가지고 있으므로 경영권을 독자적으로 행사할 수 있다. 그러나 회사가 배당금을 지급할 때는 A주주와 B주주 모두 1주당 동일한 금액을 받는다. 예를 들어 주당 100원의 배당금이 총 5개 주식을 보유한 주주들에게 배부된다면, B주주의 배당권은 20%(1/5)에 불과하다. 이 경우 36%(56%-20%)의 '지분율괴리도ownership divergence or ownership wedge'가 발생한다고 이야기한다. 즉 지분율괴리도란 의결권과 배당권의 차이다. 이 예시에서 B주주는 소유한 지분의 2.8배(56/20)에 해당하는 의결권을 누리는 셈이다. 전문용어로 '의결권 승수가 2.8이다'라고 표현한다.

지분율괴리도가 존재하면 몇 가지 문제가 발생할 수 있다. 예를 들어 B주주는 자신의 경영권을 이용해 주주들에게 배당을 지급할 수 있다. 그런데 배당을 지급하면 그 중 불과 20%만을 자신이 받게 된다. 자신이 보유한 56%의 경영권에 비하면 낮은 비율이다. 따라서 B주주는 배당금을 지급하기보다 다른 방법을 이용해서 자신의 부를 증가시키려고 할 유인이 있다. 예를 들면 자신이 직접 경영자로 취임해서 정상적인 수준보다 과다한 고액 연봉을 받거나, 능력이 부족한 자신의 인척을 임원이나 직원으로 채용해 상당한 보수를 지급하는 식이다. 배당을 지급하지 않고 다른 방법을 통해 회사의 부를 자신이나 자신의 인척에게로 이전하는 것이다. 그 결과 소액주주인 A의 이익을 부당하게 침해하게 된다.

또는 자신이나 인척이 상당한 지분을 보유한 외부의 '성춘향사'와 거래를 만들어서, 이 회사가 거래를 통해 부당하게 더 많은 이익을 볼 수 있도록 할 수도 있다. 그러면 홍길동사는 손해를 입고 성춘향사는 그만큼 이익을 얻는다. 그리고 B주주는 성춘향사에서 배당을 받는다. 홍길동사에서 배당을 받으면 그 중 20%밖에 받지 못한다. 하지만 성춘향사로부터 배당을 받으면 B주주나 인척이 보유하고 있는 성춘향사의 지분이 20%가 넘는다면 20%와의 차이만큼 이익이 생긴다. 현실에서는 B주주 자신이 성춘향사를 통해 배당을 받아 직접 이익을 보려는 경우는 거의 없고, 대개 성춘향사의 대주주가 B주주의 자녀일 때가 많다. 상속 또는 증여의 수단으로서 이런 방법을 사용하는 것

이다. 미국이나 서유럽에서도 수십 년 전까지는 이런 불법적인 행동
이 가끔 발생했었다. 그러나 불법행위에 대해 피해액의 몇 배를 보상
하는 방식으로 범법자들에게 철저한 처벌을 한 결과 소액주주의 부를
고의적으로 침해하는 이런 행위들은 거의 사라진 바 있다.

그런데 한국에서는 전술한 것처럼 차등의결권 제도가 허용되지 않
고 있다. 이런 점을 보면 한국이 기업 경영권에 대한 규제가 강하다는
것을 알 수 있다. 어쨌든 이런 이유에서 차등의결권 제도 때문에 생기
는 지분율괴리도 문제는 국내에서 발생하지 않는다.

피라미드형 지배구조와 지분율괴리도

한국에서는 차등의결권 제도가 아니라 피라미드형 지배구조와 계열
사간 순환출자 때문에 지분율괴리도가 나타난다. 우선 피라미드형 지
배구조에 대해 알아보자. 피라미드형 지배구조는 모회사가 몇 개의
자회사를 지배하고 있고, 자회사들은 또 각자의 자회사들(모회사 입장
에서는 손자회사들)을 지배하고, 그 자회사들은 또 각자의 자회사들(모
회사 입장에서는 증손자회사들)을 지배하고 있는 형태다. 〈그림 1〉에서
이런 지배구조를 보여준다. 그림에서 피리미드 구조의 맨 꼭대기에
있는 회사를 지주회사라고 부른다.[3]

이런 형태의 지배구조는 전 세계적으로 보면 아주 흔한 형태다. 앞

---

3 지주회사로의 전환이나 지주회사 제도의 장단점 등에 대한 보다 자세한 내용은 『숫자로 경영
하라 3』에 실린 'LG그룹의 지주회사 전환과정과 지주회사 전환의 효과'를 참조하기 바란다.

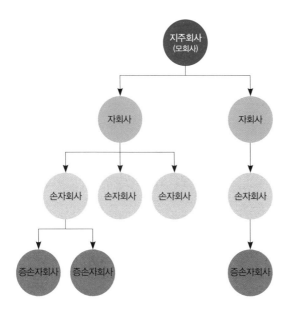

•• 〈그림 1〉 피라미드형 지배구조

서 설명한 차등의결권 제도보다 더 흔하다. 한국의 몇몇 시민단체나 일부 정치권, 그리고 공정거래위원회에서는 피라미드형 지배구조가 마치 한국에만 있는 독특한 제도인 것처럼 한국 대기업들을 비판할 때 종종 언급하는데, 이런 주장들은 사실이 아니다. 이들의 주장이 사실이라면 외국 기업들은 자회사나 손자회사를 두지 않고 '독자적인 한 개 회사stand-alone company'로만 존재해야 할 것이다. 외국에서는 이미 예전부터 널리 사용되고 있었으며, 요즘 우리나라 대기업들이 널리 도입하고 있는 지배구조인 지주회사 체제 자체가 피라미드형 지배구조를 말하는 것이다. 모범적인 지배구조를 자랑하는 스웨덴의 발렌베리 가문이 소유한 발렌베리Wallenberg그룹도 지주회사 체제고, 미국의 유명한 대기업인 GE, GM, 듀퐁Dupont, 버크셔해서웨이Berkshire Hathaway를 비롯해 일본의 소니, 히타찌, 토요타 등 대기업들도 모두 지주회사 체제다. 다만 피라미드 구조의 형태에는 약간 차이가 있는데, 한국에서는 모회사가 자회사의 지분을 100% 보유해 모회사만 상장되어 있는 경우가 드물고(한국의 금융지주회사가 이런 형태다), 모회사가 경영권을 행사할 수 있는 정도(30% 수준 정도)만 자회사의 지분을 보유하고 있는 경우가 대부분이다. 따라서 자회사와 모회사가 함께 주식시장에 상장되어 있는 경우가 많다. 외국의 경우는 그 반대로 지주사가 자회사의 지분을 거의 100% 보유한 경우가 더 많다. 이 경우 모회사만 상장사고 자회사는 비상장회사가 된다.

예를 들어 국내에서는 국제회계기준IFRS; International Financial Reporting Standards이 도입된 2011년 전까지는 개별재무제표가 기본 재무제표로 사용되어 왔다. 그러다가 IFRS가 도입되면서 글로벌 스탠더드에 맞추어 연결재무제표가 기본재무제표로 사용되기 시작했다. 외국에서는 이미 반세기 이상 전부터 연결재무제표가 기본재무제표였다. 외국 기업들은 자회사나 손자회사를 많이 가지고 있었으므로, 이들 자회사나 손자회사를 모두 포함해서 해당 기업의 재무제표를 작성해야 기업의 재무 상황이나 영업성과를 정확하게 알 수 있다. 그래서 연결재무제표를 기본재무제표로 사용해온 것이다. 산업발달 초기에는 대부분 중소기업들만 존재하기 때문에 자회사가 있는 기업이 드물지만, 산업이 발달하면 자연스럽게 대기업이 나타나면서 여러 자회사들을 거느린 기업이 늘어난다. 그러면 피라미드형 지배구조가 형성되고, 그 결과 지분율괴리도가 생긴다. 한국 기업들보다 훨씬 큰 대기업 집

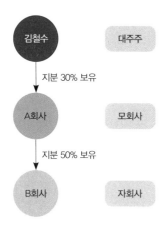

•• 〈그림 2〉 지분율괴리도 발생 예시

김철수

대주주

↓ 지분 30% 보유

A회사

모회사

↓ 지분 50% 보유

B회사

자회사

361

단이 전 세계에 무수히 많다는 점을 생각해보면 피리미드형 지배구조
가 한국에서만 발생하는 현상이 아니라는 점을 쉽게 알 수 있다.

왜 지분율괴리도가 발생하는지는 〈그림 2〉를 통해 알 수 있다. 예
를 들어 대주주 김철수 씨가 모회사 A의 주식을 30% 보유해 경영권
을 행사하고, A사는 자회사 B의 주식을 50% 보유해 경영권을 행사
하고 있다고 하자. 그렇다면 김철수 씨는 A를 통해 B를 간접지배하
면서 A는 직접지배하는 구조가 된다. 이때 B에서 배당을 지급하면 A는
그 중 50%를 받게 된다. 그리고 그 중 30%는 김철수 씨의 몫이다. 따
라서 B가 지급한 배당금 중 15%(0.5×0.3)만큼 김철수 씨의 부가 증
가한다. 즉 B에 대한 김철수 씨의 배당권은 15%다. 그런데 김철수 씨
는 A를 30% 지배하며, A는 B를 50% 지배한다. 50% 지배는 경영

권을 가지고 있는 것이므로 별다른 의미가 없다. 경영권을 가지고 있는 이상 지분비율이 얼마나 더 높은지는 중요하지 않은 것이다. 김철수 씨가 A의 30%를 지배하므로, A를 통해 B의 의결권 중 30%를 지배하는 것이다. 김철수 씨가 보유한 B의 의결권은 30%다. 즉 30%와 50%의 2가지 지분비율 중 더 낮은 수치를 B에 대한 김철수 씨의 의결권이라고 정의한다.[4] 그 결과 의결권 30%와 배당권 15%의 차이인 15%만큼 지분율괴리도가 발생한다.

자회사가 존재하면서 모회사가 자회사의 지분 100%를 보유하고 있지 않다면 자회사에서 지분율괴리도가 발생한다. 위의 예에서 A가 B의 지분을 100% 보유한다면 B의 배당금 지급액이 모두 A로 귀속되고, 김철수 씨가 A의 지분 중 30%를 보유하고 있으므로 배당금 중 30%가 김철수 씨의 몫이다. 그래서 배당권은 30%(1×0.3)이므로 의결권과 배당권이 모두 30%가 된다. 따라서 지분율괴리도는 0이다. 이 경우 B의 소액주주들과 김철수 씨의 이해관계가 일치한다.

순환출자와 지분율괴리도

동일 그룹 계열사 간 순환출자 문제도 지분율괴리도를 발생시킨다. 순환출자란 A기업이 B기업을 지배하고 B기업은 C기업을 지배하며 C기업은 A기업을 지배하는 형태다. 계열사끼리 서로 꼬리에 꼬리를

---

4 국내 일부에서는 A가 B에 대해 가지고 있는 지분율 50%를 의결권이라고 정의하기도 한다.

물고 지배하므로 환상형 구조라고도 표현한다. 지배구조 문제로 종종 비판 받는 삼성그룹이나 현대차그룹의 지배구조가 바로 순환출자 형태다.[5] 너무 복잡해서 설명하기 어려우나, 순환출자 문제 때문에도 배당권과 의결권 사이에 차이가 발생해서 지분율괴리도가 생긴다.

몇몇 시민단체와 정치권에서는 순환출자 현상도 피라미드형 지배구조와 마찬가지로 한국에만 존재하는 독특한 현상이라고 비판한다. 그러나 피라미드형 지배구조만큼 빈번하지는 않지만 순환출자는 미국과 영국을 제외한 다른 국가들에서 널리 사용되고 있다. 예를 들면 독일의 도이치뱅크, 일본의 토요타, 인도의 타타, 대만의 포모사그룹 등이 순환출자 또는 상호출자 구조를 통해 지배구조를 유지하고 있다. 따라서 한국에만 있는 독특한 현상이라는 주장은 사실이 아니다.[6]

---

5 원래 삼성그룹은 이재용 사장이 제일모직의 경영권을 보유하고, 제일모직이 삼성생명을, 삼성생명이 삼성전자를, 삼성전자가 삼성카드를, 삼성카드가 제일모직을 지배하는 형태를 갖고 있었다. 2015년 7월 제일모직과 삼성물산의 합병을 시작으로 삼성그룹은 순환출자구조 해소를 위한 작업을 시작한 것으로 보인다. 현대차 그룹은 정몽구 회장이 현대모비스를, 현대모비스가 현대자동차를, 현대자동차가 기아자동차를, 기아자동차가 현대모비스를 지배하는 형태를 갖고 있다.

6 이 논문을 보면 피라미드 구조와 순환출자가 전세계적으로 흔한 현상이라는 것을 알 수 있다.
Claessens, Djankov, and Lang, 'The Separation of Ownership and Control in East Asian Corporations', 〈Journal of Financial Economics〉, 2000년.
Faccio and Lang, 'The Ultimate Ownership of Western European Corporations', 〈Journal of Financial Economics〉, 2002년.
Fan and Wong, 'Do External Auditors Perform a Corporate Governance Role in Emerging Markets: Evidence from East Asia', 〈Journal of Accounting Research〉, 2005년.
LaPorta, Lopez-De-Silances, and Shleifer, 'Corporate Ownership Around the World', 〈Journal of Finance〉, 1999년.
Francis, Schipper, and Vincent, 'Earnings and Dividend Informativeness When Cash Flow Rights are Separated from Voting Rights', 〈Journal of Accounting and Economics〉, 2005년.

1997년 금융위기 이후 한때는 정부가 나서서 계열사 간 주식 교차소유를 장려한 적도 있었다. A회사가 B회사를 지배하고, B회사가 C회사를 지배하는 피라미드 방식으로 특정 기업 집단의 지배구조가 이루어져 있다고 가정해보자. A회사가 금융위기의 여파로 위험한 상황에 빠졌을 때 B가 여유자금을 많이 보유하고 있다면 B가 여유자금으로 배당을 지급하고, 그 배당 중 일부를 A가 지급받아 재무상황을 개선할 수 있다. 그런데 A가 보유한 B회사의 지분율이 높지 않다면 B가 배당을 해도 A에게 돌아올 몫이 별로 없다. 따라서 이 방법보다는 A가 증자를 하고, B와 C가 여유자금을 이용해 A가 신규로 발행하는 주식을 인수하는 방법이 더 유리하다. 이때 만약 C가 여유자금이 많아서 상당히 많은 지분을 인수해 A의 경영권을 획득한다면 'A → B → C → A' 형태의 순환출자구조가 된다. B가 A의 주식을 일부 인수하면 'A ↔ B' 형식의 상호출자(또는 주식 교차소유라고 부름) 형태가 된다.

정부의 권고 또는 압박에 따른 순환출자 제도의 확산

당시 정부는 위기에 빠진 계열사를 파산시키는 것을 금지하면서 조금이라도 여유가 있는 계열사가 위기에 빠진 계열사의 증자에 참여하라고 강력히 권고(?)했었다. 당시 기업 구조조정을 지휘하던 정부 고위당국자가 직접 그룹 총수들을 불러 대우그룹의 사례를 언급하면서, 한 계열사라도 파산시킨다면 대우그룹을 해체시킨 것처럼 여신 동결이나 회수 등의 방법을 통해 그룹 전체의 경영권을 뺏겠다고 했었다고 한다. 대신 생존이 위험한 계열사의 증자에 여유가 있는 다른 계열사가 참여하거나 위험한 계열사를 우량한 계열사에 합병시키는 방법[7]을 사용해서 회사를 파산하지 않도록 하라고 지시했다는 증언 내용이 시간이 흘러 정권도 바뀌고 금융위기도 끝난 이후 언론에 보도되거나 사적인 모임 등을 통해 널리 알려진 바 있다.[8] 금융위기의 여파로 수많은 회사들이 파산해 실업자가 양산되는 암울한 상황에서 기업들의 추가적인 파산을 막아보려고 한 어쩔 수 없는 행동이라고 이해한다.

순환출자 제도는 금융위기 이전에도 이미 일부 존재하고 있었다. 하지만 금융위기 이후 구조조정 과정에서 이처럼 정부의 적극적인 권유 또는 압박 때문에 어려운 형편의 계열사 증자 때 조금이라도 여유가 있던 다른 계열사들이 널리 참여하면서 확산되었다. 다른 기업을 인수하는 M&A를 추진하는 중에 계열사들 중 여유 있는 회사들이 자

---

7 위험에 빠진 계열사가 증자할 때 상대적으로 여유가 있는 다른 계열사가 적극 참여함으로써 현재 논란의 대상이 되고 있는 '계열사간 상호출자나 순환출자' 문제가 크게 발생하게 된다. 또한 '위험에 빠진 계열사를 상대적으로 우량한 다른 계열사와 합병시키는 방법'은. 위험에 빠졌다는 것이나 정확한 기업의 가치를 숨기고 우량한 계열사에게 부실을 떠넘기라는 뜻이다. 부실한 회사의 상황이 정확히 알려진다면 우량한 계열사의 주주들은 자신들이 손해를 보는 합병 결정에 적극 반대할 것이다. 또한 이런 합병은 우량한 계열사의 경영자 입장에서 보면 업무상 배임으로서 사법적 처벌과 민사소송의 내상이 되는 행동이나. 어쨌든 이 두 빙법 모두 당시 많은 기업들이 사용한 방법으로서. 이 사실을 보면 정부가 적극 나서서 기업들에게 이 두 방법을 사용하라고 독려했다는 점을 추측할 수 있다.

8 이런 주장이 사실인지 확인할 방법은 없다. 그런 요구를 한 것으로 알려진 당사자는 절대 인정하지 않을 내용이다. 그렇지만 다수의 증언이 여러 경로로 알려지고 이 내용에 대한 언론보도도 있었던 것. 그리고 다수의 기업들이 실제로 그렇게 행동했던 것을 보면 사실일 가능성이 높아 보인다.

금을 출자하는 과정에서 순환출자가 형성되기도 한다.

어쨌든 이런 순환출자 형태는 최근 국내에서 상당히 감소하고 있다. 이 제도에 대한 비판적인 여론 때문이 아니라 한국 대기업들의 지주회사 체제로의 전환 추세 때문이다. 지주회사 체제하에서는 수직출자(모회사의 자회사에 대한 출자)만 가능하고 수평출자(동일 지배선상에 있는 자회사끼리 또는 손자회사끼리의 출자)나 역출자(자회사의 모회사에 대한 출자)는 금지된다. 순환출자가 성립하기 위해서는 수평출자나 역출자가 있어야 한다. 경영권 유지에 유리한 만큼 많은 대기업들이 지주회사 체제로 속속 전환하고 있으므로, 자연스럽게 수평출자나 역출자가 사라지면서 순환출자가 없어지는 것이다. 따라서 앞으로는 순환출자 때문에 지분율괴리도가 발생하는 경우는 상당히 줄어드리라 예측된다.

이상의 논의를 종합해보면 지분율괴리도가 존재하는 것 자체를 막을 수는 없다는 점을 알 수 있다. 지분율괴리도가 존재하는 것을 막으려면 자회사를 모두 없애도록 하거나, 또는 자회사가 있는 모회사라면 자회사의 지분 100%를 모회사가 보유하도록 하면 된다. 순환출자도 금지하고 차등의결권 제도도 금지하면 된다. 세계 어느 나라도 이런 강력한 규제를 가지고 있지 않으며, 이 중 일부만 금지하는 경우도 드물다.

외국에서는 모회사가 자회사의 지분 100%를 보유하고 있으며, 그 결과 모회사만 주식시장에 상장되어 있고 자회사는 비상장회사로 남아있는 경우가 더 많기는 하지만 모두 그런 것은 아니다. 예를 들어 스웨덴 발렌베리그룹의 지주회사도 자회사들의 지분을 5%에서 40%

정도만 보유하고 있다. 우리나라의 대기업 집단의 모회사들이 보유한 자회사 지분비율과 비슷한 수준이다.

지분율괴리도가 초래하는 문제점

우리나라에는 자회사 및 손자회사의 경우 상장사라면 지분의 20% 이상, 비상장사라면 40% 이상을 보유해야 하며, 증손자회사 이하의 회사는 지분의 100%를 보유하라는 외국에서는 거의 찾아보기 힘든 규제가 있다. 대기업이 자신의 돈과 남의 돈을 합쳐서 자회사를 설립해 더 성장하는 것을 억제하기 위해 만들어진 조치다. 즉 자회사를 설립하려면 대부분 자신의 돈으로 설립해야 한다는 의미다. 자본주의 국가에서 자신의 돈을 꼭 몇 % 이상 투자해야만 사업을 할 수 있다는 규제가 있다는 것 자체가 이상한 일이다.

국내 시장에서 성장을 한다는 것은 기존에 시장을 차지하고 있던 다른 기업들의 지위를 뺏는 것을 의미한다. 따라서 성장을 억제하는 이 제도 때문에 기존 기업들은 자신의 지위를 손쉽게 지킬 수 있게 되므로 공정한 경쟁을 방해하는 제도다. 경쟁이 벌어져야 소비자들에게 유리하기 때문에 이 규제는 소비자에게 손해를 끼친다. 그럼에도 불구하고 기존에 시장을 차지하고 있던 기업들이 중소기업이고 신규 진입자가 대기업이라면, 중소기업을 보호한다는 측면에서 소비자들의 손해에도 불구하고 이런 제도를 만들 수 있을 것이다. 그러나 기존 시장 지배자가 대기업이라거나 외국시장에 진출하는 경우라면 이런 논

미국 뉴욕증권거래소(NYSE)의 모습
미국이 차등의결권을 허용하기 때문에 알리바바는 미국 상장을 택했다. 우리나라는 미국과는 달리 차등의
결권을 허용하지 않은 소수의 나라들 중 하나다.

리가 성립되지 않는다. 그래서 외국과 합작해서 해외시장에 진출할
때는 이런 규제를 적용하지 말자는 제안이 요즘 정치권에서 논의되고
있다.[9] 이렇게 해야 투자가 늘고 일자리가 생겨서 국가 경제에 도움이
되기 때문이다.

　사실 우리나라에서 지분율괴리도가 초래하는 문제점은 심각하다.
요즘 널리 논의되는 '일감 몰아주기' 문제가 바로 지분율괴리도와 연
결된다. 예를 들면 대주주가 경영하는 회사에서 대주주의 자녀가 설
립한 회사에 후한 거래조건으로 일감을 나눠주는 것이다. 지분율괴

---

9 그렇지만 규제를 더 만들어야 기업에 큰소리칠 수 있고 후한 대접도 받을 수 있다는 것을 잘
　아는 국회의원들이 규제를 쉽게 풀어줄 것 같지는 않다.

리도가 없더라도 이 문제는 초래될 수 있다. 앞에 설명한 예에서 대주주 김철수 씨가 모회사 A의 주식 30%를 보유하고 있는 경우 A회사에 대한 지분율괴리도는 존재하지 않는다. 그렇지만 대주주는 A의 이익을 일부 희생하면서 A회사의 일감 중 일부를 후한 조건으로 다른 회사에게 줄 수 있다. 지분율괴리도가 커질수록 이런 일을 할 유인이 커진다. 말로 설명하기 복잡하지만, 지분율괴리도가 크면 자회사 B의 이익을 다른 회사로 이전함으로써 B사의 모회사 A의 대주주가 A회사로부터 얻는 손실이 상대적으로 작아지고, B의 소액주주들이 더 많은 손실을 부담하게 되기 때문이다.

자녀나 인척이 소유한 회사와 거래하는 것 자체를 막을 수는 없다. 누구나 자기가 잘 알고 믿을 만한 사람 또는 기업과 거래하고 싶은 것이 당연하다. 일부에서는 자녀나 인척이 소유한 회사와 거래하는 것 자체를 모두 금지하자고 주장하지만, 그렇게 하면 사업의 수직적 계열화를 막는 것이므로 기업의 발전을 저해할 뿐만 아니라 국가 경제적으로도 손해다. 또한 어떤 사람과 거래하는 것 자체를 법률로 규정한다는 것은 과잉입법이라고 생각된다. 자녀나 인척을 막다 보면 친구나 지인까지도 막아야 한다는 주장이 나올 수 있다. 그렇게 따지면 외부와 거의 모든 거래를 하지 못할 것이다. 예를 들어 현대차가 계열사인 현대제철에서 자동차 생산을 위해 필요한 강판을 구매하는 것을 금지하고, 계열사가 아닌 포스코나 동국제강이나 동부제철에서만 강판을 사라고 규제해야 하는 식이다. 하나하나 따져보면 현대차 대주주나 임원들 중 포스코, 동국제강, 동부제철의 대주주나 임원들과 인척이나 지인 관계에 있는 사람들이 한둘은 틀림없이 있을 것이다. 그

369

렇다면 국내 업체로부터는 강판을 사지 못하고 해외에서 구입해야 하는 터무니없는 일이 벌어질 수도 있다.

결국 중요한 것은 누구와 거래하는지가 아니라 거래할 때 공정한 조건을 유지하는 것이다. 후한 거래 조건을 타 회사에게 허용해주면 소액주주들은 손해를 보고 그만큼 타 회사의 주주들이 혜택을 본다. 전문용어로 이런 행동을 '터널링tunneling'이라고 부른다. 터널을 통해 남들이 보지 않도록 몰래 부를 이전한다는 뜻이다. 이런 행동을 숨기기 위해 지분율괴리도가 높은 기업들은 이익조정earnings management을 더 활발하게 수행하고, 회계 처리도 덜 보수적으로 한다.[10] 이런 거래가 잘 드러나지 않도록 중요한 정보의 공시도 덜하기 때문에 기업의 투명성도 떨어진다.[11] 그래서 투자자들이 이익이나 기타 회계정보를 디스카운트해서 회사를 평가한다.[12] 따라서 지분율괴리도가 높은 기업은 상대적으로 주가가 낮을 가능성이 높다. 주주들이 이런 가능성을 우려하기 때문이다.[13] 그러나 지분율괴리도가 높은 기업이 실제로 효율성이나 수익성도 낮은지에 대해서는 명확한 결론을 내리기 힘들다.[14]

10 Kim and Yi, 'Ownership Structure, Business Group Affiliation, Listing Status, and Earnings Management: Evidence from Korea', 〈Contemporary Accounting Research〉, 2006년. 김명인, 최종학, '지배권과 소유권의 차이로 측정한 기업지배구조와 기업의 보수주의 사이의 관계', 〈회계와 감사연구〉, 2008년.

11 심호식, 이문영, 최종학, '지분율괴리도와 공시정보의 빈도 사이의 관계', 〈회계학연구〉, 2010년. 선우혜정, 최종학, 이병희, '지분율괴리도가 재무분석과 이익예측오차에 미치는 영향', 〈회계학연구〉, 2010년.

12 Francis, Schipper, and Vincent, 'Earnings and Dividend Informativeness When Cash Flow Rights are Separated from Voting Rights', 〈Journal of Accounting and Economics〉, 2005년.

문제점을 해결하려면?

전술한 것처럼 지분율괴리도가 존재하는 것 자체를 막을 방법은 현실적으로 존재하지 않는다. 강력한 새 규제를 만들어 막을 수는 있겠지만, 그렇게 한다면 더 큰 문제가 발생할 수 있다. 예를 들어 앞에서 설명한 것처럼 자회사를 가지려면 모회사가 반드시 자회사의 지분 100%를 보유해야 한다고 규정하면 지분율괴리도 문제는 사라진다. 그러면 기업들은 자회사 주식을 시장에서 전부 매수해서 100% 소유하거나, 그럴만한 현금이 없다면 그 자회사를 시장에서 매각해야 한다. 여러 자회사들의 주식을 시장에서 모두 매입할 만큼 엄청난 규모의 현금을 보유한 모회사는 거의 없다. 자회사를 10개쯤 보유하고 있는 기업이라면 아마도 7개쯤의 자회사의 주식을 시장에서 팔아야 할 것이다. 그래서 모은 돈으로 회사가 꼭 지키고 싶은 나머지 3개 자회사 주식을 전부 매입할 수 있을 것이다.[15] 회사의 규모가 크게 위축될

---

13 지분율괴리도가 높은 기업이 주가가 낮다는 것을 보고한 연구들이 많지만, 두 변수 사이에 아무런 관계를 찾지못했거나 반대의 발견을 한 연구들도 일부 있다. 다음 연구들을 참조하기 바란다.

Claessens, Djankov, Fan, and Lang, 'Disentangling the Incentives and Entrenchment Effects of Large Shareholdings', 〈Journal of Finance〉, 2002년.

Dimitrov and Jain, 'Recapitalization of One Class of Common Stock into Dual-class: Growth and Long-run Stock Returns', 〈Journal of Corporate Finance〉, 2006년.

Lemmon and Lins, 'Ownership Structure, Corporate Governance, and Firm Value: Evidence from the East Asian Financial Crisis', 〈Journal of Finance〉, 2003년.

LaPorta, Lopez-De-Silances, and Shleifer, 'Investor Protection and Corporate Valuation', 〈Journal of Finance〉, 2002년.

14 임상균, 이문영, 황인이, '대규모기업집단 소속기업의 투자효율성', 〈회계학연구〉, 2014년.

수밖에 없다. 또한 회사는 이런 거래를 위해 몇 년 동안 현금을 차근차근 모아두었다가 지출해야 하므로 그동안 사업 확대를 위한 투자를 할 여유가 없다. 투자가 줄어들어 경기침체가 오고, 일자리가 줄어들어 서민들의 생활이 어려워질 것이다.

이뿐만이 아니다. 수많은 대기업들이 자회사를 팔려고 동시에 시장에 매물로 내놓기 때문에 수요에 비해 공급이 늘어난다. 이런 경우를 'buyer's market 구매자 시장'이라고 부르는데, 그 결과 매물로 나온 회사들의 가격이 폭락한다. 따라서 소액주주들도 손해를 본다. 또한 거의 모든 대기업들이 동시에 회사를 팔아야 하기 때문에 시장에 매물로 나온 기업들을 살만한 매수자가 국내에 거의 없다. 그 결과 외국기업들이나 펀드들이 이들 기업을 싼 가격으로 인수하게 될 것이다.

이런 문제점을 고려해보면 지분율괴리도의 존재 자체는 인정하면서 어떤 방법을 이용해 지분율괴리도의 부정적인 효과를 줄일 수 있을지 고민하는 것이 더 올바른 방법이라고 생각된다. 선행연구들의 결과를 보면 상대적으로 다른 지배구조가 우수하다면 지분율괴리도가 초래하는 부정적인 효과가 줄어든다. 예를 들어 우수한 인력으로 구성된 독립적인 이사회가 존재한다면 이런 불법행위를 억제하는 역할을 한다. 따라서 지배구조를 보완하는 것이 보다 현실적인 방법이다. 그러려면 전문성이 있고 독립적인 이사진을 선임해야 하고, 또 그

---

15 한국 대기업들은 상장 자회사의 경우 30%대의 지분을 보유하고 있는 경우가 많다. 이점을 고려하고 자회사들의 크기가 유사하다고 가정하면, 대략 2개 자회사에 대해 보유하고 있는 지분을 전부 팔아야 한 자회사의 지분 60%대를 시장에서 매입할 자금을 마련할 수 있다. 그래야 그 자회사의 100%의 지분을 보유할 수 있다.

렇게 하려면 소액주주들이 기업의 경영에 큰 관심을 가지고 적극적으로 참여하며 목소리를 높여야 한다. 대주주에게 모든 것을 맡겨두고 '나 몰라라' 한다면 대주주가 소액주주의 이익을 위해서 감시기능을 열심히 수행할 사외이사진을 구성할 리 없기 때문이다. 최소한 경영진에 대한 감독기능 중 가장 큰 역할을 수행하는 감사 또는 감사위원회에 소속될 이사를 뽑을 때만이라도 그 사람이 해당 분야에 전문성을 가진 적합한 인물인지에 대해 주의를 기울여야 한다. 주주총회에 참여해 자기 목소리를 내고, 그래도 회사가 받아들이지 않는다면 언론을 통해서 여론에 호소해야 한다. 자신의 권리나 부가 침해되었다면 민사소송도 적극 제기해야 한다. 소송에서 이기지는 못하더라도 대주주에게 강력한 경고를 줄 수는 있을 것이다. 자본시장에서 정보를 전달하는 역할을 하는 애널리스트들도 더 열심히 기업의 행동을 감시해야 할 것이다.

또 한 가지 방법은 불법적인 행위가 적발될 경우 강력한 형사처벌을 하는 것이다. 전술한 것처럼 지분율괴리도가 없더라도 대주주는 소액주주들에게 손해를 끼치지만 자신이나 인척에게 유리한 행위를 행할 수 있다. 지분율괴리도가 있을 때 이런 행위를 할 유인이 더 커진다. 따라서 불법행위를 하면 큰 처벌을 받을 수 있다는 점을 대주주들이 알 수 있도록 해서 이런 행위를 하지 않도록 유도해야 한다. 대기업들은 대부분 이런 행위가 초래할 수 있는 위험을 깨닫고 불법행위를 잘 하지 않지만, 중견 대기업들이나 중소기업들의 대주주들은 아직 이런 위험에 대해 잘 알지 못한다. 회사 자금을 자기 개인 자금처럼 사용하거나 회사 인력을 개인적인 일을 위해서 이용하기도 한다. 대기업이 아니라서 사회의 감시가 덜하기 때문에 잘 알려지지 않을 뿐이다.

차등의결권 제도를 둘러싼 찬반논란

능력이 부족한 친인척을 검증도 없이 회사의 중요한 자리에 임명하는 것은 대기업이나 중소기업 모두에서 빈번히 일어난다. 대주주가 100% 소유한 회사라면 어떤 사람을 후계자로 임명하든 다른 사람들이 간섭할 권한이 없다. 그러나 100%의 지분을 가지고 있지 않아 다른 소액주주들이 존재하는 회사라면, 대주주뿐만 아니라 소액주주 모두를 위한 경영을 해야 하므로 능력이 검증되지 않은 경영자를 임명하는 것은 소액주주의 이익에 반하는 행위가 된다. 그뿐만 아니라 장기적으로 보면 회사의 발전이 저해되기 때문에 대주주 가문에게도 결코 좋은 일이 아닐 것이다. 대주주들은 이런 문제점을 하루 빨리 깨달아야 할 것이다.

불법행위가 적발되면 형사처벌 이외에 소액주주들이 나서서 민사소송을 통해 대주주에게 책임을 물어야 한다. 그래야 다른 대주주들에게 경종을 울릴 수 있다. 이런 문화가 널리 전파되어서 대기업이든 중소기업이든 모든 기업의 경영자들이 불법행위를 하면 패가망신한다는 것을 확실히 인지해야 이런 행위들이 사라질 것이다. 특히 민사소송만 가능한 대부분의 외국과는 달리 한국은 대주주의 전횡에 대해 민형사소송이 모두 가능하므로 법 집행의 효과는 더 크다고 할 수 있다.

　이런 일들이 하루 아침에 이루어질 수는 없다. 사회적 의식과 습관이 하루 아침에 변하지 않기 때문이다. 그렇지만 한국 사회에서도 점차 변화가 일어나고 있는 중이다. 앞으로 10년쯤 지나면 이런 불법행위는 거의 사라지지 않을까 기대한다. 경영에 무관심한 경향을 보이는 경우가 대부분인 한국 소액주주들이 나서서 열심히 노력한다면 이 시기는 더 빨라질 수 있을 것이다. 기업의 주인인 주주들은 가만히 있으면서 다른 사람들이나 국가 기관이 대신 나서서 자신들의 권리를 보호해 달라고 요구한다는 것은 논리적으로 틀린 이야기다.

　지금까지 차등의결권 제도와 지분율괴리도의 정의를 소개하고, 지분율괴리도 때문에 초래되는 문제점과 이런 문제점을 어떻게 해결할 수 있을지를 정리했다. 국내에서도 최근 차등의결권 제도를 허용해야 한다는 주장이 계속해서 제기되지만 이에 반대하는 소리도 만만치 않다. 특히 삼성그룹이 미국 헷지펀드 엘리엇 매니지먼트의 공격을 방어하느라 진땀을 흘린 사건이 일어난 이후 경영권 방어 수단으로서 차등의결권을 도입해야 한다는 주장이 훨씬 강하게 제기되었다. 물론 이에 비례해서 반대의 소리도 높았다.

　전술한 것처럼 차등의결권 제도는 안정적인 경영권을 가진 유능한 대주주가 장기적인 안목에서 회사를 경영해갈 수 있으며, 성장에 필요한 자금을 손쉽게 조달할 수 있다는 장점이 있다. 반면 무능한 대주주가 자본시장에서 경영권 위협을 받지 않고 계속 경영권을 유지하거나, 소액주주들의 이익을 무시한 전횡을 저지를 수 있다는 단점도 있다. 소액주주들이 연합해 꼭 경영권을 뺏어야 한다는 의미는 아니지

375

만, 잘못하면 뺏길 수 있다는 것을 대주주가 알아야 더 열심히 일할 유인이 생긴다. 한국 속담 중 '남편을 견제하는 부인이 있을 때 남편이 행동을 더 조심한다'라는 이야기에 비유할 수 있을 것이다. 따라서 무엇이 더 좋다고 딱 꼬집어서 말할 수 없다.

그러니 차등의결권 제도는 장단점을 모두 가진 제도다. 결국 어떤 능력을 가진 대주주가 어떤 마음으로 회사를 경영하는지가 관건이다. 이론적으로는 소유권이 잘 분산되어 경영권을 행사하는 대주주가 없으면서 주주총회에서 선발된 능력 있는 전문경영자가 책임지고 경영하는 회사가 대주주가 직접 경영을 담당하는 회사보다 더 우수한 성과를 보여야 할 텐데, 우리나라에서는 오히려 그 반대의 현상이 자주 나타난다. 문제가 많다고 항상 비난 받는 대주주가 경영하는 대기업 집단들이 오히려 우수한 성과를 보이며 점점 더 성장하고 있는 것을 보면 알 수 있다. 이는 능력 있는 대주주가 경영을 담당하면 전문경영인보다 대리인 문제가 적으므로 오히려 회사 발전에 도움이 될 수 있다는 점을 시사한다.[16]

따라서 어떤 사람이 경영을 담당하느냐가 제일 중요하다. 결국 모든 것이 사람의 문제라고 정리할 수 있다. 기업을 위해 유능한 사람을 검증해 선택할 수 있는 시스템이 마련되어야 기업이 발전하고, 그 결과 국가가 발전하는 것이다.

---

16 『창업자의 정신(The Founder's Mentality)』이라는 책을 보면, 미국에서도 창업자가 경영하는 기업이 다른 기업들에 비해 10년 동안 성과가 무려 3배나 높았다. 결국 미국에서도 한국과 유사한 현상이 나타난다는 점을 알 수 있다. 따라서 전문경영자가 꼭 소유경영자보다 더 경영을 잘한다고 이야기를 할 수 없다.

차등의결권 제도 도입을 위한 선결조건

어느 제도가 단점이 있다고 해서 무조건 금지한다면 그 제도가 갖는 장점도 누릴 수 없다. 조금이라도 단점이 있다면 일단 금지를 시켜버리는 국내 정치권의 특기 때문에 우리나라의 규제 수준이 세계 최고가 된 것이다. 정치권이 이런 점에 대해서 좀더 심사숙고를 하기 바란다. 일자리 창출을 위한 방법들을 다 법률로 금지시켜 놓고서 일자리 창출을 못한다고 관료들을 비난하는 모순된 일이 벌어지는 셈이다.

대기업들의 이익을 대변하는 전경련 측에서도 장점만 내세울 것이 아니라 어떻게 하면 단점을 보완할 수 있는지, 차등의결권 제도가 도입되는 대가로 무엇을 양보할 것인지 등에 대한 대안을 제시해야 할 것이다. 예를 들면 차등의결권이 적용된 주식으로부터 대주주에 지급되는 배당에 부과되는 세율과 이 주식을 양도할 때 양도소득에 대한 세율을 올린다는 등의 방법이 있을 수 있다.

또한 회사 지배주주 가문에서도 어떤 방식으로 능력있는 후계자를 선정할 것인지 구체적인 가이드라인을 제시해야 한다. 예를 들어 스웨덴 발렌베리 가문에서는 발렌베리 그룹 CEO의 자격 조건으로 첫째, 혼자 힘으로 명문대를 졸업할 것, 둘째, 해군사관학교를 졸업해 강인한 정신력을 기를 것, 셋째, 세계적 금융 중심지에 진출해서 실무 경험을 쌓고 국제 금융의 흐름을 익힐 것, 이렇게 3가지를 명시적으로 제시하고 있다. 누구의 아들이나 딸이라고 해서 기업의 경영권을 무조건 물려받는 것이 아니다. 발렌베리 가문은 만약 가문 내 적임자가 없다면 가문 외부에서 경영진을 고용할 수 있다는 것도 널리 천명하고 있다. 경영은 외부 적임자에게 맡기고 가문은 경영에 참가하지 않으면서 주주로서 배당만 받을 수도 있다는 뜻이다.

미국 로스차일드 가문도 몇 가지 규칙이 있다. 첫째, 대학을 졸업할 것, 둘째, 회계와 재무를 포함한 경영을 공부할 것, 셋째, 관련 업종에서 최소한 5년 이상의 경력을 쌓을 것 등의 조건을 만족해야 가문이 지배하는 회사에 입사할 수 있게 된다. 후계자로 선정되는 것이 아니라 회사 입사를 위한 조건일 뿐이다. 능력이 없어도 대학 졸업 후 무조건 계열사에 입사해서 몇 년만 지나면 임원으로 승진시키는 경향이 많은 국내 기업 대주주 가문들이 참고할 만한 좋은 사례라고 생각된다. 이와 유사한 약속을 해야 차등의결권 제도 도입을 반대하는 사람들을 설득할 수 있을 것이다.

이런 일들이 이루어지려면 정치적 대타협이 필요할 것이다. 결국 서로 조금씩 양보해 타협해야만 이 제도가 도입되어 장점은 살리면서 단점을 보완할 수 있을 것이다.

알리바바의 미래는?

알리바바는 지금 각광을 받고 있고 앞으로도 상당 기간 계속 발전할 것으로 예측된다. 중국에서는 아직 인터넷에 접촉하지 못한 사람들이나 컴퓨터 자체가 없는 사람들도 많으므로 잠재력이 무한하다. 이 사람들이 컴퓨터를 사용하기 시작하면 알리바바를 사용할 고객도 계속 늘 것이다.

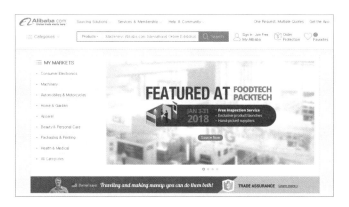

알리바바 영문 홈페이지
마윈 회장이 조그만 인터넷 쇼핑몰로 시작한 알리바바는 중국 최고의 인터넷 상거래 기업으로 성장했다.
그러나 알리바바의 미래나 지배구조에 대한 우려의 시각도 일부 존재한다.

　그러나 알리바바의 미래가 반드시 밝은 것만은 아니다. 한국에서 컴퓨터를 이용한 인터넷 쇼핑이 점점 휴대전화를 이용한 모바일 쇼핑으로 넘어가는 추세를 보인다는 것을 고려하면 앞으로 중국에서도 모바일 쇼핑으로 시장의 축이 옮겨갈 수 있다. 알리바바는 모바일 쇼핑 분야에서는 큰 두각을 보이지 못하고 있다. 알리바바에서 무수히 거래되는 가짜 상품을 통제하는 일도 문제다. 이번 상장을 통해 마련한 막대한 자금으로 알리바바가 전자상거래 이외의 회사들을 다수 인수할 것으로 예상되는데, 이런 급속한 외형 확장이 긍정적인 효과를 가져올지도 불투명하다. 알리바바가 과연 미국 기업들처럼 회사와 관련된 정보를 외부에 솔직하고 신속하게 전달하면서 투명한 경영을 할지도 분명하지 않다.

　이것보다 더 큰 문제도 있다. 미국에 상장된 알리바바홀딩스(알리바바 그룹의 모회사)는 중국회사가 아니다. 카리브해에 위치한 조세피난 처 국가인 케이만 군도에 설립된 서류상으로만 존재하는 페이퍼컴퍼 니(special purpose entity) 회사다.[17] 알리바바홀딩스의 자회사가 중 국 기업 알리바바다. 알리바바는 알리바바홀딩스와 계약을 맺고 이익 을 알리바바홀딩스에 이전하는 구조다. 따라서 이 구조에 분쟁이 생긴 다면 큰 문제가 된다. 중국 정부가 새로운 법률을 만들어 해외에 설립 된 페이퍼컴퍼니를 허가해주지 않거나, 중국 알리바바가 알리바바홀 딩스의 경영권을 인정하지 않거나, 이익의 이전을 거부한다면 미국이 나 일본의 주주들이 법적으로 다퉈 권리를 찾기 어려워지기 때문이다. 중국에서는 공산당의 명령이라면 상식이나 논리가 통하지 않는다.

그밖에도 마윈 회장은 충분한 경영능력을 갖추고 있다고 보이며 소 액주주들도 존중하는 경영을 할 것으로 기대되지만(?), 훗날 마윈 회 장의 후계자도 그런 역량과 자세를 가지고 있으리라는 법은 없다. 충분 한 경영능력을 가지지 못한 후계자가 나중에 경영권을 계승했을 때 차등의결권을 이용해 경영권을 장악하고 있으므로 교체할 방법이 없 다. 마윈 회장과 중국 우호지분들이 별도로 보유한 회사 알리페이에 도 문제가 있다. 알리페이는 알리바바에서 일어나는 전자상거래의 결 제시스템을 제공하는 회사인데 알리바바그룹에 포함되어 있지 않다.

---

17 전문용어로 이 회사의 형태를 Variable Interest Entity(VIE, 변동지분실체)라고 부른다. 알리바바 뿐만 아니라 상당수의 중국 회사들이 미국 상장을 위해 이와 동일한 방법을 택했다. 중국 정부 의 규제를 우회하기 위해 사용한 방법이기 때문에 중국 정부가 나중에 이 방법을 규제할 가능 성이 있다. 2015년 초 이 제도를 중국 정부에서 합법화할 것을 고려하는 중이라는 발표가 언론 에 보도된 바 있다. 워낙 많은 회사들이 이 방법을 이용해 미국에 상장했기 때문에, 이 방법을 금지한다면 엄청난 국제분쟁이 생길 수 있을 것이다.

따라서 알리페이에게 후한 거래조건을 줘서 알리바바의 이익을 알리페이로 이전할 수 있는 가능성도 있다. 이런 일이 중국에서 벌어져도 미국에서 그런 일 자체를 알 수 있는 방법이 별로 없다. 또 안다고 해도 제제할 방법이 없다.[18]

다른 측면에서의 정치적 위험요인도 있다. 중국 정부가 권력을 이용해 마윈 회장을 견제할 수도 있다. 중국에서 종종 일어나는 일이다. 미국 소액주주들이 불안할 수밖에 없다. 앞으로 마윈 회장이 이런 의혹을 불식시킬 수 있는 행동을 보여주고 중국 정부도 글로벌 스탠더드에 따라 행동하기를 바란다. 다행스러운 점은 알리바바의 주주 중에 중국 공산당 권력층도 상당히 포함되어 있다고 하는 소식이 들린다는 점이다. 이들이 자신의 자산가치를 줄이는 일을 하기는 곤란할 것이다. 마윈 회장이 관시 없이 사업을 시작했지만 관시 없이 사업을 확장시키기는 어려운 모양이다.

---

18 한국과 싱가포르에 상장되었다가 막대한 분식회계가 적발되어 상장폐지된 중국 회사 '중국고섬'의 경우를 예로 들 수 있다. 중국은 이 사건에 대한 조사를 거부하고 있으므로 사기를 벌인 경영진을 찾아 처벌하고 피해를 보상받을 방법이 없다. 중국고섬 사건에 대한 보다 자세한 내용은 본서에 실린 '중국고섬의 분식회계와 상장폐지 사건의 전말'을 참조하기 바란다.

회계로 본 세상

규제를 만드는 사람들은 그 규제가 실시되었을 때 기업들이 어떻게 대응할지 신중히 생각하지 않는 경우가 많다. 특히 행정관료가 아니라 정치인이나 여론의 주도로 만들어진 규제의 경우 더 그렇다.

예를 들어 본고에서 지분율괴리도가 존재하는 것을 전면 금지한다면 상당수의 자회사들이 시장에 매물로 나올 것이며, 그 결과 매물로 나온 회사들의 가격이 폭락할 것이라고 설명했다. 외국 기업들이나 펀드들이 이들 기업을 싼 가격으로 인수하게 될 것이라고도 이야기했다. 어디선가 들어본 듯한 이야기일 것이다. 바로 우리나라에서 1998년 이후 2000년 초까지 일어났던 일이다. 1997년 금융위기가 발발하자 당시 정치권은 거대기업은 2000년 말까지, 그 외의 대기업은 2002년 까지 부채비율을 200% 이하로 낮추라는 강력한 규제를 만들었다. 당시 상장기업의 평균적인 부채비율이 400%가 넘었으므로, 이 규제는 부채비율을 절반 이하로 줄이라는 것이었다. 필자가 계산해본 당시 서유럽 선진국 기업들의 평균 부채비율이 300%대, 미국 기업들의 부채비율이 200%대라는 것과 비교해보면 부채비율을 200% 이하로 줄이라는 규제가 얼마나 강력한 규제인지 짐작할 수 있을 것이다. 이 규제의 결과 우리나라 대기업들의 평균 부채비율은 미국 기업들보다도 더 낮아지게 된다.

부채비율을 낮추기 위해서는 자본을 늘리거나 부채를 줄이는 2가지 방법이 있다. 자본을 늘리기 위해서는 증자를 하면 된다. 하지만 당시 기업들이 적자가 발생하고 회사의 존망이 위태로운 어려운 상황에 처해 있었으므로, 증자를 할 경우 일반 개인투자자들이 신규로 발행된 주식을 시장에서 구입할 가능성이 거의 없었다. 결국 대주주가 자신의 돈을 털어서 증자에 참여했고, 회사 임직원들도 '회사를 살리자'며 억지로 증자에 참여할 수밖에 없었다. 전술한 것처럼 정부도 상대적으로 여유 있는 계열사들이 어려운 계열사의 증자시 출자하도록 적극 권유 또는 강요했다. 그 결과 순환출자 형태가 널리 퍼졌다. 그렇지만 이런 과정을 통해 마련한 자금으로는 부채비율을 200% 이하로 낮추기에 턱없이 부족했다. 그래서 많은 수의 기업들이 시장에 매물로 나왔고, 거의 모든 기업들이 자회사를 팔려고만 했지 사려고 하는 기업이 없는 상황이었다. 그래서 외국 자본이 한국에 들어와서 싼값으로 많은 한국 회사들을 인수해간 것이다. 위기가 끝나고 한국 기업들이 회복하자, 이들은 매입해서 보유하고 있던 기업들을 팔아 큰돈을 벌고 철수한 바 있다.

이 규제를 만들었던 정치인들은 깊은 생각 없이 단지 부채비율을 줄이라고 하면 기업들이 사업을 축소해서 부채비율을 줄일 것으로만 생각했을 것이다. 그 뒤에 어떤 일이 일어날지에 대해서는 아마 거의 생각해보지 않았을 것이다. 부채비율이 줄어들면 기업들이 재무적으로 안정적이 된다. 1997년 금융위기때 많은 기업들이 부도가 난 이유가 자신의 돈, 즉 자본은 별로 없이 부채로 사업을 한 경우가 많았기 때문이다. 그래서 막상 위기가 닥쳤을 때는 부채를 상환할 돈이 없었다. 이런 일이 다시 발생하는 것을 막기 위해 세계에서 유래가 없는 강력한 규제를 정부가 나서서 실시한 것이리라. 물론 이 규제의 효과 덕분에 우리나라 기업들이 훨씬 재무적으로 안전하게 되었고, 그 결과 2008년 금융위기 동안 상대적으로 덜 타격을 입고 넘어갈 수 있었다고 생각한다. 그렇지만 그 정책 때문에 1998년 금융위기 당시 개별 기업들이 입은 손해와, 이들을 모두 합친 국가 전체적으로 본 손해의 규모는 엄청나다. 따라서 이런 일이 다시는 우리나라에서 되풀이되면 안될 것이다.

몇 해 전 국내 정치권에서 벌어졌던 그룹 내 기업들 간 주식 상호 교차소유나 순환출자의 전면 금지(이하 주식 교차소유)를 둘러싼 논란에 대해서도, 그런 규제가 실제로 실시되면 어떤 효과가 발생할 것인지 생각해보자. 한쪽에서는 기존에 존재하고 있는 주식 교차소유 전면 금지를, 다른 쪽은 기존 교차소유는 인정하지만 신규로 교차소유하는 것만 전면 금지하자고 주장했다. 결국 후자의 제안이 채택되어 법률화되었다.

전술한 것처럼 교차소유는 지분율괴리도를 발생시키기 때문에 문제가 있다. 그러나 그렇다고 해서 기존 교차소유를 전면 금지하게 되면 기업들은 위에서 설명한 것처럼 지배구조 문제를 해결하기 위해 돈을 모아 꼭 필요한 일부 계열사 주식을 사고, 동시에 돈을 모으기 위해 나머지 상당수의 계열사 주식은 팔아야 하는 문제에 직면한다. 앞에서 설명한 2가지 사례의 경우와 똑같은 부작용이 나타날 것이다. 결국 이런 제도를 실시하겠다는 것은, 대기업 집단의 규모 축소나 해체를 위해서는 일자리 감소나 경기침체 및 국부의 해외유출이 발생하는 것도 감수하겠다는 의미가 함축된 것이다. 또는 이런 부작용이 있다는 것 자체를 생각해보지 않았을 가능성도 있다. 과연 무엇이 더 중요할까? 글로벌 경쟁을 하는 현 세계 경제 상황에서 볼 때, 대기업 집단이 해체된다면 과연 우리나라 기업들이 다른 세계의 기업들과 경쟁에서 이 정도로 잘 할 수 있을까? 이렇게 생각해보면 손쉽게 정답을 알 수 있다.

따라서 필자는 기존 교차소유를 소급해서 전면 금지하는 것에 대해서는 반대한다. 한때 정부에서 권장한 일(앞에서 설명한 것처럼 1998년 경제위기 이후 기업들의 부채비율을 줄이고 파산을 막기 위해 당시 정부가 여유 있는 계열사들이 어려운 계열사의 증자에 참여하는 것을 적극 독려했었다.)을 지금와서 소급해서 금지한다는 것은 옳지 않다. 다른 나라에서 교차소유를 법률로 금지한다는 이야기도 들어본 적이 없다. 그렇다고 해서 계열사 간 주식 교차소유 제도가 좋다는 뜻은 절대 아니다. 어쨌든 전술한 것처럼 교차소유가 지주회사 체제가 널리 도입됨에 따라 점점 줄어드는 추세이므로, 이 문제는 앞으로 조금만 시간이 지나면 논란거리가 될 일 자체가 드물어질 것이다.

기업 지배구조의
중심으로서의
이사회의 구성과 역할

· · · KB국민은행 · · ·

KB금융지주와 자회사인 KB국민은행에서 경영진과 사외이사들의 대립이 계속해서 발생했다. 처음에는 생명보험사에 대한 인수를 둘러싼 이견이 벌어지더니, 사외이사의 재선임을 둘러싸고도 논란이 발생했다. 그 이후에는 전산 시스템의 교체를 둘러싸고도 사외이사들과 행장 사이에 대립이 발생했다. 이 사건은 금융지주 회장과 행장 사이의 대립으로까지 확대된다. 이 사건의 결과 관련자들은 모두 불명예스러운 퇴진을 하게 된다. 이 사건과 관련해, 자본주의의 발달단계로서 경영자 자본주의에서 주주 자본주의로, 그리고 이해관계자 자본주의로 변하는 과정에 대해 알아본다. 또한 이사회에서 사외이사들이 어떤 역할을 수행하는지, 그리고 사외이사들이 어떤 자격을 가져야 할 것인지에 대해서도 생각해본다.

2012년 말부터 KB금융지주와 그 자회사인 KB국민은행(이하 KB로 통칭함)에서 경영진과 사외이사들의 대립이 계속되었다. 국내에서 다른 기업들에서는 거의 한 번도 일어나지 않던 일들이 한 회사 내에서 반복해서 발생했던 셈이다. 그 사이 경영진도 바뀌고 사외이사들도 상당히 교체되었는데도 불구하고 갈등이 계속되었다. 언론은 KB 사태를 보도하면서 애매모호하게 양쪽을 모두 비난하거나, '뒷다리 잡는다'며 사외이사 측을 더 비판하는 경향이 강했다.

어쨌든 KB에서 벌어진 이런 사건들은 한국에서도 최고경영자의 권한을 사외이사 중심의 이사회가 충분히 견제할 수 있는 시대가 왔다는 것을 보여주는 상징적인 사건이라고 생각된다.

미국은 벌써 20년쯤 전부터 이사회 중심의 경영이 이뤄지고 있는데, 한국에서도 그런 시대로 진입하기 시작하는 성격의 사례로 볼 수 있다. KB에서 벌어진 사건들의 내막을 자세히 알아보기 전에, 우선 현재 글로벌 스탠더드로 받아들여지고 있는 이사회 중심의 지배구조가 미국에서 어떤 배경을 가지고 탄생했는지 살펴보자.

미국 이사회의 막강한 권한

미국에서 한때 가장 존경받는 여성 경영자로 꼽히던 사람이 HP Hewlett-Packard의 CEO를 역임한 칼리 피오리나Carly Fiorina다. 1999년 CEO가 되어서 2005년 물러날 때까지 무려 6년 동안, 미국 기업 서열 10위권의 거대기업 HP의 최고경영자를 역임했다는 것은 놀랄만한 일이다. 그녀가 CEO가 되면서 AT&T 부사장직을 맡고 있던 남편이 유능한 아내를 돕기 위해 회사를 사직하고 집안일을 맡아 내조하기로 한 일까지 유명하다. 이미 10년 이상의 시간이 흘렀지만 지금도 그녀는 유리천장을 깨뜨린 맹렬여성의 대명사로 전 세계 수많은 여성들의 롤모델로 받아들여지고 있다. AT&T에서 일하던 그녀를 HP로 스카우트한 주체가 바로 HP의 이사회였다. 그 정도로 이사회의 신뢰를 받던 그녀였지만 컴팩Compaq과의 합병을 주도한 후 그 여파로 다년간 실적부진이 이어지자 이사회와 대립하게 된다. 그 결과 이사회는 2005년 그녀를 해고하고 신임 CEO를 임명했다. 임기를 마치지 못하고 CEO 자리에서 불명예스럽게 퇴진하게 된 것이다.

칼리 피오리나처럼 이사회가 경영자를 쫓아내는 일은 미국에서 그리 예외적인 상황이 아니다. 예를 들면 스티브 잡스Steve Jobs도 실적부진과 독선적인 경영이 문제로 부각되면서 1985년 자신이 스스로

칼리 피오리나
칼리 피오리나는 미국 최고 기업들 중의 하나인 HP의 CEO를 6년 동안 역임했다. 여성이 미국 최고 기업의 CEO 자리에 올랐다는 것은 유리천장을 깨뜨리는 놀랄만한 일이다. 그러나 그녀는 성과부진으로 임기 도중 불명예 퇴진하게 된다.

창업해 경영해오던 애플Apple에서 이사들의 반란으로 쫓겨난 바 있다. 물론 나중에 다시 화려하게 CEO로 복귀하기는 했지만 말이다. 회사의 설립자이면서 상당한 숫자의 주식까지도 보유한 CEO를 쫓아낼 정도라면 이사회의 힘이 얼마나 큰지 짐작할 수 있을 것이다.

　이처럼 미국에서는 스타 CEO도 쉽게 내쫓을 만큼 사외이사 중심의 이사회가 갖는 권한이 막강하다. 이사회가 아니라 CEO, 또는 CEO도 아니면서 이사도 아닌 뒤쪽에 숨어 있는 회장님이나 정부의 권한이 더 강한 한국과는 상당히 다르다. 우리나라는 이사회에서 CEO의 의견에 반대하는 일조차 매우 드물다. 자세한 내막에 대해서는 후술하겠지만, 2012년 말 어윤대 당시 KB 회장 주도로 KB에서 ING생명 한국법인을 인수하려고 했을 때 사외이사들의 반대로 인수 시도가 이사회에서 부결된 것이 거의 최초의 사례로 보인다.

사실 사외이사 제도와 이사회 중심의 경영이 우리나라에 도입된 것도 불과 10년이 조금 넘을 뿐이다. 1998년 외환위기를 겪은 후 국내 기업들의 지배구조를 강화하고 소액주주들에 대한 보호장치를 마련하자는 차원에서 법제화되었고, 1999년 강제로 도입되었다. 도입 후 2000년대 말까지도 사외이사나 이사회는 CEO의 역할에 대해 견제는 하지 못하고 동의만 하는 사실상의 거수기 역할밖에 수행하지 못하는 형식적인 기구로 간주되었었다.

이사회 중심 지배구조의 탄생

그렇다면 미국은 처음부터 이사회 중심의 지배구조가 확립되어 있었을까? 전혀 그렇지 않다. 미국 기업들도 초창기에는 대부분 창업자와 그 가족들이 대주주로서 직접 경영을 담당하고 있었다. 그러나 시간이 흐르면서 이런 지배구조가 변하기 시작했다. 우선 회사가 점점 성장하면서 조직이 커지고 복잡해졌다. 능력 있는 대주주나 가족이라면 상관없을 수도 있겠으나, 모든 대주주나 가족들이 복잡한 업무와 조직을 다룰 수 있는 것은 아니다. 따라서 이들을 대신해 경영을 수행할 전문경영인들이 나타나기 시작했다. 초창기에는 전문경영인이 있더라도 여전히 대주주가 회사 경영에 밀접하게 개입하면서 전문경영인을 강력하게 통제할 수 있었다. 그러나 시간이 흐르며 주식이 몇 세대에 걸쳐 상속되면서 전문경영인을 견제할 만큼 많은 지분을 소유한 대주주가 사라졌다. 즉 전문경영인이 주주들보다 더 큰 힘을 갖게 되

었다. 이때를 '경영자 자본주의'의 시대라고 표현한다.[1]

　이런 구조를 제왕적 CEO가 회사를 경영한다고 표현하기도 한다. 제왕적 CEO는 회사의 주식은 전혀 또는 거의 갖고 있지 않지만 실질적으로 이사회를 장악해서 자신의 뜻대로 회사를 경영할 수 있다. 만약 CEO가 이사들을 모두 또는 상당수 임명할 수 있는 힘을 갖고 있다면 CEO의 주장에 반대하는 것은 실질적으로 불가능하다. 제왕적 CEO라는 용어는 여기서 비롯되었다. 이때 CEO는 주주들의 이익을 위해 행동하는 것이 아니라 스스로의 이익을 위해 행동할 인센티브를 지닌다. 성과가 나빠도 자기 보수를 스스로 결정해 상당한 금액을 챙기고, 업무에 별로 신경 쓰지 않고, 회사 돈으로 자가용 비행기를 구입하거나 호사스러운 생활을 하는 등의 문제다.[2] 이런 문제들을 통칭해서 대리인 문제agency problem라고 한다. CEO는 주주들의 재산을 위탁받아 대신 경영하는 대리인agent일 뿐인데, 주주들의 이익을 위해서가 아니라 스스로의 이익을 더 앞세운다는 문제점을 일컫는 용어.

　따라서 20세기 중후반부터 학계에서는 어떻게 하면 대리인 문제를 줄이고 경영자들이 주주들의 이익을 위해 행동하도록 유도할 수 있을지에 대한 논의가 시작되었다. 그런 가운데 등장한 방법이 이사회 중

1　이런 내용을 우리나라 상황에 대입해보면 우리나라는 아직 대부분 대주주가 직접 경영을 하거나 능력 있는 전문경영인에게 경영을 맡기면서 뒤에서 감독하는 시대에 속한다. 전문경영인이 주주들보다 더 큰 힘을 갖는 사례는 아직 드물다.

2　예를 들면 GE의 CEO였던 잭 웰치(Jack Welch)는 퇴임 후 아파트 월세, 프로 스포츠 구단의 연간 좌석권, 골프클럽 회원권까지 계속해서 제공받았다. 이런 혜택들의 금전적 가치는 약 4억 달러에 달한다고 한다. CEO의 힘이 강할 경우 기업가치가 하락하고 투자가 비효율적으로 이루어진다는 것을 보여준 연구는 다음을 참고하기 바란다.
곽영민, 김현진, '최고경영자에 대한 경영권 집중화 수준과 기업가치', 〈회계학연구〉, 2017년.

심의 경영이다. 주주들이 이사를 선정하고, 이사회가 주주들을 대신해서 경영진을 감독하도록 하는 방법이다. 특히 이사회의 구성원인 이사들 중 일부를 의무적으로 사외에서 선임하도록(즉 사외이사를 선임하도록) 해서 경영진과 독립된 인물로 경영진을 감독하도록 제도화했다. 사내이사는 CEO의 힘에 영향을 받지 않을 수 없지만 사외이사는 상대적으로 영향을 덜 받을 수 있다.

주주 자본주의의 탄생

1960~1970년대 이후 미국에서는 주식 상장을 통해 필요한 자금을 조달하는 행태가 보편화했다. 그전까지는 부채를 통해 필요한 자금을 조달하는 경향이 더 강했다. 이런 변화의 결과 '주주 자본주의'라는 흐름이 '경영자 자본주의'를 대체해 대세로 자리 잡게 되었고, 주주들의 권한이 강해졌다. 소액주주들도 연합해 자신의 권리를 활발하게 주장하기 시작했다. 특히 개인투자자를 대신해서 투자하는 기관투자자(펀드나 연기금)들이 늘어나면서 이들의 입김이 점점 강해져 경영에 간섭하기 시작했다. 주주들을 만족시키지 못한다면 필요할 때 자금조달을 원활히 할 수 없었다. 이런 시대적 흐름의 결과로 이사회에서 주주들을 대표하는 사외이사들이 차지하는 비중이 점점 늘어났다. 그 결과 미국 대기업에서는 현재 사외이사가 이사회 구성원 중 절대다수를 차지할 정도다.

이사회의 구성원 중 특히 역할이 강조되는 것이 감사위원회다. 감

잭 웰치
GE의 CEO였던 잭 웰치는 퇴임 후에도 막대한 혜택을 계속해서 GE로부터 제공받았다. 잭 웰치는 자신이 회사에 기여한 결과에 대한 보수를 퇴임 후 지급 받는 것이라고 주장했지만, 일부에서는 잭 웰치가 자신의 힘을 이용해서 무리한 요구를 관철시킨 결과라고 비난했다.

사위원회가 재무보고와 내부 통제에 대한 업무를 감독하면서 CEO 를 직접적으로 견제하는 역할을 수행하기 때문이다. 미국에서는 1940년대부터 증권감독위원회(SEC)에서 감사위원회의 설치를 권 장해 왔으며, 1977년부터 뉴욕 증권거래소에서 거래소 상장기업 을 대상으로 감사위원회의 설치를 의무화했다. 그 후 엔론Enron 사건 의 여파로 기업들에 대한 규제를 강화하기 위해 사베인스-옥슬리 법sarbanes-oxley act이 통과되었을 때도 가장 신경 쓴 부분 중 하나가 감 사위원회의 권한과 책임을 대폭 강화하고 명확히 한 것이다. 즉 사베 인스-옥슬리법 이후부터 이사회가 기업 경영에서 더 중요한 역할을 담당하게 되었다. 우리나라도 2000년대 초반 제정된 여러 법률들을 통해 이사회와 감사위원회의 역할이나 중요성이 상당히 강화되었다.

이사회의 구성과 독립성

일부에서는 사외이사들이 비상임이기 때문에 기업 경영에 대해 잘 알지 못하므로 형식적인 역할밖에 하지 못한다고 비난한다. 이 말에도 일리가 있기는 하지만, 연구결과들을 보면 이사회가 제 역할을 하는 기업일수록 여러 측면에서 우수한 성과를 보인다. 다만 그런 현상이 발생하는 이유가 실제로 이사회가 경영 의사결정에 공헌을 해서인지는 명확하지 않다. 만약 회사의 대주주나 CEO로부터 독립적이고, 능력도 있고, 명망도 있는 사외이사들이 이사회를 구성하고 있다면 회사가 불법적이거나 위험한 행위를 하지 않으려고 알아서 조심할 수도 있기 때문이다. 또한 그런 이사회를 자발적으로 구성할 정도라면 능력 있고 양심적인 경영자나 대주주가 회사를 이끌 가능성도 높다. 즉 이사회의 구성이 우수해서 기업의 성과나 여러 특성이 개선되는 것인지, 좋은 기업이 우수한 이사회를 구성하는 것인지 명확하지 않다.

이사회 등을 포함한 지배구조가 얼마나 우수한지를 평가하는 대표적인 기준은 이사회의 독립성, 전문성, 활동성, 이렇게 3가지 지표다.

우선 이사회의 독립성부터 살펴보자. 이사회의 독립성은 (1) 사외이사의 비율, (2) 사외이사 중 회색이사grey director, 현재는 회사의 정규직원이 아니지만 과거 회사 또는 계열사에서 근무한 경험이 있거나 현재 계열사에서 근무하고 있는 사람을 말함의 비율, (3) CEO의 이사회 의장 겸직 유무, (4) 이사들의 회사 주식 보유 정도, (5) 사외이사들만으로 구성된 사외이사 추천위원회 존재 여부 등으로 구별한다. 사외이사 비율이 높을수록, 회색이사 비율이 낮을수록, CEO가 이사회 의장을 겸직하지 않을 때, 이사들이 회사 주식을 보유하고 있지 않을 때, 새 사외이사를 선임하는 역할을 하는 독립적인 사외이사 추천위원회가 있을 때 이사회의 독립성이 높다고 판단한다. 사실 회색이사가 아닌 사외이사 중에도 대주주와 사적으로 가까운 관계에 있는 사람들이 있을 가능성이 있다. 그렇지만 이런 사적인 내용들까지 외부에서 구체적으로 알 수는 없으므로 객관적으로 측정할 수 있는 정보들만으로 비교를 하는 것이다. 이런 정보들은 모두 회사 사업보고서에 공시되어 있다.

우리나라에서는 특히 이사회의 독립성이 문제가 되기 때문에 독립성을 높이기 위한 여러 보완책들이 논의되고 있다. 회계감사인의 선정이나 재무보고 과정에서 CEO나 CFO의 영향을 줄이고 감사위원회의 역할을 증대시키려는 노력들, 그리고 감사위원회 위원이 되는 사외이사를 선정하기 위한 주주총회에서 투표를 할 때 대주주의 지분비율을 제한하려는 노력들이 이에 해당된다. 후자의 경우 사유재산권을 침해하고 역차별이 된다는 문제점이 있어서 반론도 많다. 하지만 전자는 꼭 이루어져야 할 사안이다. 선진국 중 우리나라처럼 CEO나 CFO가 직접 나서서 회계감사인을 선정하고 감사보수를 결정하는 나라는 거의 없다. 이런 관행이 계속 유지된다면 회계감사인이 회사에 쓴소리를 했을 때 바로 교체당할 위험이 크다. 그래서 CEO나 CFO가 아니라 감사위원회가 나서서 감사보수도 결정하고 감사인도 직접 선정하라는 것이다. 문제가 있는 소수의 기업에 대해 회계감사인을 금융감독원이 선정하는 감사인 지정제도가 실시중인 것도 같은 맥락이다.

(4)에 대해서는 찬반논란이 존재한다. 이사회 이사들 중 사외이사

들이 회사 주식(스톡옵션 포함)을 보유한다면 주주나 직원들과 이해관계가 좀더 일치하므로 회사 발전을 위해 더 열심히 노력할 수 있다는 견해도 있다. 그러나 반대로 회사 주식을 보유하면 단기적 주가 상승을 위해 회계 부정을 저지르거나 이익조정을 하기도 하고, 단기 이익만 추구하는 경영자의 기회주의적 경영행태를 억제하지 못할 가능성도 있다. 실증연구결과는 후자의 발견을 더 지지한다.

이사회의 전문성과 활동성

이사회의 전문성은 회계전문성, 재무전문성, 경영전문성 등으로 구분한다. 이런 분야에 전문성을 가진 사람이 사외이사 중에 포함되어 있다면 이사회가 전문성을 가졌다고 보는 것이다. 그런데 전문성이 어떤 효과를 가져오는지는 그렇게 명확하지 않다. 많은 연구결과들 중 비교적 일관적인 결과가 발견되는 분야는 회계전문성뿐이다. 회계전문성이 있는 사외이사가 포함되면 재무보고의 품질이 높아져 회계 부정이 발생할 가능성이 감소하며, 회계처리가 기업의 실질을 더 잘 나타내는 쪽으로 이루어지는 경향이 높다.

이런 연구결과들을 반영해 미국에서는 현재 감사위원회 위원 중 반드시 1인을 회계나 재무전문성을 가진 사외이사로 임명하도록 법규화되어 있다. 우리나라도 대기업에 한해 이 제도가 도입되었다. 회계전문성뿐만 아니라 경영과 관련된 어떤 분야든 전문성이 있는 사람들을 중심으로 이사회가 구성된다면 전문성 없는 사람들을 모아둔 것보다는 효과가 좋을 것이다.

우리나라 대기업의 사외이사들을 보면 전직 대법원이나 검찰, 국세청, 공정거래위원회, 행정부 등 고위간부 출신이나 정치인 출신들이 많다. 이런 사람들도 전문성이 있다고 볼 수 있을까? 물론 각자의 분야에서는 전문성을 가질 수 있지만 이들이 기업경영 분야에 전문성을 갖고 있다고는 보기 어렵다. 이들이 소액주주들을 대표해 대주주를 견제하고 감독하는 사외이사 본연의 기능을 수행한다고도 보기 어렵다. 오히려 그보다는 원래 소속되어 있던 권력기관이나 집단과 관련해 문제가 발생했을 때 바람막이 역할을 하라고 사외이사로 영입되었을 가능성이 높다. 즉 기업 활동을 견제하는 것이 아니라 기업 보호를 위해 일할 가능성이 높을 것이다. 그래서 일부에서는 이들을 '외풍을 막는 바람막이' 역할을 한다고 비난한다.

이런 사람들이 많이 필요하다는 것은 그만큼 우리나라에서 해당 기관이나 집단들의 힘이 세다는 것을 나타낸다. 더군다나 언론보도를 보면 사외이사 제도가 도입된 이후 시간이 지날수록 점점 이런 추세가 강화되고 있다고 한다. 필자의 추측이지만 선진국이 아닐수록 이런 현상이 나타날 가능성이 높다. 어쨌든 이런 사람을 사외이사로 많이 임명한다는 것은 이들의 임명이 기업에 도움 된다는 것을 의미하므로 대주주뿐만 아니라 소액주주들에게도 도움이 될 수는 있을 것이다. 하지만 국가 전체적으로 볼 때 이런 현상이 공정한 경쟁환경 조성을 통한 국부창출이나 국민 복리 증진에 도움이 될 가능성은 별로 없다. 참고로 미국에서는 한국과 같은 권력기관 출신이 사외이사를 맡는 경우가 없지는 않지만 드문 일이다. 오히려 전현직 기업인들이 사외이사를 맡는 경우가 많다.

이사회의 활동성은 이사회 회의의 수, 회의의 진행시간, 이사의 회의 참석률 등의 변수로 구분한다. 활동성의 효과도 명확하지 않다. 이사회 전체적으로 볼 때 열심히 활동을 한 이사회가 더 좋은 이사회라고 볼 수도 있겠지만, 무언가 문제되는 일이 많아서 이사회가 빈번히 열리고 회의가 길어지는 것으로 볼 수도 있기 때문이다. 그에 반해 이사의 회의 참석률은 해당 이사가 열심히 일하고 있는지를 보여주는 좋은 지표라고 생각된다. 어쨌든 가장 중요한 것은 이사회에서 이사들이 얼마나 열심히 안건을 분석하고 심도 있는 토론을 하느냐일 텐데, 그런 정보는 외부에서 알 방법이 없다.

이사회의 규모

현재 상법상 상장회사는 이사 총수의 1/4 이상을 사외이사로 선임하도록 의무화되어 있다. 특히 자산 총액 2조 원 이상인 상장사의 경우는 사외이사를 3명 이상 선임해야 하며, 이들 사외이사가 이사 총수의 과반수를 차지해야 한다. 따라서 사외이사 3인에 사내이사 2인을 이사로 선임하면 총 5인의 이사회가 구성된다. 즉 이들 기업의 경우 이사회의 최소 규모가 5인이 된다.

또한 자산 총액 2조 원 이상인 상장사는 이사회 내에 감사위원회를 반드시 두어야 하며, 상장회사는 감사위원이 3명 이상인데 그 중 2/3 이상이 사외이사여야 한다. 이를 종합하면, 국내 상장 대기업의 경우 최소 이사회 규모는 5인이며, 최소 감사위원회 위원은 3인이 된다. 이를 구성하기 위해서는 최소 3인의 사외이사가 필요하다. 실제로 국내 기업들의 통계를 보면 대기업들은 대략 7~10명 정도의 인원으로 이사회가 구성되며, 중소기업들은 5~7명 정도로 이사회가 구성된다.

이사회의 규모도 이사회의 효과와 관련이 있다. 작은 이사회보다는 큰 이사회가 더 효과적이라는 연구결과는 다수 존재한다. 큰 이사회가 있어야 사외이사를 다수 포함할 수 있고, 그 중에는 전문성을 가진 인물이 더 많이 포함되어 있을 것이며, 보는 눈이 많아야 경영진의 행동을 더 잘 감시할 수 있기 때문이다. 미국에서는 이사회가 훨씬 커서 15명이나 20명을 넘는 경우도 드물지만 존재한다. 이사회의 이사 숫자가 너무 많으면 회의가 효율적으로 진행되기 어려울 것이다. 오히려 이사회의 효과가 반감될 수도 있다. 연구결과도 이런 추측을 뒷받침한다. 즉 적당한 수준까지는 이사회의 이사 숫자가 많은 것이 좋지만, 그 적당한 수준을 넘어설 정도로 이사회가 커진다면 오히려 비효율이 발생한다는 것이다. 국내 기업이나 주주들은 이상의 내용을 종합해서 각자의 회사에 적합한 최상의 이사회 조합을 구성하려고 노력해야 할 것이다.[3]

3 이상에서 논의된 이사회나 감사위원회의 특징이 재무보고의 품질이나 회계부정, 기업 투명성, 경영성과 등에 미치는 영향에 대해서는 다음 연구들을 참소하기 바란다.

Archambeault, DeZoort, and Hermanson, 'Audit Committee Incentive Compensation and Accounting Restatement', 〈Contemporary Accounting Research〉, 2008년.

Beasley, 'An Empirical Analysis of the Relation Between the Board of Director Composition and Financial Statement Fraud', 〈The Accounting Review〉, 1996년.

Defond, Hann, and Hu, 'Does the Market Value Financial Expertise on Audit Committees of Boards of Directors?' 〈Journal of Accounting Research〉, 2005년.

KB금융지주-ISS 관련 사건의 전말

이제 전술한 바 있는 KB 사건을 자세히 살펴보자. KB에서 이사회와 최고경영진 사이에 갈등이 시작된 것은 2012년 말로 거슬러 올라간다. 당시 KB금융지주의 어윤대 회장이 적극 추진하던 ING생명 인수건에 사외이사들이 반대했다. 사외이사들은 ING생명 인수가 KB에 도움이 되지 않는다고 판단했다. 회장이 적극 나서서 사외이사들을 설득해봤지만 쉽지 않았다. 2012년 12월 18일 열린 이사회에 ING 생명 인수안이 상정되었을 때 사외이사 9명 중 5명이 반대, 2명이 보류, 2명이 찬성 의견을 내 안건이 부결되었다. 당시 KB는 언론을 통해 회사에 대해 잘 알지 못하는 사외이사들이 회사 경영을 좌지우지하면서 문제를 일으킨다고 홍보했다. 사실 그 이전까지는 경영진이 내놓은 안건에 사외이사들이 거수기(손만 드는 기계) 역할을 한다는 비난을 담은 기사가 다수였는데, 이 사건에서는 사외이사들이 안건에 반대하고 부결시켜서 오히려 경영을 못하게 방해한다며 사외이사들을 비난한다는 기사가 났다.

　사실 이 사건만 있었다면 KB에서의 갈등은 크게 부각되지 않았을 수도 있다. 그런데 연이어 다른 사건이 터졌다. KB는 경영권을 행

Klein, 'Audit Committee, 'Board of Director Characteristics, and Earnings Management', 〈Journal of Accounting and Economics〉, 2002년.

Vafeas, 'Board Meeting Frequency and Firm Performance', 〈Journal of Financial Economics〉, 1999년.

Vafeas and Theodorou, 'The Relationship Between Board Structure and Firm Performance in the UK', 〈British Accounting Review〉, 1998년.

사할 만한 대주주가 없고 다수의 외국인 주주들(대부분이 기관투자자)이 상당한 지분을 갖고 있었다. 그래서 주주들에게 전문적인 내용을 조언하는 서비스 회사들이 존재한다. 서비스 회사가 외국에 있는 해당 회사의 상황을 분석하고 주주총회 때 어떤 방식으로 투표에 참여하라거나 의견을 개진하라고 주주들에게 조언을 주는 것이다. 상당수 외국 기관투자자들은 이 조언에 따라 행동한다. 이런 일을 하는 서비스 회사들 중 대표적인 회사가 미국의 ISS Institutional Shareholder Service다. ISS에서는 소수의 직원이 매년 수백만 건의 전 세계 기업 투표에 대한 의견을 발표하므로, 해외 현지의 상황에 대한 전문성이 부족해 장기적인 시각에서 판단을 하기 보다 주로 1년 이내의 단기적인 시각에서만 판단을 한다고 비난을 받고 있다. 어쨌든 한국 사정을 잘 모르는 외국인 투자자들, 특히 기업을 장기적으로 경영하려는 의사가 없는 단기투자자들 입장에서는 의사결정을 내릴 때 ISS의 의견이 중요한 참고사항이 된다.[4]

2013년 2월, 어윤대 회장의 최측근인 박모 부사장이 ISS를 접촉해서 '정부 측 영향을 받는 일부 사외이사가 회사의 경영을 방해하므로 주주총회에서 이들의 재선임에 반대해 달라'는 내용이 포함된 정보를 전달했다는 뉴스가 보도되었다. 박 부사장의 조언에 따른 결과인지는 알 수 없으니, 3월 12일 ISS는 '주총안건 중 독립성과 객관성에 문제가 있는 특정 사외이사 3인의 재선임에 반대한다'는 내용을 담은 보고서를 발표했다. 이 사실이 알려지자 사외이사들의 분노가 폭발했

4 Illey and Lowry, 'Are Mutual Funds Active Voters?'(Review of Financial Studies), 2015년.

KB국민은행 광고
2014년 KB에서는 행장과 사외이사들 사이에 갈등이 벌어지며, 이는 곧 회장과 행장 사이의 갈등으로 확대된다. 그 결과 회장, 행장, 사외이사들 모두가 퇴진하는 황당한 사태가 벌어진다.

다. 어윤대 회장은 자신이 박 부사장에게 그런 일을 하라고 지시하지 않았다고 주장했지만 사외이사들은 믿지 않았다. 어윤대 회장은 3월 18일 측근 박 부사장을 직접 해고했고 ISS에 앞의 보고서를 철회해 달라고 요청했다. 회사 차원에서도 여러 외국인 기관 투자자들을 방문해 설득했다. 그 결과 불과 4일 후인 3월 22일 실시된 주주총회에서 ISS 보고서에 언급된 3명의 사외이사는 모두 재선임될 수 있었다. 두 번째 분쟁에서도 사외이사들이 승리한 것이다.

그 직후 신제윤 금융위원장은 금융지주회사의 지배구조를 개편하는 작업을 하겠다고 밝혔다. 이 내용 중에는 지주사와 은행을 통합해 지주사의 대표나 이사회가 은행의 대표와 이사회를 겸직하는 것과, 사외이사들이 스스로를 추천해서 장기간 계속해서 사외이사 역할을 수행하는 것을 막겠다는 방안도 포함되어 있다. 그 후 7월 어윤대 회장은 임기를 마치고 퇴임한다. 후임 CEO로는 재정경제부 차관과 KB

국민은행 행장을 역임한 임영록 회장이 임명된다. KB금융지주의 자회사인 KB국민은행의 후임 행장으로는 이건호 부행장이 임명된다. 이건호 부행장도 KB가 아니라 조흥은행과 금융연구원 출신이다. 전임 어윤대 회장도 외부인사(고려대학교 교수) 출신이었으므로, 2대에 걸쳐 모두 외부인사 출신이 회장과 행장 자리를 차지한 것이다.

전산시스템 교체를 둘러싼 KB은행의 갈등

2014년 들어 KB가 다시 CEO와 사외이사들의 갈등으로 시끄러워졌다. 이번에는 KB은행에서다. 4월 KB 이사회에서는 10인의 이사 중 8인의 찬성으로 전산시스템을 기존의 IBM에서 유닉스로 교체한다는 결정을 내렸다. 비용절감 효과가 연간 100억 원대에 이른다는 것이 주 교체 이유였다.

   그 후 셜리 위 추이Shirley Yu Tsui 한국 IBM 대표가 이건호 행장에게 전산시스템 교체에 문제가 있다는 이메일을 보냈다. 그러자 이 행장은 정 모 감사에게 교체과정에 대한 조사를 하라고 지시했다. 5월 정 감사가 교체 결정에 반대하는 내용의 의견서를 이사회에 제출했다. 징 감사는 이사회 결정 이후 IBM이 가격을 상당히 내리겠다는 제안을 해왔으므로 업체를 바꿀 필요가 없다는 의견이었다. 유닉스로 교체하면 비용이 감소한다는 것은 추정일 뿐이며, 교체시 발생할 수 있는 위험 때문에 오히려 비용이 늘어날 수 있다는 내용도 포함되었다. 이사회에 제공된 보고서에는 이 교체시 발생할 수 있는 위험과 관련된 추가비용 내용이 포함되지 않았다고 한다. 이건호 행장은 감사의 의견에 동의했다. 하지만 추가적으로 열린 이사회에서는 이 반대의견을 보고 받고 토의를 했지만 받아들이지 않고 시스템을 교체한다는 이전의 결정을 다시 확인했다.

이런 내용을 보고 받은 임영록 회장은 '이사회의 결정을 존중한다'는 정도의 짤막한 코멘트만 했다고 언론에 전해진다. 임 회장은 자회사 사장이 아닌 이사회 편을 들었다. 같은 KB금융그룹 안에서 경영진의 의견이 엇갈린 셈이다. 지주사에서는 '전산 교체를 문제 삼지 말라'고 은행에 공문을 보냈다. 그러면서 회장과 행장 사이에 갈등설이 확산됐다. 그러자 정 감사는 이사회의 의사결정 과정에 제공된 보고서의 진위가 의심스럽다며 금융감독원에 회사를 조사해달라고 요청했다. 그러자 금융감독원은 조사인력을 파견해 KB를 조사하겠다고 발표했다. 이 문제와는 직접 관련이 없지만 당시 발생했던 여러 부정과 비리 사건에 대한 조사를 포함해 대규모 조사를 벌이기로 했다.

그러는 사이에도 임 회장과 이 행장이 여러 차례 자리와 대접 문제로 갈등을 표출하는 모습이 언론에 계속 보도되었다. 주로 이 행장이 임 회장을 자신의 상급자로 인정할 수 없다는 것을 노골적으로 표출하는 형태의 갈등이었다.[5] 이런 대립이 지속되자 은행 노조는 임 회장과 이 행장 모두 회사 발전에 장애가 된다며 물러나라는 시위를 벌였

---

5 임 회장과 이 행장의 개인적인 문제일 수 있으며 본고의 논의와 큰 관련성이 없으므로 더 자세한 논의는 생략한다. 그러나 필자가 보기에는 이 점이 더 이상하다. 조직구조 형식상 지주회사의 회장 신하에 자회사의 사장이 자리한 것이고, 상급자가 하급자를 지휘·감독하는 것이 당연하다고 생각되기 때문이다. 결국 이 행장은 형식상으로는 임 회장이 상급자이지만 자신이 임 회장과 동격 또는 상위 직급에 있는 것처럼 행동했다는 의미다.

다. 수차례 회의를 가진 후 5월 30일 열린 이사회에서 결국 전산시스템 교체를 원점에서 재검토하기로 하고, 이에 대한 논의는 금융감독원 검사가 끝난 후로 연기했다. 잠시 휴전에 들어간 셈이다.

사실 필자는 이 사건을 보며 잘 이해할 수 없었다. 언론보도를 보면 거의 대부분의 다른 은행들이 과거 IBM을 사용하다가 유지비용이 저렴한 유닉스로 시스템을 교체했고, IBM을 계속 사용하던 회사는 우리은행과 KB뿐이다. 그런데 우리은행도 유닉스로 시스템을 바꿀 것을 검토하는 중이었다. 필자가 IT 시스템에 대해 아는 바가 없지만, 한 시스템을 사용하는 것이 그렇게 좋다면 왜 대부분의 은행들이 다른 시스템을 사용하는지 이해가 안 된다. 그리고 명망있는 인물로 구성된 사외이사들이 2번씩이나 이 안건을 이사회에서 논의했는데도 교체를 하기로 결정했다는 것 자체가 이 문제가 그렇게 복잡한 사안이 아닐 것이라는 점을 암시한다. 그러므로 얼핏 생각하면 이 문제가 이렇게 중요한 이슈가 된다는 것 자체가 이상하다. 그러니 겉으로 드러나지 않는 다른 이유가 있지 않나 싶은 생각이 든다. 그리고 수천억 원이 소요되는 전산시스템 교체에 대한 의사결정이 비용도 제대로 계산하지 못할 정도로 허술하게 이루어지지 않았을 것이라 생각한다.

KB 사건의 승자는?

금융감독원 검사가 진행된 후인 2014년 8월 금융감독원 제재심의위원회에서 이 사건을 포함한 다른 여러 사건들에 대한 책임을 물어임 회장과 이 행장 모두에게 경징계를 발표했다. 그런데 9월 금융감독원장은 직권으로 처벌수위를 경징계에서 중징계로 올렸다. 그러자 이 행장은 사임을 발표했으나 임 회장은 징계가 부당하다고 법적 투쟁을 하겠다고 버텼다. '하급자의 부당한 행동을 막으려다가 벌어진 일인데 왜 자신을 처벌하느냐'는 반론을 제기했다. 그 후 금융감독원의 상급기관인 금융위원회는 처벌 수위를 한 단계 더 높여서 '직무정지 3개월'을 발표하고 사퇴를 압박했다. 임 회장은 자신은 할 일을 한 것뿐이라며 억울함을 호소했지만 마침내 사임할 수밖에 없었다.[6] 지난 정권에서 임명된 사람을 쫓아내려는 정치권의 압력이 작용하지 않았을까 추측한다. 차기 회장은 윤종규 전 부사장이 선정되었다. 그 결과 2014년 11월부터는 윤종규 회장이 금융지주와 KB은행의 겸임 CEO로서 이 사건으로 만신창이가 된 KB를 이끌게 되었다.

그렇다면 결국 KB 사태의 승자는 누구일까? 패자는 명확하다. 임 회장과 이 행장 모두 체면을 구기면서 현직에서 물러났다. IT 담당 임원들도 물러났다. 이사회 구성원들인 사외이사들도 많은 구설수에 올랐고, 대부분 사건이 정리된 후 정부의 압박을 받고 사임했다. 정부가 이들을 얼마나 괴롭혔을지 짐작이 된다. 관료 출신인 임 회장과 이 행장을 민간기업의 수장으로 임명했던 전 및 현 정권과 금융감독 당국도 많은 비난을 받았다. 그러니 KB와 관련된 거의 모든 사람들이 패자인 셈이다. 이 사건 직후인 2014년 9월 최수현 금융감독원장도 사

---

6 금융감독원과 금융위원회가 동일한 입장을 취한 것을 보면, 아마도 두 기관보다 높은 선에서 이런 결정이 이루어졌을 것으로 보인다.

금융위원회 홈페이지
금융위원회에서는 이 사건과 관련된 모든 사람들에게 중징계를 내렸다. 그러나 갈등의 당사자들을 임명했던 정권과 금융감독 당국도 이 사건 때문에 많은 비난을 받았다.

임했다. 이 사건이 직접적인 원인은 아니지만 간접적인 원인이 되었다고 언론에서는 보도를 한 바 있다. KB 사건이 국민들에게 회자되면서 KB의 명예도 땅에 떨어졌다. 그러니 이 사건과 관련된 거의 모든 사람들이나 집단들이 피해를 보았다고 할 수 있다.

그렇다면 이 사건의 승자는 누구일까? 놀랍게도 승자는 IBM이다. 이사회는 교체 여부를 금융감독원의 검사 이후로 연기했는데, 검사 이후 CEO 교체가 다시 이슈가 되면서 전산시스템 교체에 대한 의사결정이 이루어질 틈이 없었다. 그 사이 몇 달의 시간이 흘러 기존 IBM 시스템 사용에 대한 계약만료 기간이 점점 다가왔다. 그래서 1년 정도 소요되는 유닉스로 시스템을 교체할 만한 시간이 없었다. 만약 계약기간 만료 이후 새 시스템 도입 때까지만 IBM 시스템을 단기 계약을 통해 계속 사용한다면 추가 비용이 엄청나게 발생한다고 한다. 그래서 할 수 없이 KB는 IBM과 시스템 사용계약을 다시 연장했다. 새

계약을 통해 2020년까지 IBM 시스템을 사용하게 된 것이다. 언론보도를 보면 유닉스로 시스템을 전환하면 대략 3천억 원대의 비용이 들 것으로 예상되고 있었는데, IBM과의 새 계약에 따르면 계약기간 동안 이보다 월등히 많은 비용을 지불해야 한다고 한다. 결국 KB의 분쟁의 결과로 IBM만 혜택을 보게 된 것이다. KB의 주주들 입장에서 보면 손해를 보게 된 것이다.

한국의 현실과 나아가야 할 방향

어쨌든 위에서 소개한 KB의 2가지 사례는 예외적인 것이다. 아직 국내에서 사외이사가 대주주나 회사 경영진 주장에 반기를 드는 사례는 극히 드물다. 하지만 그 빈도는 점점 늘어나는 것으로 보인다. 이사회 표결에서 반대표를 던지는 사례는 많지 않지만 표결까지 가기 전에 대화를 통해 안건 내용 일부를 변경하거나 철회하는 경우가 많기 때문이다. 따라서 국내에서도 이사회의 중요성이 점점 커지고 있다고 볼 수 있다. 그러므로 사업보고서에 공시되는 사외이사들의 안건찬성률만 보고, 사외이사들이 안건에 찬성표만 던진다고 비난하는 것은 옳지 않다. 문제가 될 만한 내용의 안건이 이사회의 투표안건으로 올라오지 않도록 하는 것도 사외이사들의 역할이기 때문이다.

이런 상황들을 살펴보면 한국은 현재 '소유 경영자' 시대나 '전문 경영자' 시대에 있는 셈이다. 소유 경영자가 주도하는 시대에서 주주가 주도하는 시대로 넘어가려면 몇 세대가 걸리므로 자본주의 역사가 짧은 우리나라는 아직 더 기다려야 할 것이다. 그러면서 이사회 중심의 경영도 점점 더 정착해갈 것이다.

무엇이 더 바람직한 제도일까? 정답은 없다. 소유 경영자는 장기적 관점에서 회사를 경영한다는 점에서 긍정적이지만 무능한 소유 경영자는 회사를 손쉽게 망치기도 한다. 전문 경영자는 소유 경영자보다 단기적 관점에서 경영한다는 문제점을 지니며, 때로는 소유 경영자보다 더 막강한 권력을 누리기도 한다. 이사회 중심의 경영은 회사에 대해 잘 알지 못하는 사외이사들이 경영에 참여해 중요한 의사결정을 내린다는 문제점이 있다. 하지만 전술한 것처럼 이사회 중심 경영이 가진 장점도 많다. 따라서 제도 자체보다는 제도의 운영과 사람이 누구냐가 더 중요한 문제다.

필자의 개인적인 견해로는 천재 한 사람이 경영권을 잡는 것이 최고다. 한국의 대기업을 세운 여러 창업자들이나 스티브 잡스 같은 사람을 떠올리면 된다. 그러나 자신이 이들과 똑같은 능력을 가지고 있다고 착각하는 사람들이 너무 많다는 것이 문제다. 그러니 평균적으로 볼 때 회사 경영에 덜 관여하는 사외이사라 하더라도 유능한 다수의 집단지성이 회의를 통해 의사결정을 하는 이사회 중심의 경영이 더 바람직하다고 판단된다. 독재국가보다 민주국가가 평균적으로 더 잘사는 원리를 생각해보라. 최고경영진은 이사회의 결정이 마음에 들지 않더라도 따라야 한다. 자신의 권력이 방해받는 것 같아 기분이 나쁘겠지만, 이런 구도가 자리잡혀야 견제와 균형이 이루어질 수 있다.[7]

선진국들이 대부분 이사회 중심의 경영체제로 움직이고 있으므로 결국 우리나라도 이 추세로 바뀌어갈 것이다. 지금 벌어지는 대주주와 이사회 사이의 갈등, 또는 최고경영자와 이사회 사이의 갈등은 아직 한국이 이사회 중심의 경영체제로 완전히 전환되지 않았으며 변해가는 과도기이기 때문에 누가 힘이 더 센지 애매모호한 상황에서 발생한 일이다.

이해관계자 자본주의 시대가 오기 위해서는?

그렇다면 주주들이 앞으로 해야 할 일은 무엇일까? 주주총회 때 새로 선임되는 사외이사가 독립성과 전문성을 갖고 있는지 살펴봐야 한다. 독립성이나 전문성이 조금 부족하더라도 명망 있는 사람이라면 자신의 명예를 훼손하지 않기 위해 경영진의 부당한 행위를 제지할 가능성이 높다. 따라서 이런 사람이 사외이사로 선임될 수 있도록 적극 나서야 할 것이다. 내가 직접 나서지 않고 '남들이 알아서 해주겠지' 하고 가만히 있는 다면 이런 변화가 일어날 수 없다. 또한 이미 선임된 사외이사들도 이사회에 열심히 참석해 의견을 개진하고 있는지 살펴봐야 한다. 문제 있는 사람이 이사에 선임되거나 이사로 선임된 자가 활동을 제대로 하고 있지 않다고 판단되면 다음 주주총회에서 적극적으로 반대표를 던져야 한다. 반대표를 던진다고 해서 이사를 교체하

---

7 KB 사건을 염두에 두고 하는 이야기는 아니라 일반론을 이야기할 뿐이다. 그리고 KB 사태의 진짜 배경이 무엇인지는 아직까지 정확히 알려지지 않았다. 투자자 입장에서 볼 때도 최고경영자가 이사회에 대해 어떤 태도를 가지고 있는지를 잘 살펴봐야 할 것이다. 이는 최고경영자가 주주들에 대해 어떤 생각을 가지고 있는지를 보여주는 좋은 지표일 것이다. 물론 신제윤 금융위원장이 지적한 것처럼 이사회의 구성과 운영 자체도 문제점이 있다면 문제를 고쳐야 할 것이다.

기는 쉽지 않겠지만, 앞으로 맡은 바 직분을 제대로 수행하라는 경고는 줄 수 있을 것이기 때문이다. 이런 정보들은 모두 사업보고서에 공시된다. 필자가 다른 여러 나라들의 자료를 살펴봤지만, 한국처럼 이런 정보들이 투명하고 공시되어 있는 나라들은 드물다. 그만큼 한국의 제도는 잘 정비되어 있다고 생각한다.

그렇지만 좋은 제도가 있다고 꼭 잘 실행되는 것은 아니다. 전술한 것처럼 제도 자체보다는 제도의 운영과 사람의 문제다. 이런 제도들이 한국에 뿌리내리기 위해서는 모두가 나서야 한다. 주주들이 관심을 보여야 사외이사도 자신의 책무를 수행할 것이다. 주주가 관심이 없다면 사외이사들도 제왕적 CEO와 다를 바 없이 자신의 이익을 위해 움직일 것이다. 주주 집단이 더 확대된다면 선진국처럼 주주가 곧 국민인 시대가 올 수 있을 것이다. 그렇다면 주주들도 자기의 이익뿐만 아니라 사회나 국가 전체의 이익을 위해 생각하는 방향으로 변해갈 것이다. 즉 주주뿐만 아니라 해당 기업과 관련된 이해관계자 집단의 이익을 균형 있게 고려하는 '이해관계자 자본주의' 시대로 옮겨갈수 있을 것이다. 그런 날이 하루빨리 오기를 바란다.

411

회계로 본 세상

필자가 위에서 다수의 집단 지성이 경영에 함께 참여하는 민주적인 지배구조가 가장 바람직하다고 했지만, 그렇다고 해서 민주적인 제도가 반드시 최선의 해결책을 도출하는 것은 아니다. 제2차 세계대전을 승리로 이끌었던 영국의 윈스턴 처칠Winston Churchil 수상은 의회 연설에서 "역사적으로 많은 형태의 정치제제가 있었으며, 앞으로도 다른 형태의 정치제제가 생겨날 것이다. 누구도 민주제도democracy가 모든 측면에서 완벽한 정치제도라고 생각하지 않는다. 그 반대로 민주제도는 매우 나쁜 형태의 정치제도다. 다만 역사적으로 시도되었던 다른 형태의 정치제도들보다 조금 덜 나쁠 뿐이다"라는 유명한 말을 남겼다.[1]

처칠 수상의 이 말도 역시 민주주의 자체도 문제가 많다는 것을 이야기하는 셈이다. 결국 어떤 제도가 실시되는 것보다 그 제도를 어떤 사람이 어떤 철학을 가지고 운용하느냐가 더 중요한 것이다. 아무리 좋은 제도도 탐욕스러운 개인 몇몇에 의해 악용될 수 있으며, 탐욕스럽지는 않더라도 국내 몇몇 기업에서 발생한 것처럼 최고경영진 또는 일부 직원들 사이에서 도덕적 해이가 발생해서 불합리한 방향으로 일이 진행될 수 있는 것이다.

최근 들어 국내 일부에서 독일식 직원의 경영참가 제도를 이사회 제도의 대안으로 제시하고 있다. 직원 대표가 이사회에 이사로 참여하여 회사의 발전을 위해 공동으로 노력하는 제도다. 더 나아가 국민이 직접 이사회에 참여해야 한다는 주장도 있다. 주주도 국민의 범위에 포함되기는 하지만, 주주보다 더 많은 국민이 직접 경영에 참여하는 것은 현실적으로 불가능하다. 즉 국민이 참여해야 한다는 말은 곧 국가가 나서서 이사회에 참여하라는 이야기다. 우리나라의 일부 은행들이나 KT 같이 정권이 전리품처럼 경영진을 임명하는 예가 있으니 가능은 한 이야기다. 그렇지만 그런 행태가 바람직한 모습이라고 보이지는 않는다. 본 원고에서 언급한 KB에서 벌어진 혼란의 원인 중의 하나도, 주주가 회장과 행장을 임명해야 하는데 주식 하나 가지고 있지 않은 정권이 나서서 회장과 행장을 임명했다가 벌어진 일이라고 알려져 있다. 이렇게 임명된 경영자들은 주주나 회사를 위해 일하는 것이 아니라 권력기관이나 임명자의 뜻에 따라 일할 수밖에 없다. 또 정권이 바뀌다 보니 회장과 행장의 임명권자가 달라졌고, 그러니 상

---

1 "Many forms of Governments have been tried, and will be tried in this world of sin and woe. No one pretends that democracy is perfect or all-wise. Indeed it has been said that democracy is the worst form of Government except for all those other forms that have been tried from time to time."

급자라고 하더라도 다른 정권이 임명한 사람에게 머리 숙이지 않겠다는 의식이 이 다툼의 배경에 깔려 있었다고 생각된다.

독일식 직원의 경영참여 제도도 제도 자체만 보면 아주 좋은 제도다. 그런데 이 제도가 비효율을 발생시켜 기업의 경쟁력을 낮추다는 문제점이 많이 제시되고 있고, 독일이나 이 제도를 도입한 일부 서유럽 국가에서도 이 제도가 적용되는 비중이 점차 줄어드는 추세다. 서유럽의 선진국들이 이미 충분히 잘 사는 나라이기 때문에 기업의 경쟁력이 약간 낮아져도 먹고사는 데 큰 문제가 없으니 부작용에도 불구하고 이 제도를 실시할 수 있다. 그렇지만 서유럽 같은 나라들이 아닌 다른 나라들에서 이 제도를 도입했다가는 큰 부작용이 있을 수 있다. 지금도 먹고살기 힘든 상황에서, 비효율이 생겨서 더 먹고살기 힘들어진다면 좋을 리 없다.

또한 직원의 경영참여 제도가 성공적으로 실시되기 위해서는, 직원들을 대표해 이사회에 참여하는 대표직원이(예를 들면 한국의 경우 노조의 대표가 될 수 있을 것이다.) 회사의 장기적인 성장과 발전을 위하는 마음을 가지고 있어야 하며, 기업과 관련된 여러 이해관계자들의 이익을 균형 있게 조정하겠다는 마음도 가지고 있어야 한다. 즉 대표직원의 역할이 무엇인지에 대한 사회적 공감대가 형성되어 있어야 한다. 그런데 우리나라의 경우, 전부는 아니겠지만 일부 대기업 노조의 경우 회사의 장기적인 성장과 발전이나 사회나 다른 이해관계자에 대한 배려보다는 현 직원들의 보수나 복지만을 생각하는 경우가 많다. 그래서 그 회사 정규직 직원들은 단기적인 혜택을 보지만, 그 회사에 납품하는 협력업체의 직원들이나 비정규직 직원들, 그리고 일자리가 없어져서 피해를 보는 청년들은 오히려 피해를 본다. 이러니 국가 전체적으로 봐도 장기적으로 손해가 될 것이다. 따라서 직원의 경영참여 제도 도입 주장은 현 한국의 현실에 비추어 볼 때 이상론에 가깝지 않은가 생각된다. 바로 이런 부작용 때문에 경쟁이 치열해진 근래에 이르러 경영참여 제도가 유럽에서도 점점 덜 사용되고 있는 것이리라.

물론 필자의 이런 이야기가 회사의 경영진이나 이사회가 직원들의 주장을 들을 필요가 없다는 이야기는 절대 아니다. 회사의 경영진과 이사회 모두 직원들과 끊임없이 소통해야 한다. 다만 최종 의사결정은 회사의 장기적인 성장발전을 위하면서 각종 이해관계자들 사이의 균형적인 입장에서 이루어져야 한다는 뜻이다. 따라서 사외이사들이 꼭 주주들만을 대변하는 역할을 해서는 안되며, 각 이해관계자들의 입장을 모두 고려해 가장 합리적이고 공정하게 판단하는 역할을 수행해야 할 것이다. 그것이 바로 자본주의의 나아갈 바로 여겨지는 '이해관계자 자본주의'에서 추구하는 미래 사회의 모습이다.

회사의 직원 모두, 더 나아가서는 국민이 모두 경영에 참가해 회사를 경영해서 발전시켜가는 사회, 필자도 그런 사회가 올 수 있었으면 한다. 그런 사회로 가는 과도기적 상황이 현재라고 생각한다. 이사회의 모든 참가자들이 열심히 회사의 발전을 위해 고민하고 토론하는 문화가 정착된 시대가 온다면, 그다음 단계로 직원과 국민 모두가 함께 이사회에 참여할 수도 있을 것이다. 그러기 위해서는 국민 구성원 모두의 의식이 하루빨리 성숙해져야 할 것이다.

자사주 취득의
이유와
효과

••• 삼성전자, SK(주) •••

최근 들어 자사주를 취득하는 기업의 숫자와 취득액수가 점점 증가하고 있다. 특히 삼성전자는 2016년 약 7조 원, 2017년에는 약 9조 원을 자사주 매입에 사용했다. 그런데 이러한 자사주 취득의 이유와 효과에 대해서는 잘 알려져 있지 않다. 자사주를 취득하는 원인이 무엇이며, 취득을 통해 기업이나 주주들이 어떤 혜택을 얻을 수 있는지, 그리고 배당과의 차이점은 무엇인지를 자세히 알아본다. 일반적으로 알려진 것처럼 자사주 취득이 주가에 무조건 득이 되는 것은 아니며, 경우에 따라서 득이 될 수도 있지만 해가 될 수도 있다. 또한 자사주 취득을 둘러싼 일부 시민단체의 비난에 대해서도 살펴본다. 그리고 지주사 전환과정에서 보유하고 있던 자사주를 활용한 사례나 이에 대한 규제의 정당성에 대해서도 살펴본다.

자사주를 취득하는 기업 숫자와 취득액이 최근 점점 늘고 있다. KOSPI 시장 상장기업 전체로 보면 2016년 동안 자사주 취득액은 약 10조 원 정도로, 이는 2015년의 취득액 약 6조 원을 월등히 뛰어넘는 수치다. 특히 삼성전자는 2016년 약 7조 원을 투입해 자사주를 매입했는데, 2017년도에는 이보다 더 많은 약 9조 원을 자사주 매입에 사용하겠다고 발표한 바 있다. 그뿐만 아니라 2016년 동안 삼성전자는 배당으로 4조 원을 지급했는데, 2017년은 4조 8천억 원을 지급할 예정이다. 그러니 앞으로 삼성전자의 주가는 더욱 상승할 것으로 보인다.

삼성전자의 자사주 취득과 관련된 이야기는 특히 흥미롭다. 2016년 동안 헷지펀드 엘리엇이 삼성물산과 제일모직의 합병비율을 둘러싼 견해차로 삼성그룹과 제일모직의 주주총회에서 표대결을 벌인 바 있다. 대결이 삼성 측의 승리로 끝난 후인 2016년 10월, 엘리엇은 삼성전자에게 주주제안을 했다. 제안의 내용은 삼성전자의 인적분할을 통한 지주회사와 사업회사 분리, 분할 후 사업회사의 미국 증시 상장, 30조 원의 특별배당 지급 등이다. 이런 제안에 대해 삼성그룹은 엘리엇의 제안 중 지배구조 관련 이슈들은 장기적으로 검토하겠지만, 주주들에게 부를 환원하는 측면에서 자사주 매입을 대폭 늘린다고 발표했다. 앞으로 발생하는 잉여현금흐름의 총 50%를 배당 또는 자사주 매입을 통해 주주환원에 활용하겠다는 것이었다.

삼성에 대해 반대하는 일부 시민단체에서는 이런 결정에 대해 대주주의 지배권을 강화하려는 목적에서의 행동이라고 비난했다. 하지만 대다수의 주주들은 이를 적극 환영했다.[1] 왜 이런 반응의 차이가 발생했을까? 또한 배당과 자사주 취득이 주가변동과 어떻게 관련되어 있는 것일까?

자사주의 취득 목적은?

왜 주주들이 자사주 취득을 적극 환영하는지, 또한 왜 일부 시민단체의 비난처럼 자사주 취득이 대주주의 지배권 강화에 활용될 수 있는지 알아보자. 자사주 취득의 목적으로는 크게 (1) 주가관리, (2) 주주에 대한 부의 환원(회사가 벌어들인 부를 주주들에게 돌려주는 행위라는 의미), (3) 대주주의 지배권 강화 등이 있다. 이외에도 드물기는 하지

---

1 삼성전자는 그 후 엘리엇의 제안에 대해 검토한 결과, 삼성전자를 분할하는 일은 하지 않겠다고 발표했다. 대신 자사주의 취득을 대폭 늘리고, 취득한 자사주를 소각하겠다는 발표를 했다.

만 (4) 임직원에 대한 주식 보상을 지급하기 위해, (5) 지주사 전환과정에서의 활용을 위해, 그리고 (6) 경영진의 성과보상 금액을 늘리기 위해서 자사주를 취득하기도 한다.[2]

자본시장연구원의 조사에 따르면 우리나라 기업들이 자사주 취득 시 발표한 자사주 취득의 목적 중 주가관리의 경우가 약 80%를 차지한다. 그리고 주주에 대한 부의 환원 목적이 약 7% 정도며, 임직원에 대한 주식 보상을 늘리려는 목적이 약 5% 정도다.[3] (6)의 경우는 워낙 드물어서 통계치로 잡히지 않겠지만, (3)의 목적을 이유로 자사주를 취득한다고 발표한 경우가 전혀 없다는 사실은 매우 흥미롭다. 아무도 (3)을 이유로 들지 않더라도 이 목적 때문에 자사주를 취득하는 기업들이 상당히 존재한다. 그렇다면 이런 내용들에 대해 좀더 자세히 알아보자.

앞에서 설명한 것처럼 자사주 취득의 이유 중 절대다수가 주가관리를 위한 것이다. 그렇다면 자사주를 취득하면 왜 주가관리를 할 수 있는지 알아보자. 자사주를 취득하면 다음 2가지 이유에서 주가가 상승

419

---

2 자사주 취득의 원인, 효과, 최근 경향에 대한 대표적인 연구들은 다음과 같다.

Brav, Graham, Harvey, and Michaely, 'Payout Policy in the 21st Century', 〈Journal of Financial Economics〉, 2005년.

Grullon and Michaely, 'Dividends, Share Repurchases, and the Substitution' 〈Journal of Finance〉, 2002년.

Hribar, Jenkins, and Johnson, 'Stock Repurchases as an Earnings Management Device', 〈Journal of Accounting and Economics〉, 2006년.

Skinner, 'The Evolving Relation between Earnings, Dividends, and Stock Repurchases', 〈Journal of Financial Economics〉, 2008년.

3 강소현, '자사주취득과 소각의 배당효과', 〈자본시장연구원 Issue Focus 2017-06호〉, 2017년.

하게 된다. 첫째, 주당순이익EPS; Earnings Per Share이 상승하기 때문이다. 둘째, 자사주 취득의 신호효과signaling effect 때문이다.[4]

주가관리를 위한 자사주 취득과 주주환원

첫째, EPS 상승의 효과에 대해 알아보자. EPS는 당기순이익을 유통주식수로 나누어서 계산한다. 이때 유통주식수는 발행주식수에서 회사가 보유한 자사주를 차감해서 계산한다. 즉 '유통주식수 = 발행주식수 - 자사주수'이다. 회사가 보유한 자사주는 투표권이나 배당권을 갖지 못한다. 즉 자사주는 주주로서의 권한을 행사하지 못하는 주식이다. 유통주식수는 주주총회에 참여해서 투표할 수 있는 권한을 가지고 배당도 받을 수 있는 주식의 숫자만을 의미하므로, 유통주식수를 계산할 때 자사주의 숫자는 빠지게 되는 것이다. 따라서 자사주를 회사에서 취득하면 유통주식수가 줄어들어, 당기순이익을 유통주식수로 나누어서 계산하는 EPS가 증가한다.

　그렇다면 왜 주가가 상승할까? 기업의 가치를 평가할 때 가장 손

---

[4] 일부에서는 이 2가지 이유에 추가해서 주식의 거래물량이 감소하므로 주가가 상승한다고 보기도 한다. 주가는 주식을 팔려는 공급과 사려는 수요에 의해서 결정되므로, 수요는 동일한데 거래물량이 감소하면 팔려는 공급이 줄어들어서 가격이 상승할 것이라는 논리다. 그러나 다른 측면에서 보면 주식의 가격은 해당 주식의 장기적인 이익창출능력을 반영하는 내재가치에 따라 결정되는 것이며, 공급과 수요의 변화는 단기적으로만 주식가격에 영향을 미친다. 따라서 장기적으로는 거래물량 감소가 주가에 미치는 영향은 없다고 볼 수 있다. 그러나 단기적으로는 이런 이유에서 주가가 일시적으로 상승할 수 있다.

삼성전자의 신제품 발표회 모습
삼성전자는 2017년 동안 무려 9조 원을 자사주 취득에, 4조 8천억 원을 배당금 지급에 사용했다. 국내 타 기업들의 자사주 취득이나 배당 규모를 월등히 초과하는 놀라운 수준이다.

쉬우면서도 널리 사용되는 비율이 주가이익비율PER; Price-Earnings Ratio 이다. 이 비율은 주가를 EPS로 나누어서 계산하는데, 한국 기업들은 PER은 대략 10~12배 정도다. 예를 들어 어떤 기업의 평균적으로 PER이 평균 10배라는 것은, 만약 이 기업의 EPS가 1천 원이라면 주가가 그 10배인 1만 원쯤 된다는 이야기다. 따라서 다른 조건이 동일한 경우, 회사가 자사주를 취득하면 EPS가 증가하므로 PER이 하락하게 된다. 그렇다면 주가가 상승해서 대략 PER 10배가 되는 수준으로 돌아간다. 이런 이유에서 주가를 상승시키기 위해(즉 주가관리를 위해) 자사주를 취득하는 것이다.

그러나 이런 계산에는 중요한 함정이 하나 있다. 바로 회사가 투자할 수 있는 투자기회에서 얻을 수 있는 기대수익률이 자본비용(그 자금을 조달하는 데 들어간 이자비용이나 주주의 요구수익률)보다 낮다는 가정이다. 만약 회사가 자사주 취득을 하지 않고 그에 해당하는 현금으로 새로운 투자를 집행해서 자본비용보다 높은 수익률을 올릴 수 있다면, 그 돈으로 자사주를 매입하거나 배당을 지급하는 것보다 새로운 투자를 집행하는 것이 주가를 더 높이는 방법이다. 따라서 주주들이 배당을 지급하거나 자사주 매입을 하는 것을 선호한다는 주장은 꼭 옳다고 볼 수 없다.[5] 기업이 투자한 효과가 나타나는 것을 장기간 동안 기다리지 않는 단기투자자들이 배당이나 자사주 매입을 선호할 뿐이다. 그런데 이들 단기투자자들이 더 큰 목소리를 내기 때문에, 단기투자자가 아닌 다른 주주들도 배당이나 자사주취득이 무조건 더 좋은 것이라고 오해를 하는 경향이 많다.

둘째, 자사주 취득의 신호효과란 무슨 의미일까? 회사가 자사주를 매입할 때는 대부분 회사의 주가가 내재가치보다 저평가 되어 있다고 판단될 때다. 주가가 내재가치보다 고평가되어 있다고 판단한다면 주식을 매입하지 않는 것이 당연하다. 회사의 경영진은 외부의 주주들보다 회사의 가치에 대해서 더 많은 정보를 보유하고 있다. 따라서 회사의 경영진이 자사주 매입결정을 내린다는 것은 회사의 주가가 저평가되어 있다는 신호를 외부에 전달하는 셈이다. 이런 신호에 외부 투자자들이 반응해 주가가 상승한다.

---

5 이 부분에 대한 보다 자세한 논의는 상당히 복잡하다. 보다 자세한 내용은 황이석의 『CFO강의노트』를 참조하기를 권한다. 어쨌든 이와 같은 사실을 고려해보면 불황기나 투자기회가 없는 상황일수록 기업의 보유현금을 재투자 목적으로 사용하는 것보다는 배당이나 자사주 취득의 형태로 주주들에게 돌려주는 것이 선호될 수 있음을 알 수 있다. 불황기나 투자기회가 별로 없는 경우라면 새로운 투자를 통해 얻을 수 있는 기대수익률이 상대적으로 낮을 것이기 때문이다.

이런 내용을 종합해보면, 회사가 자사주를 취득한 목적과 관계없이 자사주를 취득하면 주가가 상승한다는 점을 알 수 있다. 이때 주식을 회사에 매각하지 않고 계속 보유하고 있는 주주들은 주가가 상승하므로 부가 증가하게 된다. 즉 회사가 보유하고 있는 현금을 사용해서 자사주를 취득하면 주주들의 부가 상승하는 결과가 발생하므로, 주주들에게 회사가 번 현금을 돌려주는(환원하는) 셈이다. 즉 (1)의 목적을 달성하기 위해 자사주를 취득하면 자동적으로 (2)의 목적도 달성된다.[6]

대주주의 지배권 강화를 위한 자사주 취득

그렇다면 (3)의 내용, 즉 자사주 취득 과정에서 대주주의 지배권은 왜 강화될 수 있는지 알아보자. 대주주의 지배권 강화란 대주주가 보유한 지분이 전체 유통주식들 중에서 차지하는 비중이 상승한다는 뜻이

---

6 경우에 따라서는 자사주를 취득한 후 보유하는 것이 아니라 소각할 수 있다. 소각한다는 말은 불에 태워 없앤다는 뜻이 아니라 주식을 없앤다는 것이다. 자사주를 소각하면 발행주식 수와 자사주 수가 모두 감소한다. 즉 보유한 자사주를 소각하는 경우와 소각하지 않는 경우 모두 유통주식 수는 동일하고, 이론적으로 보면 EPS도 동일하므로 주가도 동일해야 한다. 그런데 자사주를 매입하여 소각한다면 주가가 소금 더 상승하는 것이 일반적이다. 자사주를 매입해서 보유하고 있다면 경우에 따라서는 나중에 다시 주식시장에 매물로 나올 수도 있고, 그렇다면 유통주식 수가 다시 늘어나게 된다. 그러나 매입해서 소각한다면 유통주식 수가 영구적으로 감소하는 것이다. 따라서 시장에 좀더 강한 신호를 전달하는 것이므로, 시장이 더 강하게 반응하는 것이다. 앞에서 소개한 강소현의 연구에 따르면, 국내 기업들 중 삼성전자만 매입한 자사주의 상당부분을 소각했고 나머지 기업들의 경우 소각액은 미미한 수준이다.

다. 대주주의 지분비율이 상승하면 혹시 주주총회에서 표 대결이 벌어지더라도 대주주가 승리할 가능성이 높아진다. 따라서 외부로부터 경영권 공격을 받을 수 있는 가능성이 줄어들기 때문에 대주주의 지배권이 강화된다고 표현한다.

대주주의 지분비율이 낮다면 경영권이 흔들릴 수 있다. 실제로 매년 많은 기업들이 적대적인 세력으로부터 경영권 공격을 받고 있다. 이런 위험에서 벗어나려면 대주주가 자신이 보유하고 있는 현금을 이용해서 주식시장에서 더 많은 주식을 매수해 지분비율을 높이면 된다. 그렇지만 현실적으로 이렇게 많은 현금을 보유한 대주주가 거의 없다. 대주주가 보유한 자산의 대부분이 해당 기업의 주식이기 때문이다. 대주주가 추가적인 지분을 취득할 수 있게 하려면 회사가 열심히 사업을 벌여서 이익을 기록하고, 그 이익 중 상당 부분을 배당하면 된다. 대주주가 배당을 받은 현금으로 주식을 매수해서 지분비율을 높이면 되는 것이다.

그런데 이 방법보다 더 좋은 방법이 있다. 바로 기업의 자사주 취득이다. 배당을 지급하면 이 배당을 받은 대주주는 우선 배당에 대한 소득세를 내야 한다. 대주주의 경우 소득이 많을 것이기 때문에 높은 소득세뿐만 아니라 국민연금이나 의료보험 등의 준조세도 많이 부담해야 한다. 따라서 대략 소득의 50%쯤을 국가에 납부해야 한다. 그렇다면 배당으로 받은 금액의 50% 정도만이 대주주의 손에 남게 되는데, 이 돈을 전부 주식매수에 사용한다고 가정해보자.

그런데 주주들에게 배당을 지급하지 않고, 그 돈으로 회사가 직접 자사주를 취득하는 경우를 생각해보자. 이 경우는 회사와 대주주 모두 세금을 내지 않는다. 회사의 입장에서는 보유하고 있는 현금으로 다른 자산(자사주)을 취득하는 것이므로, 즉 자산의 교환이 발생하는 것이므로 소득을 올리는 것이 아니기 때문에 과세 대상이 아니다.[7] 대주주의 입장에서는 자사주 취득의 결과로 부가 증가하지만, 그 증가한 부는 주식을 처분하기 전까지 이익으로 실현되지 않으므로 당분간은 세금을 낼 필요가 없다. 나중에 대주주가 주식을 처분한다면, 그때 가서 주식을 보유하는 동안 올린 자본이득 전체(주가상승분)에 대해 자본이득세를 내면 된다.

이런 이유 때문에 기업이 자사주 취득을 하면 대주주의 지분비율이 상승하게 되고, 배당을 받은 대주주가 세금을 내고 남은 돈으로 주식을 취득했을 때보다 세금을 내지 않은 만큼 대주주의 지분비율이 더 커지게 된다. 대주주의 지분비율이 변하는 이유는 자사주 취득의 결과로 유통주식 수가 줄어들기 때문이다. 지분비율이란 주주총회에 참가해 의결권을 행사할 수 있는 주식인 유통주식들 중 특정 개인이나 단체가 얼마만큼의 지분을 가지고 있느냐를 말한다. 대주주가 보유하고 있는 주식 숫자가 변하지 않더라도 자사주 취득의 결과로 유통주식 숫자가 감소하기 때문에 대주주의 지분비율이 상승한 것이다. 그러므로 앞에서 이미 설명한 것처럼 대주주의 기업에 대한 지배권이 강화되는 것이다.

---

7 회계상으로 정확하게 설명하면 회사가 취득한 자사주는 '자산'으로 분류되지 않고 '자본'계정에서 차감하는 형식으로 표시된다. 그렇지만 자사주의 성격은 자사주가 아닌 다른 주식들(즉 자산항목에 포함되는 주식들)과 유사하다고 볼 수 있다.

자사주 취득은 비용지출과 다르다

일부 시민단체나 인사들은 '왜 대주주 개인의 지분비율을 올리기 위해 회사가 보유하고 있는 현금을 사용하냐?'며 자사주 취득에 반대한다는 의견을 발표하기도 했다. 그러나 이런 주장은 자사주 취득을 일반적인 비용 지출과 혼동한 것이다. 일반적인 비용 지출이란 돈을 써버리는 것이다. 회사가 보유한 돈을 광고선전비로 사용하거나, 사회단체에 기부하거나, 특별 보너스로 나눠주는 것이 그 예다. 이런 경우 회사 외부로 지출된 현금을 다시 회수할 수 없다.

그러나 자사주 매입은 비용지출이 아니다. 자사주를 매입한다는 것은 보유하고 있는 현금자산을 다른 형태의 자산인 주식으로 교환하는 것이다. 따라서 교환의 대가로 주식을 보유하게 되고, 이 주식은 나중에 다른 목적으로 사용될 수 있다. 예를 들어 회사가 재고자산을 매입하거나 건물을 매입한다면, 이 매입에 사용된 돈은 비용으로 지출되어 소멸된 것이 아니라 다른 자산의 형태로 바뀌어 회사 내에 남아있는 것이다. 이렇게 매입한 재고자산이나 건물은 나중에 회사의 이익을 창출하거나 기타 경영목적을 달성하는 과정에서 사용될 것이다.

자사주도 마찬가지다. 지금 당장 주가관리나 대주주의 지배권 강화를 위해 자사주를 매입했다고 가정하자. 자사주를 매입했다는 것은 현재 회사가 현금 사정에 여유가 있다는 것을 의미한다. 그런데 시간이 흘러 회사가 현금이 필요한 상황에 처하게 된다면 보유중인 자사주를 매각해서 현금을 마련할 수 있다. 특히 자사주 매입 시점보다 주가가 상승했다면, 자사주 매각을 통해 자본이득을 얻을 수도 있다.[8]

자주 일어나는 사건은 아니지만, 경영권 분쟁이 발생한다면 보유하고 있던 자사주를 우호세력에게 매각해서 경영권을 방어하는 데 사용할 수도 있다. 자사주로 보유하고 있는 주식은 주주총회에 참여해서 투표권을 행사할 수 없지만, 자사주가 외부로 팔려나가면 투표권은 물론 배당권도 다시 생겨나기 때문이다. 이를 매입한 우호세력이 주주총회에 참석해서 투표권을 행사하면 경영권을 방어하는 데 도움이 될 것이다.[9]

이처럼 자사주 획득을 둘러싸고 대주주 개인을 위해 회사가 보유한 현금을 써버린다고 비난하는 것은 적절하지 않다. 하지만 대주주 개인을 위해 회사가 자사주 매입을 하면서 시간과 노력을 소모한다는 것은 충분히 비난받을 수 있는 행동이다. 기업은 대주주 개인을 위한 조직이 아니라 주주 모두를 위한 조직이며, 따라서 기업은 주주들 모두를 위한 행동을 해야 하기 때문이다.

그런데 앞에서 설명한 것처럼 기업이 자사주를 취득하면 대주주만 지분비율이 증가해서 경영권이 강화되는 혜택을 보는 것이 아니다. 주가가 상승하고 다른 주주들의 지분비율도 동시에 올라가므로 다른

427

---

8 좀 복잡한 이야기이긴 하지만, 이 자본이득은 당기순이익 계산에는 포함되지 않고 자본잉여금으로 분류된다. 따라서 자사주 거래는 당기순이익에 영향을 미치지 않는다.

9 경영권 분쟁의 경우는 아니지만 엘리엇과 삼성물산-제일모직 사이의 분쟁 때 이와 유사한 사례가 발생했다. 삼성물산이 보유하고 있던 자사주를 KCC에게 매각했고, KCC는 삼성물산의 주주총회에 참석해서 삼성물산-제일모직의 합병안에 찬성표를 던졌다. 그 결과 삼성물산-제일모직의 합병안은 주주총회에서 통과될 수 있었다. 다만 현재 자사주 처분시 특정 제3자에게 매각하는 것을 금지하는 법안이 몇몇 국회의원들에 의해 국회에 제출된 상태다. 앞으로는 이런 일이 일어나는 것을 막겠다는 의도다. 2017년 중반 미래에셋대우와 네이버는 보유하고 있던 자사주 약 5천억 원어치를 서로 교환했다. 이 법안이 국회에서 통과되기 이전에 보유하고 있던 자사주를 처분하기 위해서 이런 일을 행했을 가능성이 있다.

주주들도 대주주와 동일한 혜택을 보기 때문이다. 따라서 자사주 매입을 대주주만을 위한 행동이라고 비난하는 것도 적절하지 않다.

어쨌든 그 과정에서 대주주가 혜택을 보는 것은 분명하다. 그래서 삼성전자가 자사주 취득을 늘린다고 발표하자 일부 시민단체에서 대주주를 위한 행동이라고 비난하는 성명을 낸 것이다. 그렇다고 해서 법으로 자사주 취득을 막을 수 없으며, 자사주 취득을 통해 대주주는 혜택을 보지 못하도록 하고 다른 주주들에게만 혜택이 돌아가도록 할 방법도 없다. 모든 주주들은 동등한 권리를 가지므로 자사주 취득을 통해 동등한 혜택을 받는 것뿐이다.

주식보상을 위한 자사주 취득

이런 내용들을 보면 기업들은 (3)의 목적으로 자사주를 취득하는 경우도 종종 있으리라고 생각되지만, 굳이 (3)의 목적으로 자사주를 취득한다고 밝히는 경우는 없다. 대신에 (1)과 (2)의 목적으로 자사주를 취득한다고 발표할 뿐이다. 물론 삼성전자도 (2)의 목적을 언급하면서 자사주 취득 계획을 발표했다. (3)의 목적이 있다고 하더라도 이를 명백하게 밝혀서 시민단체들의 비난을 굳이 불러일으킬 필요는 없을 것이다. 다만 (1)과 (2)를 목적으로 자사주 취득을 한다고 발표한 기업의 경우라도, 해당 기업에 대한 대주주의 지분비율이 상대적으로 높지 않다면 (3)의 목적도 동시에 달성하려는 의도가 있는 것임을 짐작할 수 있다.

이제 (4)의 주식보상을 위한 자사주 취득에 대해 알아보자. 기업은 직원들에게 성과보상의 일부로 자사주를 매입해서 지급하기도 한다. 자사주 지급은 단기 성과급 지급이나 스톡옵션 지급보다 더 바람직한 성과보상 방안이다. 단기 성과급 지급은 성과급을 지급하지 않는 것보다는 성과 향상에 도움이 되지만, 그 성과급을 지급하는 대상이 되는 단기간 동안의 업적을 향상시키기 위한 단기적인 경영에 집착하게 한다는 문제점을 발생시킨다. 이런 문제점을 해결하기 위해 스톡옵션이 널리 사용되기 시작했다. 스톡옵션의 가치는 주가에 따라 달라지므로, 스톡옵션을 지급하면 상대적으로 단기 성과급의 대상이 되는 한두 분기나 1년 정도가 아니라 수년의 기간 동안 주가를 향상시키기 위해 직원이 노력할 유인이 생긴다.

그러나 스톡옵션도 지나치게 공격적인 투자를 유도한다는 문제점이 있다. 공격적인 투자를 해서 실패한다고 해도 스톡옵션 보유자가 입게 되는 피해는 크지 않다. 투자가 실패해 기업의 성과가 하락하고, 그 결과 주가가 하락한다면 스톡옵션의 가치는 0이 될 것이다. 그러나 부여 시점의 스톡옵션의 가치는 크지 않기 때문에 투자가 실패할 경우 스톡옵션의 가치 하락분은 그리 크지 않다. 그러나 공격적인 투자가 성공한다면 주가가 크게 오르게 되고, 그 결과 스톡옵션을 행사하면 큰돈을 벌 수 있다. 이 경우 스톡옵션의 가치 상승분은 엄청날 것이다. 이런 성공에 따른 보상과 실패에 따른 손해 사이의 차이가 크기 때문에 스톡옵션을 받은 경영자는 투자의 실패가능성에 대한 큰 고민 없이 공격적인 투자에 나설 가능성이 높다.[10]

이런 문제점을 해결할 수 있는 방법이 스톡옵션이 아니라 주식을 지급하는 것이다. 직원이 주식을 보유하게 되면, 투자가 실패하면 주가가 하락해 손해를 볼 것이고 투자가 성공하면 주가가 상승해 이익을 보게 된다. 즉 이득과 손실이 투자의 성과에 따라 상대적으로 균형적으로 발생한다. 그러므로 투자를 결정할 때 좀더 성공과 실패의 가능성에 대해 균형적인 측면에서 생각을 하게 된다. 이런 내용들을 보면, 스톡옵션이나 주식의 지급 모두 기업의 성과나 투자의사결정에 큰 영향을 미칠 수 있는 경영진이나 기타 핵심인력들에 대한 보상으로 적합하다는 것을 알 수 있다.

지주사 전환과정에서 자사주의 활용

앞의 사례들에 비해 훨씬 드물게 발생하는 (5)의 경우를 살펴보자. 지주사 전환시에 자사주를 활용한 예는 SK그룹이 최초다. SK㈜는 2007년 사업부문인 SK에너지를 별도의 회사로 분할했다. 전문용어로 설명하면 인적분할을 통해 두 회사로 나눈 것이다.[11] 그 후 보유하고 있던 자사주를 활용해서 상대적으로 빠르게 지주사 전환을 마칠 수 있었다. 즉 SK에너지를 SK㈜의 자회사로 편입한 것이다. 그 결과 지주사인 SK㈜와 자회사인 SK에너지로 연결되는 지배구조가 확

---

10 스톡옵션의 이런 문제점에 대한 보다 자세한 내용은 『숫자로 경영하라』에 실린 '기업들이 스톡옵션을 더이상 사용하지 않는 이유'를 참조하기 바란다.

11 회사의 분할은 크게 인적분할과 물적분할로 나뉜다. 보다 자세한 내용은 『숫자로 경영하라 3』에 실린 'LG그룹의 지주회사 전환과정과 지주회사 전환의 효과'라는 글을 참조하기 바란다. 이 글에서는 지주회사 전환과정에 대해 자세히 소개하고 있다.

립된 것이다.[12] 설명의 편의상 지주사 전환 전에 존재하던 SK(주)를 '구 SK', 그 후 구 SK의 분할을 통해 탄생한 동일한 이름의 지주사를 '신 SK'라고 부르겠다.

분할에 앞서 구 SK는 2006년부터 자사주 매입을 시작한다. 2005년 말까지 자사주 비중은 1% 미만이었는데, 약 1년 반의 기간 동안 시장에 매물로 나오는 주식을 열심히 매수해서 분할이 있기 직전인 2007년 7월에는 자사주 보유비중이 약 18%까지 증가한다. 그리고 회사의 분할이 이루어져서 구 SK는 두 회사(신 SK와 SK에너지)로 나뉜다. 이때 구 SK의 주식을 보유했던 주주들은 과거의 지분비율과 동일한 비율로 새로 탄생한 신 SK와 SK에너지의 지분을 나눠 받게 된다. 즉 기존 구 SK의 주주들이 신 SK와 SK에너지의 주주가 되는 것이다. 분할의 결과 주주들의 부는 전혀 변하지 않으며, 주주들이 두 회사에 가지고 있는 지분비율도 분할 이전과 비교할 때 변하지 않는다. 홍길동 씨가 분할 이전 구 SK의 지분을 3% 보유하고 있었다면 분할 이후 신 SK와 SK에너지의 지분을 똑같이 3% 보유하게 된다.

그런데 기존 구 SK의 주주들 중에는 구 SK 자신도 포함된다. 구 SK가 자사주를 보유하고 있었기 때문이다. 두 회사를 분할할 때 이 자사주는 모두 장차 지주사 역할을 수행해야 하는 신 SK에게 배정되었다. 따라서 분할의 결과 신 SK는 자신의 주식 18%와 SK에너지의 주식 18%를 보유하게 된다. 우리나라 법상 시수사 체제로 전환하기

---

12 이때 분할된 SK에너지는 지금의 SK에너지와는 다른 회사다. 당시의 SK에너지는 2010년 말 SK이노베이션으로 회사명을 바꿨다. 그리고 SK이노베이션으로부터 새로운 SK에너지, SK종합화학, SK루브리컨츠의 3개 회사가 분할되어 설립되었다.

위해서는 지주사가 자회사의 지분을 비상장사라면 50%, 상장사라면 20% 이상 보유해야 한다. 대기업들이 성장하는 것을 억제하기 위해서 만들어진 법률로서, 전 세계적으로 거의 유래가 없는 강력한 규제다. 신 SK가 SK에너지의 지분 18%를 이미 보유하고 있으므로, 지주사가 되기 위해서는 SK에너지의 지분을 2%만 추가적으로 취득하면 20% 기준을 맞출 수 있다.

추가적인 지분 확보를 위해 신 SK가 한 일은 SK에너지의 주식을 공개매수한 것이다. 매수의 대가로 신 SK의 주식을 새로 발행해 지급하는 조건이었다. 이런 방법을 전문용어로 주식교환이라고 한다. 이 공개매수에 신 SK의 모회사인 SK C&C가 참여해, 보유하고 있던 SK에너지의 주식을 신 SK에 주고 그 대신 신 SK의 주식을 받는다. 그 결과 신 SK는 SK에너지의 주식의 31%를 보유하게 되어 지주회사 관련 법률에 규정된 20% 기준을 넘기게 되었다. 즉 공개매수와 주식교환을 통해서 추가적인 주식을 시장에서 취득할 필요가 없이 지주회사로 전환하게 된 것이다. 이 모습을 보면, 분할 이전 자사주를 18% 취득한 것이 '이 정도 주식을 사전에 취득한 경우 분할 후 공개매수와 주식교환을 통해 20% 이상의 지분을 넉넉하게 확보할 수 있을 것'이라는 계산하에서 이루어진 행위라는 점을 알 수 있다.

이 정도 주식을 사전에 보유하고 있지 않았다면, 나중에 지주회사 전환 이후 주식시장에서 더 많은 물량의 사업회사 주식을 구입했어야 한다. 즉 주식 구입 시점의 차이가 있을 뿐, 어차피 주식을 구입해야 하는 것이다. 다만 SK가 사용한 방법을 사용한다면 기존에 이미 취득해서 보유하고 있는 자사주를 활용할 수 있으므로 회사 분할 후 좀더 빠르게 지주사 체제로 전환이 가능한 것이다. 일부 언론에서는 이 사례를 '자사주의 마법'이라고 부르기도 했다. 마법처럼 빨리 회사 분할 후 지주사 체제로의 전환이 이루어졌다는 비유다.

SK그룹 지배구조 개편의 결과

위에서 설명한 주식교환의 결과 SK C&C의 신 SK에 대한 지분율은 11.16%에서 25.42%로 증가했다. SK C&C는 추가적으로 주식시장에서 신 SK의 주식을 매수해서 지분율을 31%로 늘린다. 그 결과 신 SK를 지배하는 또 하나의 지주회사인 SK C&C가 탄생한다. 그런데 이 구조는 약간 이상하다. 최태원 회장이 약 33%의 지분율로 SK C&C를 지배한다. SK C&C는 신 SK를 지배하고, 신 SK가 SK그룹의 다른 계열사들을 지배하는 형식이기 때문이다.[13] 일부 언론에서는 지주회사가 2개 있다고 해서 '옥상옥 구조'라고 불렀다. 이 문제점을 해소하기 위해 SK그룹은 2015년 들어 SK C&C와 신 SK를 합병하여 SK㈜를 신설한다. 새롭게 탄생한 SK㈜의 대주주는 최태원 회장으로, 그의 지분율은 합병 때문에 23%로 줄어든다. 그러나 다른 친족들이 약 8%의 지분을 보유하고 있으므로, 이를 합하면 31%의 지분율을 가진 것이다. SK㈜의 주가를 고려한다면 이 정도 지분율을 보유하

---

[13] 형식적으로는 이렇지만 실질적으로는 신 SK가 SK C&C도 지배하고 있었을 것이다. SK그룹의 경영진이 지주회사인 신 SK에 소속되어 있었고, SK C&C는 그룹 내 IT서비스를 담당하던 작은 기업이었을 뿐이기 때문이다.

고 있다면 외부에서 경영권 공격을 당할 가능성은 낮다. 따라서 일련의 과정을 통한 지주사 전환의 결과 최태원 회장 일가가 상당히 안정된 경영권을 보유하게 된 것이다.

최 회장은 2003년 구 SK의 지분 15%를 취득하고 그룹 전체의 경영권을 공격했던 헷지펀드 소버린 자산운영과 대결했던 경험이 있다. 그때는 최 회장과 일가의 지분율이 소버린 자산운용보다 낮았었다. 참여연대를 비롯해서 당시 활발히 활동하던 국내 시민단체들이나 당시 집권당도 소버린 자산운용의 편을 들었었다. 그러나 국민들의 애국심에 호소한 결과 소액주주들의 압도적인 지지표를 받아 주주총회에서 투표를 통해 간신히 경영권을 지킨 경험이 있다. 그 결과 소버린 자산운용은 주식을 매각해서 큰돈을 벌고 철수했다.[14] 그 경험이 보약이 되어, 철저한 준비과정을 거쳐 지주사 체제로 전환하면서 지주사에 대한 대주주의 지분비율을 높여 경영권 공격을 받을 수 있는 가능성을 줄인 것이다.

마지막으로 (6) 경영진의 성과보상 금액을 늘리기 위해서 자사주를 취득하는 경우에 대해 알아보자. 우리나라의 경우에는 대주주가 존재하는 경우가 많으므로 이런 일이 거의 일어나지 않지만, 대주주가 존재하지 않는 대신 전문경영진이 경영권을 장악하고 있는 외국 회사들의 경우에는 가끔 이런 현상이 나타난다. 경영진에 대한 성과보상이 주당순이익에 따라 달라지는 경우, (1)에 대한 내용에서 설명한 것처럼 자사주를 취득해서 유통주식수를 줄임으로써 주당순이익을 높이

---

14 소버린과 SK그룹의 경영권 분쟁을 다룬 이야기는 『숫자로 경영하라』에 실린 '외국인 투자자는 정말 기업 투명성을 향상시킬까?'라는 글을 참조하기 바란다.

려고 하는 것이다.[15]

이상의 내용을 종합해보면 자사주의 취득이 다양한 목적으로 활용되고 있다는 것을 알 수 있다. 과거에는 거의 주가관리의 목적으로만 자사주 취득이 이루어졌는데, 최근 들어 주주환원이나 경영권 관련 목적으로의 자사주 취득도 점점 늘고 있는 추세다. 이런 추세를 보면 자사주 취득의 규모는 앞으로 더 늘어나리라 예상된다. 따라서 자사주 취득의 이유와 효과에 대해 공부하는 것은 기업의 행동을 이해하는 데 도움이 될 수 있을 것이다.

자사주 취득과 배당 지급의 차이점

자사주 취득과 배당 지급의 차이점에 대해 궁금해하는 경우도 많다. 특히 1990년대 중반부터 미국에서 배당을 지급하는 기업의 숫자나 배당금 지급액이 급감하는 반면, 그 반대로 자사주 취득 기업이나 취득액이 배당금을 능가할 정도로 커지면서 이런 궁금증이 커지고 있다. 우리나라에서도 아직 자사주 취득액이 배당금 지급액의 절반 정도에 불과하지만, 자사주 취득액이 급격하게 증가하고 있는 점은 미국과 동일하다.[16]

---

15 Young and Yang, 'Stock Repurchases and Executive Compensation Contract Design: The Role of Earnings per Share Performance Conditions', 〈The Accounting Review〉, 2011년.

16 이 점에 대해 보다 자세한 내용은 『숫자로 경영하라 2』에 실린 '과다한 배당금 지급, 그것이 함정이었다'를 참조하기 바란다. 2010년대 들어서는 미국에서 다시 배당금 지급 기업의 숫자와 지급규모가 증가하기 시작해, 현재는 거의 1990년대 중반 수준으로 복귀했다.

SK그룹 사옥 전경
SK그룹은 SK㈜를 분할하여 지주회사가 되는 새로운 SK㈜와 자회사 SK에너지로 나누어서 지주회사 체제를 출범시킨다. 그 과정에서 SK㈜가 보유하고 있던 자사주가 논란이 된다.

　자사주 취득과 배당 지급의 공통점은 주가를 높일 수 있고 주주에게 부를 환원하는 방법이라는 점이다. 둘의 차이점은 융통성이다. 배당 지급액은 쉽게 변경하기 힘들다. 배당을 한 번 올린 후 다음 연도에 기업의 형편이 어려워졌다고 해도 올렸던 배당을 다시 내린다면 큰 반발이 생기고 주가가 폭락한다. 배당의 변화가 자사주 취득보다 더 큰 신호효과가 있기 때문이다. 때문에 한 번 올린 배당은 쉽게 내리기 힘들며, 어려운 상황에서 배당을 내린다면 회사의 상황이 정말 어렵다는 것을 외부에 알리는 신호가 된다. 마찬가지로 배당을 증가시킨다는 것은 기업의 이익이 단기간 상승한 것뿐만 아니라 앞으로도 계속해서 이 정도 수준의 높은 이익이 발생할 것이라는 의미다. 따라서 이 신호에 반응하여 주가가 더 많이 상승하게 된다.

그런데 앞에서 설명한 것처럼 자사주의 취득도 회사의 상황에 대한 소식을 외부에 알리는 신호 역할을 한다. 그렇지만 그 신호의 효과는 배당 지급이 자사주 매입보다 더 크다. 자사주 취득은 일시적인 행동으로서, 금년에 취득한 금액만큼 내년도에 또 취득한다는 보장이 없다. 즉 자사주 취득은 금년도에만 해당되는 융통성 있는 의사결정이다. 그러나 연도별로 쉽게 변하지 않는 배당을 증감시킨다는 것은 앞으로도 상당 기간 동안 그만큼의 금액을 계속해서 지급하겠다는 것이므로, 자사주 취득보다 더 강력한 신호가 되는 것이다.[17]

최근 경영의 불확실성이 증가하고 변동성이 심해져서, 기업들이 선뜻 배당을 증가시키는 의사결정을 내리기가 쉽지 않다. 금년도에 이익을 많이 기록했다고 해도 내년도에 그 정도 이익을 계속 벌어들일 것이라고 자신하기 힘든 한 치 앞을 내다보기 어려운 세상이다. 그래서 배당을 증가시키기보다는 자사주 취득을 이용해서 (1)과 (2)의 목적을 달성하려고 하는 경우가 크게 증가하고 있다고 보인다.[18] 또한 앞에서 설명한 것처럼, 자사주는 보유하고 있다가 나중에 현금이 필요한 경우 매각해 현금으로 전환할 수도 있고 경영권 분쟁시에 우호

---

[17] 따라서 기업의 주가에 미치는 영향도 자사주 취득보다 배당 지급이 더 크다. 이런 둘의 차이는 법적 환경이 약한 나라에서 너 뚜렷하게 나타난다. 즉 법적 환경이 약할수록 주주들이 현금(배당)을 직접 지급받는 것을 선호한다. 이에 대해서는 다음 연구를 참조하기 바란다. Haw, Ho, Hu, and Zhang, 'The Contribution of Stock Repurchases to the Value of the Firm and Cash Holdings around the World', 〈Journal of Corporate Finance〉, 2011년.

[18] Jagannathan, Stephens, and Weisbach, "Financial Flexibility and the Choice between Dividends and Stock Repurchases", 〈Journal of Financial Economics〉, 2000년.

세력에게 매각할 수도 있다. 이런 이유에서도 자사주 취득이 최근 선호된다고 볼 수 있다. 예전에는 자사주 취득의 이런 유리한 점들이 국내에서 잘 알려지지 않았다.

기업의 본질적인 능력이 더 중요하다

이런 이유들 때문에 자사주를 취득하는 기업의 수가 많이 증가했다고 판단된다. 즉 주가관리에 신경을 쓰는 기업들이 과거보다 많아졌다는 의미다. 물론 회사에 필요한 자금을 공급해준 주주들을 신경 쓰는 기업들이 많아졌다는 현상은 바람직하다. 그렇지만 자사주 취득이나 배당의 지급 같은 부차적인 일에 너무 집착해서는 안 될 것이다. 주가를 높이기 위해 제일 중요한 것은 기업의 본질적인 능력을 향상시키는 것이다. 예를 들면 새로운 투자처를 발굴하고, 신기술이나 제품 개발에 투자하고, 브랜드 가치를 높이고, 유능한 인재를 고용하거나 인재의 희생에 대해 보상을 하고, 교육훈련을 통해 직원의 능력을 향상시키는 활동 등이 더 중요하다.

하지만 이런 활동의 효과는 비교적 장기간에 걸쳐 나타난다. 이런 활동의 효과가 나타날 때까지 최소 3~5년쯤 기다려줄 수 있는 장기투자자들은 이런 활동을 선호하겠지만, 주식시장에 투자하는 사람들의 절대다수는 단기투자자들이다. 큰 펀드를 운영하는 펀드매니저들도 자신의 임기 동안에 가시적인 성과를 내기를 원하므로 매우 근시안적으로 행동한다. 이들이 경영진을 압박하는 강도가 최근 더 세지

•• 삼성전자의 주가변동 추세

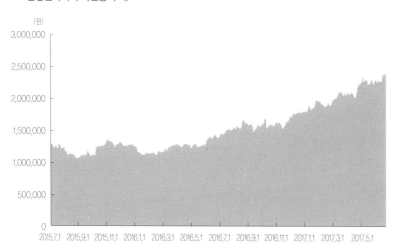

2015년 말까지 삼성전자의 주가는 100만 원대 초반에서 크게 변하지 않았다. 그러나 2016년 초부터 삼성전자의 주가는 상승하기 시작해서, 2017년 중반기에 들어서면 200만 원을 넘는 가격이 형성된다. 1년 반 만에 주가가 2배 정도로 오른 것이다. 삼성전자의 실적개선뿐만 아니라 배당지급액이나 자사주 취득액이 급속히 증가한 것도 주가상승에 기여한 것으로 보인다.

고, 자신의 임기 내에 주가가 상승한다는 것을 보여줘야 하는 경영진도 점점 더 단기적으로 행동하는 성향이 강화되고 있는 추세다. 주식 가격에 연동된 성과보상(스톡옵션이나 주식의 지급)이 늘어나는 추세도 자신의 임기 안에 주가를 올려야 한다는 경영자의 행동을 더 촉진시키는 역할을 한다.

이런 이유에서 우리나라 기업들의 신규투자는 점점 줄어들고 있지 않나 우려된다. 물론 신규투자가 줄어드는 것이 꼭 이것 때문만은 아니지만, 이 이유도 투자의 감소 추세에 일부 공헌을 했다고 보인다. 결국 국가의 미래 성장잠재력이 점차 훼손되고 있는 것이다. 투자자들도 이런 문제점을 인지해야 할 것이고, 경영자들도 자신의 임기 안에 큰 성과를 보여주겠다는 조급함에서 벗어나서 후세를 위해 일한다는 사명감을 가지고 장기적인 관점에서 판단을 하기를 바란다. 그렇다고 해서 배당을 주지 말라거나 자사주 취득을 하지 말라는 이야기는 전혀 아니다. 다만 보다 본질적인 활동에 더 집중하라는 조언일 뿐이다. 예를 들면 좋은 투자기회가 있는데도 투자를 하지 않고 단기적으로 주가를 올리려는 목적으로 배당을 주거나 자사주 취득을 위해 돈을 쓰는 행위는 삼가라는 것이다.

좀더 구체적으로 예를 들자면, 삼성전자는 2017년 초에 그동안 꾸준히 취득한 자사주를 모두 소각하겠다고 발표했다. 그 규모가 발행주식수로 따지면 13%, 금액으로는 무려 40조 원이 넘는다. 그 덕분인지 2017년 동안 삼성전자의 주가는 엄청나게 올랐다. 2017년 동안 주가지수가 상당히 많이 올랐는데, 그 오른 것의 대부분이 삼성전자 때문이라고 한다. 삼성전자와 SK하이닉스 단 두 회사를 제외하고 계산하면 2017년도 동안 주가지수는 거의 변하지 않았다고 할 정도다.

그렇지만 필자는 자사주의 취득과 소각이 과연 기업가치 향상을 위한 최선의 방안이었는지 궁금하다. 만약 삼성전자가 이 자금 중의 일부를 회사의 성장을 위해 필요한 인수합병이나 유능한 인재 초빙, 또는 인재에 대한 보상 등에 쓴다면 삼성전자의 가치는 장기적으로 더 많이 성장할 수 있을 것이다. 삼성전자가 이제까지 수행한 인수합병M&A중에 가장 규모가 큰 것이 2016년 인수한 자동차 전장 기업 하만Harman 이다. 이 인수를 위해 약 9.4조 원의 자금이 투입되었다. 이는 자사주 소각 금액 40조 원의 1/4에도 미치지 못하는 규모다.

장기적인 관점에서 생각해야

이런 모습을 보면 삼성전자의 경영진이 좀더 장기적인 관점에서 회사를 경영하고, 주주들도 좀더 장기적인 관점에서 생각했으면 하는 안타까운 마음이다. 만약 삼성이 경쟁에서 뒤쳐진다면 그동안 배당을 많이 주거나 자사주를 많이 취득해서 주가를 얼마나 상승시켰는지의 여부에 관계없이 주가는 순식간에 폭락할 것이다. 앞에서 설명한 것처럼 기업의 본질적인 능력을 향상시키는 것이 가장 중요한 일임을 명심하기 바란다.

극단적인 예이기는 하지만 자사주 매입을 전혀 하지 않고 배당을 주지 않더라도 회사가 급속히 발전하고 성장하고 있는 추세라면 주가는 상승한다. 미국에서 최고로 잘나가는 여러 IT기업들이 그 좋은 예다. 이 점을 보면 배당이나 자사주 취득보다는 그 돈으로 투자를 해서 회사를 더 빨리 발전시킬 수 있다면 주주들이 이런 기업을 선호한다는 것을 알 수 있다. 그러니 무엇이 더 장기적으로 회사를 발전시키고 주주들에게도 투자의 대가를 돌려주는 일인지를 고민하기 바란다. 근시안적인 주가관리를 위한 결정에 너무 집착하지 말고 장기적인 관점에서 생각하라는 조언이다.

441

회계로 본 세상

　2017년 말 현재 일부 국회의원들의 발의에 의해 국회에 제출되어 있는 상법 개정안에서는, 지주회사로 전환하는 경우 본고에서 소개한 SK㈜의 사례와 같은 일이 발생하지 못하도록 하는 내용을 포함하고 있다. 회사를 분할해 지주회사와 사업회사로 나누는 경우(즉 구 SK를 분할해 신 SK와 SK에너지로 나누는 경우), 사전에 보유하고 있던 자사주를 지주회사로 배정함에 따라 지주회사가 분할과 동시에 사업회사의 주식을 동일한 비율만큼 보유하게 되는 것을 막기 위해서다. 상법 개정안에서는 자사주를 보유하고 있다면 회사 분할시 이를 지주회사에 배정하지 못하도록 하고 있다.

　필자는 정치권에서 왜 이런 규제를 만들려고 하는지 잘 이해하지 못한다. 1998년 금융위기 이후 정부의 일관된 정책 목표는 대기업들의 지주회사 체제로의 전환을 유도하는 것이었다. 기존의 순환출자 등의 지배구조가 불투명하고 효율성도 낮은 반면, 지주회사 체제는 상대적으로 투명하고 회사의 효율성도 높아지기 때문이다. 미국이나 유럽의 기업 집단들도 대부분 지주회사 체제로 구성되어 있다. 그래서 지주회사 체제로의 전환을 촉진시키는 여러 법안들이 그동안 제정되어 시행되어 왔다. 그런데 갑자기 지주회사로의 전환을 억제하는 법안을 만든다고 하니, 지주회사 전환을 촉진하는 법안들과 억제하는 법안이 동시에 존재하게 되기 때문이다. 그렇다면 정부의 정책 목표가 무엇인지 혼란스러운 상황이 된다. 지주회사 체제가 문제가 있으니 과거의 불투명한 순환출자 체제로 돌아가기를 원한다는 의미인지 궁금하다. 이 법안을 제출한 정치인들이 깊은 생각 없이 법안을 제출했다는 증거다.

이 법안이 실제로 국회를 통과해 발효가 된다고 해도 그 효과는 거의 없으리라 생각된다. 지주사 체제로 전환하는 일이 흔하게 발생하는 일이 아닌데, 그 전환 과정에서 SK㈜와 같은 방법을 사용하는 것은 더욱 드문 일이기 때문이다. 또한 이 법안이 발효된다면, 자사주를 이미 보유하고 있고 지주사 체제로 전환을 시작하는 기업이라면 그 자사주를 회사 분할 이전에 주식시장에서 매각하면 된다. 자사주 매각을 통해 현금을 확보한 후, 기업을 분할할 때 그 현금의 대부분을 지주회사에 배정하면 된다. 그리고 지주회사가 그 현금을 이용해 사업회사의 주식을 취득해 자회사로 편입하면 된다. 즉 분할 후 지주회사가 사업회사를 자회사로 편입할 때까지 시간은 조금 더 걸릴 수 있지만, 별다른 큰 어려움 없이 지주사 체제로 전환할 수 있다.[1] 따라서 사장死藏될 것이 거의 뻔한 무의미한 법률을 왜 만드려고 하는지 잘 이해가 되지 않는다. 실제로 몇몇 기업들이 벌써 이 방법을 사용해,

즉 자사주를 지주사 전환 전에 매각하는 방법을 이용해 현금을 마련하고 지주회사 체제로 전환했다.

필자는 회사가 기업분할을 할 때 '회사의 자산을 어떻게 나누라고 강제하는 법을 만든다는 것' 자체가 정부의 과잉간섭이라는 생각이 든다. 이런 일까지 막는 것이 과연 정부가 나서서 해야 할 일인지 궁금하다. 비유적으로 설명하자면, 부모가 두 자녀한테 유산을 물려줄 때 '집은 아들에게 물려줄 수 없으며 반드시 딸에게만 물려주어야 한다'는 법률을 만들겠다는 것과 똑같은 의미의 이야기이기 때문이다. 이런 법안이 실제로 제정된다고 가정해보자. 그럼에도 불구하고 아들에게 집을 꼭 물려주고 싶다면 다음과 같이 하면 된다. 집을 일단 팔아 현금을 마련해 아들에게 상속한다. 그리고 아들이 그 상속 받은 자금으로 집을 사도록 하면 된다. 시간이 좀더 걸릴 뿐이지만, 결과적으로 차이는 없다.

어쨌든 지배구조 문제는 정답이 없다. 수많은 기업들의 상황이 각자 다르기 때문이다. 그러니 어떤 한 가지 지배구조가 모범답안이니 모두가 따라야 한다는 견해는 상당히 극단적인 주장이다. 가장 모범적인 제도라고 보이는 지주회사 체제도 완벽한 제도가 아니다. 인간이 운영하는 모든 제도는 완벽하지 않다. 인간의 이기심이나 욕심을 완벽하게 억누를 수 있는 제도는 없기 때문이다. 아무리 완벽한 지배

1 구 SK의 경우는 회사 분할 이전 준비단계에서 자사주를 취득하느라 시간이 오래 걸렸다. 그러나 분할 후 지주사 체제로의 전환은 상대적으로 신속하게 이루어졌다. 그에 반해 이 법안이 실시된다면 분할 이전 준비 단계는 상대적으로 짧아질 것이고 분할 후 지주사 체제 전환 단계는 길어질 것이다. 이 두 기간을 모두 합하면 두 방법 모두 지주사 체제로 전환하는 데 걸리는 시간에는 큰 차이가 없을 것으로 보인다.

구조를 가진 기업이라도 고위층 몇 사람만 함께 공모한다면 이상한 일들을 벌일 수 있고, 그러한 일을 사전에 막는다는 것은 대단히 어렵다. 윤리의식을 높이기 위한 지속적인 교육이 이루어져야 불법적인 행위가 줄어들 수 있지, 이러한 의식개선 없이 법 제도와 처벌을 더 강화한다고 해서 불법행위가 없어질 것이라고는 믿어지지 않는다. 제도와 처벌이 강화된다면 불법행위가 일부 줄어들 수는 있겠지만, 보다 더 교묘한 새로운 불법 또는 편법행위가 나타날 가능성이 오히려 증가할 수도 있기 때문이다.

지주회사 체제가 지배구조로 문제가 있는 제도라면, 지주회사 체제를 막는 것이 아니라 지주회사 체제를 대신할 다른 더 좋은 제도를 제시할 수 있기를 바란다. 이런 대안의 제시 없이 지주회사 체제를 막는다면, 과거에 널리 사용되던 순환출자 체제 같은 더 나쁜 제도로 다시 돌아갈 수도 있을 것이다. 또는 교묘하게 법의 허점을 이용해 실질적으로는 지주회사 체제지만 법적으로는 지주회사 체제에 해당하지 않는 기묘한 형식으로 지배구조를 변화시킬 가능성도 있을 것이다. 뭐가 더 투명하고 바람직한 체제인지 정치인들과 정부당국이 고민을 해보고 정책결정을 하기를 바란다.

『서울대 최종학 교수의
숫자로 경영하라 4』
저자와의 인터뷰

Q 『숫자로 경영하라 4』에 대한 소개 부탁드립니다.

A 책은 '경영의사결정에서 회계정보의 중요성' '회계와 법, 가깝고도
먼 당신' '재무제표 속에 숨겨진 비밀을 읽자' '기업지배구조와 회
계의 역할', 이렇게 총 4부로 구성되어 있습니다. 1부부터 4부까
지 실린 14편의 글은 『숫자로 경영하라 3』이 출판된 이후인 2014년
부터 2017년까지 사이에 벌어졌던 사건들을 중심으로, 그 사건들
의 내막을 회계와 숫자, 그리고 논리적 추론을 통해 살펴보는 글
입니다. 앞에서 출판된 1, 2, 3권과 동일한 형식으로, 이 책의 핵심
부분이라고 할 수 있습니다. 책에 소개된 다양한 사례들을 통해
한국의 경영자분들이 여러 교훈과 지식을 얻어서 기업 경영에 반
영하실 수 있기를 바랍니다.

Q 2009년부터 4권이 나오는 지금까지 『숫자로 경영하라』 시리즈를 근 10년 동안 집필하셨습니다. 많은 생각이 드실 텐데요. 어떤 감회가 드시는지 말씀해주세요.

A 2007년부터 언론에 연재한 글을 모아서 2009년에 1권이 출판되었습니다. 그 책이 저 자신도 깜짝 놀랄 정도로 베스트셀러가 되었습니다. 사실 그 전에는 저 자신도 제 책의 내용은 '일부 소수의 전문가들만 관심 있는 내용이 아닐까?' 하는 생각을 가지고 있었습니다. 독자분들의 호응 덕분에 힘을 얻어 집필을 계속해서 2012년에 2권, 2014년에 3권, 그리고 2018년에 4권이 출판되게 되었습니다. 언론에 연재는 지금도 계속하고 있습니다. 처음 언론에 연재를 시작할 때는 이렇게까지 오랫동안 다양한 주제로 글을 쓸 수 있을지 기대를 하지 못했습니다. 덕분에 저도 정확하게 알지 못했던 사실에 대해 좀더 자세히 공부를 하게 되고, 여러 사실들을 모으고 이론을 보태고 제 자신의 생각을 정리해서 표현하는 과정에서 더 깊은 생각도 하게 된 것 같습니다. 덕분에 저 자신도 크게 발전하는 계기가 되었다고 생각합니다. 그동안 지나온 길을 생각하니 감개무량하네요. 열심히 노력하다 보니 어느새 10년의 시간이 흘렀네요.

Q 어렵기만 한 회계와 재무 분야를 주제로 다룬 『숫자로 경영하라』가 베스트셀러가 되고, 시리즈도 4권까지 출간하게 되었는데요. 그 힘은 무엇이라고 생각하시나요?

A 제가 어느 모임에 가서 기업경영자들을 만날 때 제 책을 읽고 많이 배웠다는 인사 말씀을 듣는 경우가 종종 있습니다. 그리고 책 내용과 관련되어 기업 경영에 대한 질문도 종종 받습니다. 제 책

때문에 많은 기업들의 제도들이 개선되고, 정부기관에서는 법이나 규정도 바뀐 것으로 알고 있습니다. '기업 경영서들 중에서 이렇게 많은 영향을 미친 책이 드물다'는 평가도 받았습니다. 복잡하고 어려운 회계숫자를 다룬 책이지만, 책에서 다루고 있는 내용들이 경영자들이 궁금해하던 내용이고 실무에 도움이 될 수 있는 내용이라서 이런 평가를 받게 되었으리라 생각합니다. 전략이나 마케팅 분야에서는 유사한 성격의 책들이 많은데 회계나 재무 분야에서는 이런 성격의 책이 없었던 점도 그 이유라고 생각합니다.

1, 2, 3권을 읽으셨으면 아시다시피 제 책의 내용은 사례를 기반으로 하고 있습니다. 당시 벌어졌던 복잡한 사건들의 핵심을 정리해 소개하고, 그 사례에서 배울 수 있는 점들을 설명함으로써 한국의 경영자들이 유익한 간접경험을 얻도록 하는 것이 이 책을 저술한 목적입니다. 결국 이런 목적이 경영자들의 요구와 잘 부합되어 책이 베스트셀러가 되고, 2, 3, 4권이 계속 출판된 것이 아닐까 생각합니다.

Q 『숫자로 경영하라』 시리즈를 출간할 때마다 객관성을 유지하기 위해 상당히 노력하셨습니다. 그 이유가 무엇인지 말씀해주세요.

A 지금 한국사회는 무척 혼란스럽습니다. 근거도 없는 수많은 주장이 난무해서, 전문가인 제가 판단할 때도 옳은 것인지 틀린 것인지 명확하지 않은 주장들도 많습니다. 이런 잘못된 주장들 때문에 '배가 산으로 가는'일이 발생하지 않을까 걱정될 정도입니다. 제가 책을 저술한 이유는 한국의 경영자들이 실무에서 참고할 수 있는

경영지침을 전해주고자 하는 데 있습니다. 그런데 명확하지 않은 주장이나 틀린 주장을 소개한다면 제 책을 읽는 독자들을 오도하는 것이 될 것입니다. 그래서 제 책에서는 명확하지 않은 주장은 소개하지 않으려고 노력하고 있습니다. 명확하지 않은 사항에 대한 답을 제공하는 부분이라면 과학적인 연구결과를 인용해 제 설명의 근거를 소개했습니다.

또한 객관성도 중요한 것이, 어떤 기업이나 개인의 입장이나 가치관에 따라 사물을 보는 관점이 다를 수 있기 때문입니다. 그리고 그 입장이나 가치관이 꼭 틀리거나 나쁘다고는 이야기할 수 없습니다. 나름대로 그렇게 생각한 합리적인 이유가 있을 수 있기 때문입니다. 그래서 아무리 틀린 견해라고 해도 그 견해를 충분히 소개하고, 그 견해가 왜 잘못된 것인지도 독자들이 명확하게 이해를 할 수 있도록 자세한 설명을 하려고 노력했습니다. 그럼에도 불구하고 워낙 어렵고 복잡한 내용이 많은데, 제 능력이 부족해서 설명을 제대로 못 했기 때문일 것입니다.

Q '기업 활동의 흔적은 회계다'라고 하셨습니다. 회계, 회계숫자의 중요성을 강조하신 말씀이신 것 같습니다. 회계, 회계숫자의 중요성을 강조하신 이유는 무엇인가요?

A 작은 회사에서는 경영진이 회사에서 일어나는 거의 모든 일들을 다 알 수 있습니다. 그러나 수백, 수천 명의 직원들이 일하는 현대의 기업은 너무나 복잡해져서, 이제 한 개인이 회사를 돌아보기만 해서는 무슨 일이 벌어지는지 알 수가 없습니다. 기업 차원이 아니라 산업이나 국가, 세계 경제 차원으로 커지면 더더욱 알 수가

없게 됩니다. 이처럼 외부나 내부에서 벌어지는 복잡한 일들을 간단히 요약해서 보여주는 것이 숫자입니다. 숫자를 왜곡해서 거짓 정보를 흘리는 경우도 가끔 있는데, 이런 경우도 숫자와 관련된 사실을 결합해서 자세히 관찰하면 눈치챌 수 있는 경우가 많습니다. 그렇기 때문에 숫자를 이용해서 현실을 파악할 수 있는 객관적인 지식을 배우고 이용해서 경영을 해야 한다고 제가 강조하는 것입니다. 숫자는 잘 모르지만 '직관'에 따라 경영을 잘하는 경우도 있을 수 있습니다. 그렇지만 그 '직관'도 과거의 여러 경험을 통해서 얻어진 것이지, 아무것도 모르는데 갑자기 직관이 생길 수는 없을 것입니다.

Q 『숫자로 경영하라 4』 1부에서 기업의 경영의사결정에 회계정보의 중요성에 대해 말씀하셨습니다. 자세한 설명 부탁드립니다.

A 1부에서는 회계자료 및 기타 숫자들, 그리고 논리적인 사고가 경영 및 일반 의사결정 과정에 얼마나 큰 영향을 미치는지를 보여주는 4개의 사례가 실려 있습니다. 자주 발생하는 일들은 아니지만, 1부에 소개된 사례들은 기업의 가치에 큰 영향을 미칠 수 있는 사건들입니다. 예를 들어 경영자의 빈번한 교체가 발생시킬 수 있는 '빅 배스' 문제에 대해서는 아마 생각해 본 경우가 거의 없을 것입니다. 상환전환우선주라는 것이 무엇이며, 이 증권이 어떻게 기업의 경영권에 영향을 미치는지 몰랐던 분들이 많을 것입니다. 이런 사례들을 통해 기업경영에 필요한 여러 지식들을 많은 분들이 배우실 수 있기를 바랍니다.

Q 『숫자로 경영하라 4』 2부에서 '회계와 법은 가깝고도 먼 당신'이라고 표현하셨습니다. 자세한 설명 부탁드립니다.

A 회계숫자 때문에 많은 법적 분쟁이 벌어집니다. 법을 다루시는 분들은 회계숫자의 의미를 잘 모르기 때문에 황당한 판결이 내려지는 경우가 가끔 있습니다. 그 반면에 경영자들은 법적 문제점에 대해서 잘 모르는 경우가 많으므로, 고의가 아니더라도 가끔 법을 어기는 행동을 하는 경우가 있습니다. 그래서 법적 분쟁이 더 많이 벌어지지 않을까 생각합니다.

법적 분쟁의 결과는 기업 경영에 큰 영향을 미칩니다. 그래서 본서에서는 이와 관련되어 벌어졌던 여러 중요한 사건들의 전말에 대해서 소개를 했습니다. 예를 통해 미공개 정보를 이용해서 주식 투자를 하는 것이 얼마나 위험한 것인지를 알 수 있을 것이며, 한때 한국 사회의 뜨거운 이슈가 되었던 쌍용차 사건의 전말에 대해서도 자세히 알 수 있을 것입니다.

Q 『숫자로 경영하라 4』 3부에서 '재무제표 속에 숨겨진 비밀을 읽어라'라고 말씀하셨습니다. 자세한 설명 부탁드립니다.

A 회계에 대해서 오해를 하시는 분들은 회계가 마치 '1+1=2' 같은 수학 공식처럼 명확한 답이 있다고 생각하는 경우가 있습니다. 그렇지 않습니다. 회계에는 수많은 불확실한 미래에 대한 추정이 포함되어 있습니다. 그러니 사람들의 판단에 따라 산출되는 회계숫자가 달라지게 됩니다. 또한 특정 목적을 달성하기 위해서 의도적으로 회계숫자를 왜곡하는 경우도 종종 발생합니다. 이런 이유들

때문에 일반 사람들이 재무제표를 읽으면서 그 속에 숨어있는 의미를 발견한다는 것이 쉽지 않습니다.

회계 공부를 많이 하고 실무에서도 회계 숫자와 재무제표를 오래 다루어야 비로소 그런 능력을 얻게 됩니다. 제가 회계학 전공을 한 교수이지만, 저도 회계 공부를 한 지 10년이 넘어서야 비로소 조금 눈이 떠졌다고 생각합니다. 그래서 조금이라도 더 쉽게 독자들이 회계숫자들 속에 숨겨진 비밀을 읽을 수 있도록 이런 내용을 소개하게 되었습니다.

Q 『숫자로 경영하라 4』 4부에서 기업지배구조와 회계의 역할에 대해 말씀하셨습니다. 자세한 설명 부탁드립니다.

A 기업의 지배구조에 대한 관심이 한국 사회에서 대단히 큽니다. 이와 관련해서 정치권을 중심으로 많은 논쟁이 벌어지는데, 그런 과정에서 논의되는 이야기들을 자세히 살펴보면 틀린 주장들이 무척 많습니다. 개인적인 견해이기는 하지만, 잘 모르고 주장하는 게 아니라 사실을 알면서도 특정 정치적 의도를 가지고 거짓말을 하는 사람들도 일부 있는 것으로 보입니다. 그리고 그런 주장이 실제로 실현된다면 얼마나 큰 부작용이 발생할 것인지에 대해서도 고민하지 않은 경우도 많은 듯합니다. 저는 여기 포함된 글들을 통해서 지배구조가 어떻게 변해왔는지와 현재 한국에서 논의되는 여러 제도들의 장단점이나 문제점은 무엇인지 등을 소개했습니다. 따라서 현재 한국에서 벌어지는 혼란을 정리하는데 이 글들이 조금이나마 도움이 될 수 있기를 바랍니다.

한국 기업들의 지배구조가 개선 발전될 수 있기를 희망합니다. 한국 기업들이 더 잘되어야 한국이 더 부강해지고, 그 결과 국민들도 더 잘 살 수 있다는 것이 제 믿음입니다. 그 과정에서 제 책이 조그마한 도움이라도 될 수 있었으면 합니다.

453

서울대 최종학 교수의
숫자로 경영하라 4

초판 1쇄 발행 2018년 2월 1일
초판 8쇄 발행 2022년 10월 5일

지은이 | 최종학
펴낸곳 | 원앤원북스
펴낸이 | 오운영
경영총괄 | 박종명
편집 | 최윤정 김형욱 이광민 양희준
디자인 | 윤지예 이영재
마케팅 | 문준영 이지은 박미애
등록번호 | 제2018-000058호   등록일자 | 2018년 1월 23일
주소 | 04091 서울시 마포구 토정로 222 한국출판콘텐츠센터 319호(신수동)
전화 | (02)719-7735   팩스 | (02)719-7736
이메일 | onobooks2018@naver.com   블로그 | blog.naver.com/onobooks2018
값 | 19,500원
ISBN | 979-11-6002-099-1 03320

이 도서의 국립중앙도서관 출판시도서목록(CIP)은 e-CIP홈페이지(http://www.nl.go.kr/ecip)에서
이용하실 수 있습니다. (CIP제어번호 : CIP2018001308)

독자 여러분의
소중한 원고를 기다립니다

★ 원앤원북스는 독자 여러분의 소중한 원고를 기다리고 있습니다. 집필을 끝냈거나 혹은 집필 중인 원고가 있으신 분은 onobooks2018@naver.com으로 원고의 간단한 기획의도와 개요, 연락처 등과 함께 보내주시면 최대한 빨리 검토한 후에 연락드리겠습니다. 머뭇거리지 마시고 언제라도 원앤원북스의 문을 두드리시면 반갑게 맞이하겠습니다.